Willy Brandt (Hrsg.)
Frauen heute –
Jahrhundertthema Gleichberechtigung

Willy Brandt (Hrsg.)

Frauen heute – Jahrhundertthema Gleichberechtigung

Redaktion: Antje Dertinger

Europäische Verlagsanstalt

CIP-Kurztitelaufnahme der Deutschen Bibliothek

Frauen heute, Jahrhundertthema Gleichberechtigung
Willy Brandt (Hrsg.). –
Köln, Frankfurt am Main : Europäische Verlagsanstalt,
1978.
ISBN 3-434-00379-7
NE: Brandt, Willy [Hrsg.]

Lektorat: Gunther Heyder
Herstellung: Heinz Biermann
Umschlag: Design Herbst & Granzer, Köln
Druck: May & Co, Darmstadt
ISBN 3-434-00379-7
Printed in Germany 1978

Inhalt

Willy Brandt

Hundert Jahre nach August Bebel

Ein Bestseller dient der Gleichberechtigung

Hundert Jahre sind nun vergangen, seit August Bebel jenes Buch veröffentlichte, das unter dem Titel »Die Frau und der Sozialismus« bekannt wurde. Bücher überhaupt, dieses aber bestimmt, zeitigten damals Wirkungen, die wir uns heute nur noch schwer vorstellen können. Als der langjährige Vormann der deutschen Sozialdemokraten im Jahr vor dem ersten Weltkrieg starb, waren fünfzig deutsche Auflagen mit 200000 Exemplaren erschienen. In fünfzehn Sprachen war das Buch übersetzt worden.

Ich bin in einem Haushalt aufgewachsen, in dem es nur einige wenige Bücher gab; Bebels »Frau« war darunter. Dies war nicht nur eine Quelle der Hoffnung für manche einfache Frauen jener Zeit. Das Buch bot vielen, die sich aus ihrer Unmündigkeit befreien wollten, eine Markierung von Zielen; es skizzierte eine gesellschaftliche Ordnung der Ebenbürtigkeit und Gleichberechtigung.

Für mich ist es ganz bestimmt mehr als eine Pflichtübung, »hundert Jahre danach« an einen großen Parteiführer und Vorkämpfer der deutschen Demokratie zu erinnern. Aber Tradition ist mir wichtig: Richtig verstehen wir uns nur in geschichtlichen Zusammenhängen, und nur ihre Kenntnis wird uns davor bewahren, Fehler der Vergangenheit zu wiederholen.

Bebels Buch erschien, als sich in Deutschland jenes Gesetz gegen die Sozialdemokratie auszuwirken begann, mit dem zwölf Jahre lang – von 1878 bis 1890 – der deutschen Arbeiterbewegung das Rückgrat gebrochen werden sollte. Man weiß, die Schikanen und Verfolgungen haben den demokratischen Sozialismus schließlich gestärkt. Die Widersprüchlichkeit der Macht ermutigte, trotz aller leidvollen Erfahrungen, die scheinbar Ohnmächtigen. Es hat seine Logik, daß in dieser Epoche der große Appell an das Selbstbewußtsein der Schwächsten und Hilflosesten publiziert wurde: an das Selbstgefühl der Frauen im Zustand der Unmündigkeit und als Angehörige der »Unterschichten« in einem System der Not und erniedrigender Abhängigkeiten. Das

eine Grundgeschick war nicht klassenbedingt. Und hier wurden Ansätze zu einer Verbundenheit sichtbar, die in unseren Tagen eine überraschende Aktualität gewannen. Davon wird die Rede sein.
Soviel ist gewiß: Bebels und seiner Sozialdemokraten harte, tapfere Arbeit für die Mündigkeit schuf die Voraussetzung für jene Verfassung und jene demokratisch-sozialen Veränderungen, die wir in der Tat zu schützen haben – oft genug, leider, gegen autoritäre Ordnungshüter, die nichts vom Geist der Mündigkeit und Freiheit begriffen.
Ich meine, die pathetischen »Retter des Abendlandes« sollten uns genauer erklären, welches Deutschland sie zu retten gedenken. Doch wohl, möchte man zu ihren Gunsten annehmen, jenes Land und jene Ordnung, die von der Arbeiterbewegung und den liberalen Teilen des Bürgertums, von den Erben des Humanismus und der Aufklärung geprägt wurden – gegen den Widerstand der reaktionären Formationen, die von Freiheit und Verfassung nie viel hielten. Sie wollen heute – wenn man ihren Worten glaubt – in die Pacht nehmen, was demokratische Sozialisten und moderne Liberale anderen voran geschaffen haben.
Dieser (gelegentlich opportunistische) Nachvollzug historischer Vorgänge hat seine Vorzüge, denn er enthält auch eine Anerkennung von Realitäten. Es wäre indes glaubwürdiger, wenn er nicht von Polemik gegen den demokratischen Sozialismus überlagert würde. Man darf sich nicht einmal damit begnügen, Grundfreiheiten zu schützen, von denen die Vorgänger gestern noch nichts wissen wollten oder die sie sogar mit Feuer und Schwert verfolgten. Man muß vielmehr danach fragen, wie es heute um die konkreten Freiheiten steht. Und man muß zugleich begreifen, daß Freiheit nicht nur ein Zustand ist, sondern auch ein Prozeß: Schon darum, weil freiheitliche Kräfte auch immer wieder freiheitsfeindliche Elemente freisetzen, und weil Rechte auch die Eigenschaft haben, Unrecht auf den Plan zu rufen. Die Lage ist komplizierter, als es die Rechthaber einräumen wollen. Dies nicht allein an die Adresse politischer Widersacher.
Meine Aufgabe kann nicht nur darin bestehen, eine gute Tradition zu pflegen. Immerhin meine ich, Bebels Arbeit sei so bedeutend, daß sie auch heute noch Beachtung verdient. Gemeinsam mit anderen möchte ich prüfen, was aus dem geworden ist, was im vorigen Jahrhundert angelegt wurde; kritisch fragen, was sich anders, als es damals gedacht war, entwickelt hat – und dabei natürlich nicht alle Ansatzpunkte damaligen Denkens unbesehen übernehmen.
Mein Beitrag zu Bebels Arbeit geht anderen voraus, die aus verschiedener Sicht zum Problem der Gleichberechtigung Stellung nehmen.

Ich will versuchen, die grundsätzliche Haltung zu Fragen und Antworten, die sich seit Bebels Buch ergaben, nachzuzeichnen. Das geht nicht ohne Kritik – wie auch diese Schrift zur Kritik einlädt.
Zunächst sind diese beiden Fragen zu stellen: Was wollte Bebel mit seinem Buch bewirken? Was hat er tatsächlich bewirken können?
Ihm ging es, nach seinen eigenen Worten, um die »Bekämpfung der Vorurteile, die der vollen Gleichberechtigung der Frau entgegenstehen«. Allerdings wäre es nicht fair, fügte man nicht gleich hinzu, daß er damit »Propaganda für die sozialistischen Ideen« verband, von denen er meinte, ihre »Verwirklichung allein« verbürge »der Frau ihre soziale Befreiung«.
Auch das muß vorausgeschickt werden: Bebel war *Anfang* der sechziger Jahre seines Jahrhunderts noch gegen das allgemeine Wahlrecht für Männer – wie hätte er also damals schon für das Frauenwahlrecht plädieren können? Er hat diesen Umstand nicht zu verheimlichen gesucht, sondern selber darauf hingewiesen.
Es ist der Arbeiterbewegung, den Kräften der sozialen Demokratie und damit nicht unwesentlich einem Mann wie August Bebel zuzuschreiben, daß sich bei uns – wie in anderen Ländern – die Lage der Frauen entscheidend verändert hat. Nach dem ersten Weltkrieg sorgten in Deutschland die Sozialdemokraten für das Frauenwahlrecht. Nach dem zweiten Weltkrieg schrieb man ins Grundgesetz, daß Frauen und Männer gleichberechtigt sind. Es schmälert nicht den Rang des Verfassungsauftrags, daß er – selbst in formaler Hinsicht – nur zögernd verwirklicht wurde. In wachsender Zahl schließen heute junge Frauen ihre Schulbildung mit dem Abitur ab; viele – und doch nicht genug – finden den Weg zu einer qualifizierten fachlichen Ausbildung.
Nähern wir uns dem Thema dagegen von einer anderen Seite, dann stellen wir rasch fest, daß entscheidende Probleme über die vergangenen hundert Jahre hinweg im Kern unverändert geblieben sind. Dies gilt für die Stellung der Hausfrauen; es gilt für die Lage der meisten Frauen in allen Gremien und an allen Schreibtischen, bei denen sich größere berufliche und politische Verantwortung sammelt. Vor allem aber trifft das für die gesellschaftlichen Normen zu, die durch männliche Vorherrschaft oder angebliche Überlegenheit geprägt sind. Probleme, die nicht nur die weibliche Bevölkerung unmittelbar, sondern die Gesellschaft insgesamt betreffen, werden noch immer mit einem peinlichen Unterton als »Frauenfragen« angesprochen und entspre-

chend borniert behandelt. Darin drückt sich eine Diskriminierung aus, die nicht harmloser wird, wenn man sie »unbewußt« demonstriert. Bei allem Respekt vor Bebels bahnbrechender Arbeit: Der erste Vorbehalt ist angebracht, wo er in der Frauenfrage »nur eine Seite der allgemeinen sozialen Frage« sieht. »Ihre endgültige Lösung« hielt er nur für möglich in der »Aufhebung der gesellschaftlichen Gegensätze und Beseitigung der aus diesen hervorgehenden Übeln«. Für ihn, und dagegen richtet sich der Einwand nicht, litt die Frau als soziales *und* als Geschlechtswesen, und es fiel ihm schwer zu sagen, in welcher von beiden Eigenschaften sie am meisten leide.

Wenn auch die Feststellung richtig ist, daß es ohne die soziale Unabhängigkeit und Gleichstellung der Geschlechter keine »Befreiung der Menschheit« gebe, so wird man *heute* hinzufügen müssen, daß sexuelle Unterdrückung und soziale Benachteiligung im Verständnis vieler Frauen nicht identisch sind.

Es reicht nicht aus, nur danach zu fragen, was sich in einem Jahrhundert verändert hat, oder was unverändert geblieben ist. Bebel gibt Anlaß, nach den Wandlungen zu forschen, die sich in unserer Gegenwart vollziehen und die man ohne Übertreibung als eine Art stille Revolution im Verhältnis zwischen den Geschlechtern bezeichnen kann. Auch abseits des radikalen Feminismus sind offensichtlich tiefgehende geistige und seelische Wandlungen im Gang, die die Beziehungen zwischen den Geschlechtern und die Rolle der Frauen in der Gesellschaft neu bestimmen. Was sich hier andeutet, könnte das Empfinden, das Denken und schließlich das Handeln und Verhalten der Menschheit grundlegend verändern.

Man muß keinem nur materialistischen Geschichtsbild anhängen, um die Bedeutung jener Faktoren auszumachen, die das Leben der Frauen, das Verhältnis zwischen den Geschlechtern und die Situation der Familien stärker berühren als die wohlgemeinten Mahnungen zur Gleichberechtigung. Die technischen Einrichtungen moderner Wohnungen, die Mechanisierung der Küchen, die Mobilität durch den eigenen Wagen (oder die Mitbenutzung des Familienautos) – das sind äußere Momente, die niemand übersehen kann. Eine »innere« Umwelt, die durch Kino, durch Radio, vor allem durch das Fernsehen geprägt ist, schuf drastisch veränderte Ansprüche, andere Leitbilder, steckte weitere Horizonte ab und weckte neue Sehnsüchte. Das Telefon schuf ein zusätzliches Netz von Nachbarschaft. Der moderne Tourismus schärfte – im Glücksfall – die Augen für die Lebensbedingungen der Frauen anderer Nationen und Kulturen. Modische Erscheinungen internationalisieren sich und formen einen »Frauen-Typus«, der über alle Grenzen hinweg verwandten Idealen und Reizen zu folgen scheint. Dieser Prozeß hat sich ohne Zweifel schon ins Geistige und Emotionale übersetzt.

Neue Maßstäbe

Die Bedingungen der Existenz der Frauen hatten sich - wenngleich spät – mit der Industrialisierung verändert. Die Auflösung der Großfamilie war eine tiefgreifende Konsequenz. Die Vaterautorität, die bei uns in Deutschland besonders ausgeprägt war, überlebte die beiden Weltkriege nicht ungebrochen. Unter den Lasten, die Frauen in den Kriegs- und Nachkriegsjahren auf sich nehmen mußten, wandelte sich nicht nur ihre »Rolle«, sondern auch ihre Aufgabe und vor allem ihr Selbstgefühl. Die Zahl der Frauen, die gesellschaftliche Mitverantwortung übernahmen oder die sie beanspruchten, blieb nicht mehr auf Vertrauenspersonen von Wohlfahrtsorganisationen oder Frauenverbänden beschränkt.

Inzwischen begannen junge Frauen, das Verhältnis zum anderen Geschlecht – auch als Folge der »Pille« – mit ähnlicher Unbefangenheit zu begreifen wie die Männer ihrer Generation. Auch für sie löste sich die Sexualität von der Zwangsbindung an Fortpflanzung. Man weiß unterdessen, daß die »Pille« nicht das Zaubermittel der sexuellen Befreiung ist. Man ist im Begriff, den physischen und psychischen Nebenwirkungen nachzuspüren. Man hatte es sich mit dem Fortschritt – wie so oft – wohl ein wenig leicht gemacht. Gerade selbstbewußte Frauen haben kühl darauf hingewiesen, daß die »Pille« von vielen Männern eher als Freibrief der sexuellen Beziehung betrachtet wurde und Frauen so erst recht zum »Sexualobjekt« werden ließ. Zum anderen zeigten sich viele Männer der neuen Unabhängigkeit der Frauen nicht gewachsen. So wurde die Geschlechtlichkeit zu einem Feld neuer Ängste, Bedrückungen und Neurosen. Es wird wohl Generationen brauchen, bis die Menschen unseres Kulturkreises die Enttabuisierung des Sexuellen verarbeitet haben.

Wie immer es damit steht: Die Menschen verfügen nun über zuverlässige Mittel, über ihre Fortpflanzung frei zu entscheiden. Das ist eine grundlegende Wandlung, die so tief greift wie jene der materiellen Bedingungen. Ihre seelischen und sozialen Folgen können wir noch kaum ausloten. Doch wir wissen: Familienplanung wird zu einer sozialen Norm. Unter unseren Bedingungen wird es immer mehr zur Regel, daß das empfangene Kind auch ein Wunschkind ist, dem liebevolle

Behandlung durch die Eltern sicherer ist als dem ungewollten Kind. Der Wandel schreitet fort. Er führt weg von einem Frauenbild, das von Männern bestimmt wird und den Mann als Maßstab für Gleichberechtigung nimmt.

Hier muß Bebels Sicht der Dinge ein zweites Mal relativiert werden: Er war seiner Zeit ein gutes Stück voraus, und es fehlte ihm gewiß nicht an Mut zu sachlicher Radikalität. Aber er war weithin durch ein Denken geprägt, das Gleichberechtigung als Angleichung, als ein Sich-Messen der Frauen an »männlichen« Maßstäben verstand und damit mißverstand. Dieser Irrtum setzte sich bis in meine Generation fort. Ich verstehe das entsetzte Staunen einer jungen Frau, die sich wundert, daß in der »marxistischen« Theorie (aber auch von nichtmarxistischen Denkern des demokratischen Sozialismus) nie die Frage gestellt worden sei: Was wollen die Frauen?

In ihrer 1977 veröffentlichten »Plattform« räumt die »Hochschulinitiative Demokratischer Sozialismus« ein: »Sozialistische Theorien haben bislang die Unterdrückung der Frauen weitgehend nur als Teilaspekt der allgemeinen klassengesellschaftlichen Unterdrückungsverhältnisse verstanden.« Weiter heißt es dort: »Die traditionellen Rollenanforderungen an die Frauen in Familie und Gesellschaft werden zunehmend von den Frauen selbst als Ausdruck ihrer Fremdbestimmung und Abhängigkeit erkannt; in Auseinandersetzung mit diesen Anforderungen sind sich die Frauen sowohl ihrer spezifischen aktuellen Probleme als auch ihrer Diskriminierung in Geschichte und Geschichtsschreibung und damit ihrer fehlenden Identität bewußt geworden.« Befürwortet wird »eine Phase der eigenständigen Entwicklung der Frauen und ihrer Bewegung«. Aufgabe des demokratischen Sozialismus sei es, »der Frauenbewegung und ihren spezifischen Interessen und Forderungen Gehör zu verschaffen und sie in eine Strategie gesamtgesellschaftlicher Transformation einzubeziehen, ohne sie zu vereinnahmen und ihrer Eigenständigkeit zu berauben.«

Das Engagement von Frauen in Bürgerinitiativen und in der ökologischen Bewegung – über unsere Grenzen hinaus – verdient Aufmerksamkeit. Manchen der Beteiligten erscheint dies als Alternative zur bankrotten Männer-Gesellschaft. (Diese wiederum kreidet den weiblichen Mitgliedern von Terrorgruppen ihr perverses Verhalten und ihren Mangel an Menschlichkeit dreifach an.)

Wenn ich es recht verstehe, haben wir damit begonnen, nach einem neuen Menschenbild zu suchen, für das Mann und Frau gleichrangig Maßstäbe setzen: im Ausgang und in der Orientierung. Emanzipation im Sinne einer modernen sozialen Demokratie kann gewiß nicht be-

deuten, daß nur Frauen »aufzuholen« haben. Zunehmend wird auf den Aufholbedarf der Männer hingewiesen. Das Selbstverständnis beider Geschlechter befindet sich im Wandel: nicht nur in den Verantwortungen, sondern auch in den Empfindungen und Idealen.
Der ganz männliche Mann hat viel von seiner Attraktivität verloren. Zum anderen ist eine zunehmende Zahl von Frauen nicht mehr bereit, sich in die Rolle des total femininen Wesens zurückdrängen zu lassen. Männer zeigen Empfindsamkeiten, die früher verlacht worden wären. Sie lernen, auf die Sensibilitäten ihrer Partnerinnen Rücksicht zu nehmen. Und Frauen beweisen Energien, im Beruf und im privaten Bereich, die früher als maskulin galten. Eine Annäherung der Geschlechter scheint sich in der Kleidung (und in der Haartracht) vieler der Jüngeren auszudrücken. Wenn es zutrifft, daß die Mode häufig das Signal eines kollektiven Zeitgeistes ist, dann mag auch durch diese Äußerlichkeiten die lange unterdrückte Wahrheit anerkannt werden, daß jeder Mann über feminine Elemente, jede Frau über maskuline Möglichkeiten verfügt. Diese Einsicht schafft, wo sie um sich greift, die Vorurteilslosigkeit gegenüber einem Sexualverhalten, das sich vom »Normalen« unterscheidet. Vor allem kann sie dem Menschen die Freiheit geben, seine Weiblichkeit oder Männlichkeit bewußter, damit auch toleranter und rücksichtsvoller anzunehmen

Zur Entstehungsgeschichte: Außergewöhnliche Verhältnisse

August Bebel nannte die Verhältnisse, unter denen er sein Buch schrieb, mit Recht »exzeptionell«: Während der Festungshaft auf der Hubertusburg, später im Landesgefängnis von Zwickau machte er »die Vorstudien«. Das Manuskript entstand – neben aller anderen Arbeit – während der Auseinandersetzungen um das Gesetz gegen die Sozialdemokratie. Die ersten Ausgaben gelangten von der Schweiz aus getarnt oder als Schmuggelware nach Deutschland. In Zürich gingen die Bestellungen ein: »Schicken Sie uns (so und soviel Exemplare von) Bebels Frau.« Oder später einfach »von Julie« – so hieß Bebels Frau mit Vornamen.
Heutzutage nähme ein Buch, das auf solche Weise entsteht und vertrieben wird, vermutlich rasch den Weg eines Bestsellers. So einfach ging es damals nicht zu. Die Verbreitung des Werkes begann mit bescheidenen Auflagen. Immerhin: Als die »Berliner Illustrirte« in ihrer letzten Nummer des Jahres 1898 per Leser-Befragung eine »Bilanz

des Jahrhunderts« zog, die aus 6000 Antworten »aus allen sozialen Gesellschaftsklassen, von allen Altersklassen und beiden Geschlechtern« sich ergab, wurde als einflußreichstes Buch das Konversationslexikon genannt, gefolgt von der Bibel, Darwins »Entstehung der Arten« und von August Bebels »Frau und Sozialismus« auf Platz vier. Als der Verfasser im August 1913 gestorben war, konnte Franz Mehring das Frauen-Buch »das verbreitetste Erzeugnis der sozialistischen Literatur« nennen; Bebel habe, so fügte er hinzu, instinktiv den Punkt getroffen, »wo ein neuer und mächtiger Hebel der Arbeiterbewegung angesetzt werden konnte«. Eduard Bernstein schrieb, es habe – vielleicht mit Ausnahme von Lassalles »Arbeiterprogramm« und »Antwortschreiben« – in der Literatur der deutschen Sozialdemokratie keine Schrift eine so starke Verbreitung gefunden, so viele Auflagen erlebt und »eine gleich umwälzende Wirkung auf in der Arbeiterbewegung eingewurzelte Auffassungen ausgeübt«. Mehring und Bernstein, sonst durchaus nicht immer einer Meinung, waren sich hier also einig.

Bernstein wies überdies darauf hin, Bebels Buch, das ursprünglich »Die Befreiung der Frau und der sozialistische Staat« heißen sollte, sei 1878 im Nachwort zu einer anderen Schrift noch für dasselbe Jahr angekündigt worden: »Indes sollten noch drei Jahre vergehen, bevor die Ankündigung in Erfüllung gehen konnte.« Johann Heinrich Wilhelm Dietz – ein Lübecker Sozialdemokrat, der zu Beginn des Ausnahmegesetzes Hamburg verlassen mußte und nach Stuttgart übergesiedelt war (»wo er eine halb bankrotte Druckerei übernommen hatte, die er zu einem angesehenen Unternehmen entwickelt hat«) – habe das Buch heimlich drucken und die fertigen Bogen partienweise nach Zürich an eine Deckadresse schicken lassen, deren Inhaber die Sendungen an die Druckerei des »Sozialdemokrat« übergab. Dort fügte man es zu einem Band und gab ihm den Titel: »Die Frau in Vergangenheit, Gegenwart und Zukunft.« Für den Vertrieb in Deutschland erhielt es einen Tarnumschlag: »Ernst Engel, Statistik, Band 5.«

Eduard Bernstein war 1879 nach Zürich gekommen und übernahm, anstelle Georg von Vollmars, Anfang 1881 die Redaktion des in Deutschland verbotenen »Sozialdemokrat«, des Zentralorgans der Partei. Er muß sich, was das Erscheinungsjahr der »Frau« angeht, geirrt haben. Bebel schreibt in seinem Vorwort zur 50. Auflage unter dem Datum des 31. Oktober 1909: »Im Beginn dieses Jahres waren drei Jahrzehnte verflossen, seitdem dic erste Auflage dieses Buches erschien.« In Leipzig (nicht in Stuttgart) sei sie hergestellt worden, aber »unter falscher Flagge« erschienen. Als Verlagsort nennt er Zürich-Hottingen, den Verlag der Schweizerischen Volksbuchhandlung. Dort wurde auch der »Sozialdemokrat« herausgegeben. (Man hat die unterschiedliche Darstellung über die Jahrzehnte weitergetragen. Selbst in der Jubiläumsausgabe von 1929 steht Bernsteins Vorwort ohne Abstimmung vor dem Bebelschen aus dem Jahre 1909.)

Die zweite Auflage konnte, wie Bebel berichtet, erst 1883 erscheinen, weil »persönliche Hindernisse« im Weg standen. Bis zum Jahre 1890, als das Gesetz gegen die Sozialdemokratie fiel, folgten dann weitere sechs Auflagen mit jeweils 2500 Exemplaren. Das war auch damals eine ansehnliche Auflagenhöhe.

In meiner Bibliothek steht ein Exemplar der 7. Auflage – noch mit dem alten Titel – aus dem Jahre 1887: Es wurde mir 1973 während meines Besuchs als Bundeskanzler in Israel geschenkt. Ein deutscher Jude hatte es, als er nach Palästina kam, mitgenommen. Dort gelangte es in die Bücherei einer Loge des Bnei-Brith Ordens; daß es mir zugedacht wurde, wird mir als eine rührende Geste in Erinnerung bleiben.

Mein frühes, noch in der Schweiz herausgegebenes Exemplar zeigt an, wie sehr sich das Buch im Laufe der Jahre verändert hat. Die Seitenzahl hat sich mehr als verdoppelt. Die 9. Auflage (1891), die 25. (1895), die 34. (1902) und die 50. (1909) wurden jeweils grundlegend überarbeitet, ergänzt und teilweise neu gegliedert. Der Verfasser konnte in den späteren Ausgaben einige der Wirkungen prüfen, die sein Buch verursacht hatte: Nur wenige politische Autoren haben diese Chance.

Bebel, den andere zum Parteipapst hochstilisieren wollten, blieb dabei bescheiden: »Ich habe meine Zukunftsausmalungen gemacht nach dem Stande der Einsicht, die ich bei ihrer Niederschrift besaß. Nichts würde mich abhalten, sie morgen zu modifizieren oder neu zu gestalten, falls ein höheres Maß von Einsicht oder Erkenntnis mir dies als notwendig erscheinen ließe.«

Im übrigen würde es sich lohnen, jener Kooperation nachzugehen, durch die deutsche Sozialdemokraten in den drei Jahren nach 1878 mit Hilfe von Schweizer Freunden die sogenannte »Rote Feldpost« organisierten. Nicht nur der »Sozialdemokrat« und manch andere Schrift, auch zahlreiche Exemplare des Bebel-Buches wurden über die Grenze geschmuggelt. Der Band wurde – im Tarnumschlag – auch mit der Post verschickt. »Ab und zu«, schreibt Bebel später, »fiel allerdings eine Sendung der Polizei in die Hände und wurden Exemplare bei Haussuchungen konfisziert.« Doch der Autor gewann auch der Schnüffelei noch Positives ab: »Diese Bücher gingen dann nicht verloren, sie kamen nur, allerdings unentgeltlich, in andere Hände und wurden von Polizeibeamten, ihren Angehörigen und Freunden vielleicht noch mit größerem Eifer gelesen als von meinen Parteigenossen.«

1895, fünf Jahre nach dem Ende des Ausnahmegesetzes, erschien das Buch bereits in der 25. Auflage. Die 50. Auflage kam, wie erwähnt, 1909 auf den Markt. 1929, fünfzig Jahre nach dem ersten Erscheinen, wurde eine Jubiläumsausgabe (189. bis 210. Tausend) publiziert. Der Verlag J. H. W. Dietz Nachfolger (Berlin-Bonn) hat sie 1977 als Reprint – und als Band 8 seiner Internationalen Bibliothek – neu aufgelegt. Bereits 1946 war in der DDR eine Neuauflage erschienen. In Hannover hat der Fackelträger-Verlag 1974 eine gekürzte und kommentierte Fassung veröffentlicht.

In seinen Vorwort zur 50. Auflage teilte August Bebel mit verhaltenem Stolz mit, sein Buch sei nun auch ins Serbische übersetzt worden. Im Vorwort zur 25. Auflage war 1895 vermerkt worden, es gebe zwei Übersetzungen ins Englische – London und New York –, weitere ins Französische, Russische, Italienische, Schwedische, Dänische, Polnische, Flämische, Griechische, Bulgarische, Rumänische, Ungarische und Tschechische.

Ich möchte die Aufmerksamkeit auf zwei Sätze in Bebels Vorwort von 1909 lenken. Sie lauten: »Schließlich muß ich an dieser Stelle meinem Parteigenossen N. Rjasanoff meinen wärmsten Dank aussprechen für die umfassende Hilfe, die er mir bei der Bearbeitung der fünfzigsten Auflage gewährte. Er hat den Hauptteil der Arbeit geleistet.« Es ist zur ungerechten Routine geworden, über solche lobenden Erwähnungen hinwegzulesen. Ich halte es für angemessen, auf das spätere Schicksal jenes russischen Emigranten aufmerksam zu machen, der damals in Berlin lebte und mit dem Vorsitzenden der deutschen Sozialdemokraten so eng zusammenarbeitete: N. Rjasanoff (dessen Vorname nicht mit N., sondern mit D. für David abgekürzt werden müßte) hat sich in der gewerkschaftlichen Arbeit und als Marx-Forscher einen Namen gemacht. 1921 wurde er Direktor des Moskauer Marx-Engels-Instituts, aber zehn Jahre später wegen »Menschewismus« aus der Partei ausgeschlossen. Während der Stalinschen Verfolgungen kam er ums Leben.

Das historische Umfeld

In meinen jungen Jahren begegnete ich vielen, die Bebel noch gesehen und gehört hatten, und für die er Zeit ihres Lebens der mitreißende

Agitator und vertrauenerweckende Volksmann geblieben war. Mir wurde damals nicht bewußt, wie sehr Bebel gerade wegen der »Frauenfrage« im eigenen Lager gegen den Strom schwimmen mußte; daß es ihm nur mühevoll gelungen war, die eigene Partei von der Notwendigkeit des Frauenwahlrechts zu überzeugen; daß er und einige seiner Freunde von anderen Mitgliedern der Parteiführung und Reichstagsfraktion als Illusionisten verspottet worden waren, weil sie sich eines so abwegigen Themas wie der vollen Gleichberechtigung annahmen. Seitdem hat sich vieles verändert. Eine gewisse Kontinuität läßt sich trotzdem nicht verkennen.

Wir wissen, daß sich Bebel schon 1868 – ein Jahr, nachdem er in den Norddeutschen Reichstag gewählt worden war – in einer weitverbreiteten Broschüre der damals von den Sozialdemokraten kaum beachteten Frauenfrage zugewandt hatte. Es skizzierte dort, daß die Frau in der sozialistischen Gesellschaft eine ungleich würdigere Existenz haben werde. In einer Abhandlung, die 1875 niedergeschrieben und 1878 veröffentlicht wurde – sie diente der Auseinandersetzung mit zwei französischen Autoren über Fragen des Chistentums –, hatte Bebel einen Abschnitt der »gegenwärtigen und künftigen Stellung der Frau« gewidmet. Tiefgreifende Änderungen an den Grundlagen der kapitalistisch-bürgerlichen Gesellschaft seien notwendig, wolle man die Stellung der Frauen wesentlich verbessern: »Es wird hohe Zeit, daß der deutsche Sozialismus das eminent wichtige Interesse, das die Frauen an seinen Bestrebungen haben müssen, überall erkennt und danach handelt.«

Wir dürfen vermuten, daß Bebel sich schon früh mit den Auffassungen des »utopischen« Sozialisten Charles Fourier (1772 – 1837) vertraut machte, über den er später eine eigene Schrift herausgab (»Charles Fourier, sein Leben und seine Theorien«, Stuttgart 1907). Der Franzose, der einer wohlhabenden Kaufmannsfamilie entstammte, hatte das Massenelend der Seidenarbeiter kennengelernt und mit der Obrigkeit in hartem Streit gelebt; er warb für die Bildung kleiner, sich selbst genügender Gemeinschaften, wie sie von Einwanderern in den USA erprobt wurden; seine Gedanken haben auch die junge Genossenschafts-Bewegung beeinflußt. In unserem Zusammenhang interessiert ein Element, das sich für Bebel so darstellte: »Das Verhältnis der beiden Geschlechter zueinander ist im Fourierschen System das denkbar freieste. Die Kritik, die Fourier an den Beziehungen der Geschlechter in unserer Gesellschaft, an der Form der heutigen Ehe mit ihren Auswüchsen, ihrer Käuflichkeit, ihrer Heuchelei, ihrem Zwang gegen den einen oder anderen, aber gegen beide Teile übt, gehört zu dem Schärfsten, was hierüber geschrieben wurde ... Fourier beurteilt den Kulturgrad einer Gesellschaft nach der Stellung, welche die Frau in derselben einnimmt.« (Charles Fourier gilt übrigens als der erste, der den Begriff Feminismus verwendet hat.)

Bebel setzte sich also von Anfang an nicht nur, wie ihm manche voreiligen oder schlecht informierten Kritiker unterstellten, mit der ökonomischen Lage der Frau – zumal der Arbeiterin und Arbeiterfrau – auseinander, wenn auch die Lage in seinem sächsischen, von der Textilindustrie geprägten Wahlkreis Anlaß genug war, sich von dieser Seite dem Generalthema zu nähern. Er drängte auf eine möglichst umfassende Betrachtung, vor allem auch der kultur-historischen Zusammenhänge. Es bleibt beeindruckend, wie selbstsicher er, der Autodidakt, in diesem Feld zu argumentieren wußte. Seine naive Wissenschaftsgläubigkeit ist ihm dabei nicht vorzuwerfen; sie ist typisch für seine Zeit im allgemeinen und für die aufstrebende sozialistische Bewegung im besonderen.

Auch ein spezifisch deutsches Element wird sichtbar: Ein Eindruck, der sich aufdrängt, wenn man Bebels Buch mit dem nach der Jahrhundertwende veröffentlichten Werk Léon Blums »Über die Ehe« vergleicht. Der französische Sozialist ließ sich, wie Jean Lacouture in seiner vorzüglichen Biographie Blums schreibt, nicht so sehr von sozialistischen Theoretikern oder bürgerlichen Wissenschaftlern inspirieren, sondern von Stendhal, Balzac und Tolstoi. Der Unterschied zu Bebel ist deutlich: Hier die mit enzyklopädischem Drang geschriebene sachliche Abhandlung, dort der elegante, mit literarischen Ambitionen verfaßte Essay. (Blum tritt übrigens dafür ein, den jungen Frauen vor der Ehe die gleichen »Freiheiten« einzuräumen wie den Männern.)

Bebels gewichtiger Beitrag sollte nicht daran gemessen werden, ob es sich mit dem Matriarchat oder mit der Entstehung der Monogamie wirklich so verhalten hat, wie es die damals relevanten Quellen darstellten. Heutige Leser tun zum Beispiel gut daran, sich klarzumachen, daß Bebel weder mit der Psychoanalyse noch mit den Fragestellungen und Erkenntnissen der modernen psychologischen und soziologischen Wissenschaften vertraut sein konnte.

August Bebel – mit dem ich mich hier als Verfasser des Frauen-Buches befasse – war kaum das, was man einen »sanften« Menschen nennen würde; nicht erst posthum wurde ihm angekreidet, daß ihm, zumal auf Parteitagen, eine gewisse dogmatische Strenge eigen war. Aber er verfügte in hohem Maße über die Fähigkeit, auseinanderstrebende Kräfte zusammenzuhalten. Die solidarische Gesellschaft war nicht seine Formulierung, wohl aber sein Ziel. An Bebels 50. Todestag, dem 13.

August 1963, erinnerte ich an seiner Züricher Grabstätte daran, wie nachdrücklich er seine Anhänger darauf hingewiesen hatte, daß es nicht darauf ankäme, sich allein dem Triumph einer Partei verpflichtet zu fühlen, »sondern einer neuen Gesellschaft, in der alle aktiven Kräfte harmonisch verbunden werden und zu aller Nutzen zusammenwirken«. Bebel scheute sich nicht, vom »Vaterland der Liebe und Gerechtigkeit« zu sprechen, das es zu verwirklichen gelte.

Die Sozialdemokratische Partei, rief er einmal dem großen Widersacher Bismarck zu, sei eine Gemeinschaft von Menschen, die beständig lerne und sich in ständiger geistiger Mauserung befinde; eine Partei, die nicht die Ansicht hege, daß ein heute ausgesprochener Satz und eine heute als richtig erkannte Anschauung unzweifelhaft und unfehlbar für alle Ewigkeit feststünden; und gerade deshalb sei sie eine vorwärtsstrebende Partei.

Wir haben festgehalten, daß sein Buch zu Beginn jener Zwölfjahresperiode erschien, in der sich die Herrschenden der »gemeingefährlichen Bestrebungen der Sozialdemokratie« mit den Mitteln des Verbots und der Ausweisung, der Einschüchterung und der Einkerkerung zu erwehren suchten. Jeder, dem die Geschichte der letzten hundert Jahre nicht völlig fremd ist, kennt den Ausgang: Bebels Sozialdemokratie, die vernichtet oder jedenfalls ausgetrocknet werden sollte, wurde zur größten Partei im alten Reich.

Im Interesse der historischen Wahrhaftigkeit muß hinzugefügt werden: Die Drangsalierungen, denen die Sozialdemokraten Ende des vorigen Jahrhunderts ausgesetzt waren, können und dürfen nicht mit den blutigen Verfolgungen verglichen werden, die wir in unserem Jahrhundert erlebten. Bebel freilich mußte nicht einmal auf das Sondergesetz warten, um zum Staatsanwalt zitiert zu werden. Die Vorkämpfer unserer deutschen Arbeiterbewegung standen immer, so Wilhelm Liebknecht, »mit einem Bein im Gefängnis«. August Bebel verbrachte dort, wenn auch zeitweise in der weniger strapaziösen Festungshaft, 57 Monate. Dabei legte er sich eine gewisse Gelassenheit zu: »Es war schön und nützlich, daß ich die Zeit meiner Gefangenschaft zu meinem eigenen Besten nutzen konnte.« Es hat seine fragwürdige Ironie, daß ihm diese Zwangspausen erlaubten, seinen angegriffenen Gesundheitszustand zu bessern: »Absolute Ruhe und frische Luft brachten mich wieder auf die Füße.« Und immer nutzte er die Zeit der Inhaftierung zum Lesen, zum Studieren.

Es ist fast symbolhaft, daß er die Hochverrats-Strafe nach dem Deutsch-Französischen Krieg von 1870/71 nicht nur dazu nutzte, das Frauen-Buch vorzubereiten, sondern auch, um mit Hilfe seines Weg-

gefährten und Freundes Wilhelm Liebknecht Französisch zu lernen. Die Sozialisten jener Epoche lehnten den Krieg nicht einmütig ab; doch sie stemmten sich alle gegen die Annexion französischer Gebiete. (Bebel, der sich gemeinsam mit dem »alten« Liebknecht bei der Abstimmung über die Kriegskredite der Stimme enthalten hatte, meinte später, sie hätten direkt dagegen stimmen müssen.)
Ich erinnere daran, weil während dieser Haft die »Frau« geboren wurde und weil es eine ältere Tradition deutsch-französischer Freundschaft gibt, als uns manche Spätbekehrte einreden wollen, für die die europäische Geschichte erst nach 1945 anzufangen scheint. Man mag der deutschen Sozialdemokratie manches vorwerfen, aber dies nicht: daß sie jemals Krieg über Europa oder eine Diktatur über unser Volk gebracht habe.
Ich will versuchen, Bebels Buch in seinen Grundlinien zu skizzieren. Dabei gehe ich wohl realistisch davon aus, daß dem größten Teil der Leser diese Veröffentlichung nicht bekannt ist.

Vergangenheit – Gegenwart von damals

August Bebel betrachtete die Frauenfrage – ich wies schon darauf hin – als »nur eine Seite der allgemeinen sozialen Frage«. Wie diese könne sie eine »endgültige« Lösung nur durch die Aufhebung der gesellschaftlichen Gegensätze finden. Zivilrechtliche und politische Gleichberechtigung in der bestehenden Gesellschaftsordnung durften für ihn logischerweise nur vorläufige Ziele sein; denn das eigentliche Ziel sei der Sozialismus, ihm gehöre die Zukunft, »das heißt in erster Linie dem Arbeiter und der Frau«: Das ist die Quintessenz des Buches, es ist auch sein letzter Satz.
Der erste Abschnitt – ich halte mich an die Jubiläumsausgabe – gibt eine kursorische Darstellung der Beziehungen zwischen den Geschlechtern seit der »Urzeit«. Bebel will zeigen, daß sich die Beziehungen zwischen Mann und Frau – »dem ersten menschlichen Wesen, das in Knechtschaft kam«, das Sklavin wurde, »ehe der Sklave existierte« – in dem Maße wandelten, in dem sich die Formen von Produktion und Verteilung entwickelten. Zugleich soll der historische Überblick deutlich machen, daß sich die Beziehungen der Geschlechter zueinander mit einer gewissen Zwangsläufigkeit ändern, wenn die Produktionsverhältnisse und die Verteilung der erzeugten Güter weiter und zwar grundlegend umgestaltet werden.
Vornehmlich unter diesen Gesichtspunkten wird die Rolle der Frau in

den Hauptepochen der »bisherigen Geschichte der Menschheit« geschildert. Bebel geht davon aus, daß soziale und geschlechtliche Faktoren »die Grundlage der Entwicklung für alle Völker der Erde bilden«. Auf diese Einsicht gestützt, deutet er die Entwicklung der Familie, des Mutterrechts, das Aufkommen des Vaterrechts, den Kampf zwischen beiden und das Entstehen staatlicher Ordnung: als notwendige Folge einer weiterentwickelten arbeitsteiligen Gesellschaft mit häufig einander entgegengesetzten Interessen. Er weist auf die Überreste des Mutterrechts in den Sitten verschiedener Völker hin und ist davon überzeugt, daß die Geltung des Mutterrechts Kommunismus im Sinne von »Gleichheit aller« bedeutet habe; mit dem Aufkommen des Vaterrechts habe zugleich die »Unterdrückung und Knechtung der Frau« begonnen. (Die Forschung gibt immer noch keine klare Antwort auf die Frage, ob die Frühzeit der Menschheit allgemein durch das Mutterrecht geprägt war, ob, mit anderen Worten, überall eine Ablösung des Matriarchats durch das Patriarchat stattgefunden hat.) Das Buch gibt Hinweise auf die Rolle der Frau im vorchristlichen Rom und im Leben des jüdischen Volkes. Bebel befaßt sich auch mit dem frauenfeindlichen Charakter der christlichen Hierarchie und zitiert dazu eine Reihe von Kirchenvätern. Ein Kapitel über die Frau im Mittelalter beginnt bei den Germanen, beschreibt die Zustände im Feudalismus, in den aufblühenden Städten, setzt sich mit dem Klosterwesen und der damaligen Prostitution auseinander und endet mit einer kritischen Darstellung dessen, was über Frauenverehrung zur »Ritterzeit« überliefert ist.

Es schließt sich ein Kapitel über die Reformation an. Bebel gelangt unter anderem zu der Feststellung, die Sozialdemokratie könne sich in ihrem Kampf gegen eine rückständige Geistlichkeit »mit vollstem Fug und Recht« auf Martin Luther berufen; der habe in Fragen der Ehe einen durchaus vorurteilsfreien Standpunkt eingenommen.

Der historische Teil endet mit einem kurzen Überblick über die Verhältnisse während der Zeit nach der Reformation, während des Dreißigjährigen Krieges und im 18. Jahrhundert. Bebel beschreibt das Hofleben in Deutschland, den Merkantilismus, die Ehegesetze, die Französische Revolution und die beginnende Industrialisierung.

Der zweite, umfangreichste Teil des Buches setzt sich mit der Lage der Frau »in der Gegenwart« auseinander, also der Epoche des ausgehenden 19. Jahrhunderts. Die Kapitel stellen dar: Die Frau als Geschlechtswesen – Die moderne Ehe – Die Zerrüttung der Familie – Die Ehe als Versorgungsanstalt – Die Chancen der Ehe – Die Prostitution – Die Erwerbsstellung der Frau – Der Kampf der Frau um die Bildung – Die rechtliche Stellung der Frau. Ich will versuchen, das Wichtigste daraus zu vermitteln.

Sexualität, Ehe und Familie

Das Kapitel »Die Frau als Geschlechtswesen« leitet Bebel mit dem Satz ein, überall in der bürgerlichen Welt rangiere die Frau an zweiter Stelle – »erst kommt der Mann, dann sie«.

Auch heute noch ist es bemerkenswert, wie direkt Bebel sexuelle Probleme anspricht. Sohn seiner Zeit, führt er zunächst an, daß Buddha, Luther, Kant, Schopenhauer und einige zeitgenössische Wissenschaftler sich positiv zum Geschlechtstrieb eingestellt hätten, um dann seinen eigenen Standpunkt darzulegen: »Der Mensch soll unter der Voraussetzung, daß die Befriedigung seiner Triebe keinem anderen Schaden oder Nachteil zufügt, über sich selbst befinden.« Er erläutert dies so: »Die Befriedigung des Geschlechtstriebes ist ebenso jedes einzelnen persönliche Sache wie die Befriedigung jedes anderen Naturtriebs. Niemand hat darüber einem anderen Rechenschaft zu geben und kein Unbefugter hat sich einzumischen. Wie ich esse, wie ich trinke, wie ich schlafe und mich kleide, ist meine persönliche Angelegenheit, ebenso mein Verkehr mit der Person eines anderen Geschlechts.«

Die »sogenannten tierischen Bedürfnisse« seien auf die gleiche Stufe zu stellen, wie die »sogenannten geistigen«; das gelte gleichermaßen für Frau und Mann. Die Befriedigung des Geschlechtstriebes sei eine Voraussetzung für die physische und geistig-seelische Entwicklung von Mann und Frau. Kulturell erworbenen Behinderungen empfiehlt Bebel mit einer Sexualerziehung für beide Geschlechter zu begegnen. Wenn der Mensch mit einer »genauen Kenntnis seiner physischen Natur« ausgestattet sei, werde er viele Lebensverhältnisse mit anderen Augen sehen.

Einige Zwischenbemerkungen sind hier angebracht: Unser Wissen über sexuelle Probleme mit all ihren Widersprüchlichkeiten ist in den vergangenen Jahrzehnten gewachsen, zweifellos vor allem dank der Psychoanalyse. Sigmund Freud hat Türen zu jenen Bereichen geöffnet, die man früher als Dunkelkammer der Seele eher fürchtete. Manche seiner Einsichten waren rasch überholt, andere wurden weiterentwickelt. (Die Sexualität der Frau betrachtete Freud noch in konservativer Befangenheit, aber das große und düstere Schweigen wurde gebrochen.)

Die Freiheit, die uns seitdem zuwuchs, hat neue Fragen aufgeworfen. Mit einem Blick auf Bebel bleibt zum anderen nüchtern festzustellen, daß seine offene Bejahung der Sexualität innerhalb der sozialistischen Bewegung kaum offene Ohren gefunden hat. Meist klebten die Genossen an überkommenen Vorstellungen und kleinbürgerlichen Verhaltensweisen. Für regierende Kommunisten trifft dies in ganz besonderem Maße zu. In der Sowjetunion etwa folgte einem Zwischenstadium, das Zeichen von Zügellosigkeit aufwies, ein Regiment moralisierender, fast viktorianisch anmutender Strenge.

Folgen wir weiter Bebels Text. Er führt aus: Die bürgerlichen Eigentumsverhältnisse hätten vielen Ehen ihren Stempel aufgedrückt, so daß John Stuart Mill recht habe, in der Ehe die einzige wirkliche Leibeigenschaft, die das Gesetz kenne, zu sehen. August Bebel entwarf für sich selber durchaus ein schönes Bild der Ehe; er sieht in ihr eine Verbindung aus gegenseitiger Liebe, die über die Sexualität hinaus »geistige Anziehungskraft und Übereinstimmung mit dem Wesen des anderen« verlange, wenn sie »ihren Zweck erfüllen« soll: Nämlich »Befriedigung des Naturtriebes und die Fortpflanzung des eigenen Wesens in der Fortpflanzung der Rasse«; hier meint er selbstverständlich die menschliche Rasse, also die Menschheit.

Daß die bürgerliche Ehe von der Mehrzahl der Frauen als »Versorgungsanstalt« und von den Männern vielfach vom »reinen Geschäftsstandpunkt« her gesehen werde, hält Bebel für natürlich, weil die ökonomischen Zustände kaum eine andere Betrachtungsweise zuließen. Um versorgt zu sein, konkurrierten Frauen um den Mann, der sich dadurch in einer Art von Herrscherrolle bestätigt sehe. Daß in erster Linie die Frauen Opfer unglücklicher Verbindungen werden, macht Bebel zum einen der Gesellschaft zum Vorwurf, die der Frau den Beruf der Ehefrau und Mutter als den einzigen ihr gemäßen zuweise und die geschiedene, materiell abhängige Frau ächte, ja, sie als »Neutrum« betrachte. Zum anderen wirft er Staat und Kirche eine Ehegesetzgebung vor, die eine Trennung erschwere und »handgreifliche«, jedenfalls den einen Partner herabsetzende und entehrende Beweise der Schuld verlange, um durch solche Diskriminierung einer Auflösung der Familie entgegenzuwirken und ihren Bestand zu festigen.

Bebel sieht einen Unterschied zwischen der bürgerlichen Ehe und jener der »unteren Klassen«, die in seinen Augen nicht weniger gefährdet war, wenn auch aus anderen Gründen. Arbeitslosigkeit des Mannes als Folge der technischen Entwicklungen, Zank und Streit, die sich aus materieller Bedrückung ergeben müssen, die Doppelbelastung vieler Frauen durch Fabrikarbeit und Haushalt, dazu allzu »reicher

Kindersegen«, schwere, oft tödliche Erkrankung der Kinder, kaum zu bewältigende Erziehungsaufgaben – alles das sei geeignet, Ehe und Familie zu zerstören. Hauptleidtragende sei auch hier die Frau.

Diesen Aspekt betonte auch Karl Kautsky in seinen berühmten (im übrigen durchaus umstritten gebliebenen) Erläuterungen zum Erfurter Programm der SPD, das 1891 beschlossen wurde und dessen grundsätzlichen Teil Kautsky selber entworfen hatte. Er geißelte die unerträgliche Doppelbelastung der Frau im Proletarierhaushalt und kehrte den an die Sozialdemokratie gerichteten Vorwurf, sie wolle die Familie zerstören, gegen »die Kapitalisten«; sie trügen die Verantwortung dafür, daß Arbeiterfamilien immer häufiger auseinandergerissen würden.

Bebel hat in diesen Zuständen den Grund auch für die Zunahme von Abtreibungen gesehen. Diese würden ja nicht nur von »leichtfertigen, gewissenlosen Frauen« vorgenommen, sondern gerade von »pflichttreuen Ehefrauen«, die durch Not und Elend gezwungen wurden, die Kinderzahl einzuschränken.

Obwohl Bebel davon überzeugt war, daß letztlich nur eine andere gesellschaftliche Ordnung dazu führen werde, diese Zustände zu ändern, forderte er auch unter den gegebenen Verhältnissen schon eine »Erziehung zur Ehe«. Diese solle der Frau neben sexueller Aufklärung wirtschaftliche Kenntnisse vermitteln, ihre geistige Unterlegenheit beseitigen, ihre »Verstandeskräfte« und »exakte Denkfähigkeit« fördern und sie in die Lage versetzen, sich über das »Alltägliche und Gewöhnliche« zu erheben.

An dieser Stelle sollte daran erinnert werden, daß sich seit Bebel für viele, vor allem junge Menschen, die Vorstellungen über die Ehe als »Naturzweck« und als »einzig moralische Verbindung« verändert haben. Neue Formen des Zusammenlebens sind Teilen der jungen Generation selbstverständlich geworden. Gleichzeitig hat die Stellung der Familie im öffentlichen Bewußtsein eher wieder eine Stärkung erfahren, wie auch an der Gründlichkeit mancher familienpolitischer Erörterungen und Entschließungen abzulesen ist.

Was die Problematik des Paragraphen 218 des Strafgesetzbuches angeht, so mahnt der Vergleich zwischen Bebels Sätzen und den Diskussionen der letzten Jahre an jenes Bild, das uns den Fortschritt als Schnecke zeigte. Man wäre versucht, von einer Schnecke auf Glatteis zu reden, spräche nicht die Vermutung dafür, daß diese traurige und von soviel Heuchelei durchsetzte Debatte durch die Pharmazie schließlich zu Ende gebracht oder in ihrer Tragweite entscheidend gemindert wird.

Bebel geht davon aus, das eigentliche, ideale Gesicht der Ehe werde häufig durch soziale Zwänge verzerrt; eine der Folgen dieser Zwänge sieht er in der Prostitution, die er als »notwendige Institution der bürgerlichen Welt« beschreibt. Er widmet ihr ein umfangreiches Kapitel. Sein biederer Glaube allerdings, Prostitution sei *allein* durch wirtschaftliche Not bestimmt, hat sich nicht als haltbar erwiesen. Psychologische Motive und neurotische Zwänge sind auch hier am Werk. Immerhin urteilte schon Ende der neunziger Jahre Alys Russell, freilich eine Engländerin, nach den Gründen der Prostitution müsse erst noch ernsthaft gesucht werden. Der wiederholte Hinweis auf wirtschaftliche Zwänge sei ein Schlagwort. Ebensowenig sei erwiesen, »daß Frauen in einer kommunistischen Gesellschaft nicht gekauft werden können«. Der harte Realismus solcher Einsichten läßt sich auch heute nicht einfach beiseite schieben.

Beruf, Bildung, Recht

Bebel schilderte gründlich die Erwerbstätigkeit von Frauen in Gewerbe und Industrie. Gestützt auf deutsche, aber auch auf englische, französische und amerikanische Statistiken, wies er nach, daß die Zahl der erwerbstätigen Frauen in den Industrieländern rasch zunehme, relativ und absolut. Er stellte fest, daß die bürgerliche Gesellschaft die Frau als Arbeitskraft benötige und begrüße, um die Produktion rasch zu entwickeln.

Es nimmt nicht wunder, wenn er die Industriearbeiterin in hohem Maße als Konkurrentin des Mannes um den Arbeitsplatz betrachtete; er fürchtete, aus dieser Konkurrenz werde eine »Schraube ohne Ende«. Wegen ihrer großen Bedürfnislosigkeit und ihrer Hilflosigkeit sei die gewerkschaftlich zumeist nicht organisierte Frau bereit, für einen – oft um die Hälfte – geringeren Lohn zu arbeiten, zumal in der Rolle der »Dazuverdienerin« und angesichts der großen weiblichen »Reservearmee« von Arbeitslosen. Aus diesen Gründen, auch wegen ihrer stärkeren Ortsgebundenheit – überdies weil sie über größere Geduld und Fingerfertigkeit, oft auch über einen ausgeprägteren Geschmackssinn verfüge – sei die Frau in vielen Industriezweigen gefragter als der Mann. Sie verdränge den männlichen Arbeiter, und dieser sei dadurch gezwungen, seine Arbeitskraft noch billiger anzubieten. So stehe Geschlecht gegen Geschlecht und Alter gegen Alter. Junge Frauen verdrängten die älteren, Kinder und ganz junge Leute wiederum die Frau. Es entwickle sich eine »feindselige Gesinnung« zwischen Arbeiter und Arbeiterin. Diese Entwicklung in der bürgerlichen Gesellschaft ließ sich nach Bebels Meinung nur durch eine Stärkung der Gewerkschaftsbewegung aufhalten; ihr müßten sich die Arbeiterinnen anschließen. Wie die beschriebenen Mißstände aufheben? Bebel, auch in diesem Kapitel: Durch eine sozialistische Gesellschaftsordnung, in der die Frau, vor unwürdigen Zumutungen gesichert, dem Mann »als Freie und Gleiche« gegenüberstehe.

Seine Überzeugung, die »wirkliche und volle Emanzipation« werde sich durchsetzen, stützt Bebel nicht zuletzt auf das Vordringen der »technischen Revolution auch im Haushalt«. Diese werde die Stellung der Frau in der Familie freier und unabhängiger machen.

Mit der Zulassung von Frauen zum Hochschulstudium und den akademischen Berufen – obwohl sie »heute erst eine Minorität betrifft« – setzte sich Bebel deshalb relativ ausführlich auseinander, weil er sie für ein Problem von prinzipieller Bedeutung hielt; dieses werde Einfluß auf die »Stellung der Frau im allgemeinen gegenüber der Männerwelt« haben. Er dachte in der Tat weit voraus. Ich möchte anmerken, daß ich in den Jahren nach dem zweiten Weltkrieg in Berlin noch mit der Frau zusammengearbeitet habe, die – im März 1898 – die erste preußische Doktorandin geworden war: die Pädagogin Hildegard Wegscheider (1871–1953).

Gegner des Frauenstudiums ließ Bebel wissen: Die Frau sei über Jahrhunderte in einer Welt der Männer »geistig unterdrückt, gehemmt und verkrüppelt« worden. Erziehe man sie in gleicher Weise wie den Mann, lasse man sie sich in den gleichen »Künsten und Disziplinen« üben, dann werde sie auch das Gleiche leisten. Daß geistige Fähigkeiten nach dem Gehirngewicht zu bemessen seien – eine damals verbreitete, sogar wissenschaftlich vertretene Meinung –, weist Bebel anhand zahlreicher Beispiele und gestützt auf zeitgenössische Forschungsergebnisse zurück.

Seine Thesen erhärtet er mit Beispielen aus den Vereinigten Staaten und der Schweiz, aber auch aus Rußland, wo sich Frauen in akademischen Berufen, zumal als Ärztinnen, hervorragend bewährt hätten. Er publiziert auch eine ausführliche Liste nach einer amerikanischen Quelle, um auf technische Neuerungen und Erfindungen hinzuweisen, die von Frauen erdacht worden waren.

Weiter behandelt er die Reform des Mädchenschulwesens und erörtert die häufig noch umstrittene Errichtung von Mädchengymnasien. Dabei sieht er einen Zusammenhang zwischen dem Widerstand vieler Universitätslehrer, aber auch männlicher Studenten gegen das Frauenstudium, mit der überhaupt weithin »mangelhaften Verfassung des deutschen Bildungs- und Universitätswesens«. Der Volksschule wirft er vor, der erteilte Unterricht stehe oft weder mit der Vernunft im Einklang, noch entspreche er dem Stand der wissenschaftlichen Erkenntnis. An den höheren Schulen und an den Universitäten enthalte der Lehrstoff zuviel Unbrauchbares, Überlebtes und Überflüssiges. Außerdem würden dort »gute Familienbeziehungen« und »gute Gesinnung« oft höher bewertet als »Wissen und Können«.

Was die zivilrechtliche Stellung der Frau angeht, vergleicht Bebel die deutschen Bestimmungen mit denen anderer europäischer Staaten: Die Bilanz fällt nach der Einführung eines einheitlichen bürgerlichen Rechts, also nach der Jahrhundertwende, nicht mehr so ungünstig aus. Aber der Mann besaß weiterhin entscheidende Vorrechte, als Vater und als Ehemann. Ungerecht empfand Bebel das Scheidungs- und Elternrecht. Die alleinige Verfügungsgewalt, die auch der schuldig geschiedene Mann über das aus den nicht verwendeten Einkünften der Frau angesammelte Vermögen behielt, war ihm Beweis genug. Auch den Kindern gegenüber lag die Entscheidung eindeutig beim Mann, der sogar nach der Scheidung die volle »elterliche Gewalt« behielt, während die Frau sie verlor.

Den Verhältnissen in Deutschland – die Frauen waren nicht nur vom aktiven und passiven Wahlrecht zu den »eigentlichen parlamentarischen Körperschaften« ausgeschlossen, zumeist auch noch vom Gemeindewahlrecht und bis 1908 sogar vom Vereinsrecht – stellt Bebel die Lage in anderen, »fortschrittlicheren« Ländern gegenüber. Dem Einwand, die Frau verstehe nichts von Politik, sie interessiere sich auch nicht dafür, hält er die Erfahrungen der deutschen Arbeiterbewegung entgegen: Politisches Bewußtsein und politische Bildung seien erst möglich in der Ausübung politischer Rechte.

Die Argumente gegen die politische Gleichberechtigung der Frau führt er zurück auf den »künstlich großgezogenen Antagonismus zwischen den Geschlechtern«. Dafür macht er ungünstige kirchliche Einflüsse verantwortlich, die Trennung zwischen Jungen und Mädchen in den Schulen, die mangelnde Unterrichtung über den »Menschen als Geschlechtswesen« und, daraus resultierend, die mangelnde Achtung des männlichen vor dem weiblichen Geschlecht. Man möchte hinzufügen: die auf solchem Boden so schwer zu gewinnende Selbstachtung der Frauen.

Den Einwand, beim Frauenwahlrecht vorsichtig zu sein, weil es sich für seine Partei ungünstig auswirken werde, hält Bebel nicht nur für moralisch bedenklich, sondern auch für kurzsichtig. Er schließt die Möglichkeit eines zeitweiligen Nachteils nicht aus, und doch sagt er

mit Nachdruck: Wer politisch rechtlos sei, der werde auf Dauer auch unfähig bleiben, das für ihn politisch Richtige zu erkennen. Diese politisch uneigennützige Haltung ist gewiß nicht gering zu achten.
Die Bundestagswahl 1972 habe ich nicht vergessen. Dennoch, über eine lange Zeit haben es die Frauen der deutschen Sozialdemokratie nicht gedankt, daß sie es war, die das aktive und passive Wahlrecht erkämpfte. Was womöglich mehr wiegt: Der Anteil der Frauen an den parlamentarischen Körperschaften blieb beschämend niedrig – und Ministerinnen eine Ausnahme; einen weiblichen Regierungschef gab es in unseren parlamentarischen Demokratien bisher nicht.
Das Frauenwahlrecht war ein wichtiger Schritt: ein Angebot, dessen Chancen noch nicht wahrgenommen wurden. Ein Aphorismus Bernard Shaws mag hier erlaubt sein. In seinem 1928 erschienenen Buch, dem er den Titel »Einführung der intelligenten Frau in Sozialismus und Kapitalismus« gab, schrieb er: »Es ist die nackte Wahrheit, daß Demokratie, also die Regierung durch das Volk, aufgrund des allgemeinen Stimmrechts, niemals völlig Wahrheit geworden ist.« Mit bösem und ungerechtem Witz fügte der Ire hinzu: »Und in dem sehr begrenztem Maß, in dem Demokratie Wirklichkeit geworden ist, war sie kein Erfolg.«

Bebels Küche und Lenas Kochbuch

In Bebels Zukunftsbild nimmt der Haushalt einen bedeutenden Platz ein. Er meinte, die Abschaffung der Privatküchen und ihre Ablösung durch »Zentralnahrungsbereitungsanstalten« – schreckliches Wort für eine auch nicht sonderlich sympathische Idee! – werde für die Frau der neuen Gesellschaft eine »Erlösung« sein. Die »Anstalten« würde man mit den modernsten Maschinen und technischen Geräten ausstatten. Kraft und Zeit, Heizungs- und Beleuchtungsmaterial und Reinigungsmittel könnten eingespart werden – auch Lebensmittel, die im übrigen in zunehmendem Maße chemisch hergestellt, aber dennoch »alle Eigenschaften eines Naturprodukts« haben würden:
»Die Technik der großen Küchen hat schon gegenwärtig eine Vollkommenheit erreicht, welche die aufs beste eingerichtete Privatküche nicht kennt . . . Die Privatküche ist für Millionen Frauen eine der anstrengendsten, zeitraubendsten und verschwenderischsten Einrichtungen, bei der ihnen Gesundheit und gute Laune abhanden kommt und die ein Gegenstand der täglichen Sorge ist, namentlich wenn, wie bei den allermeisten Familien, die Mittel die knappsten sind. Die Be-

seitigung der Privatküchen wird für ungezählte Frauen eine Erlösung sein. Die Privatküche ist eine ebenso rückständige und überwundene Einrichtung wie die Werkstätte des Kleinmeisters, beide bedeuten die größte Unwirtschaftlichkeit . . .«

Auch dem übrigen Haushalt sagt Bebel eine »revolutionäre Umgestaltung« voraus. Von Warm- und Kaltwasserleitungen über zentrale Wäschereien, Trockeneinrichtungen, Reinigungsanstalten bis zu elektrischen Personen-, Brief- und Zeitungsaufzügen, Müllschluckern und »Stiefelwichsmaschinen« reicht seine Aufzählung von Geräten, von denen er meint, daß sie vor allem »die Stellung der Frau« verändern würden. Dies war so abwegig nicht.

Wer Bebels »Frau« allerdings nur nach den »Zentralnahrungsbereitungsanstalten« beurteilt hätte, wäre ihm ebensowenig gerecht geworden, wie das heute für manche Kritiker einiger sozialdemokratischer Zukunftsvorstellungen gilt. Die enormen Erwartungen, die Bebel in technisch-organisatorische Lösungen setzte, nehmen sich bisweilen freilich seltsam aus, etwa nach dem Grundsatz: Je größer–desto besser, je zentraler–desto rationeller, je rationeller–desto rationaler. Inzwischen, von der Wirklichkeit der Großkantinen etwas ernüchtert–und nicht ohne Wehmut an die Werkstatt des Kleinmeisters denkend–, wissen wir, daß die Lösungen gewiß komplizierter sind.

Eine, die das schon damals sah, jene Lena Stubbe aus Grassens »Butt«, bekam eine Absage, als sie den Vorsitzenden ihrer Partei beim Besuch in Danzig bat, ein Vorwort zu ihrem »Proletarischen Kochbuch« zu schreiben. Als unbekannte Frau könne sie keinen Verleger finden. Bebel wurde unsicher, meint Günter Grass: »Er glaube nicht, daß das Bewußtsein der Genossen schon so reif sei, um das Vorwort ihres Parteivorsitzenden zu einem Kochbuch als politische Notwendigkeit zu begreifen. Er würde sich lächerlich machen und damit der guten Sache nur schaden. Ganz zu schweigen von der Reaktion der bürgerlichen Öffentlichkeit. Im gegnerischen Lager warte man nur darauf, daß er sich eine Blöße gebe. Leider, leider.«

Von kulinarischen Aspekten abgesehen, die dem Dichter Grass (und anderen) wichtig genug sind: An den technischen Apparaturen, die Bebel interessierten, fehlt es heute nicht. Sie haben die Arbeit der Frau im Haushalt erleichtert und ihr auch mehr Freizeit verschafft; »ihr«, denn auch heute ist es in den meisten Haushalten immer noch die Frau, die alle Hausarbeit übernimmt, auch wenn sie selbst erwerbstätig ist. Die »revolutionäre Umgestaltung« hat in der Tat in einer Vielzahl gut ausgestatteter Haushalte stattgefunden, und manche der neuesten Küchenmaschinen sind Prestigeobjekte geworden.

Gleichzeitig gibt es die vorausschauend gerühmten »Zentralnahrungsbereitungsanstalten«: Kantinen, in denen Millionen von Arbeitnehmern ihre Hauptmahlzeit zu sich nehmen. Für den Arbeitsrhythmus in den Betrieben ist dies nützlich. Eine knappe Mittagspause sorgt auch für frühzeitigen Feierabend. Aber die Frau wird dadurch kaum entlastet. Ich höre auch aus jungen Familien: Wo der Mann sonntags mal für das Essen sorge, sei er der Hobby-Koch, nicht der Haus-Arbeiter.

Der »Resonanzboden«

Mit schöner Einprägsamkeit sagte August Bebel, selbst Engelszungen hätten nur Erfolg, »wenn der Resonanzboden für das, was sie predigen«, vorhanden sei: »Und kein Zweifel, dieser Resonanzboden wird immer günstiger, und das sichert weitere Erfolge. Wir leben bereits mitten in der sozialen Revolution, aber die meisten merken es nicht. Die törichten Jungfrauen (des biblischen Gleichnisses) sind noch nicht ausgestorben.«

Das mag sehr euphorisch klingen, doch man muß wissen, daß jenes Bild vom »Resonanzboden« nicht nur die Veränderungen andeuten sollte, die im Gange waren, seit durch die bürgerlichen Revolutionen immer wieder die Frage nach der staatsbürgerlichen Gleichstellung der Frau aufgeworfen wurde; oder seit dem Siegeszug der ersten industriellen Revolution der soziale Schutz der Frau, später ihre Gleichstellung auf die Tagesordnung des geschichtlichen Prozesses gesetzt waren.

Bebel ging es nicht zuletzt um die Aufgeschlossenheit der damals noch jungen Arbeiterbewegung. Er schrieb nicht ohne Grund, er wolle keinen »offiziellen Parteistandpunkt« darlegen. Das galt zunächst sogar für die Forderung nach dem Frauenwahlrecht. Was er geschrieben habe, könne nur als die persönliche Auffassung des Verfassers angesehen werden – »und sind deshalb auch etwaige Angriffe nur gegen seine Person zu richten; die Verantwortung trägt er allein«.

Ohne unziemlichen Vergleich sei hinzugefügt: Bebel bewegte sich mit seinem Frauen-Buch noch auf dünnem Eis; der heutige Parteivorsitzende kann sich auf zahlreiche Beschlüsse stützen, die einer nicht nur formalen, sondern tatsächlichen Gleichstellung der Frau in Staat und Gesellschaft das Wort reden. Aber auch ich habe erfahren müssen, wie mühsam es noch immer ist, schöne Resolutionen in die Realität umzusetzen. Die Integration sozialdemokratischer Frauen in die eigentlichen politischen Entscheidungsprozesse blieb dürftig. Ich habe mich ohne viel Erfolg um Besserung bemüht und werde darin nicht nachlassen.

Ganz gewiß fehlt vielen Frauen, auch den jungen, noch immer der Mut, sich den entnervenden Strapazen des politischen Konkurrenzkampfes auszusetzen. Sie scheuen, mehr als die Männer, die mitunter wirklich bedrückende »Öffentlichkeit« eines politischen Lebens, die dank eines fragwürdigen Umgangs (auch der Parteien selbst) mit den Repräsentanten kaum mehr einen privaten Bereich des Lebens duldet. Doch dies ist nur die halbe Wahrheit. Ganz gewiß wird es den meisten Frauen schwer, die materiellen Voraussetzungen für ein volles politisches Engagement zu schaffen und sich von den Aufgaben in der Familie ebenso selbstverständlich zu entlasten, wie viele Männer dies tun. Und ebenso gewiß lassen oft genug die männlichen Konkurrenten jede Rücksicht auf ihre Lippenbekenntnisse in Sachen Gleichberechtigung fallen, wenn der Wettbewerb ernst wird. Sie haben die härteren Ellbogen und wissen sie zu gebrauchen. Das schöne Wort von der Chancengleichheit ist dann rasch vergessen.

Hundert Jahre sind im Menschenleben eine lange Frist: Als sich 1875 in Gotha Bebels und Liebknechts Sozialdemokratische Arbeiterpartei mit dem von Ferdinand Lassalle geschaffenen Allgemeinen Deutschen Arbeiterverein vereinigte, wurde zum erstenmal die Forderung nach gleichem Lohn für gleiche – heute sagen wir: gleichwertige – Arbeit erhoben. Auch dieses Prinzip fand bis heute keine befriedigende Bestätigung durch die Wirklichkeit: Egon Bahr als Bundesgeschäftsführer der SPD und Annemarie Renger als Vizepräsidentin des Bundestages hatten allen Anlaß, dieses Thema 1977 zu aktualisieren. Die von beiden unterstützte Klage einer »Leichtlohnfrau« führte inzwischen immerhin zum Erfolg.

Bebels Forderung nach dem allgemeinen Wahlrecht für Männer und Frauen wurde vom Vereinigungsparteitag 1875 nicht klar erfüllt. Die Mehrheit stimmte gegen seinen Antrag, ausdrücklich vom Wahlrecht für »die erwachsenen Staatsbürger beider Geschlechter« zu sprechen. Das knappe Ergebnis – 62 gegen 55 Stimmen – illustriert, was es mit der Formel »gegen den Strom« auf sich hat.

Auf dem Parteitag in Erfurt 1891 – im Jahr nach dem Fall des Gesetzes gegen die Sozialdemokratie und zwölf Jahre, nachdem Bebels Buch in erster Auflage erschienen war – wurde die »Abschaffung aller Gesetze, welche die Frau in öffentlich- und privatrechtlicher Beziehung gegenüber dem Manne benachteiligen« gefordert. Das Erfurter Programm verlangte das allgemeine, geheime, direkte Wahlrecht »aller über zwanzig Jahre alten Reichsangehörigen ohne Unterschied des Geschlechts«. Weiter: »Die Sozialdemokratische Partei Deutschlands kämpft für die Abschaffung der Klassenherrschaft und der Klassen selbst und für gleiche Rechte und gleiche Pflichten aller ohne Unterschied des Geschlechts und der Abstammung. Von diesen Anschauungen ausgehend, bekämpft sie . . . jede Art der Ausbeutung und Unterdrückung, richte sie sich gegen eine Klasse, eine Partei, ein Geschlecht oder eine Rasse.«

1894 stellten die Sozialdemokraten im Reichstag zum ersten Mal den Antrag auf Wahlrecht für die Frauen: Es sei unbillig, die Hälfte der Bevölkerung von den politischen Rechten auszuschließen. Die große Mehrheit überzeugte das nicht; es beeindruckte sie nicht einmal. Die Sozialdemokraten stellten jedoch nicht mehr nur eine Handvoll, sondern 44 (von 397) Abgeordneten; sie vertraten etwa zwanzig Prozent der Wähler. Die Zahl der Mandate hätte darum größer sein müssen; doch verfuhr man bei der Einteilung der Wahlkreise mit kalkulierter Willkür.

Nur zögernd für Gleichberechtigung

Fragen der Frauenarbeit, des sozialen Schutzes der Arbeiterinnen, des gleichen Lohns für gleichwertige Arbeit beschäftigten die Arbeiterbewegung in ihrer Frühzeit in weit geringerem Maße, als man dies aus heutiger Sicht vermuten könnte. Bei den sich organisierenden Arbeitern herrschte noch deutlicher als bei sozialistischen Intellektuellen die Meinung vor, die Frau gehöre in den Haushalt und nicht in den Betrieb; der Mann müsse gut genug verdienen, um »ordentlich« für seine Familie sorgen zu können. Bei den »Lassalleanern« klagte die sechste Generalversammlung im Jahre 1867 die oft unmenschlichen Bedingungen der Frauenarbeit an; aber der Protest zielte weiter: »Die Beschäftigung der Frauen in den Werkstätten ist einer der empörendsten Mißbräuche unseres Zeitalters, weil die materielle Lage der Arbeiterklasse dadurch nicht gehoben, sondern verschlechtert und die Arbeiterbevölkerung besonders durch die Vernichtung der Familie in einen elenden Zustand versetzt wird.«

Bei der Bebel-Partei, den »Eisenachern«, wie sie nach ihrem Gründungsparteitag 1869 genannt wurden, war die Grundströmung kaum anders. Dort wurde beantragt, wenn auch nicht beschlossen, ein Verbot von Frauenarbeit zu fordern. Ähnliche Meinungen traten auf einigen der frühen international-sozialistischen Veranstaltungen zutage.

Die Lehrerin Clara Zetkin (1853 - 1933), die zusammen mit sechs anderen Frauen am Internationalen Arbeiterkongreß 1889 in Paris teilnahm (jenem Kongreß, der die »Zweite« Internationale ins Leben rief) und dort über die »Frage der Frauenarbeit« referierte, stellte realistischer fest, daß Frauenarbeit notwendig sei. Wer die »Befreiung all dessen, was Menschenantlitz trägt«, verlange, dürfe nicht die eine Hälfte des Menschengeschlechts »durch wirtschaftliche Abhängigkeit zu politischer und sozialer Sklaverei verurteilen«: »Wie der Arbeiter vom Kapitalisten unterjocht wird, so die Frau vom Manne, und sie wird unterjocht bleiben, solange sie nicht wirtschaftlich unabhängig ist. Die unerläßliche Bedingung für die wirtschaftliche Unabhängigkeit ist die Arbeit.«

Die Kongreßteilnehmer wußten vermutlich, wie schwer es sein würde; und viele zweifelten daran, ob dies überhaupt richtig sei: das Recht auf Arbeit für die Frauen durchzusetzen. Der Pariser Kongreß erklärte jedoch, es sei die Pflicht der Arbeiter, die Arbeiterin als Gleichberechtigte in ihre Reihen aufzunehmen und mitzuhelfen, daß »gleiche Löhne für gleiche Arbeit für die Arbeiter beiderlei Geschlechts und ohne Unterschied der Nationalität« gezahlt werden. Im übrigen wurden verschiedene Forderungen für den Schutz der Frau angenommen. (Die »Bürgerin Zetkin« nahm am Pariser Kongreß als »Abgeordnete der Arbeiterinnen von Berlin« teil; die Partei war damals noch verboten. Im gleichen Jahr 1889 trat sie mit der Schrift »Die Arbeiterinnen- und Frauenfrage der Gegenwart« hervor.)

Dies entsprach den Beschlüssen deutscher Parteitage. Im Vorfeld der »Eisenacher« hatte man allerdings auch schon mehr zukunftsgerichtet argumentiert. Auf dem dritten, dem Stuttgarter Verbandstag Deutscher Arbeitervereine 1865, aus denen die Bebelsche Partei hervorging, hielt Moritz Müller, ein fortschrittlicher Unternehmer, einen Vortrag, der deutlich emanzipatorisch geprägt war. Er setzte auseinander, warum »auch bei den Frauen keine Entwicklung gedeihen könne ohne freie Entfaltung aller ihrer Eigentümlichkeiten, und das geistige Element, welches unabhängig vom Geschlechte ist, bei beiden Geschlechtern gleich gebildet sein müsse«. Gedanken dieser Art waren, wie wir gesehen haben, vielen Vertretern der jungen Arbeiterbewegung noch fremd und mußten es wohl sein.

Manchem mag es heute schwer verständlich erscheinen, daß damals viele Arbeiterfamilien die Frau lieber von der Arbeit – besser: vom Arbeitszwang – außerhalb des Haushalts verschont oder befreit sehen wollten. Aber man muß sich bewußt machen, wieviel es den Arbeitern jener Zeit bedeutete, daß ihre Frau nicht (mehr) in die Fabrik gehen

mußte, um der Familie das Notwendigste zu sichern. Auf dem Gothaer Parteitag 1875 wurde, wie wir feststellten, die Forderung nach gleichem Lohn angenommen. Forderungen zum Arbeitsschutz kamen hinzu, vor allem: »Verbot der Frauenarbeit auf Hochbauten und unter Tage.« Im Anschluß an den Erfurter Parteitag von 1891 formulierte Bernstein, was im Laufe weniger Jahre zur Meinung vieler Sozialdemokraten geworden war: Da sozial die Schwächere, bedürfe die Frau eines energischeren Schutzes als der Mann. Ein solcher Schutz bedeute jedoch »keine Ausnahmegesetze gegen die Frauen«, sondern nur die »Anerkennung tatsächlicher Verschiedenheiten«, darunter natürlich der physiologischen. Aus solchen Verschiedenheiten rechtliche Unterschiede herzuleiten, sei »bürgerliche Frauenrechtelei«.
Die »bürgerliche« Frauenbewegung forderte, wie es ihrem Selbstverständnis entsprach, eine freie, offene Konkurrenz von Männern und Frauen im Beruf; einer »Schonung« der Frau durch den Mann bedürfe es nicht. Aber dies war mehr ein Problem akademischer oder anderer »gehobener« Berufe, nicht eines der industriellen Arbeit. Man muß an die Belastung der Arbeiterinnen durch die damaligen Arbeitsbedingungen, durch Kinder und Haushalt denken, wenn man verstehen will, weshalb der Schutz der Arbeiterinnen in sozialdemokratischen Programmen besonders wichtig war.

Schon zwei Jahrhunderte

Das 19. Jahrhundert hat die Realität, von der Bebels Buch geprägt war, bis in unsere Tage bestimmt. Doch der historische Rahmen ist weiterzuspannen. Die ersten deutlichen Bestrebungen moderner Zeit, den Frauen politische und soziale Rechte zu verschaffen, beginnen mit der Französischen Revolution.
1789 forderten Bürgerinnen von Paris in einer Petition an die Nationalversammlung politische Gleichberechtigung und die Freiheit zu wirtschaftlicher Betätigung. Olympe de Gouges – eine von der Revolution begeisterte Theaterschriftstellerin, die dennoch für Ludwig XVI. eintrat und auf dem Schaffott endete – gab sich nicht mit der bekannten Erklärung der Menschenrechte zufrieden. Sie verlangte, daß diese durch eine »Erklärung der Rechte der Frau und Bürgerin« ergänzt werde. (Kein Zweifel: Menschenrechte wurden – und werden – ohne viel Reflektion als Männerrechte verstanden, so wie sich ja der Mann als Inbegriff des Menschen gesehen hat.)
In England wäre im Übergang zum 19. Jahrhundert in erster Linie

Mary Wollstonecraft zu nennen: Zeugin der Französischen Revolution, Mutter einer ebenfalls schriftstellernden Tochter, die das Monster Frankenstein erfand und den Dichter Shelley heiratete. Die Mutter veröffentlichte 1792 ihr Buch zur »Verteidigung der Rechte der Frauen«. Später wurde die britische Gesellschaft von den Suffragetten beunruhigt: Vorkämpferinnen einer Stimmrechtsbewegung, zu der es in Deutschland keine Entsprechung gab.
Aus jenen Jahren habe ich keinen vergleichbaren deutschen Frauennamen parat. Ich nenne deshalb den schriftstellernden Beamten und Kant-Freund Theodor Gottlieb von Hippel, der sich 1792 mit seiner Schrift »Über die bürgerliche Verbesserung der Weiber« zum Anwalt des Fortschritts für die Frauen machte.
In den Vereinigten Staaten verkündeten 1848 – da fänden wir allerdings auch deutsche Namen – entschlossene Frauen im Staat New York eine »Declaration of Sentiments« in Anlehnung an die Unabhängigkeitserklärung. Im gleichen Jahr stellten Marx und Engels fest, alle bisherige Geschichte sei eine Geschichte von Klassenkämpfen, und Elizabeth Cady Stanton ließ in Seneca Falls beschließen: »Die Geschichte der Menschheit ist die Geschichte wiederholter Schädigungen und Übergriffe von seiten des Mannes gegenüber der Frau.«
In der zweiten Hälfte des vorigen Jahrhunderts entstand eine »Frauen-Literatur«, durch die die politische und soziale Debatte beeinflußt wurde. Auch in der Arbeiterliteratur tauchte das Frauenthema auf: Bernhard Hegelers »Mutter Bertha« hat auf dem Gothaer Parteitag von 1896 wahre Redeschlachten ausgelöst. Und gewiß ist es kein Zufall, daß Ibsens »Nora« – die im selben Jahr erschien wie Bebels »Frau« – gerade in Deutschland tiefen Eindruck machte. Es wurde mehr und aufmerksamer *über* Frauen geschrieben denn zuvor – und es wurde mehr *von* Frauen geschrieben als je vorher in der Geschichte Europas: nicht länger nur zarte Poesie oder fromme Lyrik.
Frauen vor und nach der Jahrhundertwende fanden ihr großes Thema: den Frieden, die Rettung von Menschenleben. Ich nenne nur zwei Namen: die Pragerin Bertha von Suttner mit ihrem Roman »Die Waffen nieder«; man hat sie 1905 mit dem Nobel-Friedenspreis ausgezeichnet – wie Jahre später (1931) die tapfere Amerikanerin Jane Addams, die sich seit 1899 und vor allem im ersten Weltkrieg so stark für die Friedensbewegung engagiert hatte.
Frauen- und Friedensbewegung weisen viele Parallelen auf. Im Verhältnis zwischen Frauen- und Arbeiterbewegung gilt dies in geringerem Maße. In manchen Schriften setzte sich die Auffassung fest, die Frauenbewegung in Deutschland habe, weil sie von Anfang an »bür-

gerlich« gewesen sei, zwangsläufig in einen Gegensatz zur Sozialdemokratie geraten müssen. Diese Deutung scheint mir überzogen, wenn man etwa an eine Persönlichkeit wie die Frauenrechtlerin Luise Otto-Peters (1819-95) denkt, die – schon 1849 hervorgetreten – 1865 maßgebend beteiligt war, als in Leipzig der »Allgemeine Deutsche Frauenverein« gegründet wurde.

Frauen ihrer Art konnten sich zum Anschluß an die Sozialdemokratie wohl darum nicht verstehen, weil die junge Arbeiterbewegung für Fragen der Gleichberechtigung noch kaum aufgeschlossen war und dies objektiv auch nicht sein konnte. Der »Frauenverein« übersah nicht die Nöte der Fabrikarbeiterinnen; er wandte sich aber eher den allgemeinen Fragen der politischen und gesellschaftlichen Gleichberechtigung zu – und das ging an den Arbeiterfrauen vorbei, für die es sich um die nackte Existenz handelte. Die Forderungen nach einem Verbot der Kinderarbeit, dem Schutz für Arbeiterinnen, der Änderung der Vereinsgesetze wurden jedoch auch von der »bürgerlichen« Frauenbewegung nicht ausgeklammert.

Mitte der neunziger Jahre kam ein junger englischer Intellektueller, der spätere Lord Russell, nach Berlin und schrieb sein erstes Buch – über die deutsche Sozialdemokratie. Seine Frau Alys fügte einen Anhang über »Sozialdemokratie und Frauenfrage in Deutschland« hinzu. Sie kannte Bebels Text und die Schlüsse, die seine Partei zog. Ihre Meinung: »Was in England und Amerika die Bewegung des gesamten weiblichen Geschlechts ausmacht, das hat sich in der deutschen Sozialdemokratie zu einer Bewegung der Arbeiterklasse entwickelt. Frauen sollen ihre Rechte nicht als Angehörige des weiblichen Geschlechts erhalten, sondern als Arbeiter.« Es sei sehr zu bedauern, so Alys Russell weiter, daß die Idee des Klassenkampfes – »ein Prinzip, das jeder Sozialdemokrat sehr zur Verwunderung eines Engländers für unantastbar hält« – es den deutschen Sozialdemokraten nicht gestatte, »mit den nachdenklichen und ernsthaften Führern der Frauenbewegung der Mittelklasse zusammenzuarbeiten, unter denen es viele gibt, die gerne mit den Arbeiterinnen kooperieren würden, um Reformen zustande zu bringen, die von vielen Frauen gewünscht werden«. In anderen Ländern gehe man aber nicht davon aus, daß die Unterdrückung der Frau allein auf *einen* Grund zurückzuführen sei, oder, anders gesagt, daß die Lösung dieses einen Problems eine ausreichende Bedingung für die Lösung der Frauenfrage insgesamt sei. Die deutsche Sozialdemokratie habe einen wichtigen – vielleicht den wichtigsten – Aspekt der Frauenfrage herausgearbeitet, aber sie habe anderen Aspekten zu wenig Bedeutung beigemessen: »Insbesondere

scheint es ihnen unmöglich zu sein anzuerkennen, daß es die Notwendigkeit für Veränderungen in der individuellen Lebenshaltung und der individuellen Moral gibt, die der Staat nicht kontrolliert und nicht kontrollieren kann.«
Die Dame dachte liberal im Sinne ihrer Zeit, und sie verbarg dieses nicht. Ihre Verwunderung wäre allerdings geringer gewesen, wenn sie die sozialen und politischen Verhältnisse in Deutschland stärker in Rechnung gestellt hätte.

»Bürgerliche« und »proletarische« Frauen.

Im Laufe der Jahre entwickelten sich die »bürgerliche« und die »proletarische« Frauenbewegung immer mehr auseinander. So bedauerlich dies im Interesse der Sache war, so verständlich ist es auch wieder. Die Frauenbewegung war (und bleibt) immer auch ein Teil der geschichtlichen Entwicklung. Und der Bruch zwischen Arbeiterbewegung und besitzbürgerlichem Liberalismus ging eben über den engeren politischen Raum hinaus.
Bebel immerhin war sich der Folgen bewußt. Er äußerte sich über »bürgerliche« Frauen verständnisvoller als einige seiner Genossinnen, die bei »den anderen« nur ein Aufbegehren gegen den Mann der eigenen Klasse vermuteten. (Zetkin, auf dem Parteitag 1896: »Wir haben nicht spezielle Frauenagitation, sondern sozialistische Agitation unter Frauen zu treiben.«)
Vor dem ersten Weltkrieg und in der Weimarer Republik gewannen Frauen in der Sozialdemokratie, ja, in der deutschen Demokratie ein klares politisches Profil: Ich nenne die Namen Emma Ihrer, Ottilie Baader, Luise Zietz, Marie Juchacz, die Reichstagsabgeordneten Toni Sender, Toni Pfülf und Louise Schroeder, die preußische Landtagsabgeordnete Hedwig Wachenheim.
Man machte ihnen den Weg nicht leicht. Oft betrachtete man Genossinnen als unvermeidlichen und nicht unbedingt willkommenen Anhang. Häufig genug wurden sie von den eigenen Genossen bespöttelt und mit jenen Damen aus dem gehobenen Mittelstand verglichen, die den Anspruch auf Emanzipation als eine aufregende Mode zu betrachten schienen. Sozialdemokratische Vorurteile gegen Frauen-Emanzipation haben sich im übrigen als zählebig erwiesen.
Die wichtigen Stimmen der sozialdemokratischen Frauenbewegung konzentrierten sich auf soziale Fragen und auf Forderungen der politischen und zivilrechtlichen Gleichstellung; im ganzen bewegte man sich

»klassenkonform«. Sozialdemokraten, sofern sie ihren Vorurteilen entkommen waren, wollten gleiche Rechte und gleiche Pflichten für Mann und Frau, dabei aber gleichzeitig Schutz für den sozial Schwächeren, damit auch für die Frau in der Fabrik und mit ihren Pflichten als Mutter – fördernde Gleichheit, wenn man so will.
Die »bürgerliche« Frauenbewegung hat sich – vor allem durch ihren fortschrittlichen liberalen Flügel – ohne Zweifel Verdienste erworben, zum Beispiel um Bildungsmöglichkeiten für Mädchen und Frauen. Sie bemühte sich auch, die Rolle der Frau in Ehe und Familie und als Staatsbürgerin zu verbessern; die überkommene Aufgabenverteilung in der Familie wurde allerdings nicht in Frage gestellt. Auch die Arbeiterbewegung war im traditionellen Klischee von den »Zuständigkeiten« der Geschlechter befangen, doch ihre fortgeschrittenen Teile wollten mehr. Man begann – wenn auch mit mäßigem Erfolg –, sich um gleiche ökonomische Rechte zu kümmern. Dabei nahm man in Übereinstimmung mit Bebel an – und die damaligen sozialen und wirtschaftlichen Verhältnisse machen dies verständlich –, aus der Befreiung der Arbeiterklasse werde sich die Befreiung der Frau vom ausgebeuteten Wesen zur gleichberechtigten Bürgerin gewissermaßen zwangsläufig ergeben.
Ich möchte hier Bebel wieder selbst zu Wort kommen lassen. 1902 schrieb er (im Vorwort zur 34. Auflage), die Erkenntnis von der Notwendigkeit, Staat und Gesellschaft umzugestalten, habe nicht nur »immer weitere Kreise der proletarischen Frauenwelt« ergriffen; auch die bürgerliche Frauenbewegung sei in ihren Bestrebungen immer weiter getrieben worden und stelle Forderungen, »die früher nur die fortgeschrittensten Elemente zu stellen wagten«. Die Frauenbewegung habe in fast allen Kulturländern von Jahr zu Jahr an Boden gewonnen, und wenn in dieser Bewegung auch noch viel Unklares und Halbes zu finden sei – nun folgt einer der nicht seltenen Ausbrüche übertriebenen Fortschrittsglaubens, vielleicht auch nur eines naiven Zweckoptimismus –, so bleibe also »diese Unzulänglichkeit den in ihr tätigen Elementen auf die Dauer nicht verborgen; sie werden weiter getrieben, sie mögen wollen oder nicht«.
In den späteren Auflagen des Buches wird, im einleitenden Text, von der bürgerlichen und der proletarischen Frauenbewegung als von »feindlichen Schwestern« gesprochen, die – »weit mehr als die im Klassenkampf gespaltene Männerwelt« – eine Reihe Berührungspunkte hätten, »in der sie getrennt marschierend, aber vereint schlagend, den Kampf führen können«: »Das ist auf allen Gebieten der Fall, auf welchen die Gleichberechtigung der Frauen mit den Män-

nern, auf dem Boden der gegenwärtigen Staats- und Gesellschaftsordnung, in Frage kommt . . .«

1909 formulierte Bebel: »Die Frauenbewegung – und zwar die bürgerliche wie die proletarische – hat in den dreißig Jahren, seitdem mein Buch erschien, viel erreicht, und zwar in allen Kulturländern der Erde. Es dürfte kaum eine zweite Bewegung geben, die in so kurzer Zeit so günstige Resultate erzielte. Die Anerkennung der politischen und bürgerlichen Gleichberechtigung der Frau und die Zulassung der Frau zum Studium auf den Hochschulen und der Zutritt zu ihr früher verschlossenen Berufen hat große Fortschritte gemacht . . .« Er fragt, wie sich dieses Phänomen erkläre, und er antwortet – wieder etwas zu weit und dabei dann doch zu kurz greifend: »Die große soziale und ökonomische Umwälzung in allen unseren Verhältnissen hat dieses herbeigeführt.«

»Die Frau der Zukunft«

Immer wieder fand Bebel, wie wir sahen, die Ursache der Mißstände in der gesellschaftlichen Ordnung. Erst die Ablösung dieses Systems, wie es sich im Wilhelminischen Deutschland herausgebildet hatte, werde die Lösung der eigentlichen Probleme möglich machen. Bebel behandelte im Frauen-Buch auch seine Vorstellungen von sozialer Revolution, den Grundgesetzen einer sozialistischen Gesellschaft – wozu für ihn »Arbeitspflicht aller Arbeitsfähigen ohne Unterschied des Geschlechts« gehörte –, von dem Verhältnis zwischen Sozialismus und Landwirtschaft, der Aufhebung des Staates und der Zukunft der Religionen.

Im sechsten Kapitel wendet er sich wieder der Rolle der Frau zu: bezogen auf eine neue, zukünftige, sozialistische Gesellschaft. Es lag nicht fern, eine solche Betrachtung beim Erziehungswesen aufzunehmen. Als dessen Ziel sieht er die Befähigung beider Geschlechter, »in vollstem Maße« ihren Rechten und Pflichten zu genügen. Erster Schritt ist für ihn die Bereitstellung moderner Einrichtungen für die Pflege von Mutter und Kind. Da die Daseinsbedingungen in der neuen Gesellschaft für alle gleich sein werden, ist auch die Erziehung beider Geschlechter gleich und gemeinsam. Neben »körperlichen Tätigkeiten« soll der allgemeinbildende Unterricht nicht zu kurz kommen.

Moderne Lehr- und Lernmittel sollen frei sein, auch Kleidung und Unterhalt. Aber Bebel legt Wert auf den Grundsatz, daß die Ordnung des Erziehungswesens den Eltern obliege; gemeinsam mit den Erziehern sollen sie ihre Verantwortung in demokratischen Erziehungsausschüssen wahrnehmen. Man hat Bebel nachgesagt, ihm sei anzumerken gewesen, daß er als Sohn eines preußischen Unteroffiziers in den Kölner Kasematten aufwuchs; nun, er war vier Jahre alt, als der Vater starb. Wie dem auch sei: Er verstand es jedenfalls, anschauliche Vergleiche mit dem Militär in seine Argumente einzuführen: »Für die Erziehung des Nachwuchses der Gesellschaft sollte in ähnlicher Weise gesorgt werden, wie im Militärwesen für die Ausbildung der Soldaten, bei dem ein Unteroffizier auf acht bis zehn Gemeine kommt. Wird künftig eine ähnliche Schülerzahl von einem Lehrer unterrichtet, so ist erreicht, was erreicht werden muß.«

Vergleiche mit dem Militärischen waren ihm auch sonst nicht fremd: »Eine Frau, die Kinder gebiert, leistet dem Gemeinwesen mindestens denselben Dienst wie ein Mann, der gegen einen eroberungssüchtigen Feind Land und Herd mit seinem Leben verteidigt; sie gebiert und erzieht auch den späteren Mann, dessen Leben nur zu oft auf dem sogenannten ›Felde der Ehre‹ verblutet.«

In einem weiteren Kapitel werden Fragen der Kunst und Literatur berührt. Bebel beläßt es im wesentlichen bei der Aussage, der Frau von morgen, deren häusliches Leben auf das Notwendigste beschränkt sei, würden alle Möglichkeiten und Einrichtungen auf kulturellem und künstlerischem Gebiet zur Verfügung stehen.

Erstaunlich modern klingende Formulierungen finden wir – in den frühen Fassungen des Buches stärker als in den späteren – zu dem, was man heute Ökologie nennt. Im letzten Kapitel äußert er sich zur Bevölkerungsfrage: Die Theorien des britischen Nationalökonomen Malthus, nach denen die Produktion von Lebensmitteln nie mit dem Zuwachs der Bevölkerung werde Schritt halten können, seien nur vom Standpunkt der kapitalistischen Produktionsweise her zu rechtfertigen. In einer sozialistischen Gesellschaft werde die Zunahme der Bevölkerung außerdem mit großer Wahrscheinlichkeit langsamer erfolgen. Die »höhere und freiere Stellung« der Frau werde ihre Abneigung gegen eine zu große Zahl von Kindern verstärken.

Bebel meint dann, in Europa werde auf lange Zeit, um höhere Kulturzwecke erreichen zu können, »nicht Überfluß an Menschen, sondern eher Mangel daran zu finden sein«; deshalb sei es »absurd, sich wegen Überbevölkerung irgendeiner Befürchtung hinzugeben«; eine relative Überbevölkerung werde sich auf höherer Kulturstufe noch als Wohltat erweisen. In den anderen Erdteilen zeige sich »noch in viel höherem Grade Menschenmangel und Bodenüberfluß«; die Urbarmachung werde »Massenkolonisationen von vielen Millionen« erfordern.

Die Zahl der Menschen vermehren, nicht zu vermindern, sei »der Ruf, der im Namen der Kultur an die Menschheit ergeht.«
Dies hat sich nun eindeutig als nicht richtig erwiesen. Aus heutiger Sicht und Erfahrung wäre auch sonst vieles hinzuzufügen: nicht nur zum Thema der Bevölkerungsexplosion; nicht nur über die Last und die Verantwortung der Frauen in den Entwicklungsländern; auch über Frauen, die sich dort in hoher Verantwortung erprobt haben.
Bebel spricht von der Zeit, da der »ewige Friede« kein Traum mehr sein werde und faßt am Ende seines Buches noch einmal zusammen, was ihm als Bild der zukünftigen Frau vorschwebt: Sie werde sozial und ökonomisch unabhängig sein und dem Mann als Freie und Gleiche gegenüberstehen. Ihre physischen und geistigen Kräfte könne sie nach Belieben entwickeln, und sie sei frei in der Wahl ihrer Tätigkeiten: »Eben noch praktische Arbeiterin . . ., ist sie in einem anderen Teil des Tages Erzieherin, Lehrerin, Pflegerin, übt sie in einem dritten Teil irgendeine Kunst aus oder pflegt eine Wissenschaft und versieht in einem vierten Teil irgendeine verwaltende Funktion. Sie treibt Studien, leistet Arbeiten, genießt Vergnügen . . . wie es ihr beliebt.« Hier mischt sich die Utopie mit Vorstellungen, die der traditionellen Rolle des Mannes verhaftet sind.
In der Liebeswahl, meinte Bebel, sei die »Frau der Zukunft« frei und ungehindert. Die Kinder schränkten ihre persönliche Freiheit nicht mehr ein, sondern trügen nur dazu bei, ihr die Freude am Leben zu vermehren. Pflegerinnen und Erzieherinnen, Freundinnen und »die heranwachsende weibliche Jugend« stünden ihr zur Seite, wenn sie Hilfe brauche. (Von Männern ist hier nicht die Rede – insofern wirkt die Utopie tatsächlich etwas angestaubt.) In der neuen, sozialistischen Gesellschaft habe die Klassenherrschaft »für immer« ihr Ende erreicht, aber mit ihr »auch die Herrschaft des Mannes über die Frau«. Es mag kein Schaden sein, diese Zukunftsmusik mit einem ernüchternden, freilich auch zynischen Zitat Shaws zu dämpfen: »Wenn Sozialisten neue Freiheiten versprechen, dann neigen sie dazu, zu vergessen, daß die Menschen neue Freiheiten noch eher ablehnen als neue Gesetze. Wenn eine Frau sich daran gewöhnt hat, ihr Leben lang in Ketten zu gehen, und wenn sie sieht, daß die anderen Frauen das Gleiche tun, dann wird ein Vorschlag, die Ketten abzulegen, ihr fürchterlich erscheinen . . . Es ist leichter, den Menschen Ketten anzulegen, als sie von ihnen zu befreien.« Ich frage mich nur: Ist nicht die joviale Empfehlung, die Ketten doch abzulegen, von ähnlicher Qualität wie eine Predigt über die Freiheit im Gefängnis? Noch so gut gemeinte Empfehlungen beseitigen keine Mauern.

Bebels Buch erreichte zunächst vor allem männliche Leser, dann aber auch Frauen, die in der frühen gewerkschaftlichen Arbeit und in der – für sie bis 1908 nur »illegal« möglichen – Parteiarbeit tätig waren. Sie nahmen die Schrift begierig auf: Bebels Buch wurde zur »Bibel der proletarischen Frauenbewegung«. Marie Juchacz – die erste Frau, die in der Nationalversammlung das Wort ergreifen konnte – feierte den Autor als »Herold des Frauenrechts«.

Wie Bebel in seiner Vorrede zur 25. Auflage berichtet, »stand der warmen Anhängerschaft auf der einen Seite . . . eine heftige Gegnerschaft auf der anderen gegenüber«. Aber auch dies war dem Autor recht: »Ein Buch, das über öffentliche Dinge geschrieben ist, soll wie eine Rede, die über öffentliche Angelegenheiten gehalten wird, zur Parteinahme zwingen.« Mit Wertungen, sofern sie einigermaßen qualifiziert waren, setzte er sich gewissenhaft auseinander: in Vorreden zu den weiteren Auflagen, in Reden, in Artikeln.

Die öffentliche Meinung zu Bebels »Frau« läßt sich rückblickend in vier Kategorien einteilen: die unqualifiziert-ablehnende; die ablehnend-reaktionäre, dabei oft quasi-wissenschaftlich begründet; die wohlwollend-kritische; die begeistert-zustimmende. Im Vorwort von 1895 vergißt der Autor nicht zu erwähnen, zwei evangelische Geistliche hätten über seine Schrift gesagt, sie sei »eines der sittlichsten Bücher, die es gebe«.

Aggressive, durchweg sehr unsachliche Traktate wurden nicht selten anonym in Umlauf gebracht. So erschien in Essen 1905 ein Pamphlet mit dem umständlichen, doch vielsagenden Titel »Die Bibel der Sozialdemokraten. Bebels Buch: Die Frau und der Sozialismus, beleuchtet vom Standpunkt des gesunden Menschenverstandes und in populärer Weise widerlegt.« Ein Autor der »Deutschen Sittlichkeitsvereine« stellte zu Beginn seiner Schrift die Frage: »Sind die mancherlei unrichtigen statistischen Angaben Bebels in seinem Hauptwerk Fälschungen oder Dummheiten?« Gern wurden Kampfschriften gegen das Buch auch mit Wortspielen wie »Bebel, Babel, Bibel« überschrieben; einmal brachte man »Die Frau von Bebel« gar als eine Art Schwank auf die Bühne.

So souverän Bebel Anregungen und Kritik aufnahm, gute Laune und Lust an sachlicher Streitbarkeit vergingen ihm rasch, wenn die Angriffe persönlich wurden. Franz Mehring berichtet von der Reaktion auf eine Karikatur: »Als ihn einst ein Witzblatt, um seine Auffassung zur Frauenfrage zu verspotten, an der Seite einer wenig anziehenden

Frauengestalt abgebildet hatte, meinte er mit einem Anflug von Ärger: ›Na, so viel könnten sie mir doch lassen: daß ich mir eine hübsche Frau ausgesucht habe!‹«
Ernster, weil gefährlicher, wenngleich oft nicht weniger unsinnig, war jene Kritik, die sich hinter dem Mäntelchen der Wissenschaftlichkeit verbarg, darunter »Der Geschlechtstrieb«, die 1894 veröffentlichte »sozialmedizinische Studie« eines Gynäkologen, sowie im gleichen Jahr ein Buch eines Professors der Zoologie über »Die Naturwissenschaft und die sozialdemokratische Theorie . . .«. Beide Veröffentlichungen (sie machten den Eindruck, »als seien sie auf Verabredung . . . zur ›wissenschaftlichen Vernichtung‹ meines Buches geschrieben«) nahm August Bebel in der Vorrede zur 25. Auflage »auf die Hörner« und kam zu dem Schluß: »Stellt das deutsche Professorentum keine geschickteren Kämpen wider den Drachen Sozialismus . . ., dann wird dieses ›Ungeheuer‹ der bürgerlichen Gesellschaft Herr.«
Die zwei Professoren – und ein anderer, der 1897 in einer Schrift »Die Arbeiterfrage« Bebels »Frau« als »durch und durch unwissenschaftliches Buch« apostrophiert hatte – verteidigten die bestehenden Zustände, das heißt: die Abhängigkeit der Frau. Diese Autoren unternahmen nicht einmal den Versuch, die überkommene Ordnung der Beziehungen zwischen den Geschlechtern kritisch zu betrachten oder sich mit Bebels »Utopien«, was ja legitim gewesen wäre, tatsächlich auseinanderzusetzen.
Andere Kommentatoren äußerten sich mit einem gewissen Wohlwollen; doch Bebel ging ihnen »zu weit«. Die Vorstellung, Frauen könnten das Wahlrecht erhalten, schien manche dieser Rezensenten zu schrecken – nicht nur sie, wie wir wissen. Ein Beispiel: »Die Forderungen, welche jetzt in ihrem (der Frauen) Namen gestellt werden, halten wir nur für Extreme eines im Prinzip richtigen Gedankens, die sich durch die Praxis ganz von selbst mäßigen werden.« Der maßvolle Kritiker konnte sich jedoch »der Befürchtung nicht entschlagen, daß trotz der Veredelung des menschlichen Charakters, den der Verfasser als notwendige Folge einer besseren Gesellschaftsverfassung ansieht, . . . jene Verhältnisse sich etwas wüst gestalten werden«. Begründung: »Man muß nicht vergessen, daß der Mensch immer ein Tier bleiben wird.« Deshalb: keine Teilnahme an der Gesetzgebung, weder durch aktives noch gar durch passives Wahlrecht, als ob der »tierische Charakter« nicht auch – und wohl mehr noch – für Männer hätte gelten können.
In der von Kautsky herausgegebenen »Neuen Zeit« erschien – übri-

gens erst 1897 – eine Rezension in der damals für Buchbesprechungen üblichen Länge. Bebel stellte fest, daß sein Buch dort zum erstenmal einer »aus Parteikreisen heraus im ganzen . . . ungünstigen Kritik unterworfen« wurde. Diese stammte von Simon Katzenstein (1868–1945), einem Juristen, der vor allem in der Berliner Arbeiterbildung, auch an der Parteischule und im Arbeiterabstinentenbund tätig war (ich bin ihm während des Exils in Schweden begegnet). Katzenstein kritisierte an Bebel vor allem dessen illusionistische Zukunftssicht: »Diese Erwartung macht dem Herzen des Genossen Bebel wohl mehr Ehre als seiner kritischen Einsicht.« Die grundsätzlichen Unterschiede der Auffassungen über Staatsbegriff, Religionstheorie, Außeneinflüsse auf die Entwicklung des Menschen und anderes mehr wurden in Katzensteins »Kritischen Bemerkungen« und Bebels ebenso ausführlichen »Kritischen Bemerkungen zu Katzensteins kritischen Bemerkungen« nicht ausgeräumt.

Die literarisch-philosophische Kontroverse zeigte die Gefahr, daß ein Autor mit der Autorität Bebels gern als Instanz »Letzte Weisheit« betrachtet wurde, und die Enttäuschung war groß, wenn der souveräne Verfasser die an ihn geknüpften Erwartungen selbst relativierte. Es muß aber doch auch notiert werden, daß eine damals bekannte, wenngleich etwas exaltierte Sozialdemokratin, wie Lily Braun, in ihrem 1901 erschienenen Buch »Die Frauenfrage – ihre geschichtliche Entwicklung und ihre wirtschaftliche Seite« Bebel in kaum mehr als einer Fußnote zur Kenntnis nahm.

Unter den Freunden Bebels herrschte durchweg Zustimmung zu seiner ersten umfassenden Darstellung der Frauenfrage aus sozialdemokratischer Sicht. Und es tat dieser Zustimmung keinen Abbruch, daß man Bebel nachsagte, er habe die Frauenfrage vor allem auch aufgegriffen, um der Arbeiterbewegung zusätzlichen Auftrieb zu geben. Die Lösung beider Fragen fiel ja für ihn zusammen. Er war jedenfalls glücklich über den Anklang, den sein Buch fand: »Zahlreiche Zuschriften, namentlich von Frauen aus den verschiedenen Gesellschaftskreisen, zeigten mir . . . wie es insbesondere in der Frauenwelt gewirkt hat.«

Hildegard Wegscheider, die ich erwähnte, hat in ihren biographischen Notizen »Weite Welt im engen Spiegel« (Berlin 1953) geschildert, wie sie – als »höhere Tochter« – 1887 oder 88 Bebels »Frau« auf dem Nachttisch ihrer Mutter entdeckte und dafür sorgen mußte, niemand merken zu lassen, daß auch sie es las: »Es schlug wie ein Donner ein. Wir hatten schon Stuart Mill gelesen und seine liberale Stellung zur Gleichberechtigung der Geschlechter als Forderung der Gerechtigkeit anerkannt. Aber hier war etwas anderes. Man hat mit Recht gesagt, wenn Marx das Geist gewordene Klassendenken war, Bebel das Fleisch und Blut gewordene Klassenleben darstellte. Die Wirkung war ungeheuer. Die ganze Form der Bildung und Gewöhnung, die man den Mädchen unserer Kreise angedeihen ließ, verflüchtigte sich zu nichts; dazu hörte man noch, Bebel hätte das Buch im Gefängnis geschrieben. Das war freilich nicht wahr, aber es gab doch seinen Worten den Ernst des Evangeliums eines Märtyrers.«

Wir sehen das Bild einer Frau, die sich als »ein Produkt der hilflosen bürgerlichen Erziehungsarbeit an jungen Mädchen« verstand und die sich mit anderen Frauen vergleicht, etwa mit Marie Juchacz, »die ihn (Bebel) auf dem Weg zur Arbeitsstelle las«, oder mit Ottilie Baader, »die den Tag über Hemden nähte und nachts das Buch verschlang«.

Jahrhundertthema Gleichberechtigung

Trotz mancher Verheißungen hat uns August Bebel gewiß nicht eine Art weltlicher Bibel hinterlassen wollen. Manche seiner Thesen – und die der Wissenschaftler, auf die er sich stützt, – wurden widerlegt, andere haben sich als kritikbedürftig erwiesen.

Es ist weithin akzeptiert worden, daß der unaufhebbare biologische Unterschied keinen Unterschied in der sozialen und politischen Stellung von Mann und Frau begründet. Heute wird kaum noch offen widersprochen, wenn man feststellt, die Gleichheit aller Menschen setze voraus, daß nicht deren Hälfte von der Gleichheit ausgeschlossen bleibt. Viele stimmen zu, wenn gesagt wird: Zum Fortschritt der Menschheit müsse gehören, daß alle Formen von Unterdrückung und Abhängigkeit überwunden würden.

Die These jedoch, daß »die Lösung der Frauenfrage« mit der »Lösung der sozialen Frage« zusammenfalle, konnte sich nicht bestätigen, denn sie beruhte auf einem Vergleich von Unvergleichbarem. (Dies hat Marielouise Janssen-Jurreit in ihrem Buch besonders deutlich gemacht; ihre Arbeit ist eindruckvoll auch für die, die ihrer These der ideologischen Gleichartigkeit von »Sexismus« und »Rassismus« nicht zu folgen vermögen.) Auf der anderen Seite wird man Bebel nur dann gerecht, wenn man sich immer wieder vor Augen führt, daß er unter den Bedingungen des kaiserlichen Deutschlands gedacht und geschrieben hat.

Wenn wir im übrigen – zum Erstaunen, ja, zur Empörung mancher Zeitgenossen – heute damit konfrontiert werden, daß sich Frauen speziell mit *ihren* Belangen auseinandersetzen, sollten wir nicht vergessen, daß es über lange Zeiten die Männer waren, die – unter welchem Etikett auch immer – *ihre* Interessen vertraten und von Gemeinsamkeit und Gleichberechtigung nicht viel wissen wollten. Die moralische Inbrunst, aus der manche Aufregung lebt, könnte also glaubwürdiger sein.

Die andere Vorstellung Bebels, daß sich die Frau zum Niveau des Mannes hin zu entwickeln habe, kann man als überholt betrachten – zumal das sogenannte Niveau des Mannes, wie die Geschichte unseres Jahrhunderts zeigt, nicht eben vorbildlich sein muß.

Aber Bebels Zielsetzung der Gleichberechtigung kann nicht länger umstritten sein. Es kommt darauf an, seine Anregungen weiterzuführen, zu aktualisieren, zu konkretisieren. Seine »Zukunftsgebilde« brauchen Korrekturen; doch zum Teil sind sie uns mittlerweile auch zur Selbstverständlichkeit geworden: Einst utopische Vorstellungen verwandelten sich in Realitäten.

Die junge Generation sollte nicht übersehen, was sich in unserem Land von Jahrzehnt zu Jahrzehnt vollzogen hat, seit Bebel 1909 das Vorwort zur fünfzigsten Auflage der »Frau« schrieb. Erinnern wir uns.

1919: Seit der Erstveröffentlichung der »Frau« waren vierzig Jahre vergangen. Der Fortschrittsglaube hatte einen schweren Schlag erfahren, der Weltkrieg Millionen Menschenopfer gefordert. In der Folge zerbrach, bei uns wie anderswo, die einheitliche Arbeiterbewegung; dies war und blieb eine schwere Bürde für die soziale Demokratie. Immerhin: Bei der Wahl zur Weimarer Nationalversammlung Anfang 1919 waren die Frauen den Männern zum erstenmal gleichgestellt. Und die Verfassung von Weimar bot die Chance, auf dem Wege zu demokratischer Freiheit und sozialer Gerechtigkeit ein gutes Stück voranzukommen.

1929: Die Deutsche Republik schien ihre gefährlichsten Belastungsproben bestanden zu haben. Ein sozialdemokratischer Reichskanzler stand an der Spitze einer großen Koalition. Doch die große Weltwirtschaftskrise warf ihre Schatten voraus und ließ die Feinde der Demokratie erstarken. Inzwischen waren von Sozialdemokraten und fortschrittlichen Frauen seit langem geforderte soziale Errungenschaften gesichert worden: so beim Mutterschutz oder in der Jugendwohlfahrt. Auch in der Bildungspolitik wurden neue Akzente gesetzt.

1939: Europa und die Welt standen vor der zweiten mörderischen Katastrophe. Bei uns in Deutschland herrschte seit sechs Jahren ein Regime, das zum Krieg trieb, seine Gegner wenigstens mundtot machte, wenn nicht beseitigte. Was die Gleichberechtigung der Frauen zum

Ziel hatte, wurde ins Gegenteil verkehrt: Die »deutsche Frau« wurde zur Gebärmaschine entwürdigt, zur Dauerhysterie angehalten und im übrigen als Teil der industriellen Reservearmee betrachtet. In Wahrheit trugen die Frauen im Krieg wieder eine besondere Last. Sie hungerten, sorgten für Brot, um ihre Kinder vor der schlimmsten Not zu bewahren; sie waren – anders als im ersten Weltkrieg – durch die Bombardierung der Städte dem Kriegsgeschehen unmittelbar ausgeliefert, viele Tausende dienten dem Kriegsapparat als »Helferinnen«, manche standen sogar an Flakgeschützen. Das war ein bitterer, unfreiwilliger Beitrag zur Geschichte der Emanzipation. – Deutschland war abgeschnitten von den Entwicklungen in der angelsächsischen Welt (und zum Beispiel in den skandinavischen Ländern), die Aufklärung, Unabhängigkeit und Partizipation versprachen.

1949: Vier Jahre nach dem Ende des zweiten Weltkrieges waren die Deutschen noch ganz damit beschäftigt, sich aus den Trümmern herauszuarbeiten; ihr Land blieb gespalten. Im Bonner Grundgesetz wurde die Gleichberechtigung von Frau und Mann als eines der Grundrechte verankert. (Der Parlamentarische Rat hatte den Auftrag gegeben, die Gesetze diesem Prinzip bis zum 31. März 1953 anzupassen. Das gelang nicht; indes entschlossen sich Richter – über die man sich nicht zu ärgern braucht – zu einer Art juristischer Selbsthilfe und begannen, die Verfassung in Richtung Gleichheit zu interpretieren.) Inzwischen haben sich die Vereinten Nationen, als sie sich 1945 konstituierten, feierlich zur Achtung vor den Menschenrechten und Grundfreiheiten bekannt – »für alle, ohne Unterschied der Rassen, des Geschlechts, der Sprache oder der Religion«.

1959: Achtzig Jahre nach Bebels »Bestseller« bestätigen die deutschen Sozialdemokraten in ihrem Godesberger Programm, die Gleichberechtigung der Frau müsse »rechtlich, sozial und wirtschaftlich« verwirklicht werden; der Frau müßten gleiche Möglichkeiten geboten werden für Erziehung und Ausbildung, Berufswahl und Entlohnung. Inzwischen war der Grundsatz des gleichen Entgelts für gleiche Arbeit auch in den Römischen Verträgen verankert worden, und der Gerichtshof der Europäischen Gemeinschaft hat dies seitdem (1976) als einklagbares Recht bestätigt.

1969: In Bonn übernimmt die sozial-liberale Koalition die Regierung. Eines ihrer ersten Reformgesetze schafft endlich gleiches Recht für uneheliche Kinder. Noch zuvor, in der großen Koalition, hatte Gustav Heinemann als sozialdemokratischer Justizminister dafür gesorgt, daß das Sexualstrafrecht entrümpelt wurde. Als Vizekanzler und als Bundeskanzler, Ende der sechziger und Anfang der siebziger Jahre, habe

ich mich ehrlich darum bemüht, Aufgaben der Gleichberechtigung voranzubringen. Damals wurde sogar beachtet, daß ich zum erstenmal eine Botschafterin ernannte und Wert darauf legte, am Kabinettstisch mehr als eine Frau zu sehen.
Ich kann guten Gewissens nicht sagen, wir seien so erfolgreich gewesen, wie es der Notwendigkeit entsprochen hätte. Doch haben wir uns bemüht. Viele Rechtsungleichheiten konnten gemindert, wenn nicht ausgeräumt werden. Das Ehe- und Familienrecht wurde modernisiert. Das Bemühen um eine eigenständige soziale Sicherung der Frau wurde wenigstens zur Debatte gestellt. Die Reform des Paragraphen 218 wurde auf den Weg gebracht und stieß auf die Hürden des Bundesverfassungsgerichts; parallele Bestrebungen in Ländern wie Österreich, Italien und Frankreich sorgten auch bei uns dafür, daß konservativer Widerstand immer wieder herausgefordert wurde – und man kann in diesem Problembereich allen gesellschaftlichen Gruppen und politischen Parteien bestätigen, daß sie wenigstens ihr Gewissen nicht schonten.
Die deutschen Sozialdemokraten sind einbezogen in eine enge Zusammenarbeit mit Gesinnungsfreunden in Europa und darüber hinaus in der Sozialistischen Internationale. Sie wenden sich mit diesen europäischen und internationalen Gemeinschaften gegen jede Form der Diskriminierung und treten dafür ein, alle gesetzlichen, sozialen und politischen Ungleichheiten zwischen Mann und Frau aufzuheben.

Wir müssen Ernst machen

Ich weiß wohl: Einer nicht geringen Zahl von Frauen erscheint das Gerede über Gleichberechtigung als eine Art gesellschaftlicher Lüge. Dieses Mißtrauen wird sich nur überwinden lassen, wenn Ernst gemacht wird: zum Beispiel mit einer Neubewertung von Hausarbeit – mit dem Recht auf Arbeit für Frauen auch in Zeiten technologischen Wandels – nicht zuletzt mit dem Einrücken in die herausgehobene staatsbürgerliche und gesellschaftliche Verantwortung.
Es ist bisher nicht gelungen, Hausarbeit – zumal, wenn sie zugleich mit der Sorge für Kinder zu tun hat – so zu bewerten, wie es sich aus einem vernünftigen Vergleich mit anderer Arbeit ergeben müßte. Sie hat keinen »Tauschwert«; als Dienstleistung (im volkswirtschaftlichen und im engeren Wortsinn) wird sie unterbewertet; was sie produziert, findet im Bruttosozialprodukt keinen Niederschlag; es liegt außerhalb der Warenzirkulation. Auch wenn der Charakter der Hausarbeit sich

verändert hat und sich in Zukunft noch weiter verändern wird – sie wird nicht überflüssig; sie wird, anders als Bebel vermutete, nicht abgeschafft.

Also ist über Hausarbeit als Beruf neu zu befinden, auch wenn einige zu Unrecht einwenden, hiermit werde die »bürgerliche Rollenverteilung« bejaht. Also muß endlich ins öffentliche Bewußtsein gerückt werden, was die Arbeit im Haushalt und die Erziehung von Kindern »wert« sind. Und es muß geprüft werden, was dies bei der schrittweisen Verwirklichung einer eigenständigen sozialen Sicherung der Frau zählen soll. Mit Demagogie, die sich anbietet, ist nichts ausgerichtet. Dieses Feld sollte mit hartnäckiger sachlicher Arbeit beackert werden. Es ist nicht zu vermuten, daß sich dieser Gegenstand von selbst erledigen wird. Gewiß können wir annehmen, daß sich in einer zunehmenden Zahl von Familien zur Aufgabenverteilung ein partnerschaftliches Verhältnis entwickelt, um einen abgedroschenen, hier aber angebrachten Ausdruck zu verwenden. Eine weitere Verkürzung der Arbeitszeit wird dabei helfen. Aber die Frauen bringen die Kinder zur Welt, und sie bleiben fast immer – wenigstens in der ersten Zeit – die wichtigste Bezugsperson. »Elternurlaub« mag geteilt werden, aber die meisten Frauen werden auch künftig einen wichtigen Teil ihres Lebens Kindern und Haushalt widmen.

Zweifellos wird die Emanzipation der Frau durch deren gleichwertige Ausbildung und nicht-benachteiligte Berufsarbeit gefördert. Dies steht nicht im Widerspruch zu einer positiven Wertung dessen, was Frauen als Mütter und im Haushalt leisten.

Alles spricht dafür, daß Mädchen wie Jungen einen Beruf erlernen; daß sie sich in ihm qualifizieren; daß sie die gleiche Chance erhalten, sich dem strukturellen Wandel der Arbeitswelt anzupassen. Viele Frauen werden, dies ist jetzt deutlich, in ganz jungen Jahren ihren Beruf ausüben und wieder ins Arbeitsleben zurückkehren, wenn die Kinder herangewachsen sind – aber dazu muß ihnen eine reale Chance gegeben werden.

Für viele Mädchen und Frauen wird es ein großer Fortschritt sein, wenn freie Berufswahl und Chancengleichheit gewährleistet sind. Für nicht wenige ist es schon heute wichtig, daß sie – zum Beispiel durch regelmäßige, geeignete Kurse – bei ihrem Wiedereintritt in den Beruf nicht benachteiligt werden. Für die Gesellschaft insgesamt ist es von entscheidender Bedeutung, daß nicht einseitig zu Lasten von Frauen entschieden wird, wenn es an Arbeitsplätzen mangelt und wenn die Wirtschaft strukturelle Veränderungen zu verkraften hat.

Dies sind, ich weiß es wohl, nur einige der Fragen, die sich uns heute stellen, wenn wir über Emanzipation und Gleichberechtigung nachdenken. Bebel sah vieles in anderem Licht, natürlich. Aber wer wollte leugnen, daß er dem richtigen Ziel zusteuerte und daß viele seiner Forderungen eher noch aktueller geworden sind? Es ging und es geht darum, Gleichberechtigung und Emanzipation als Verpflichtung für die ganze Gesellschaft zu begreifen. Gerechtigkeit und Solidarität bleiben leere Worte für die Frauen, bis hier nachhaltig Wandel geschaffen worden ist.

Ich möchte ein offenes und selbstkritisches Wort hinzufügen, das meine eigene Partei betrifft. Als Parteivorsitzender mußte ich mich fragen lassen, und ich stellte mir oft die Frage selbst: Weshalb hat die deutsche – man könnte auch sagen: die europäische – Sozialdemokratie nicht mehr erreicht, um Gleichberechtigung in den eigenen Reihen zu verwirklichen? Weitere Fragen ließen sich leicht anreihen: Weshalb ist der prozentuale Anteil weiblicher Mitglieder nicht wesentlich größer als ein halbes Jahrhundert zuvor? Weshalb haben wir nicht mehr Frauen in die Vorstände gewählt und mit parlamentarischen Mandaten betraut? Man könnte auch fragen: Weshalb lassen sich politisch interessierte Frauen immer noch auf Teilgebiete abdrängen oder mit Alibifunktionen abspeisen? Weshalb ist es auch heute vielfach noch so, daß Frauen meinen, Politik sei Männersache? Welche Rolle spielen Konfliktscheu, Aversion gegen den Umgangston und, als Folge der Erziehung, bisweilen geringere Gewandtheit im öffentlichen Auftreten? Auch hier Fragen über Fragen, die der Beantwortung harren, die uns – immerhin – mehr und mehr bedrängen.

Es ist nicht jedes Mannes Sache, davon so unbefangen zu reden wie mein Freund Felipe Gonzales, der junge Vorsitzende der spanischen Sozialisten, als er während seines Wahlkampfes im Frühjahr 1977 gegen die »Phallokratie« vom Leder zog. Ich war schon zufrieden, als meine Partei sich auf dem Mannheimer Parteitag Ende 1975 – im Orientierungsrahmen '85 – selbst ermahnte, mit der Gleichberechtigung in den eigenen Reihen ernstzumachen.

Unmittelbar hat auch das noch nicht gefruchtet. Es bleibt mühsam, sich um weibliche Kandidaturen zu bemühen. Es bleibt ärgerlich, sich mit Spießertum und Heuchelei herumschlagen zu müssen. (Es soll Leute geben, die dem Ferdinand Lassalle auch nach mehr als hundert Jahren nicht verzeihen wollen, daß er sich einer schönen Frau wegen – noch dazu im Duell – zu Tode brachte.)

Es ist verständlich, daß eine junge Generation sozialdemokratischer Frauen nichts mehr davon wissen wollte, die weibliche Repräsentanz im Parteivorstand mit einer »Schutzklausel« verbunden zu sehen.

Trotz vieler Enttäuschungen: Ich habe den Eindruck, daß wir uns einem Umbruch nähern. Ich meine, daß es vernünftig sein könnte, Mindestquoten – zum Beispiel: ein Viertel – für die Teilnahme von Frauen an den Körperschaften der Partei vorzusehen; sie könnten rasch wieder überflüssig werden, wie die schwedische Erfahrung lehrt.
Keiner weiß, ob uns nicht Experimente mit Frauenparteien ins Haus stehen. Mein Wunsch ist es, daß sich die deutsche Sozialdemokratie als eigentliche Partei der Frauen qualifiziert. August Bebel wäre damit einverstanden.
Wir leben in einer Zeit gewaltiger Veränderungen, und sie beschränken sich nicht auf den wissenschaftlich-technischen Bereich. Der Rüstungswettlauf fordert zur sorgenvollen Frage heraus, ob die Menschheit überleben will. Man beginnt zu erkennen, wie weitreichend und tiefgreifend die Fragen sind, die durch den Nord-Süd-Konflikt aufgeworfen werden. Man forscht nach den qualitativen Erfordernissen und Möglichkeiten des Wachstums. Das Verlangen nach einem neuen Humanismus, unterschiedlich motiviert, regt sich allenthalben.
Wer wagt zu sagen, daß es, gerade aus solcher Sicht, nicht einer gleichgewichtigen Mitverantwortung beider Geschlechter bedürfte! Gleichberechtigung wird zu einem unabweisbaren Gebot, wenn wir an die menschheitlichen Aufgaben denken, die den nächsten Generationen aufgegeben sind.
Jedenfalls: Hundert Jahre nach Bebels »Frau« bleibt für die – und hoffentlich gemeinsam mit den – Frauen viel, sehr viel zu tun.
Manche, die diese Schrift zur Hand nahmen, mögen zunächst gefragt haben: Noch ein Frauen-Buch?! Doch ich meine dargelegt zu haben, warum ich diese Schrift für nötig halte: Die Erinnerung an August Bebels vor hundert Jahren veröffentlichtes Buch war für mich selbstverständlich und mehr als ein »Aufhänger«, um ein schriftliches Colloquium über die Gleichberechtigung herauszubringen.
Zwölf Autoren, denen ich an dieser Stelle für ihre Mitarbeit danke, haben Bebels Thema und die Folgen aus ihrer fachlichen und persönlichen Sicht in eigener Verantwortung dargestellt. Die vielschichtige Problematik wird damit sichtbar.
Um die Redaktion hat sich Antje Dertinger gekümmert, der ich zu besonderem Dank verpflichtet bin. Sie und ich wissen den Rat, die Hilfe zu schätzen, die uns Kolleginnen und Kollegen zuteil werden ließen.

Susanne Miller

Frauenrecht ist Menschenrecht

Zur Frauenprogrammatik der Sozialdemokratie von den Anfängen bis Godesberg

»Eine einzige Erscheinung der europäischen Arbeiterbewegung« wurde August Bebel von Karl Marx genannt. Alles, was wir über Bebel wissen, nicht nur über seine Größe, sondern auch über seine Irrtümer, kann dieses Urteil nur bestätigen. Wie kein anderer hat er die deutsche Sozialdemokratie geformt. Er hat sie zum Aufstieg geführt und hat ihr Fundamente gegeben, die bis heute tragen. Am eigenen Leib hat er in seiner Jugend das Proletarierlos kennengelernt mit Armut, Erniedrigungen und ungestilltem Bildungshunger. Durch politische Erfahrung und in ständigem Selbststudium erwarb er ein umfassendes Wissen, das ihn befähigte, als Organisator, Redner, Schriftsteller und Parlamentarier Außerordentliches zu leisten. Einzigartig war an Bebel auch, daß er sich schon früh einem bis dahin von der Arbeiterbewegung kaum beachteten Thema zuwandte: der Frauenfrage. Daß Mann und Frau als Freie und Gleiche das öffentliche und das persönliche Leben gestalten sollten, dieser Grundgedanke seines berühmtesten Buches »Die Frau und der Sozialismus«, wurde von ihm bereits vertreten, als diese Vorstellung den meisten seiner Genossen noch fremd war oder von ihnen abgelehnt wurde. Fast bis zu seinem Lebensende hat Bebel an Ergänzungen und Verbesserungen dieses Buches gearbeitet, um seinen Argumenten noch größere Überzeugungskraft und Eindringlichkeit zu verleihen.
Wie die Arbeiterbewegung, so ist auch die Frauenfrage eng verbunden mit den wirtschaftlichen, sozialen und politischen Entwicklungen des vorigen Jahrhunderts. Im Zuge der Revolution von 1848/49 wurden in Deutschland selbständige Arbeitervereine ins Leben gerufen, die sich in der Zentralorganisation »Arbeiterverbrüderung« zusammenschlossen. Sie wurden begeistert begrüßt von Luise Otto, die 1849 die »Deutsche Frauenzeitung« mit dem Motto »Dem Reich der Freiheit werb' ich Bürgerinnen« gründete. Zu einer Zusammenarbeit zwischen diesen Anfängen einer Arbeiterbewegung und einer Frauenbewegung kam es aber nicht – beide wurden verboten.

Es war, wie Marx schrieb, Ferdinand Lassalles unsterbliches Verdienst, die Arbeiter wieder zur Aktion aufgerufen zu haben: Im Mai 1863 entstand unter seiner Führung der Allgemeine Deutsche Arbeiterverein (ADAV), Lassalle wurde sein erster Präsident und Programmatiker. Kaum länger als ein Jahr überlebte er seine Gründung, doch übte er in dieser kurzen Zeitspanne durch seine Reden und Schriften eine Wirkung aus, die er selber einmal mit der eines Religionsstifters verglich. Trotz innerer Krisen wuchs nach Lassalles Tod der ADAV weiter. Um die Frauenfrage kümmerte er sich jedoch nicht. Auf seiner Generalversammlung im November 1867 nahm der ADAV eine Resolution an, in der die Beschäftigung der Frauen in Fabriken als »einer der empörendsten Mißbräuche unseres Zeitalters« bezeichnet wurde, denn sie verschlechtere die Lage der Arbeiterklasse und vernichte die Familie. In dieser Resolution wurde gegen die Erweiterung des Marktes für Frauenarbeit protestiert und für den männlichen Arbeiter »der volle Ertrag seiner Arbeit« verlangt. Faktisch also lautete die Forderung der Lassalleaner, die Frauenerwerbsarbeit in der Industrie solle abgeschafft und das bestehende kapitalistische System so geändert werden, daß der Mann genügend Geld verdient, um Frau und Kinder zu ernähren. Der Hauptgesichtspunkt war dabei, wie der Referent zu dem Thema auf dieser Generalversammlung erklärte, die Familie zu erhalten und zu bewahren. Die Frauenemanzipation mag eine Sache der Zukunft sein, für die Gegenwart käme sie aber nicht in Frage, meinte er.

Waren die Lassalleaner reaktionär?

Es wäre unrecht, die Lassalleaner wegen dieses Standpunktes für reaktionär zu halten. Sie drückten das aus, was viele Arbeiter damals dachten. Auch auf dem Gründungskongreß der Sozialdemokratischen Arbeiterpartei in Eisenach im Jahre 1869, der von August Bebel und Wilhelm Liebknecht einberufen worden war, wurde der Antrag gestellt, die Abschaffung der Frauenarbeit ins Programm der neuen Partei aufzunehmen. Allerdings wurde dieser Antrag abgelehnt, und zwar mit folgender Begründung: Die auf Erwerb angewiesenen Frauen würden durch Einschränkung der Möglichkeiten, in Fabriken zu arbeiten, scharenweise der Prostitution in die Arme getrieben. Die Gefahr, daß die Frauen als billigere Arbeitskräfte den Männern eine schädliche Konkurrenz machen, könne nur durch die Einbeziehung der Frauen in die Organisation der Männer beseitigt werden. Im Programm der »Eisenacher«, wie die Mitglieder von Bebels Sozialdemokratischer Arbeiterpartei genannt wurden, fanden diese Argumente freilich noch keinen Niederschlag – es nimmt keinerlei Bezug auf die Frauenfrage.

Als sich 1875 die Lassalleaner und die »Eisenacher« in Gotha zur Sozialistischen Arbeiterpartei zusammenschlossen, machte Bebel einen mutigen Vorstoß: Er setzte sich dafür ein, daß im Programm der vereinigten Partei das allgemeine, gleiche Wahlrecht für Männer *und* Frauen gefordert werden soll. Damit konnte er sich jedoch nur halb durchsetzen. Seine Bemühungen hatten immerhin den Erfolg, daß die erste Forderung des Gothaer Programms lautete:

»Allgemeines, gleiches, direktes Wahl- und Stimmrecht mit geheimer und obligatorischer Stimmabgabe aller Staatsangehörigen vom zwanzigsten Lebensjahre an für alle Wahlen und Abstimmungen in Staat und Gemeinde.«

Wenn damit die Forderung nach dem aktiven und passiven Frauenwahlrecht auch nicht ausdrücklich als Programmpunkt formuliert wurde, so war doch klar, daß sie gemeint war. So wurde die Sozialdemokratie die erste Partei Deutschlands, die das Frauenwahlrecht verlangte, und sie blieb auch lange Zeit die einzige, die es gegen alle anderen Parteien verfocht.

Vier Jahre nach dem Gothaer Vereinigungskongreß, zur Zeit des »Sozialistengesetzes«, erschien die erste Ausgabe von Bebels »Die Frau und der Sozialismus«. Was veranlaßte August Bebel, sich so intensiv der Frauenfrage zu widmen? Merkwürdigerweise erfahren wir darüber nichts aus Bebels so aufschlußreicher und ausführlicher Autobiographie. Auch sonst sind wir auf Vermutungen angewiesen. Es ist aber wohl kein Zufall, daß sein Frauenbuch entstand, während Bebel in Sachsen lebte. Denn dieses Land war nicht nur das damals am stärksten industrialisierte Deutschlands, sondern hatte auch gerade die Erwerbszweige entwickelt, die eine hohe Zahl weiblicher Arbeitskräfte beschäftigten. Dies gilt insbesondere für die Textilindustrie. Eines ihrer Zentren war Crimmitschau, wo sich auch eine höchst aktive Arbeiterbewegung entfaltet hatte, in der sich schon früh auch Frauen organisierten. Bereits 1869 erließen fünf Crimmitschauer Vorkämpferinnen der Gewerkschaftsbewegung einen »Aufruf an alle Gesinnungsgenossinnen von Nah und Fern«, sich an den »Gewerkschaftsgenossenschaften zu beteiligen und mit allen zu Gebote stehenden Kräften das gute Werk zu unterstützen«. Ermutigt wurden diese Frauen durch den Sozialdemokraten Julius Motteler, der damals schon die volle wirtschaftliche, soziale und politische Gleichberechtigung der Frau und ihr Recht auf Erwerbstätigkeit verlangte. Motteler war ein enger Freund von Bebel, und Crimmitschau wurde eine Hochburg der »Eisenacher«. Es kann also durchaus sein, daß die Erfahrungen mit den Crimmitschauer Arbeiterinnen – und die Haltung Mottelers ihnen gegenüber – Bebel einen Anstoß gab, sich mit der Frauenfrage politisch zu beschäftigen.

Bebel weckte Zorn und Hoffnung

Bebel verdankte seine ungeheure Popularität in hohem Maße seiner Gabe, die Nöte seiner Zeit auf eine Weise zu artikulieren, die den Arbeitern aus dem Herzen sprach. Der bekannte Soziologe Robert Michels sagte über ihn, seine Wirkung auf die Massen beruhe auf seiner Fähigkeit, Zorn und Hoffnung zu wecken. Das hat er in seinem Frauenbuch geradezu vollendet bewiesen. Hier geißelte er die Ungerechtigkeiten, Gedankenlosigkeiten, Demütigungen, Mißhandlungen, unter denen die Frauen in der kapitalistischen Gesellschaft leiden, und ließ damit den Zorn gegen diese Gesellschaft hell auflodern. Ein leuchtendes Bild der Hoffnung entwarf er hingegen in dem Kapitel, das die sozialistische Gesellschaft der Zukunft schildert. Mit der Abschaffung des Privateigentums an Produktionsmitteln werde auch die Ausbeutung des Menschen, besonders auch die Ausbeutung der Frau, ein Ende haben. Der Gegensatz der Interessen werde dann beseitigt sein und jeder seine Fähigkeiten frei entfalten können. In der sozialistischen Gesellschaft, so heißt es bei Bebel, werde die Frau sozial und ökonomisch vollkommen unabhängig sein. Das Bild einer sozialistischen Gesellschaft, das in der »Frau und der Sozialismus« in allen Einzelheiten ausgemalt wurde, erscheint uns heute naiv, simplifizierend und unrealistisch. Dennoch steht eines fest: Es hat Hunderttausende, Männer und Frauen, mit Begeisterung erfüllt. Es trug dazu bei, ihre Bereitschaft zu wecken und zu stärken, die Last und Gefahren der politischen Arbeit in den Reihen der Sozialdemokratie auf sich zu nehmen, um aus dem Elend der Gegenwart herauszukommen und die verheißene Zukunft zu erkämpfen.

Durchaus realistisch war Bebel jedoch in seiner Erkenntnis, daß die Frauenfrage zu den brennenden Zeitproblemen gehörte und daß sie nur durch tiefgehende gesellschaftliche Änderungen gelöst werden könnte. Wenn er auch überzeugt war, daß die volle Gleichberechtigung der Frau auf allen Gebieten nur in einer sozialistischen Gesellschaft zu erreichen sei, so begnügte er sich doch keineswegs damit,

durch Zukunftsvisionen politische Anhängerinnen zu werben. Wie auf allen anderen Gebieten, so trat er auch in der Frauenfrage für Reformen im Rahmen des Bestehenden ein und stieß damit zunehmend auf Verständnis in seiner Partei. Als die deutsche Sozialdemokratie nach dem Ende des »Sozialistengesetzes« 1891 auf ihrem Parteitag in Erfurt ein neues Programm verabschiedete, gab es keine Widerstände mehr gegen die Punkte, die sich auf die Gleichberechtigung der Frau bezogen. So wurden in Erfurt folgende Forderungen beschlossen:
»Allgemeines, gleiches, direktes Wahl- und Stimmrecht mit geheimer Stimmabgabe aller über 20 Jahre alten Reichsangehörigen ohne Unterschied des Geschlechts für alle Wahlen und Abstimmungen.«
»Abschaffung aller Gesetze, welche die Frau in öffentlich- und privatrechtlicher Beziehung gegenüber dem Manne benachteiligen.«
Wenige Jahre später stellte die sozialdemokratische Fraktion im Reichstag Anträge, die darauf abzielten, die Gesetze diesen Forderungen entsprechend zu ändern. Sie wurden von Bebel im Plenum begründet. Bei den übrigen Parteien fand sich aber niemand, der ihn unterstützt hätte, und die Anträge wurden abgelehnt.

Die Frauenfrage war durch August Bebel zu einem Thema der deutschen Sozialdemokratie geworden. Er war Vorkämpfer der Gleichberechtigung der Frauen, und es ist vor allem sein Verdienst, daß diese Forderung seit Erfurt aus der sozialdemokratischen Programmatik nicht mehr wegzudenken ist. Die Organisierung weiblicher Mitglieder und Anhänger der Sozialdemokratie nahm aber erst einen Aufschwung, als sich politisch aktive Frauen selber dieser Aufgabe widmeten. Welch ungeheure Anstrengungen dieses Engagement erforderte, läßt sich nur ermessen, wenn man die Bedingungen in Betracht zieht, unter denen es geleistet werden mußte. Bis 1908, als ein verhältnismäßig fortschrittliches Reichsvereinsgesetz in Kraft trat, war den Frauen in den meisten deutschen Ländern eine politische Betätigung verboten. Was darunter zu verstehen war, blieb oft der Auslegung durch die zuständige Polizei oder das Gericht überlassen – auf alle Fälle waren Frauenvereine, die im Verdacht standen, sozialdemokratische Bestrebungen zu fördern, viel größeren Schikanen ausgesetzt als andere. Aber abgesehen von diesen Hemmnissen, machten die Lebensverhältnisse der Proletarierinnen, die für einen Hungerlohn oft 12 bis 14 Stunden im Betrieb arbeiteten und daneben noch ihre Familie und ihren Haushalt versorgen mußten, es ihnen fast unmöglich, am politischen Leben teilzunehmen. Es ist daher verständlich, daß die Initiative zur Werbung von Frauen für die Sozialdemokratie zunächst nur in seltenen Fällen von Arbeiterinnen ergriffen wurde. Die entscheidenden Anstöße gingen meist von Frauen aus, die aus dem Bürgertum stammten, eine gute Bildung besaßen und, von sozialem Verantwortungsgefühl getrieben, sich der Arbeiterbewegung anschlossen.

»Die Arbeiterin« und »Die Gleichheit«

Im gleichen Jahr, als das Erfurter Programm angenommen wurde, erschien die erste sozialdemokratische Frauenzeitschrift »Die Arbeiterin«. Sie wurde von Emma Ihrer mit finanzieller Hilfe ihres Mannes, eines Apothekers, in Berlin herausgegeben. Mit 24 Jahren war Emma Ihrer, die aus einer bürgerlichen, streng katholischen Familie in Schlesien stammte, in die Reichshauptstadt gekommen. Schon unter dem »Sozialistengesetz« beteiligte sie sich an der Gründung von Arbeiterinnenvereinen. In ihrer 1898 veröffentlichten Schrift »Die Arbeiterinnen im Klassenkampf« zitierte sie das Gerichtsurteil von 1886, das zur Auflösung des »Vereins zur Vertretung der Interessen der Arbeiterinnen« und zur Bestrafung seiner Leiterinnen – zu denen Emma Ihrer gehörte – geführt hatte. Darin werden die Themen angeführt, die in diesem Verein diskutiert worden waren: »Über den geringen Lohn der Arbeiterinnen und die Aussaugung derselben durch das Kapital«; »Die Einrichtung eines Normal-Arbeitstages durch den Staat«; »Einführung der Sonntagsruhe«; »Das politische Stimmrecht der Frauen«; »Über getrennte Arbeitsräume für Arbeiterinnen und staatliche Kontrolle der Fabrikräume bei Arbeiterinnen durch weibliche Aufsichtsbeamte«; »Über das von den Sozialdemokraten im Reichstag eingebrachte Arbeiterschutzgesetz«. Schließlich heißt es in dem Urteil: »Durch die Aufnahme von Frauenspersonen in diesen Verein und Erörterung obengenannter politischer Gegenstände in demselben hat der Verein die in § 8a des Vereinsgesetzes über die Verhütung eines die gesetzliche Freiheit und Ordnung gefährdenden Mißbrauchs des Vereins- und Versammlungsrechts gezogene Beschränkung überschritten und die Angeklagten dieser gesetzlichen Bestimmung entgegengehandelt, indem sie für Erörterung jener politischen Gegenstände wirkten, sowie Frauen als Mitglieder wissentlich aufnahmen. Der Verein nahm nicht bloß Frauenspersonen als Mitglieder auf, sondern er bestand nur aus Frauenspersonen. Es mußte daher die Bestrafung der Vorsteherinnen erfolgen, sowie auf Schließung des Vereins erkannt werden.«
Zehn Jahre später, als das »Sozialistengesetz« längst erloschen war, wurde Emma Ihrer mit einer ähnlichen Begründung abermals verur-

teilt. Damals nahm sie in der Arbeiterbewegung bereits einen besonderen Platz ein: Sie war als erste Frau Mitglied der 1890 gebildeten Generalkommission der Gewerkschaften geworden. Die Redaktion der »Arbeiterin« hatte sie allerdings aufgeben müssen, weil sie nicht nach Stuttgart, dem neuen Verlagsort der Zeitschrift, übersiedeln konnte. Sie blieb aber weiter deren Mitarbeiterin und unterstützte sie auch durch Geldspenden.

Von ihrem zweiten Jahrgang an, ab 1892, hieß die Frauenzeitschrift der deutschen Sozialdemokratie »Die Gleichheit«. Ihre neue Redakteurin war Clara Zetkin. Nicht nur in dieser Eigenschaft, sondern durch ihr gesamtes politisches Wirken wurde Clara Zetkin jahrzehntelang zur bestimmenden Persönlichkeit der sozialdemokratischen Frauenarbeit. Auch sie kam nicht aus dem Proletariat. Ihr Vater war Lehrer in einem kleinen Ort in Sachsen, sie selber erhielt in einem damals berühmten Lehrerinnenseminar in Leipzig eine ausgezeichnete Ausbildung. Sie schlug jedoch nicht eine »bürgerliche« Laufbahn ein, sondern lebte in den achtziger Jahren mit einem russischen Revolutionär in Paris, wo sie mit sozialistischen Kreisen in engen Kontakt kam. Ihr Mann starb jung und ließ sie in bitterer Not zurück.

Wie hoch Clara Zetkin damals schon geschätzt wurde, beweist die Tatsache, daß sie den Auftrag erhielt, auf dem Gründungskongreß der Zweiten Internationale, der 1889 in Paris stattfand, das Referat über die Lage der Arbeiterinnen im Kapitalismus zu halten. Dort vertrat sie die Thesen, die auch für ihr späteres Wirken grundlegend blieben: Daß die Arbeit der Frauen notwendig ist, um ihnen wirtschaftliche Unabhängigkeit zu verschaffen, eine unerläßliche Vorbedingung für ihre Befreiung von der Unterdrückung durch den Mann. Während diese Ansicht auch von den bürgerlichen Frauenorganisationen geteilt wurde, grenzte sich Clara Zetkin von ihnen damals schon rigoros ab durch die Feststellung, daß die Frauenemanzipation keine isolierte Frage ist, sondern Teil der großen sozialen Frage, die nur durch die »Emanzipation der Arbeit vom Kapital«, also in der sozialistischen Gesellschaft gelöst werden kann.

Wir wissen nicht, ob Bebel gleich erkannt hatte, welch große Übereinstimmung zwischen ihm und Clara Zetkin in der Frauenfrage bestand. Es ist aber unwahrscheinlich, daß sie die Redaktion der Frauenzeitschrift ohne seine Zustimmung hätte übernehmen können. Wie sie diese Aufgabe auffaßte, zeigt eine Äußerung von ihr auf einer Frauenkonferenz im Jahre 1911, als Kritik an der Zeitschrift laut wurde: »Ich habe nicht ein Amt, sondern eine Meinung, und danach gestalte ich die ›Gleichheit‹«. Und keiner wagte es, ihr entgegenzutreten.

»Die Gleichheit« war ein auf hohem Niveau stehendes, durch die marxistische Ideologie geprägtes Organ, das die Frauen der Sozialdemokratie zu Klassenkämpferinnen erziehen wollte. Es verschmähte jedes Zugeständnis an das Bedürfnis von Frauen nach leichterer Kost oder gar populärer Zerstreuung und konnte nur bereits zum Sozialismus Bekehrte befriedigen, nicht aber ihm noch Fernstehende werben. Als sich beim Ausbruch des Ersten Weltkrieges die große Mehrheit der sozialdemokratischen Reichstagsfraktion für die Bewilligung der Kriegskredite und für eine versöhnliche Haltung gegenüber der Regierung entschied, vertrat »Die Gleichheit« den Standpunkt der innerparteilichen Opposition. Bei der Spaltung der Partei zu Ostern 1917 schloß sich Clara Zetkin der Unabhängigen Sozialdemokratischen Partei (USPD), zwei Jahre später der Kommunistischen Partei an, ohne allerdings je eine ganz linientreue Kommunistin zu werden. Im Mai 1917 wurde sie vom Parteivorstand als Redakteurin der »Gleichheit« abgesetzt; die Leitung der Zeitschrift wurde Marie Juchacz und Heinrich Schulz übertragen.

Sozialdemokratinnen und bürgerliche Frauen

Obwohl Clara Zetkin von Anfang an unumschränkte Herrscherin in der Redaktion des Frauenorgans der Partei war, gewann sie doch erst einige Jahre später Einfluß auf die Programmatik der Gesamtpartei. Der Parteitag von 1896 nahm nach ihrem Referat über »Frauenagitation« eine Resolution an, die eine Zusammenarbeit mit der bürgerlichen Frauenbewegung ablehnte und empfahl, unter den Frauen für folgende Ziele zu agitieren: Ausdehnung des gesetzlichen Arbeiterinnenschutzes; Achtstundentag; Anstellung weiblicher Fabrikinspektoren; aktives und passives Wahlrecht der Arbeitnehmerinnen zu den Gewerbeschiedsgerichten; gleicher Lohn für gleiche Leistung ohne Unterschied des Geschlechts; volle politische Gleichberechtigung der Frauen mit den Männern, speziell uneingeschränktes Vereins-, Versammlungs- und Koalitionsrecht; gleiche Bildung und freie Berufstätigkeit beider Geschlechter; privatrechtliche Gleichstellung der Geschlechter; Beseitigung der Gesindeordnungen. Außerdem wurde beschlossen, möglichst an allen Orten weibliche Vertrauenspersonen wählen zu lassen, deren Aufgabe es sein sollte, unter den proletarischen Frauen politische und gewerkschaftliche Aufklärung zu betreiben und sie zum Klassenbewußtsein zu erziehen. Clara Zetkin wurde in die Kontrollkommission der SPD gewählt.

Die konkreten Forderungen dieser Resolution trugen nicht ausgesprochen Clara Zetkins Handschrift. Sie gehörten ihrer Tendenz nach zu dem von der Sozialdemokratie – nicht nur der deutschen, sondern der internationalen – aufgestellten Katalog von Reformen, für die teilweise bereits in den achtziger Jahren in Arbeiterinnenvereinen und sogar in bürgerlichen Frauenverbänden geworben wurde. Charakteristisch für Clara Zetkins Position war aber die kompromißlose Ablehnung jedes Versuchs, mit der bürgerlichen Frauenbewegung gemeinsame Sache zu machen. In ihrem Referat hatte sie erklärt, die Frau aus der Bourgeoisie kämpfe *gegen* den Mann ihrer Klasse, mit dem sie im Beruf und in der Politik in Konkurrenz zu treten wünsche, hingegen könne die proletarische Frau ihre Befreiung nur erreichen durch den »Kampf *mit* dem Mann ihrer Klasse gegen die Kapitalistenklasse«. Darum müsse es die Aufgabe der Sozialdemokraten sein, nicht spezielle Frauenagitation, sondern sozialistische Agitation unter Frauen zu treiben und »die moderne Proletarierin in den Klassenkampf einzureihen«.
Mit diesem Anliegen hatte Clara Zetkin die große Mehrheit der Partei hinter sich. Das ist verständlich, denn der 1894 gegründete »Bund deutscher Frauenvereine« hatte sich fast einmütig gegen den Beitritt sozialdemokratischer Frauenorganisationen entschieden. Zum anderen muß man wissen, daß für Sozialdemokraten aller Schattierungen, von links bis rechts, der Begriff »Klassenkampf« auch noch in der Zeit der Weimarer Republik zum Kernbereich ihrer politischen Ideologie gehörte. Was Clara Zetkin auf dem Parteitag von 1896 unter fast allgemeiner Zustimmung der Delegierten zum Ausdruck brachte, war die Erkenntnis, daß die Lösung der Frauenfrage nicht eine Sache der Frauen allein sein kann, sondern ein politisches Ziel sein muß; für dieses Ziel setzt sich die Sozialdemokratie ein und bedarf dabei der Unterstützung durch Männer und durch Frauen. Dieser programmatische Grundgedanke hat auch nach mehr als acht Jahrzehnten seine Gültigkeit nicht verloren. Freilich fragt es sich, ob Clara Zetkins eigenes Auftreten, ihr publizistisches Wirken und ihr Verhalten gegenüber möglichen Konkurrentinnen in den eigenen Reihen dazu angetan war, der Partei mehr weibliche Mitglieder zuzuführen und tüchtige, selbständige Frauen zu fördern.
Von feministischer Seite wird heute Kritik an Clara Zetkins Ablehnung der Zusammenarbeit mit den bürgerlichen Frauenverbänden und ihrer These von der Notwendigkeit der Integration der Frauen in die Arbeiterbewegung geübt. Diese Vorwürfe halte ich für unberechtigt. Denn die entscheidenden Fortschritte der Frauen sind nicht durch

die Frauenverbände, sondern durch die Sozialdemokratie erreicht worden. Kritikwürdig finde ich hingegen Clara Zetkins Intoleranz, die bis zur Gehässigkeit gehen konnte, gegenüber all denen, die anderer Meinung waren als sie oder von denen sie befürchten mußte, daß sie ihre Position in der Partei erschüttern würden. So wurde die hochbegabte, eigenwillige und etwas exzentrische Lily Braun von Clara Zetkin mit größter Rücksichtslosigkeit aus der Frauenarbeit hinausgedrängt. Auch sonst läßt sich nicht feststellen, daß sie sich darum bemühte, unter Frauen Talente aufzuspüren und zu ermutigen. Sie selber war eine unermüdliche Arbeiterin von großer Energie und kämpferischem Temperament, dabei eine gefühlsbetonte und anziehende Frau. Aber ihre Neigung zum Dogmatismus und zur Herrschsucht bildeten die Schattenseiten ihres Wesens, die sich auch in ihrem Wirken niederschlugen.

Emanzipation durch Klassenkampf

Die Resolution von 1896, die für die Frauenprogrammatik der Sozialdemokratie so wichtig war, kennzeichnet deren Charakter und Selbstverständnis als Arbeiterpartei: An der Spitze rangierten die Reformforderungen, die sich auf die Verbesserung der Lebensbedingungen der Arbeiterinnen beziehen. Es war auch folgerichtig, daß es eine Arbeiterin war, die auf der ersten sozialdemokratischen Frauenkonferenz, die 1900 in Mainz stattfand, zur »Zentralvertrauensperson der Genossinnen Deutschlands« gewählt wurde. Ottilie Baader, die diesen Posten erhielt, den man als den einer Frauensekretärin oder Geschäftsführerin bezeichnen kann, hat in ihren Lebenserinnerungen »Ein steiniger Weg« ihre Kindheit und Jugend geschildert: Wie sie nach dem Tod ihrer Mutter den Vater und drei Geschwister versorgen mußte, erst mit zehn Jahren in die Schule gehen konnte, sie nach drei Jahren wieder verließ, um als Weißnäherin zum Lebensunterhalt der Familie beizutragen. Durch ihren Vater wurde sie mit der sozialistischen Literatur bekannt und wurde in den neunziger Jahren eine bekannte Funktionärin der Arbeiterbewegung.

Nach Inkrafttreten des Reichsvereinsgesetzes wurde Luise Zietz Mitglied des Parteivorstands und zentrale Frauensekretärin. Ihr Werdegang war ähnlich wie der von Ottilie Baader; sie hatte es aber durch große Anstrengungen erreicht, als Kindergärtnerin ausgebildet zu werden. Die Organisierung der Frauenarbeit in der Partei und die »Agitation« unter den Frauen nahmen unter der Leitung von Ottilie

Baader und Luise Zietz einen großen Aufschwung. Die Parallele zur Entwicklung der Arbeiterbewegung generell ist unverkennbar: In ihren Anfängen waren es bürgerliche Intellektuelle wie Friedrich Engels, Karl Marx und Ferdinand Lassalle, die die geistige und politische Führung übernahmen, dann wurden sie organisatorisch von Männern aus dem Proletariat abgelöst. So blieb die vielseitig gebildete, geistig anspruchsvolle Clara Zetkin zwar lange die Ideologin der sozialdemokratischen Frauenbewegung, die praktische Arbeit aber wurde von Frauen geleistet, die das Proletarierschicksal aus eigener, bitterer Erfahrung kannten. Und es ist selbstverständlich, daß ihre Hauptsorge den gesellschaftlichen Änderungen galt, die dieses Schicksal bessern sollten.

Über deren Notwendigkeit waren sich die Frauen einig, ob sie in der Partei »rechts« standen oder »links« wie Clara Zetkin und Luise Zietz, die sich ebenfalls der Unabhängigen Sozialdemokratischen Partei anschloß und dort eine wichtige Rolle spielte. Damit war die Trennungslinie zu den Frauenverbänden gezogen. Dies galt, das sei hier schon vorweggenommen, auch für eine spätere Zeit. Es war eine aus dem Großbürgertum stammende, »rechte« Sozialdemokratin, Hedwig Wachenheim, die als Berichterstatterin auf dem Reichsfrauentag der SPD von 1921 es ausdrücklich guthieß, daß die sozialdemokratischen Frauen es in den neunziger Jahren abgelehnt hatten, dem »Bund deutscher Frauenvereine« beizutreten, weil die Befreiung der Frau nur durch den Klassenkampf der Arbeiterschaft möglich sei. »Wir stehen noch heute auf diesem Standpunkt«, erklärte Hedwig Wachenheim und fügte hinzu, daß die notwendige Erziehung der Arbeiterfrau nicht von Organisationen geleistet werden könne, »die den Arbeiterfrauen wesensfremd sind und kein Verständnis für die wirtschaftliche Lage und Denkungsweise der Arbeiterfrauen haben«.

Der Erste Weltkrieg markierte einen Wendepunkt in der Geschichte Europas und bedeutete auch einen tiefen Einschnitt in der Entwicklung der deutschen Sozialdemokratie. Die große Mehrheit der Partei gab ihre bisherige grundsätzliche Opposition gegenüber der Regierung auf, eine Minderheit hielt an der alten Tradition fest. Das führte dazu, daß die SPD gegen Ende des Krieges auseinanderbrach. Wie schon erwähnt, verließen Clara Zetkin und Luise Zietz die alte Partei. Auch andere tüchtige Frauen wie Mathilde Wurm, Toni Sender, Käte Duncker (die später Kommunistin wurde, während M. Wurm und T. Sender zur SPD zurückkehrten) fanden in der radikaleren und pazifistisch orientierten Unabhängigen Sozialdemokratischen Partei (USPD) eine neue politische Heimat.

Die Revolution erfüllte alte Forderungen

Im militärisch zusammengebrochenen, wirtschaftlich zerrütteten und durch millionenfache Menschenopfer ausgebluteten Deutschen Reich fegte die Revolution in den Novembertagen 1918 die bisherigen Monarchen und ihre Regierungen hinweg. Mit einem Schlag wurden damals jahrzehntelang vergeblich erhobene Forderungen der Arbeiterbewegung erfüllt. Der Rat der Volksbeauftragten, die aus je drei Vertretern der Sozialdemokratischen Partei und der USPD gebildete Revolutionsregierung, proklamierte am 12. November mit Gesetzeskraft entscheidende Reformen, von denen – im Zusammenhang mit unserem Thema – folgende genannt seien:
Unbeschränktes Vereins- und Versammlungsrecht,
Amnestie für alle politischen Straftaten sowie Niederschlagung wegen solcher Straftaten anhängiger Verfahren,
Außerkraftsetzung der Gesindeordnungen und der Ausnahmegesetze gegen die Landarbeiter,
Achtstündiger Maximalarbeitstag,
Erwerbslosenunterstützung,
Ausdehnung der Krankenversicherungspflicht,
gleiches, geheimes, direktes, allgemeines Wahlrecht auf Grund des proportionalen Wahlsystems für alle mindestens 20 Jahre alten männlichen und weiblichen Personen zu allen Wahlen zu öffentlichen Körperschaften.

Alle verfassungsmäßigen und gesetzlichen Beschränkungen der politischen Betätigung von Frauen waren damit gefallen. Das aktive und passive Wahlrecht zu den Volksvertretungen auf allen Ebenen, das ihnen von der sozialdemokratischen Regierung gegeben wurde und das nicht – wie in England – von der militanten Frauenbewegung, den »Suffragetten«, erkämpft worden war, bedeutete die spektakulärste Änderung ihrer Position im öffentlichen Leben.

Aber es waren nicht die Sozialdemokraten, die in der Weimarer Republik vom Frauenwahlrecht profitierten, sondern das Zentrum und die konservativen Parteien (aber nicht die Nazis, wie manchmal zu Unrecht behauptet wird). Diese Erfahrung hat die SPD jedoch nie veranlaßt, das Frauenwahlrecht in Frage zu stellen – das Eintreten für die politische Gleichberechtigung der Frau war für die Partei nicht eine Sache der Opportunität, sondern des Prinzips. Es ist auch kennzeichnend, daß die SPD während der ganzen Weimarer Zeit von allen Fraktionen des Reichstags den höchsten Frauenanteil hatte. In die verfassungsgebende Nationalversammlung – das erste Zentralparlament der Republik – zogen von 165 sozialdemokratischen Abgeordneten 17 Frauen ein, drei rückten nach; das waren mehr weibliche Abgeordnete als alle anderen Parteien zusammen stellten.

Der größte Teil der sozialdemokratischen Parlamentarierinnen in der ersten deutschen Republik waren Arbeiterfrauen und Töchter von Arbeitern; viele von ihnen hatten sich in der Fabrik, im Handwerksbetrieb, im Büro oder als Hausangestellte ihr Brot verdient. Nur wenige SPD-Vertreterinnen besaßen eine Berufsausbildung als Lehrerin oder Fürsorgerin; Absolventinnen eines Hochschulstudiums bildeten die Ausnahme. Übrigens unterschieden sich die weiblichen Mandatsträgerinnen der SPD in der Weimarer Zeit ihrem sozialen Herkommen nach kaum von ihren männlichen Kollegen; doch hatten diese ihnen meist eine längere Erfahrung voraus – als Parlamentarier, als Sekretäre der Partei oder der Gewerkschaften, als Redakteure von Organen der Arbeiterbewegung, als Geschäftsführer von Partei- oder Genossenschaftsunternehmen usw.

Die Frauen, die damals von der SPD in den Reichstag, die Landtage und die Gemeindevertretungen entsandt wurden, hatten ihre politische Schulung im Kaiserreich im wesentlichen durch ihre tägliche Kleinarbeit in der Partei oder in der Gewerkschaft erworben. Sie kannten die Nöte und die Bedürfnisse der Arbeiterfamilien, und so war es für sie selber geradezu selbstverständlich, ihre Arbeit als Parteifunktionärinnen und Parlamentarierinnen auf sozialpolitische und sozialpädagogische Maßnahmen zu konzentrieren. Wenn heute rückblickend der Vorwurf gegen die SPD erhoben wird, sie habe damals die Frauen auf diese als »typisch weiblich« angesehenen Aufgaben »abgeschoben«, so werden die geschichtlich gewachsenen Zusammenhänge verkannt. Vor allem beinhaltet dieser Vorwurf eine ignorante Mißachtung der Bedeutung sozialer und pädagogischen Reformen sowie der Arbeit, sie praktisch umzusetzen. Sozialpolitik und soziale Praxis besaßen für die Weimarer SPD hohe Priorität. Manche Historiker bemerken kritisch, daß sie dabei die Wirtschaftspolitik vernachlässigte, ohne zu erkennen, daß nur eine gute Wirtschaftspolitik eine fortschrittliche Sozialpolitik ermöglicht. Daß die Weimarer SPD sich schwer tat, eigene und unmittelbar praktikable Konzeptionen für wirtschaftliche Reformen zu entwickeln, hat verschiedene Gründe, auf die hier nicht eingegangen werden kann. Auf dem Gebiet der Sozialgesetzgebung und Sozialfürsorge war sie hingegen sehr aktiv und vorwärtsdrängend. Dieses Gebiet hielt sie auch für das gegebene Arbeitsfeld der Frauen, jedoch nicht für ihr ausschließliches. Der berühmte Rechtsgelehrte Gustav Radbruch erklärte auf dem Parteitag von 1921, wenige Wochen vor seiner Ernennung zum Reichsjustizminister, die SPD verlange Frauen für alle Justizämter und erwarte von der Beteiligung der Frauen »nicht etwa nur die Erfüllung eines Frauenrechts, sondern eine gewaltige Förderung unseres ganzen Rechtslebens«.

Reformen in den Weimarer Jahren

Die Programme der Weimarer SPD – das Görlitzer von 1921 und das Heidelberger von 1925 – enthalten verhältnismäßig wenig über spezifische Probleme der Frauen. In beide wurde das Recht der Frauen auf Erwerbsarbeit aufgenommen, und beide verlangen die Erziehung »beider Geschlechter durch beide Geschlechter«, das Heidelberger ausdrücklich die »gemeinsame Erziehung«, also die Koedukation. Das im Görlitzer Programm geforderte Verbot der Nachtarbeit für Frauen und Jugendliche sowie das Verbot der Arbeit von Frauen und Jugendlichen in besonders gesundheitsschädigenden Betrieben und an Maschinen mit besonderer Unfallgefahr wurde im Heidelberger Programm nicht wiederholt. Das Programm von 1925 geht über das von 1921 in einigen wichtigen Punkten aber hinaus: »Erleichterung der Ehescheidung, Gleichstellung der Frau mit dem Manne [bei der Scheidung], Gleichstellung der unehelichen Kinder mit den ehelichen.« Diese Programmpunkte geben jedoch ein unvollständiges Bild vom Einsatz der Partei für die Interessen der Frauen nach der Novemberrevolution, der vor allem von den Frauen, jedoch keineswegs nur von ihnen, geleistet wurde. Einen Begriff davon gibt der Bericht, den die Reichstagsfraktion dem Parteitag von 1920 erstattete: »Ein großer Teil unserer Tätigkeit war absorbiert durch die Sorgen für Verbesserung der Rechte der Frauen, der Mütter und der Unehelichen.«
Schon in den ersten Jahren der Republik unternahm die SPD einen Vorstoß zur Änderung des § 218 des Strafgesetzbuches. Sie konnte aber nicht mehr erreichen als eine gewisse Milderung der Strafbestimmungen, während ihr Ziel eine Regelung blieb, die wir heute als die »Fristenlösung« bezeichnen. Sie trat auch gegen große Widerstände, die sogar von Frauenberufsorganisationen ausgingen, dafür ein, daß ledige Mütter in keiner Weise benachteiligt werden. Zu den in der Weimarer Republik erzielten Fortschritten zählt die Verabschiedung des Reichsjugendwohlfahrtsgesetzes im Jahre 1922, das fast ausschließlich von weiblichen Abgeordneten aller Parteien ausgearbeitet worden war. An der Gestaltung des Mutterschutzgesetzes von 1927

war die sozialdemokratische Reichstagsabgeordnete Louise Schroeder, die spätere Oberbürgermeisterin von Berlin, maßgeblich beteiligt. In der gesamten sozialpolitischen Gesetzgebung jener Zeit, sowohl im Reich als auch in den Ländern, besonders in Preußen, spielten die Parlamentarierinnen der SPD eine herausragende Rolle.

Ein großes und ergiebiges Betätigungsfeld für sozialdemokratische Frauen bot eine bis heute bestehende Organisation, die Ende 1919 ins Leben gerufene »Arbeiterwohlfahrt«. Ihre Initiatorin war Marie Juchacz, seit 1917 bis zur Auflösung der SPD durch die Nazidiktatur Vorstandsmitglied und Frauensekretärin der Partei. In ihren unvollendeten, nur in Bruchstücken veröffentlichten Lebenserinnerungen bezeichnete Marie Juchacz ihre Wahl in die Spitze der SPD als Zufall, denn sie habe sie nicht erstrebt. Ihr Vater war ein Handwerksmeister, den die stürmische Entwicklung der Industrie zum Proletarier herabgedrückt hatte. Durch ihren Bruder war Marie, die in ihrer Jugend als Dienstmädchen, Näherin und Krankenwärterin gearbeitet hatte, mit sozialistischem Gedankengut in Berührung gekommen. Nach kurzer, unglücklicher Ehe mit einem Schneidermeister in Landsberg an der Warthe beschloß sie, mit ihren zwei kleinen Kindern nach Berlin zu ziehen. Zusammen mit ihrer Schwester Elisabeth – der späteren Abgeordneten der Nationalversammlung, dann des preußischen Landtags Kirschmann-Roehl – begann sie dort Frauenabende zu organisieren und wuchs allmählich so in die Arbeit hinein, daß sie 1913 als Frauensekretärin der Partei nach Köln gerufen wurde. Während des Krieges stand sie auf seiten der Parteimehrheit. Ihr Verständnis für soziale Probleme wurde in jener Zeit noch vertieft durch ihre Mitarbeit an überparteilichen Frauenhilfswerken. Als die Partei nach ihrer Spaltung die Ämter neu besetzen mußte, die durch den Anschluß von Clara Zetkin und Luise Zietz an die USPD vakant geworden waren, wurde Marie Juchacz – wie sie selber schrieb – »irgendwie aufgespürt«. 1919 zog sie in die Nationalversammlung ein und war die erste Frau, die in einem deutschen Parlament das Wort ergriff. Sie besaß nicht die Ausstrahlungskraft und die Leidenschaft von Clara Zetkin oder gar von Rosa Luxemburg, noch deren rednerische und schriftstellerische Begabung. Ihre Stärke lag in ihrer mit ungeheurem Fleiß erarbeiteten Sachkenntnis, ihrem Sinn für das Notwendige und praktisch Mögliche, sowie in ihrer Beharrlichkeit in der Durchführung ihrer Aufgaben.

Die Überwindung des demütigenden Charakters der Armenpflege durch einen gesetzlich garantierten Rechtsanspruch auf soziale Leistungen und die Demokratisierung der Wohlfahrtspflege betrachtete

Marie Juchacz als das Ziel der Arbeiterwohlfahrt. In der ehrenamtlichen sozialen Arbeit sah sie ein hervorragendes Mittel zur Weckung staatsbürgerlicher Gesinnung und Mitverantwortung. Sie verstand es auch, ausgezeichnete Fachleute als Berater und Mitarbeiter heranzuziehen, und zwar über den Kreis der SPD hinaus. 1928 wurde eine eigene Wohlfahrtsschule der Arbeiterwohlfahrt eröffnet, an der bekannte Theoretiker und Praktiker als Dozenten wirkten. Die Leitung übernahm Hedwig Wachenheim, die als Sozialarbeiterin ausgebildet war, eine überaus aktive, kluge und originelle Frau, die auch als preußische Landtagsabgeordnete sehr geschätzt wurde.
Zehn Jahre nach Gründung der Arbeiterwohlfahrt wurde die Arbeit dieser in allen Teilen des Reiches etablierten Organisation von 114 000 meist weiblichen Helfern getragen, die unter anderem als Vormünder im Pflegekinderwesen, in den Ausschüssen von Wohlfahrts- und Jugendämtern, in der Gerichts- und Gefangenenhilfe tätig waren. Außerdem besaß sie zahlreiche Kinder-, Jugend-, Mütter- und Altersheime, Erholungsheime, Kindertagesstätten, Kindergärten, Nähstuben. Der Gedanke der Gleichberechtigung, der in der sozialdemokratischen Programmatik einen zentralen Platz einnimmt, ist innerhalb der Arbeiterwohlfahrt beispielhaft verwirklicht worden. Denn zum einen bemühte sie sich darum, zwischen Hilfe Gebenden und Hilfe Empfangenden ein partnerschaftliches Verhältnis herzustellen und Voraussetzungen zur Selbsthilfe zu schaffen. Zum anderen stärkte sie das Selbstbewußtsein der Frauen, die als Helferinnen und Mitarbeiterinnen auf den verschiedensten Gebieten ihre Fähigkeiten entwickeln und beweisen konnten.

Nur Lippenbekenntnisse?

Unverkennbar bleibt freilich, daß das sozialdemokratische Bekenntnis zur Gleichberechtigung noch nicht deren Praktizierung bedeutete und bedeutet. »Wir Frauen sind alle der Auffassung: Frauenrechte sind Menschenrechte, aber unsere Männer handeln nicht danach, auch nicht innerhalb der Partei.« Diese Feststellung einer Delegierten auf dem Reichsfrauentag der SPD im Jahre 1921 hat in den über fünfzig Jahren, die seither vergangen sind, nichts von ihrer Aktualität verloren. Die Sozialdemokraten haben den Frauen volle politische Rechte gegeben; die wichtigsten Positionen in der Partei und in der Gewerkschaft bleiben jedoch weiterhin auf allen Ebenen fast durchweg mit Männern besetzt. Die SPD hat das Recht der Frau auf Berufstätigkeit

betont, aber nach dem ersten Weltkrieg mußten unter einer von Sozialdemokraten geführten Regierung viele Frauen ihre Arbeitsstelle verlassen, um den heimkehrenden Männern Platz zu machen. Später allerdings hat die SPD stets die Kampagne gegen das »Doppelverdienertum« bekämpft, selbst 1931, zur Zeit der wachsenden Massenarbeitslosigkeit. Entscheidend für die Probleme, mit denen die Frauen bis heute im öffentlichen, beruflichen und privaten Leben konfrontiert sind, ist aber die Tatsache, daß die menschliche Haltung der Männer keineswegs stets ihrer eigenen politischen Stellungnahme entspricht: Nicht wenige Sozialdemokraten teilen die gängigen Vorurteile gegen Frauen, halten sich ihnen gegenüber für überlegen und leiten daraus für sich Rechte ab, die sie den Frauen nicht zugestehen. Diese Problematik wird an anderer Stelle dieses Bandes behandelt. Hier sei nur darauf hingewiesen, daß es in der Weimarer SPD bemerkenswerte Ansätze gab, sie nicht nur durch programmatische Proklamationen und theoretische Reflexionen, sondern durch die Schaffung von Gesinnungs- und Erlebnisgemeinschaften zu überwinden.
Für die in dieser Hinsicht bedeutendsten halte ich die Sozialistische Arbeiterjugend (SAJ) und die Kinderfreundebewegung. Dort wurde Solidarität praktiziert; die in der Gemeinschaft anfallenden Aufgaben wurden kameradschaftlich verteilt, und soziales Verantwortungsbewußtsein konnte sich auf Grund eigener Erfahrungen entwickeln. Im Zusammenleben von Kindern und jungen Menschen beider Geschlechter entstand eine selbstverständliche Partnerschaft und ein ungezwungener Umgang miteinander, die eine Diskriminierung ausschlossen. Noch heute kann man bei Frauen und Männern, die diesen Kinder- und Jugendorganisationen angehörten, den prägenden Einfluß erkennen, den sie auf sie ausgeübt haben. Die Nationalsozialisten vernichteten diese Organisationen, aber viele ihrer Mitglieder blieben auch während der Schreckensjahre der Diktatur miteinander verbunden, gehörten zum Widerstand und waren mit die ersten beim Wiederaufbau der SPD.

Tradition wird fortgesetzt

Als 1945 nach der furchtbarsten Katastrophe der deutschen Geschichte das politische Leben sehr schnell wieder erstand, sprach niemand von einer Frauenfrage. Das konnte unter den damaligen Verhältnissen auch gar nicht anders sein. Das Elend, das über das Land hereingebrochen war, rückte ganz andere Fragen in den Vordergrund:

die Versorgung zur Fristung der nackten Existenz, die Unterbringung der Flüchtlingsströme, die Sorge um die Kriegsgefangenen, das Verhältnis zu den Besatzungsmächten, die Ungewißheit über die politische und wirtschaftliche Zukunft Deutschlands – um nur einige zu nennen. Für die SPD war es selbstverständlich, sich auf diese Fragen zu konzentrieren und ebenso selbstverständlich war, daß dabei Frauen überall in ihren Reihen mitarbeiteten. Sozialdemokratinnen übernahmen in den Nachkriegsjahren verantwortungsvolle Ämter: Martha Fuchs wurde Kultusministerin im damaligen Land Braunschweig und später Oberbürgermeisterin von Braunschweig, Louise Schroeder (die während der ganzen Weimarer Zeit Reichstagsabgeordnete war) Oberbürgermeisterin von Berlin, Luise Albertz Oberbürgermeisterin von Oberhausen. Lotte Lemke baute die Arbeiterwohlfahrt wieder auf, die sich unter ihrer Leitung zu einem der großen Wohlfahrtsverbände der Bundesrepublik, mit neuen Aufgaben und wegweisenden Experimenten, entwickelte.
Die Mitgliedschaft und der Funktionärskörper der SPD in der Zeit nach 1945 bestand bei den Frauen in noch höherem Maße als bei den Männern vorwiegend aus Menschen, die ihr schon vor 1933 angehörten und ihr die Treue gehalten haben. In den Frauengruppen überwogen damals die Hausfrauen, meist Frauen von Arbeitern oder Angestellten – berufstätige und jüngere Frauen zu gewinnen, war zunächst sehr schwer, wie ich aus eigener Erfahrung weiß. So ergab es sich, daß die Frauenarbeit der Partei lange Zeit durch die Tradition von Weimar bestimmt war. An einigen Orten wurden aber schon bald neue Formen eingeführt, wie gesellige Nachmittage, später Ausflugsfahrten und Modenschauen, um auf diese Weise andere Frauen zunächst anzusprechen und unter Umständen für politische Arbeit, für sozialdemokratische Politik zu gewinnen.
Organisatorisch wurde die Tradition fortgesetzt. Der Parteivorstand richtete wieder ein zentrales Frauenbüro ein, das von Herta Gotthelf, einer ehemaligen Mitarbeiterin von Marie Juchacz, geleitet wurde. Und wie diese wurde auch ihre Nachfolgerin in den Parteivorstand gewählt. An Herta Gotthelf kann ich mich nur mit einem Gefühl herzlicher Sympathie erinnern. Etwas Jugendbewegtes hat sie immer behalten in ihrer Natürlichkeit und Spontaneität, ihrer Verachtung von modischen Allüren und Eleganz; auch war sie nicht frei von einem leisen Mißtrauen gegenüber Intellektuellen. Dabei war sie selber außerordentlich belesen und künstlerisch interessiert. Mit großer Hingabe redigierte sie die wiedererschienene »Gleichheit«, die viel gutes Material für die Frauenarbeit enthielt und zu der sie selber die Leitartikel

sowie unzählige Buchbesprechungen beitrug. Herta Gotthelfs Herz schlug links, Konzessionen an den »Zeitgeist« und an politische Opportunitäten waren nicht ihre Sache. So kam sie zunehmend in das Schußfeld innerparteilicher Kritik, bis sie schließlich auf dem Parteitag von 1958 aus dem Vorstand und aus ihrer Verantwortung für die Frauenarbeit abgewählt wurde. Sie blieb die Redakteurin der »Gleichheit«, die nach ihrem Tod im Jahre 1963 eingestellt wurde. Auch wer, wie ich selber, mit Herta Gotthelfs politischem Urteil nicht immer übereinstimmte und ihre Haltung in manchen Fragen zu unbeweglich fand, wird ihre Vorzüge anerkennen müssen. Sie strahlte in ihrem Auftreten in den Frauengruppen und in den von ihr organisierten zentralen Frauentagungen menschliche Wärme aus und schuf ein gutes Klima für die Arbeit. Sie verstand es, in ihrer Zeitschrift und in ihren Veranstaltungen Fragen aufzugreifen, die damals die Frauen bewegten, und in ihren Reden ihnen aus dem Herzen zu sprechen. Viele von uns, die in der sozialdemokratischen Frauenarbeit der Nachkriegszeit tätig waren, empfingen von ihr Anregungen, Hilfe und persönliche Freundschaft.

Weder die programmatischen Richtlinien, die die SPD nach der ersten Bundestagswahl von 1949 aufstellte (die sogenannten Dürkheimer 16 Punkte), noch das 1952 beschlossene und zwei Jahre später erweiterte Aktionsprogramm enthielten Forderungen, die speziell die Frauen betreffen. Dabei war um jene Zeit durch sozialdemokratische Initiative bereits eine Entscheidung von weitreichender Konsequenz gefallen: Das im Mai 1949 in Kraft getretene Grundgesetz der Bundesrepublik Deutschland legt im Artikel 3 fest: »Männer und Frauen sind gleichberechtigt.« Die Rechtsanwältin Elisabeth Selbert, Abgeordnete der SPD im Parlamentarischen Rat, hatte seine Aufnahme in die Verfassung erreicht. Dieser Artikel bedeutet die Vollendung der in der ersten Republik begonnenen Entwicklung, denn er verlangt die Beseitigung jeder Art von Beschränkung der Rechte von Frauen auf *allen* Gebieten. Der Prozeß, diesem Verfassungsartikel volle Geltung zu verschaffen, ist noch im Gang; er ist noch keineswegs abgeschlossen. Das war auch den Verfassern des Godesberger Programms von 1959 bewußt. In seinem Abschnitt, der die Überschrift »Frau – Familie – Jugend« trägt, wird gefordert, die Gleichberechtigung der Frau rechtlich, sozial und wirtschaftlich zu verwirklichen. Es müssen ihr, so heißt es weiter, die gleichen Möglichkeiten für Erziehung und Ausbildung, für Berufswahl, Berufsausübung und Entlohnung geboten werden wie dem Mann. »Gleichberechtigung soll die Beachtung der psychologischen und biologischen Eigenart der Frau nicht aufheben. Hausfrau-

enarbeit muß als Berufsarbeit anerkannt werden. Hausfrauen und Mütter bedürfen besonderer Hilfe. Mütter von vorschulpflichtigen und schulpflichtigen Kindern dürfen nicht genötigt sein, aus wirtschaftlichen Gründen einem Erwerb nachzugehen.«
Seit der Annahme des Grundsatzprogramms der SPD sind Entwicklungen eingetreten, die damals nicht vorausgesehen wurden, wohl auch nicht vorausgesehen werden konnten. Daß es in vielen Ländern der westlichen Welt wieder eine Frauenbewegung mit eigenen Vorstellungen und Forderungen von großer Radikalität geben wird, haben Ende der fünfziger Jahre wohl nur wenige geahnt. So ist es kennzeichnend, daß in Godesberg, bei aller Betonung der Gleichberechtigung, die Probleme der Frau in erster Linie im Zusammenhang mit ihrer Lebenslage als Mutter und Hausfrau behandelt wurden. Von Emanzipation, diesem alten, in unseren Tagen wiederentdeckten Begriff, war dort nicht die Rede.

Frauenfrage – nicht nur ein gesellschaftspolitisches Problem

Es bedurfte einer Wandlung der Haltung breiter Kreise zu Fragen der Sexualmoral, ehe die SPD in den siebziger Jahren das heiße Eisen einer Änderung der Scheidungsgesetze und des Paragraphen 218 anfaßte. Sie hatte sich in dieser Beziehung in der Weimarer Republik bereits weiter vorgewagt als in den Jahrzehnten nach dem Zweiten Weltkrieg. Insbesondere die Abtreibungsfrage war lange Zeit geradezu ein Tabu. Das lag wohl hauptsächlich an der Sorge, kirchlich gebundene Kreise abzuschrecken, sie den Unionsparteien in die Arme zu treiben und diesen Propagandastoff gegen die SPD zu liefern. Und diese Sorge war nicht unbegründet. Ein Jahr nach Kriegsende hatte ein Kreis sozialdemokratischer Frauen über Möglichkeiten diskutiert, die Abtreibungsgesetzgebung zu reformieren. Ich erinnere mich noch, wie diese noch nicht einmal parteioffiziöse Diskussion bei den Kommunalwahlen im Herbst 1946 von der CDU in Köln ausgeschlachtet wurde. Gewiß läßt sich einwenden, daß die Reformen im Sexualrecht, für die sich die SPD in den siebziger Jahren einsetzte, in der Bundesrepublik schon viel früher nötig gewesen wären. Das stimmt, nur hatte die SPD früher nicht die Möglichkeit, solche Reformen durch eine Mehrheit im Bundestag beschließen zu lassen. In der Politik genügt es eben nicht, recht zu haben; vielmehr muß man auch die Chance haben, recht zu bekommen.
Früher, nachdrücklicher und radikaler als jede andere Partei, hat die

deutsche Sozialdemokratie die Frauenfrage zu ihrem eigenen Thema gemacht. Und doch galt das Wort des alten Wilhelm Liebknecht von 1890, für sie gebe es überhaupt keine Frauenfrage, denn die sogenannte Frauenfrage sei ein Teil der sozialen Frage. In der Tat haben Sozialdemokraten die Frauenfrage nie isoliert gesehen. Lange Zeit meinten sie, daß sie sich in der sozialistischen Zukunftsgesellschaft von selbst lösen würde. Das hinderte sie aber nicht daran, in der Gegenwart für Fortschritte im Sinne der Gleichberechtigung der Frau einzutreten. Auch das war ein Teil ihres allgemeinen, von Anfang an erstrebten Zieles. Worum es ihnen immer ging, wird im Godesberger Programm mit den Grundwerten Gerechtigkeit, Freiheit und Solidarität gekennzeichnet, im Erfurter Programm als Kampfansage gegen »jede Art von Ausbeutung und Unterdrückung, richte sie sich gegen eine Klasse, eine Partei, ein Geschlecht oder eine Rasse«, verkündet. Was sich seit Bebels Tagen geändert hat, sind Formen und Ausmaß der Ausbeutung und Unterdrückung. Darum müssen sich auch die Formen und die Stoßrichtung ihrer Bekämpfung ändern. Das erfordert eine dauernde Überprüfung, wo und wie die Schwerpunkte in der Programmatik und praktischen Politik zu setzen sind. Unberührt von solchen Revisionen bleibt aber der Grundsatz, daß Frauenrechte Menschenrechte sind und daß eine Partei, die sich als eine Verfechterin der Menschenrechte versteht, die Frauenrechte als ihr eigenes Thema behandeln muß.

Ursula Pausch-Gruber

Es mangelt an Solidarität

Entwicklung und Ziele der Arbeitsgemeinschaft Sozialdemokratischer Frauen

Ich möchte mit einem Erlebnis anfangen. 1966 war ich mit 33 Jahren die jüngste weibliche Delegierte auf dem SPD-Parteitag in Dortmund. Diese Tatsache verschaffte mir ein Interview im Zweiten Deutschen Fernsehen. Frauenarbeit in der SPD war damals ein Thema fürs Fernsehen, weil Martha Schanzenbach, bis dahin Vorsitzende des Bundesfrauenausschusses, durch Annemarie Renger abgelöst worden war. Der Einstieg in das Interview: »Sind Sie in der Frauenarbeit der SPD aktiv?« Meine Antwort: »Nein.« Ich sei in der Arbeitsgemeinschaft der Jungsozialisten aktiv; ich war damals stellvertretende Bezirksvorsitzende in Franken. »Warum nicht in der Frauengruppe der SPD?« – »Dort kann man nicht politisch arbeiten.« Und dann beschrieb ich die Frauengruppen, wie ich sie damals, vorwiegend im ländlichen fränkischen mittelstädtischen Bereich, kannte: ältere und alte Genossinnen, die sich schon vor der Nazizeit durch ihre Männer der SPD verbunden fühlten. Viele von ihnen hatten ihre Männer im Krieg oder im Kampf gegen die Nazis verloren. In der Nachkriegszeit hatten sie sich zusammengefunden aus einer weitgehend gleichen Interessenlage: die materielle Not der alleinstehenden Frauen mit Kindern, die mit minimalen Renten ihren Kindern neue Startchancen erkämpfen mußten. Die meisten waren bis zum Rentenalter erwerbstätig und oft, weil die Versorgung nicht ausreichte, darüber hinaus. Gegen eine junge, aus der Mittelschicht stammenden Genossin entwickelten sie, trotz persönlicher Zuneigung, Mißtrauen.
Ihre Treue zur SPD wurzelte in ihren Gefühlen, in den Erfahrungen der Zeit vor 1933 und Überlieferungen, die sie in ihren Familien erhielten und die sie prägten. Sie hatten sich in den Nachkriegsjahren gegen die Notstandsgesetzgebung ausgesprochen, gegen den zivilen Bevölkerungsschutz, den sie als eine Neuauflage des Luftschutzes samt dem häufig als »Gesinnungsschnüffler« auftretenden Luftschutzwart betrachteten. Sie wußten, daß die SPD-Frauengruppen sich öffnen sollten für jüngere Mitglieder; aber sie fürchteten diese

Öffnung gleichzeitig. Sie besuchten die Mitgliederversammlungen der Partei; aber sie meldeten sich dort selten zu Wort, und bei Abstimmungen neigten sie dazu, den Vorstand, auch wenn sie Bedenken hatten, zu unterstützen. Ich gebrauchte dann im Interview, die – wie ich es heute sehe – jugendlich-überhebliche Formulierung: »Die Auswahl des Lokales und die Größe der dort gereichten Portionen Fleischsalat spielen eine größere Rolle als die kontinuierliche politische Arbeit.« Klar, daß diese Bemerkung Entrüstung hervorrief.
Von der Gesamtpartei wurden die Frauengruppen damals häufig als »Kaffeekränzchen« bezeichnet. Das hatte dazu geführt, daß ich nach einigen Jahren der Mitarbeit – ich war 1960 in die SPD eingetreten – mich stärker bei den Jungsozialisten engagierte.
Die Mitgliederverzeichnisse der 50er und 60er Jahre weisen jedoch aus, daß der Anteil weiblicher Mitglieder schon damals höher war als der politische Einfluß, den die Frauen ausüben konnten. Ende 1946 gibt die Statistik 15,4 Prozent weibliche Mitglieder an. Ende 1959, im »Godesberger« Jahr, betrug die Zahl der SPD-Mitglieder insgesamt 634 254, davon waren 121 668 Frauen; das sind 19,2 Prozent. 1953 waren es 19 Prozent, 1951 18,8 Prozent. Im Jahr 1977 gab es insgesamt 1 006 316 Mitglieder der SPD; davon waren 21,6 Prozent Frauen.
Einige Erfahrungen, die die Partei seit 1955 machte, sollten in Erinnerung gebracht werden: Während einer Werbeaktion – sie dauerte drei Monate – wurden 10 208 neue Mitglieder gewonnen, davon waren 21,3 Prozent Frauen. Im Bericht zur Frauenarbeit der Partei im Jahr 1959 wird trotzdem festgestellt: »Es scheint weniger leicht, weibliche Mitglieder neu zu gewinnen als männliche. Doch das hat jahrelange Erfahrung bewiesen, daß Frauen beständigere Mitglieder der Partei sind als Männer – seltener treten sie wieder aus, und sie werden als selbstlosere, zuverlässigere Mitarbeiter bezeichnet.« Dies hat sich in den schweren Jahren nach der Ölkrise von 1973 nochmals bestätigt. Ende jenes Jahres zählte die Partei 957 253 Mitglieder, davon 19,5 Prozent Frauen. Sie hatte einen realen Zuwachs von 2 859 Mitgliedern, aber 8 279 Frauen hatten sich zum Parteieintritt entschlossen. 1974 gab es 18 060 Männer weniger in der SPD, aber 1 712 Frauen mehr als im Vorjahr.
Doch noch einmal zurück zu Dortmund 1966. Diesem Parteitag gehörten 29 weibliche Delegierte an; das waren 8,6 Prozent der 335 Delegierten. Der Vorsitzende der Mandatsprüfungskommission stellte dazu fest: »Die Mandatsprüfungskommission hat diese Zahl mit Bedauern zur Kenntnis genommen, um so mehr, als schon 1964 auf dem

Parteitag in Karlsruhe festgestellt wurde, daß der Anteil der Frauen mit nicht ganz zehn Prozent nicht im Einklang steht mit dem 18prozentigen Anteil der Frauen an der Gesamtmitgliedschaft unserer Partei.«

Wann kommt die Frau als Vorsitzende?

Fast ein Dutzend Jahre sind seit meinem Interview in Dortmund vergangen. Die Frauenarbeit der SPD hat sich völlig verändert. Die Arbeitsgemeinschaft der Sozialdemokratischen Frauen (ASF), wie die früheren Frauengruppen heute heißen, sind politisiert. Sie sind in weiten Bereichen *die* aktive und kontinuierlich wirkende Gruppierung der Partei geworden. Doch weder in der Zahl der Delegierten zu den Parteitagen aller Organisationsebenen noch bei der Übernahme von Funktionen in der Gesamtpartei wird dies sichtbar.
Wer die Zahlen dieser Abschnitte liest, muß sich klarmachen, daß sich hinter ihnen die Geschichte zahlloser Sozialdemokratinnen verbirgt, voller Enttäuschung und Bitterkeit; sie sind aber auch Zeugnis für die Zähigkeit und Ausdauer, mit der die Frauen um ihren Platz in der SPD kämpfen, der Partei, die mit dem Godesberger Programm die zu eng gewordenen Grenzen der »reinen« Arbeiterpartei aufbrach, um als »Partei des Volkes jeden in ihren Reihen willkommen zu heißen, der sich zu den Grundwerten und den Grundforderungen des demokratischen Sozialismus bekennt«.
Mehr als 210000 Frauen haben durch die Mitgliedschaft bewiesen, daß sie ihre Kräfte für dieses Ziel einsetzen wollen. Doch auf ihre aktive Mitarbeit für die Partei wird weitgehend verzichtet. Der Beweis: 1977 hatten 8,5 Prozent der mehr als eine Million Sozialdemokraten eine Funktion innerhalb der Partei; jedoch nur 1,2 Prozent von ihnen sind Frauen. Unter 329 Kreisvorsitzenden gibt es acht Frauen; elf Prozent der Kassierer und der Beisitzer sowie 13 Prozent der Schriftführer auf dieser Organisationsebene sind Frauen. Es gibt 301 Unterbezirksvorsitzende, Frauenanteil: vier Prozent. Die Frauen stellen auf dieser Ebene sechs Prozent der Schriftführer. Unter 22 Bezirksvorsitzenden ist keine Frau; bei den Beisitzern erreichen sie einen Anteil von knapp 18 Prozent, 14 Prozent bei den Kassierern und weniger als 13 Prozent bei den Schriftführern.
Die Partei, die seit mehr als hundert Jahren für die Gleichberechtigung der Frauen kämpft, hat nie eine weibliche Parteivorsitzende gewählt. Seit der Abschaffung der »Statutenfrau« auf dem Parteitag 1971

durch Änderung der Satzung sank auch die Zahl der Frauen im Parteivorstand ständig. In Hamburg 1977 hat sie mit zwei Frauen einen alarmierenden Tiefstand erreicht. Die allgemeine Unterrepräsentation der Frauen in der Partei hat schwerwiegende Folgen. Sie schlägt voll durch auf die Mandate, die über die Partei in den Parlamenten in Bund, Ländern und Gemeinden zu erreichen sind.
Seit 1972 vertreten 15 weibliche Bundestagsabgeordnete der SPD Fraueninteressen in diesem Parlament. Damit ist bei den Wahlen 1976 der Prozentanteil der weiblichen Parlamentarier gestiegen, aber nur, weil die SPD-Fraktion insgesamt Sitze verloren hat. Nur zwölf SPD-Kandidatinnen gelang es jedoch, in einem der Wahlkreise anzutreten; ohne Wahlkreis aber ist eine Absicherung auf den jeweiligen Landeslisten nur in Ausnahmefällen erreichbar.
Weil sich schon realtiv früh abzeichnete, daß eine stärkere Beteiligung der Frauen nicht durchsetzbar war, schrieb die damalige Vorsitzende der ASF, Bundestagsabgeordnete Elfriede Eilers, einen persönlichen Brief an alle Bezirksvorsitzenden und legte gerade anhand der Wahlanalyse von 1972 die Berechtigung der Frauenkandidaturen dar. Die Hälfte der Bezirke beantwortete diesen Brief überwiegend zustimmend – doch bei der Aufstellung der Listen blieben die meisten Kandidatinnen wie eh und je auf aussichtslosen Plätzen.

Die »Quoten«-Frau als Übergangslösung?

Wie sah es in der Vergangenheit aus? Dem ersten Deutschen Bundestag – gewählt 1949 – gehörten 13 beziehungsweise 15 SPD-Mandatsträgerinnen an; dem zweiten Bundestag gehörten 21 SPD-Mandatsträgerinnen an. Ähnlich wie im Bundestag sieht es in den Länderparlamenten aus. Allein in den Kommunalparlamenten haben die Frauen seit Gründung der Bundesrepublik eine bessere Chance gehabt – besonders in Ländern, die Elemente des Persönlichkeitswahlrechtes in ihren Wahlgesetzen verankert haben. Hier konnten Frauen bis zu 25 Prozent der Mandate erringen. Auch die Kommunalwahl im Frühjahr 1978 in Bayern hat erneut gezeigt, was auch die Verfassungsrechtsenquête der Bundesregierung darlegte: daß benachteiligte Bevölkerungsgruppen durch kombinierte Wahlsysteme bessere Chancen erhalten. Diese Kommunalwahlergebnisse widerlegen deutlich, daß Frauen von Frauen nicht gewählt werden.
Angesichts aller aufgezählten Tatsachen wurde innerhalb der ASF während der Jahre 1976 bis 1977 intensiv darüber diskutiert, wie die

Mitarbeit der Frauen in der Partei entscheidend verbessert werden könne. Im Bewußtsein der großen Verdienste der sozialdemokratischen Arbeiterbewegung beim Erreichen der formalen Rechte der Frauen, der aber trotzdem nicht stattfindenden Chancengleichheit, prüften die sozialdemokratischen Frauen, ob ein satzungsmäßig festgelegter Frauen-Anteil den Durchbruch in die politische Mitverantwortung der Partei bringen könne. Das Verfahren wurde in Anlehnung an angelsächsische und skandinavische Vorbilder »Quotierung« genannt. Dazu Elfriede Eilers auf dem Bundeskongreß der ASF in Siegen 1977: »Darum hat sich der jetzige Bundesvorstand entschlossen – entscheidend mitgeprägt durch die Erfahrung des Rückgangs des Frauenanteils im jetzigen Parlament – Euch vorzuschlagen, über eine Quotenbeteiligung für Frauen an Ämtern und Mandaten zu diskutieren. Dieses Quotenverfahren (das etwas ganz anderes ist als die 1971 abgeschaffte Schutzklausel; es bedeutet die Beteiligung an Mandaten entsprechend dem Mitgliederanteil, während die alte Schutzklausel nur die Beteiligung einer oder höchstens mehrerer Frauen vorsah) ist für den Bundesvorstand kein Dogma. Er sieht es auch keinesfalls als die Lösung unserer Probleme an. Aber es könnte eine Möglichkeit sein, die Partei stärker darauf aufmerksam zu machen, daß sie es mit dem letzten Satz des Orientierungsrahmen '85 ernstnehmen muß: ›Die SPD wird diese Politik (der Chancengleichheit für Männer und Frauen, d. Verf.) nur dann glaubhaft vertreten können und für andere gesellschaftliche Gruppen beispielgebend sein, wenn sie in ihren eigenen Reihen mit der Gleichstellung der Frauen ernst macht‹.«
Mit knapper Mehrheit wurde die innerparteiliche Quotierung auf dem Bundeskongreß in Siegen abgelehnt. Die Mehrheit der Delegierten entschied sich dafür, »Ziele, Probleme und Forderungen der Frauen verstärkt darzustellen« und sie »in die Diskussion und Entscheidung der Gesamtpartei einzuführen«. Gleichzeitig soll durch besondere Werbeaktionen der Anteil weiblicher Mitglieder weiter erhöht und die Zahl der Arbeitsgemeinschaften durch flächendeckende Betreuung der Frauen verbessert werden. Außerdem wurde die Einrichtung oder der Ausbau der Frauenreferate bei den Bezirken, Landesverbänden und beim Parteivorstand gefordert – eine Forderung, die die Sozialdemokratische Frauenarbeit seit 1947 begleitet. Zur Stärkung der Frauenarbeit soll außerdem ein eigener Haushaltsansatz auf allen Organisationsebenen beitragen.
Die Ablehnung der innerparteilichen Quotierung in Siegen ist nicht das Ende der Quotendiskussion. Im Februar 1977 hatte Herbert Wehner auf der Bezirksfrauenkonferenz in Hannover gesagt: »Keine

politische Partei in Deutschland hat in ihrer Geschichte *mehr* für die Gleichberechtigung der Frauen im Staat getan als die SPD . . . Aber gerade diese Partei tut sich schwer«, Frauen gleiche Chancen in der Partei selbst zu geben. »Darüber hilft nichts hinweg, keine Selbstbespiegelung, keine feierlichen Reden und keine Erklärungen darüber, daß die Frauen und die Männer zusammen das erreichen müssen – natürlich müssen sie sich zusammentun –, aber die Frauen müssen ›zugelassen‹ werden. Es fehlt nicht an der Erkenntnis in der Sozialdemokratischen Partei, aber es mangelt an Solidarität.« Um diesen Mangel an Solidarität abzubauen, hat der Parteivorsitzende Willy Brandt im März 1978 eine Arbeitsgruppe – paritätisch aus Mitgliedern des Parteivorstandes und des Bundesvorstandes der ASF besetzt – berufen, die »untersuchen soll, wie Frauen stärker als bisher in die politische Verantwortung einbezogen werden können und wie eine ihrer Bedeutung entsprechende Beteiligung an Ämtern und Mandaten der Partei erreicht werden kann.« Dabei wird auch die Frage der Quotierung erneut diskutiert werden.

ASF: Vertreterin aller SPD-Frauen

Nach dieser Bestandsaufnahme, die auch als Begründung für die Arbeit der sozialdemokratischen Frauen verstanden werden sollte, scheint ein Blick auf die Organisationsstruktur der ASF notwendig. Mit den »Grundsätzen für die Tätigkeit der Arbeitsgemeinschaften« entstand 1972 innerhalb der Partei die Grundlage für die moderne politische Frauenarbeit. Die seit 1946 bestehenden »Frauengruppen« erhielten damit eine durchgehend demokratisch legitimierte Entscheidungs- und Führungsstruktur. Es entfiel das uns heute recht patriarchalisch anmutende Recht der jeweiligen Parteivorstände, aus seiner Mitte die Vorsitzende des Bundesfrauenausschusses zu berufen. Auch dieser Bundesfrauenausschuß hatte sich – trotz mehrmaliger Wandlungen – bis dahin nicht aus gewählten, sondern aus berufenen oder entsandten Mitgliedern zusammengesetzt; 1973 fand die erste Bundesfrauenkonferenz mit gewählten Delegierten statt.
Zwei Jahre später vom Parteivorstand beschlossene »Richtlinien der Arbeitsgemeinschaft Sozialdemokratischer Frauen« steckten den Rahmen für die Arbeit ab: »Die ASF ist die Vertreterin aller in der Sozialdemokratie organisierten Frauen. Das Ziel ihrer Arbeit ist es, Frauen mit der Politik und den Zielen der Partei vertraut zu machen, zur Bewußtseinsänderung in der Gesellschaft im Sinne sozialdemo-

kratischer Grundsätze beizutragen und neue Mitglieder für die Partei zu werben.« Der Arbeitsauftrag umfaßt auch, »Interessen und Forderungen der Frauen« in die Willensbildung der Partei einzubringen und durch gezielte Arbeit die Mitarbeit der Frauen in der Partei zu stärken, damit die innerparteiliche Willensbildung »gleichermaßen von Männern und Frauen getragen wird«. Ein Widerspruch zu diesem Arbeitsauftrag ist es bis heute geblieben, daß die ASF – wie auch die anderen Arbeitsgemeinschaften – kein Antragsrecht erhalten haben.

Die Mitgliederstruktur der ASF war ähnlichen Wandlungen unterworfen wie die Mitgliederstruktur der Gesamtpartei. Seit 1963 hat sich der Anteil jüngerer Frauen ständig erhöht. Gleichzeitig ist der Anteil der Arbeiterinnen gesunken. Vor allem die aktiven Mitglieder der ASF und ihre Funktionärinnen sind – gemessen am Bundesdurchschnitt – überwiegend gut ausgebildete und gutverdienende Frauen der Mittelschicht. Sie sind im Gegensatz zu einem sehr großen Teil der Sozialdemokratinnen berufstätig. In dieser Struktur der ASF liegt eine Ursache für Spannungen und Auseinandersetzungen innerhalb der ASF und der ASF mit der SPD. In den sechs Jahren seit dem organisatorischen Neubeginn ist die Arbeit in den mehr als 10000 Ortsvereinen der Partei erweitert worden – doch gibt es erst in rund einem Fünftel der Ortsvereine Arbeitsgemeinschaften der Frauen. Vor allem in ländlichen Bereichen, in denn die konservativen Frauenverbände starke Stützpunkte haben, muß die Arbeit der sozialdemokratischen Frauen verstärkt aufgebaut werden.

Meine früher zitierte Beurteilung der Frauenarbeit in der SPD im Jahre 1966 war nicht nur überheblich, sie war auch falsch. Schon auf der ersten »Reichsfrauenarbeitstagung« Anfang November 1946 in Frankfurt (wegen der Schwierigkeiten der Unterbringung und Ernährung waren nur 66 Frauen aus den drei Westzonen und Berlin zusammengekommen) wurde die Reform des § 218 Strafgesetzbuch gefordert und eine Stellungsnahme zur Frau im Erwerbsleben angenommen. Die zweite »Reichsfrauen-Konferenz« 1947 in Fürth befaßte sich mit der Rentenversorgung der Kriegsopfer, der Schulreform, der Berufsausbildung und wieder mit der Reform des § 218. Eine Sachverständigen-Konferenz sozialdemokratischer Frauen in Bielefeld forderte die unverzügliche Aufhebung aller von den Nationalsozialisten eingeführten Verschärfungen zum Abtreibungsparagraphen und die Anerkennung einer medizinischen und einer sozialen Indikation. (Das SPD-Frauenbüro versandte in jenem Jahr Auszüge aus Bebels Buch »Die Frau und Sozialismus« und Material zur Errichtung von Ehe- und Sexualberatungsstellen.)

Neben jeweils aktuellen Forderungen lassen sich seit 1946 für die Arbeit und in der Programmatik der Frauen in der SPD drei Schwerpunktbereiche feststellen: die Erwerbstätigkeit der Frauen, vor allem bessere berufliche Qualifikation durch verbesserte Bildung und Ausbildung; die Reform des Ehe- und Familienrechtes mit der Reform des § 218 und die Verbesserung der sozialen Sicherung der Frau.

Immer in der Diskussion: Recht auf Arbeit

Die Frage des »Rechts auf Arbeit« für Frauen ist schon in der frühen Arbeiterbewegung heftig und häufig kontrovers disktutiert worden. Seit Beginn der Industrialisierung gab es zwei Gründe für die Erwerbstätigkeit der Frauen: Die Industrie brauchte ihre Arbeitskraft und rechnete mit der besonderen Befähigung der Frauen für verschiedene Arbeiten und der Notwendigkeit der Erwerbstätigkeit zum Unterhalt der Familien. Unstrittig ist, daß die Bedingungen der industriellen Frauenerwerbstätigkeit im vorigen Jahrhundert die Gesundheit der proletarischen Frauen zerstörten und das Familienleben der Arbeiterfamilien ebenso. So sind auch die Beschlüsse der Arbeiterbewegung zu verstehen, die ein Verbot aller die Gesundheit und Sittlichkeit schädigende Frauenarbeit forderten (Gothaer Programm 1875). Bebel, der in seiner Vision einer sozialisierten Gesellschaft die Frau als »Gleiche und Freie« neben dem Mann beschreibt, hat diese Bedenken in vollem Umfang geteilt, wenngleich er andererseits die ökonomische Unabhängigkeit der Frau vom Mann als Vorbedingung für deren Position als »Freie und Gleiche« ansah.
Die Frauenerwerbstätigkeit als Weg zur Emanzipation der Frauen war vorwiegend in der bürgerlichen Frauenbewegung des vorigen Jahrhunderts diskutiert worden – wenn es in den unteren Schichten des Bürgertums auch vor allem ökonomische Gründe waren, die die Frauen veranlaßten, außerhäuslicher Beschäftigung bzw. bezahlter Heimarbeit nachzugehen. Dazu stellt Jutta Menschik fest: »Die bürgerliche Frau drängte von sich aus ins Erwerbsleben und forderte das Recht auf Arbeit; die proletarische Frau wurde hineingestoßen und forderte entsprechend Schutz vor übermäßiger Arbeit.«
Die in der sozialdemokratischen Partei organisierten Frauen vertreten heute nachdrücklich das »Recht auf Arbeit für alle«. Dieses Recht auf Arbeit umfaßt das Recht auf bessere Bildung und Ausbildung und die Öffnung bisher vorwiegend Männern vorbehaltener Berufe für Mädchen und Frauen. Ganz im Sinne des Bebelschen Zukunftsentwurfes

zielen die Forderungen der Sozialdemokratinnen auf grundlegende Umgestaltung der Arbeitsbedingungen ab, wie sie in der SPD unter dem Stichwort »Humanisierung der Arbeitswelt« zusammengefaßt werden.

Die Bundeskonferenz der ASF in Siegen 1977 erklärte dazu: »Das Recht auf Arbeit . . . muß in den Verfassungen der Länder und des Bundes verankert werden. Die Forderung nach Verwirklichung des Rechts für Frauen als Grundrecht ergibt sich notwendig aus der Forderung des Rechts auf Arbeit für alle. Es muß aktiv abgesichert werden durch ein Vollbeschäftigungsgesetz, wie es auch der DGB fordert. Die SPD verteidigt das Recht auf Arbeit gegenüber den Kräften in unserer Gesellschaft, die Arbeitslosigkeit als Mittel zur Disziplinierung von Arbeitnehmern bewußt in Kauf nehmen.« Durch die Tatsache, daß von einem großen Teil der Gesellschaft den Frauen noch immer eine »Zuverdienerfunktion« zugemessen werde, weise man ihnen gleichzeitig ihre »eigentliche Rolle« als Hausfrau und Mutter zu, und verweigere ihnen damit auch das Recht auf qualifizierte Bildung und Ausbildung.

Eine Bilanz der tatsächlichen Situation zieht der Zwischenbericht der Frauen-Enquête-Kommission des deutschen Bundestages von 1976: »Insgesamt ist unverkennbar, daß es bisher nicht gelungen ist, die Gleichberechtigung von Frauen und Männern in der Arbeitswelt zu verwirklichen. Gleichheit der beruflichen Entwicklungschancen für Frauen und Männer besteht nicht . . . Diese Ungleichheit belastet die Frauen in den Phasen der Erwerbstätigkeit und danach. Sie führt dazu, daß infolge der niedrigen Versicherungbeiträge niedrige Renten gezahlt werden. Überdies kann sie sich negativ auf die Beziehung zu den Ehepartnern und Arbeitskollegen auswirken. Sie verfestigt die einseitige soziale Abhängigkeit vom Mann und zementiert die Ansehungsunterschiede zwischen Männern und Frauen. Wahrscheinlich ist, daß sie auch das Selbstbewußtsein der Frauen beeinträchtigt.« Die erste Vorsitzende der Kommission war Dr. Helga Timm, Parlamentarische Geschäftsführerin der SPD-Bundestagsfraktion und ehemaliges Mitglied des ASF-Bundesvorstandes.

Der Bundeskongreß in Siegen hat 1977 eine Reihe von Forderungen aufgelistet, die sowohl durch eine Umgestaltung der Arbeitswelt, wie durch Veränderung des Zusammenlebens in den Familien die Voraussetzungen für die Erwerbstätigkeit von Frauen so verbessern sollen, daß außerhäusliche Arbeit von den Frauen als Bestandteil ihres Lebensplanes akzeptiert werden und sie aus ihrem Status als »industrielle Reservearmee« herausgeführt werden können. Die ASF-Forderungen umfassen die paritätische Mitbestimmung auf allen Ebenen; eine staatlich gelenkte, demokratisch kontrollierte Wirtschaftsplanung; die Verkürzung der täglichen Arbeitszeit; die Verlängerung des Jahresurlaubs und Vorverlegung der flexiblen Altersgrenze; das Verbot von Überstunden und die Abschaffung der Akkordarbeit; Versicherungspflicht bei der abhängigen Beschäftigung von der ersten Stunde an; Arbeitsplatzneubewertung und Änderung der Lohngruppenbeschreibung in den Tarifverträgen; die Einführung eines 18monatigen Elternurlaubes, der zwischen den Eltern geteilt werden soll, mit Arbeitsplatzgarantie und Lohnfortzahlung, wenn die Eltern sich zur weiteren Berufstätigkeit verpflichten.

Emanzipation durch Erwerbstätigkeit

Grundsätzlich neu für die Bundesrepublik ist die Forderung der ASF nach einer Frauenquote im Erwerbsleben. Damit soll erreicht werden, daß Frauen entsprechend ihrem Anteil am Erwerbsleben in allen Bereichen bei der Stellenvergabe und den Ausbildungsplätzen berücksichtigt werden. Die Forderungen der ASF richten sich im gegenwärtigen Zeitpunkt vor allem an die öffentliche Hand und die Gesetzgeber in Bund und Ländern. In der gegenüber der Vergangenheit entscheidend veränderten Arbeitswelt – weniger schwere körperliche Belastung, dafür mehr psychisch belastende Monotonie der Arbeit – vertritt die ASF die Ansicht, daß die meisten Schutzvorschriften für Frauen vor allem der Diskriminierung der erwerbstätigen Frauen Vorschub leisten. Sie tritt deshalb für die Anpassung aller Schutzvorschriften an die veränderten Produktionsbedingungen für Männer und Frauen ein, lehnt aber besondere Schutzvorschriften für Frauen mit Ausnahme des Mutterschutzes ab.

Die Arbeitsgemeinschaft Sozialdemokratischer Frauen, die, historisch gesehen, heute die Forderungen der proletarischen und der bürgerlichen Frauenbewegung aufgenommen hat, ist sich bewußt, daß unter den gegenwärtigen Bedingungen die Erwartung lebenslanger Berufstätigkeit bei vielen Frauen – in der Partei und in der Gesellschaft – und ebenso bei vielen Männern tiefe Angstgefühle auslöst. Zumal in der gegenwärtigen wirtschaftlichen Lage, wird die alte Angst der Männer um den eigenen Arbeitsplatz mobilisiert. Nach eingehender Diskussion vertritt die ASF jedoch den Standpunkt, daß die grundsätzliche Erwerbstätigkeit der Frauen den Freiheitsspielraum der Männer erweitert, weil die materielle Sicherung der Familien nicht mehr aus-

schließlich ihnen zugewiesen ist. Diese Entlastung soll dazu führen, den Männern neue Chancen in der Familie, vor allem bei der Erziehung der Kinder, zu eröffnen und ihnen dort einen Platz zurückzugewinnen, den sie durch ihre überwiegend außerhäusliche Beschäftigung in den vergangenen hundert Jahren verloren haben.
Es soll nicht verschwiegen werden, daß sich an der Frage, ob die Erwerbstätigkeit eine Vorraussetzung für die Emanzipation der Frauen ist, in den vergangenen Jahren eine heftige Auseinandersetzung in der sozialdemokratischen Frauenbewegung entzündet hat. Der erste Bundeskongreß der ASF nach den neuen Organisationsrichtlinien in Ludwigshafen 1973 hatte unter dem Motto »Benachteiligungen überwinden« gestanden. Zur Eröffnung hatte Annemarie Renger, damals Vorsitzende des Bundesfrauenausschusses der SPD, gesagt: »Bereits auf unserem Frauenkongreß im Jahre 1968 konnten wir feststellen, daß das politische Engagement und das Interesse der Frauen, und hier besonders der jüngeren Frauen, ständig wächst. Dies hat in der ASF zu Spannungen geführt . . . Zu den Frauen, die inzwischen unserer Partei beigetreten und nachgewachsen sind, gehören viele, die dank der in Bund und in den Ländern vorangetriebenen Bildungspolitik den geistigen Vorsprung des sogenannten Bildungsbürgertums abbauen konnten . . . Viele junge Menschen mit diesem Hintergrund sind der Ansicht, daß Reformen viel zu langsam vorangehen . . . Sie empfinden, bezogen auf die Situation der Frau, ihre Benachteiligung und Unterdrückung als allein dem kapitalistischen System immanent, was durch eine radikale Veränderung des Systems selbst überwunden werden könne.«
Die Ludwigshafener Konferenz beschloß die Einsetzung einer Programmkommission, die die theoretischen Grundlagen für die Arbeit der ASF erarbeiten sollte. Diese Analyse »der Situation der Frauen in Partei und Gesellschaft« löste ab Juni 1974 eine leidenschaftliche und kontroverse Diskussion innerhalb der ASF aus. Mit knapper Mehrheit entschied der ASF-Bundeskongreß 1975 in Braunschweig, über die ersten drei Kapitel der Vorlage nicht zu beschließen, sondern statt dessen einen Abschnitt zur Situation der Frauen in den Orientierungsrahmen 1985 einzubringen.
In ihrem Bericht über die Arbeit der Programmkommission hatte Ute Canaris in Braunschweig formuliert: »Berufstätigkeit (der Frau, d. Verf.) bedeutet nicht mehr und nicht weniger als persönliche Unabhängigkeit, . . . als Chance zur Selbstverwirklichung der Frauen durch gesellschaftliche Arbeit, als wesentliche Voraussetzung für die bewußte und gleichberechtigte Teilnahme der Frauen an den ökonomi-

schen und politischen Auseinandersetzungen. Aus diesen Gründen halten wir die Forderung nach der Berufstätigkeit der Frauen für ein zentrales Anliegen sozialdemokratischer Frauenpolitik.« Die Mehrheit der Delegierten wollte angesichts der realen Situation der großen Masse der erwerbstätigen Frauen diese Forderung nicht zum Grundsatz der SPD-Frauenpolitik erklären, obwohl nach meiner Ansicht die Mehrheit der aktiv in der ASF arbeitenden Frauen davon überzeugt ist, daß ohne Erwerbstätigkeit die Emanzipation der Frau nicht verwirklicht werden kann.

Die Diskussion war aber auch nicht frei von Mißverständnissen und Emotionen, deren Ursache Ängste waren, die ich gerade schon einmal angeführt habe. Als Beispiel noch ein Diskussionsbeitrag aus Braunschweig: »Die Entfaltung der Persönlichkeit der Frau, das Mitentscheiden bei gesetzgeberischen Reformen, das Fortkommen im Beruf darf nicht heißen: Aufgabe von Toleranz, Benutzen der Ellenbogen und Skrupellosigkeit im Durchsetzen. Diese Tugenden wollen wir nicht übernehmen. Ich will meine Kinder lieben dürfen, an meinem Mann hängen und gern nach Hause kommen, wenn ich meinen Beitrag im politischen und gesellschaftlichen Bereich erbracht habe.«

Gemeinsam gegen Benachteiligungen

Wenn es in Braunschweig und kurz danach scheinen konnte, als käme es zu einer Spaltung der sozialdemokratischen Frauenbewegung, so besteht diese Gefahr heute nicht mehr. Die Mehrheit der aktiven sozialdemokratischen Frauen, auch die nicht berufstätigen, bejaht die Forderung des Rechtes auf Arbeit für alle. Sie akzeptiert aber auch, daß unter den derzeitigen Bedingungen die Erziehung von Kindern ein Grund sein kann, die Berufstätigkeit zu unterbrechen; ebenso kann niemandem zugemutet werden, aus Fließbandarbeit Selbstverwirklichung zu beziehen. Mit der Wahl von Elfriede Hoffmann, einer führenden Gewerkschafterin, zur Bundesvorsitzenden 1977 in Siegen, setzte die ASF für diese grundsätzliche Haltung ein Signal.

In den drei Jahren seit Braunschweig wurde – zumindest auf der Bundesebene der ASF – aber auch deutlich, daß Politik für Frauen, weil sie Politik für Benachteiligte ist, nicht gemessen werden kann mit den häufig leichtfertig gebrauchten Ellen »rechts« oder »links«, und daß, von den unterschiedlichen Ansätzen ausgehend, gemeinsam gearbeitet werden kann. Die ASF kann für sich in Anspruch nehmen, daß sie trotz der Arbeitsmarktkrisen das Bewußtsein der Partei für die Benachteiligung der Frau im Erwerbsleben weiter geschärft hat. Das zeigt die Forderung von Egon Bahr auf dem »kleinen« Godesberger Parteitag 1977, der Grundsatz gleicher Lohn für gleichwertige Arbeit müsse vorrangig verwirklicht werden. Auf Drängen der ASF soll bei der Bundesregierung eine »Gleichstellungsstelle« errichtet werden, ein neuer Versuch, um die Benachteiligung der Frauen in der Arbeitswelt abzubauen.

Die extremen Belastungen der erwerbstätigen Frauen während des zweiten Weltkrieges und nach dem Zusammenbruch, der Mißbrauch der Mutterschaft während der Nazizeit, die Zerstörung und Trennung vieler Familien durch Kriegs- und Nachkriegswirren und der Mangel an Arbeitsplätzen nach Kriegsende mögen dazu beigetragen haben, daß in der Parteiprogrammatik zu Beginn der 50er Jahre eine für die SPD bis dahin unbekannte Besinnung auf bürgerliche Familienideale einsetzte. Die grundsätzliche Bejahung der Frauen-Erwerbstätigkeit blieb aber erhalten. Doch fand sich damals erstmals die Forderung, die Hausfrauenarbeit als Berufsarbeit anzuerkennen. So heißt es im Dortmunder Aktionsprogramm von 1954: »Im Eherecht und in der Sozialgesetzgebung wird die Hausfrauentätigkeit als Berufsarbeit bewertet.« In Godesberg wird der Schutz der Familie ausdrücklich in das Parteiprogramm aufgenommen; die Partei sei verpflichtet, sie zu fördern und zu stärken.

Mit diesen Beschlüssen hatte die Partei sich in den Restaurationsjahren der Adenauer-Zeit dem Leitbild der konservativ-bürgerlichen Familie angepaßt. Die undifferenzierte Forderung, Hausfrauenarbeit als Berufsarbeit anzuerkennen, mußte den Eindruck erwecken, die Partei bejahe die bürgerliche Rollenverteilung. Den durch die veränderten gesellschaftlichen Verhältnisse sich verändernden Funktionen der Familie wurde bis zur Verabschiedung des Orientierungsrahmens 1975 in Mannheim nicht Rechnung getragen. Im Bewußtsein der meisten Sozialdemokraten blieb es bei der bürgerlichen Aufgabenteilung, die dem Mann die außerhäusliche Erwerbstätigkeit zuwies und den Frauen den innerfamiliären Bereich, wobei es schließlich gleichgültig war, ob sie erwerbstätig blieb oder nicht. Die innerparteiliche Diskussion einer neuen Aufgabenverteilung in der Familie war für viele Jahre unterbrochen – obwohl seit der Verabschiedung des Grundgesetzes es die Sozialdemokraten waren, die im Bundestag für die Ausfüllung und Erfüllung des Verfassungsauftrages »Männer und Frauen sind vor dem Gesetz gleich« gekämpft haben.

Mit der Reform des Ehe- und Familienrechts von 1977 haben die Sozialdemokraten als Gesetzgeber erstmals eine soziale Sicherung für in der Familie erbrachte Leistungen festgeschrieben; gleichzeitig haben sie aber auch deutlich gemacht, daß der Verzicht der Ehefrau auf Erwerbstätigkeit vom Mann durch Verzicht auf Rentenansprüche ausgeglichen werden muß. In der seither anhaltenden Diskussion über den Versorgungsausgleich wird das Versäumnis deutlich, daß die SPD seit vielen Jahren unter Außerachtlassen eines psychologischen Ansatzpunktes die Frauenfrage nur unter formalen Gesichtspunkten diskutiert hat. Die Kritik an diesem Gesetz reicht verborgen und offen bis tief in die SPD hinein.

Der Orientierungsrahmen '85 enthält gemäß dem Beschluß des Braunschweiger ASF-Bundeskongreß ein Kapitel »Gleichstellung der Frau«. Erstmals in einem SPD-Parteiprogramm wird neben den Forderungen für Frauen auch eine Erklärung für die noch immer andauernde Benachteiligung gewagt. Der OR '85 bringt Ansätze für ein neues Familienverständnis der SPD. Er differenziert die Leistungen in der Familie, die als gesamtgesellschaftlich notwendige Aufgaben anzuerkennen und rentenrechtlich abzusichern sind: die Erziehungsleistungen und die Pflege kranker oder alter Familienangehöriger, während Hausarbeit im engeren Sinne als gemeinsame Aufgabe der Familienmitglieder nicht gesellschaftlich entschädigt werden soll. Damit hat sich die Programmatik der Gesamtpartei in dieser Frage der Haltung der ASF angeglichen.

Die Ludwigshafener ASF-Konferenz hatte 1973 auch den Auftrag zur Erstellung eines familienpolitischen Programmes erteilt; es wurde 1974 in Bremen beschlossen. Kernsatz des Bremer Programms, der unverändert zwei familienpolitische Programmentwürfe, erarbeitet von einer Kommission des Parteivorstandes, überlebte und seit Hamburg 1977 verbindlicher Programmsatz für Sozialdemokraten ist: »Familien sind auf Dauer angelegte Lebensgemeinschaften eines oder mehrerer Erwachsener mit einem oder mehreren Kindern.« In dem Programm heißt es weiter: »Die Familienpolitik der SPD berücksichtigt die geschichtliche Entwicklung und die gegenwärtigen Möglichkeiten in unserer Gesellschaft ebenso wie sie dazu auffordert, für neue Formen und Inhalte offen zu sein.«

Es muß klar gesehen werden, daß das familienpolitische Programm zwar auf dem Bundesparteitag in Hamburg beschlossen, daß es jedoch in der Partei – trotz jahrelanger Beratung in den Kommissionen und trotz einer familienpolitischen Konferenz im Jahre 1976 – nicht grundlegend diskutiert wurde. Wo dies in einzelnen Gliederungen geschehen ist, ist das allein auf die Initiative von Frauen zurückzuführen. Bebels Forderung nach einer neuen Moral der Geschlechter untereinander ist in der SPD bisher nicht aufgegriffen worden. Unter diesem Defizit – oder besser: an diesem Tabu - leidet die Emanzipation der Frauen in der Partei – trotz der Arbeiten, die der Sozialist Wilhelm Reich in den 30er Jahren für die Entwicklung einer von Unterdrükkung freien Sexualität geleistet hat. Die SPD hat sich darauf beschränkt, Familien nur unter dem Aspekt des politischen Handelns zu sehen. Die ASF nimmt für sich in Anspruch, daß sie die Diskussion und die Programmatik der Partei entscheidend beeinflußt – auch wenn es oft schien, als ginge es zwei Schritte vor und drei Schritte zurück. Mit Sorge beobachten jedoch die Sozialdemokratinnen, daß in der Frage des Verhältnisses der Geschlechter zueinander und der Rolle der Familie in der Gesellschaft in den letzten Jahren vor allem die »neue« Frauenbewegung die Diskussion in der Öffentlichkeit bestimmt. Daß der psychologische Ansatz der Frauenfrage damit verstärkt beachtet wird, ist erfreulich; daß er sich in einigen Gruppierungen dieser Bewegung weitgehend verselbständigt hat, ist bei der Anziehungskraft dieser Frauengruppen auf jüngere Frauen eine ernstzunehmende Konkurrenz für die sozialdemokratische Frauenbewegung. Auch die Gesamtpartei muß die Gefahr sehen, denn mit dem Verlust des ökonomischen Ansatzes der Frauenfrage wird die Grundlage der Solidarität zwischen der arbeitenden Bevölkerung und den Frauen gefährdet.

Es muß deshalb gelingen, innerhalb der SPD eine offene, freimütige Diskussion zu beginnen, die die Frauenfrage zum persönlichen Problem *aller* Sozialdemokraten macht. Die Diskussion muß so angelegt sein, daß weder Männer noch Frauen Angst haben, dieses Problem könne nur mit einem Verlust an Selbstwertgefühl gelöst werden. Dies ist eine Voraussetzung für erfolgreiche sozialdemokratische Gesellschaftspolitik der Zukunft und ein Auftrag, den sich die Partei mit dem Orientierungsrahmen '85 selbst gegeben hat. Zu Beginn des Kapitels »Die Gleichstellung der Frau« heißt es dazu: »Die Ziele des demokratischen Sozialismus – Freiheit, Gerechtigkeit und Solidarität – können nur dann verwirklicht werden, wenn sie auch im Zusammenleben von Mann und Frau bewußt und einschränkungslos akzeptiert werden.«

Luc Jochimsen

»Erst kommt der Mann, dann sie ...«

Über die rechtliche und tatsächliche Situation der Frau in Ehe und Familie

Es ist alles einerseits/andererseits mit dem Bebel. Das ist das Problem. Also: Einerseits ist für uns Frauen doch alles anders geworden seit 1879. Aber andererseits: Was hat sich eigentlich verändert, grundsätzlich verändert, wenn ich den Bebel heute lese? Zum Beispiel den Anfang des Kapitels »Die Frau in der Gegenwart.« Da heißt es: »In der bürgerlichen Welt rangiert die Frau an zweiter Stelle. Erst kommt der Mann, dann sie ... Der Mann ist der eigentliche Mensch ... Auch wenn wir vom Volke sprechen, denken wir in der Regel nur an die Männer. Die Frau ist eine vernachlässigte Größe. Das findet die Männerwelt in Ordnung, und die Mehrheit der Frauenwelt nimmt es bis jetzt als unabweisbare Schickung hin. In dieser Auffassung widerspiegelt sich die Lage des weiblichen Geschlechts.« In dieser Auffassung widerspiegelt sich die Lage des weiblichen Geschlechts in der Tat, heute wie vor hundert Jahren. Fragen Sie mal herum, bei Männern und Frauen, hören Sie herum, schauen Sie sich um ... Bebel hat recht. Das heißt: Er ist im Recht und Unrecht zugleich, denn er hat diesen Tatbestand der Zweitrangigkeit ja analysiert als ein schlimmes, unmenschliches Faktum der Kaiser- und Bismarck-Zeit und zugleich das Ende dieser Ungerechtigkeit prognostiziert für die Demokratie. Darin besteht eben dieses einerseits/andererseits!
Ich will konkret werden. Ich lese Bebel und vergleiche mit dem, was heute ist. Heute ist ein besonderer Tag: der 31. März 1978. Das heißt: Genau vor einem Vierteljahrhundert sind alle gesetzlichen Bestimmungen, die der Gleichberechtigung – wie sie Artikel 3 des Grundgesetzes vorschreibt – entgegenstehen, außer Kraft gesetzt worden. Seitdem sind Mann und Frau vor dem Gesetz gleich – so wie Bebel das in seinem Buch erhofft, beschworen, gefordert hat. Aber was heißt das? Es heißt so viel, wie Anatole France' berühmter Satz: daß die majestätische Gleichheit des Gesetzes den Königen wie den Bettlern gleichermaßen verbiete zu betteln und unter den Brücken zu nächtigen. Also, wir Frauen sind gleich den Männern vorm Gesetz! Einerseits:

Wir haben das Wahlrecht und können gewählt werden – wie die Männer. Aber andererseits: Wir werden so gut wie nicht gewählt; und alle wirklich wichtigen politischen Entscheidungen – die militärischen, die wirtschaftlichen, die außen- und innenpolitischen – fallen ohne uns ... wie zu Bebels Zeiten. Einerseits: Universitäten und Hochschulen stehen uns offen. Wir können studieren und Examen machen wie die Männer. Wir werden Richterinnen, Anwältinnen, Beamtinnen, Professorinnen, Lehrerinnen. Aber andererseits: Justiz, Verfassungsinterpretation, Verwaltung, Schule, Erziehungsinhalte und -ziele sind nach wie vor Männersache ... wie zu Bebels Zeiten. Einerseits: Wir sind geschäftsfähig, können Bankkonten eröffnen; unser Geld gehört uns, ist nicht mehr Eigentum des Mannes oder der Familie. Aber andererseits: Wir stellen zwei Drittel der Ärmsten der Armen, der Eigentumslosen in diesem Land (zwei Drittel der Sozialhilfeempfänger) ... wie zu Bebels Zeiten.

Einerseits: Wir sind erwerbstätig; laut Statistik sind 46 Prozent aller erwerbsfähigen Frauen auch erwerbstätig. Aber andererseits: Unsere Löhne und Gehälter liegen durchschnittlich ein Drittel bis ein Viertel unter dem Männerverdienst ... wie zu Bebels Zeiten. Und während alle Arbeitnehmer, die Frauen und die Männer, zusammen jährlich 52 Milliarden Arbeitsstunden leisten, schaffen wir noch zusätzlich 50 Milliarden Arbeitsstunden im Haushalt und für den Mann und die Kinder unentgeltlich ... wie zu Bebels Zeiten. Und deswegen kommt uns Bebels Buch über »Die Frau« so gegenwärtig, so aktuell vor. »Die Frau des Arbeiters, die abends müde und abgehetzt nach Hause kommt, hat von neuem alle Hände voll zu tun. Hals über Kopf muß sie arbeiten, um in der Hauswirtschaft das Notwendigste instand zu setzen. Die Kinder werden eiligst zu Bett gebracht, die Frau sitzt und näht bis in die späte Nacht. Die ihr so nötige Unterhaltung und Aufrichtung fehlt ihr. Der Mann ist oft unwissend, die Frau weiß noch weniger, und das Wenige, was man sich sonst zu sagen hat, ist rasch erledigt. Der Mann geht ins Wirtshaus, um dort die Annehmlichkeiten zu finden, die ihm zu Hause fehlen; unterdes sitzt die Frau zu Hause und grollt. Sie muß wie ein Lasttier arbeiten, für sie gibt es keine Ruhepause und Erholung. Der Mann benutzt so gut er kann die Freiheit, die ihm der Zufall gibt, als Mann geboren zu sein.«

Damit keine Mißverständnisse aufkommen: Ich weiß schon, daß die Frau, die heute müde und abgehetzt von der Arbeit in ihren Haushalt kommt, weniger Arbeitsstunden hinter sich hat als zu Bebels Zeiten. Obwohl wir uns auch da nicht täuschen lassen sollten: Da die Entfernungen zwischen Arbeitsplätzen und Wohnvierteln eher größer denn

geringer geworden sind, die Frauen meistens kein Auto haben, unterwegs noch Kinder abholen und Einkäufe erledigen, vergehen auch heute oft zwölf Stunden »von Haus zu Haus« – und da ist die »Arbeitszeit vor der Arbeitszeit« nicht mitgerechnet, jene Stunden vom Aufstehen bis zum offiziellen Arbeitsbeginn, die Hausfrauen und Mütter jeden Tag hinter sich bringen. Dann: Die Hausarbeit ist natürlich leichter als zu Bebels Zeiten; aber erledigt werden muß sie dennoch. Und natürlich gibt es Radio und Fernsehen in den vier Wänden – aber ob sie die »Aufrichtung« leisten, die Bebel meinte? Und das Gespräch zwischen Mann und Frau – »was man sich zu sagen hat, ist rasch erledigt«?! Und daß die Frau oft allein bleibt und ihr Alltag wie Wochenende ohne Ruhepause und Erholung abläuft einschließlich der Urlaubszeit im Zelt, Wohnwagen oder Ferienappartement, wo wieder gekocht, geputzt, gehauswirtschaftet werden muß. Hat sich das geändert? Stimmt der Satz heute etwa nicht, daß der von Arbeit und Streß belastete Mann sich Freiheiten nehmen kann – am Feierabend, am Wochenende, im Urlaub –, die ihm eben jener Zufall gibt, daß er als Mann geboren wurde?
Also: Trotz Arbeitszeitverkürzung, Urlaub, Haushaltsgeräten, besserer Bildung und Massenmedien frei Haus – die Situation der erwerbstätigen Frau mit Kindern hat sich grundsätzlich nicht geändert. Einerseits/andererseits eben. Die Frage nach den Ursachen drängt sich auf: woran liegt das?

Die Revolution fand nicht statt

Bebel hatte eine vollkommene Veränderung der Haushaltführung für unsere Zeit vorausgesagt, eine technische und eine soziale Umwälzung, die er die Revolution im häuslichen Leben nannte. Darunter hat er verstanden: Zentralheizung, zentrale Wasser- und Lichtversorgung, Zentralwäschereien und -reinigungen, Zentralküchen. Er hielt es nämlich für absolut überflüssig und kräfteverschleißend, daß Frauen in eigenen Kleinküchen kochen und sah die Zukunft so: »Die mit allen möglichen Maschinen und zweckmäßigen Hilfsmitteln eingerichtete Zentralküche der Speisegenossenschaft hat die Privatküche ersetzt. Die Frauen der Genossenschaft versehen abwechselnd den Dienst, und das Essen wird billiger und wohlschmeckender bereitet. Es bietet mehr Abwechslung, und seine Herstellung verursacht bedeutend weniger Mühe. Unsere Offiziere, die keine Sozialisten und Kommunisten sind, machen es ähnlich; sie bilden in ihren Kasinos eine

Wirtschaftsgenossenschaft, ernennen einen Verwalter, der den Einkauf der Lebensmittel im großen besorgt, der Speisezettel wird vereinbart und die Fertigstellung der Speisen in der Dampfküche der Kaserne bewerkstelligt. Sie leben weit billiger als im Hotel und haben ein mindestens ebenso gutes Essen. Wie bekannt, leben auch Tausende der reichsten Familien das ganze Jahr, oder Teile des Jahres hindurch, in Hotels und Pensionen, ohne daß sie die häusliche Küche vermissen, sie halten es für eine große Annehmlichkeit, von der Privatküche befreit zu sein.«

Bebel plädierte für neue Wohnviertel, in denen die Haushaltsplackerei auf genossenschaftlicher Grundlage erledigt wird. Seine Wohnvorstellungen orientierten sich am Service der großen Hotels, in denen man die Wäsche abgeben kann, Näharbeiten erledigt werden, Essenzubereiten und Zimmeraufräumen von dafür bezahlten Angestellten übernommen wird. Diese schönen, großen Hotels seiner Zeit hatten für ihn nur einen einzigen Fehler: » . . . daß es nur die wohlhabenden Klassen sind, die deren Vorteile genießen, die, allen zugänglich gemacht, ein enormes Maß von Zeit, Mühe, Arbeitskraft und Material ersparen und die Lebenshaltung und das Wohlsein aller erheblich steigern würden.« So sah praktisch Bebels »Revolution im häuslichen Leben« aus: Maschinen übernehmen die Plackerei der Hausarbeit, zugleich aber wird sie auf alle, die von ihr profitieren, übertragen. Lange und ausführlich geht er darauf ein, daß Kochen keine Frauensache sei, daß überall dort, wo man Wert auf besonders gute Küche lege, diese von Männern geleitet würde. Was er will, ist die professionalisierte und bezahlte Hausarbeit (bezahlt in Form von Lohn oder Zeit, die von der Nicht-Hausarbeit abgezogen wird), geleistet von allen, entweder abwechselnd oder als Dienstleistungsbereich organisiert. Mit dem Ergebnis: »Die Entwicklung unseres sozialen Lebens geht also nicht dahin, die Frau wieder ins Haus und an den Herd zu bannen, wie unsere Häuslichkeitsfanatiker wollen, sondern sie fordert das Heraustreten der Frau aus dem engen Kreis der Häuslichkeit und ihre volle Teilnahme an dem öffentlichen Leben – zu dem man alsdann die Männer nicht mehr allein zählen kann – und an den Kulturaufgaben der Menschheit.«

Das ist es eben: Diese »Revolution im häuslichen Leben« mit dem klar ausgesprochen Ziel, den Frauen die Teilnahme am öffentlichen Leben ohne Doppelt- und Dreifachbelastung zu ermöglichen, hat nicht stattgefunden. Zwar sind alle technischen Voraussetzungen für diese Revolution eingetreten. All die Apparate und Maschinen gibt es inzwischen tatsächlich, von denen Bebel geträumt hat, aber sie stehen eben

nicht in Zentralküchen oder Zentralwäschereien, sondern in jeder kleinen Familien-Traum-Küche und harren ihrer treuen, individuellen, zeitraubenden Bedienung durch die jeweilige »Hausherrin«.
Daran ändert auch das neue Eherecht nichts. Es hat zwar damit Schluß gemacht, daß Hausarbeit die Sache der Frau ist, jener berüchtigte § 1356 des Bürgerlichen Gesetzbuches ist weg, stimmt; aber sie ist Privatsache nach wie vor. Die Eheleute sollen sie gemeinschaftlich organisieren und erledigen. Das ist gut gemeint, aber eben keine Revolution des häuslichen Lebens. Ohne diese Revolution des häuslichen Lebens aber gibt es keine tatsächliche Gleichstellung und Chancengleichheit von Mann und Frau, gibt es die Ehe nicht, die Bebel sich als humanes Ziel vorgestellt hatte.

Was die Ehe sein sollte und könnte

Was hat Bebel über die Ehe gesagt? Sie ist einerseits: Ausfluß der bürgerlichen Erwerbs- und Eigentumsordnung; andererseits ein Jungbrunnen für das weibliche Geschlecht; einerseits eine Zwangseinrichtung, und wie John Stuart Mill schrieb, »die einzige wirkliche Leibeigenschaft, die das Gesetz kennt«; andererseits eine Einrichtung, der nur Liebe und Achtung zugrunde liegen sollte; einerseits ein Zustand der Heuchelei, fast immer ein Konkubinat, unsittlich; andererseits eine Lebensform, in der Mann und Frau eine sonst nicht erreichbare Vollkommenheit finden können; doch für die Mehrzahl der Frauen eine Versorgungsanstalt, in die sie um jeden Preis eintreten muß. In Thesen ausgedrückt: Bebel war ein vehementer Befürworter der Ehe, allerdings nicht jener seiner Zeit – nur seiner Zeit? –, nicht jener der Versorgungsanstalt für Frauen, die sie durch ökonomische Abhängigkeit zum »Genußobjekt und Eigentum des Mannes macht«. So schrieb er wirklich.
Wer bisher meinte, solche Sätze könnten nur Feministinnen dieser Tage zustande bringen, muß lernen, daß auch ein sozialistischer Mann des vorigen Jahrhunderts die Sache so gesehen hat.
Also, die Versorgungsanstalt muß weg, die Ehe als Beruf der Frau. Und so sehr er die Ehe als gemeinschaftliche Lebensform bejaht, so sehr auch bejaht er die Möglichkeit einer Scheidung nach dem Zerrüttungsprinzip. Bebel schrieb: »Eine zerrüttete Ehe wird dadurch nicht wieder erträglich, daß man die Ehegatten zwingt, trotz innerlicher Entfremdung und gegenseitigem Widerwillen beisammen zu bleiben. Ein solcher Zustand, vom Gesetz gestützt, ist durch und durch unmo-

ralisch ... Es bleiben Menschen wider ihren Willen ihr Leben lang aneinander gekettet. Der eine Teil wird zum Sklaven des anderen und gezwungen, sich den intimsten Umarmungen des anderen Teils aus ›ehelicher Pflicht‹ zu unterwerfen, die er vielleicht mehr verabscheut als Schimpfworte und schlechte Behandlung ... Ist eine solche Ehe nicht schlimmer als Prostitution?« Insofern würde er unserem neuen Ehe- und Scheidungsrecht sicher seine volle Zustimmung geben – allerdings nicht ohne die entscheidende Voraussetzung zu nennen: die wirtschaftliche Unabhängigkeit der Frau.

Die logische Kette seiner Forderungen lautet: Die bürgerliche Ehe muß durch eine Ehe abgelöst werden, die auf der Neigung der beiden Eheleute basiert und beiden ermöglicht, die wirtschaftliche Grundlage der Gemeinschaft, entsprechend ihren Bedürfnissen, zu schaffen. Diese neue Ehe setzt die lebenslang erwerbstätige Frau voraus. Die lebenslang erwerbstätige Frau setzt voraus, daß Mädchen den Zugang zur gleichen Bildung und Ausbildung wie die Jungen haben – und später in der Berufswelt die gleichen Arbeits-, Lohn- und Aufstiegsbedingungen.

Die Frage ist: Haben wir diese neue Ehe? Heute? Hundert Jahre später? Fragen wir August Bebel doch – in einem Gedankenspiel. Zur Zeit wird auf Deutschlands Bühnen ein Theaterstück von Peter Hacks gespielt: »Ein Gespräch im Hause Stein über den abwesenden Herrn von Goethe«. Es ist ein langer Monolog. Charlotte von Stein gibt Auskunft: Wie war das mit Goethe zwischen 1775 und 1786 in Weimar? »Gut, Stein ...«, sagt sie als ersten Satz und legt Rechenschaft ab – anhand historischer Briefe, Tagebuchaufzeichnungen, Gedichte, überlieferter Gespräche.

Diese Methode ist übertragbar.

»Volkstümlich« zurück ins 19. Jahrhundert

Wir nehmen unsere neuen, seit dem 1. Juli 1977 geltenden Ehe- und Familienrechtsparagraphen, dazu ein volkstümliches Standardwerk, welches das neue Recht dem Volk erklären soll (»Knaurs Hausjurist/Das neue Ehe-, Familien- und Scheidungsrecht«, 1977) und tragen Gesetzestexte und »Übertragungen ins praktische Leben« dem Bebel vor, das heißt: messen sie mit dem, vergleichen sie mit dem, was »der Bebel« dazu sagt:

Also gut, Bebel: Unsere Ehe von heute hat folgenden Sinn und folgende Ordnung. § 1353 BGB: »Die Ehe wird auf Lebenszeit geschlossen. Die Ehegatten sind einander zur ehelichen Lebensgemeinschaft verpflichtet.« – § 1356 BGB: »Die Ehegatten regeln die Haushaltsführung im gegenseitigen Einvernehmen. Ist die Haushaltsführung einem Ehegatten überlassen, so leitet dieser den Haushalt in eigener Verantwortung. Beide Ehegatten sind berechtigt, erwerbstätig zu sein. Bei der Wahl und Ausübung einer Erwerbstätigkeit haben sie auf die Belange des anderen Ehegatten und der Familie die gebotene Rücksicht zu nehmen.«

Bebel: »Die Ehe als Lebensgemeinschaft, nicht als Versorgungsanstalt und Beruf der Frau setzt aber neue soziale Bedingungen voraus, denn, wie wir aus allen Untersuchungen schließen müssen, sind Eheschließung, Geburtenzahl, Scheidungsziffern, Zerrüttung der Familien von den ökonomischen Zuständen beherrscht.«

Wohl wahr – und da liegt der Hund begraben: »Beide Ehegatten sind berechtigt, erwerbstätig zu sein« heißt ja leider noch lange nicht, daß beide auch wirklich erwerbstätig sein können. Die Frauenarbeitslosigkeit ist bei uns doppelt so hoch wie die Männerarbeitslosigkeit – und die ist schon hoch genug. Und keine Tendenz in Sicht, daß sich dies ändern wird. Im Gegenteil: Die Computer-Revolution vor den Fabriktoren und Großraumbüros gefährdet Arbeitsplätze in einem Ausmaß wie seit Bebels Zeit nicht mehr. Und die der Frauen in doppelter Hinsicht. Einmal durch die tatsächliche Bedrohung, dann aber zusätzlich noch durch die Mechanismen des Bewußtseins, die allgemein herrschenden Vorstellungen von dem, was männlich ist und was weiblich. Denn es ist eben nach wie vor, so wie Bebel sagt: »Eine Menge Hemmnisse und Hindernisse, die der Mann nicht kennt, bestehen für die Frau auf Schritt und Tritt. Vieles, was dem Mann erlaubt ist, ist ihr untersagt; eine Menge gesellschaftlicher Rechte und Freiheiten, die jener genießt, sind, wenn von ihr ausgeübt, ein Fehler oder ein Verbrechen.«

Da nehmen wir uns zum Beispiel den »Knaurs Hausjurist« mit seiner hohen Auflage und schauen uns an, was er zu dem neuen Eherechtstatbestand der berufstätigen Ehefrau im Jahre 1977 (nicht 1877!) zu sagen hat, lieber Bebel: »J. und seine Ehefrau haben in ihren ersten Ehejahren gemeinsam gearbeitet. Hierzu war sie auch verpflichtet. Als es jedoch einen immer größeren Aufschwung nahm, fand das junge Ehepaar es sehr schön, daß sie den Haushalt blitzsauber in Ordnung hielt und alles gemütlich vorbereitete, wenn er zum Essen nach Hause kam. Nach einiger Zeit fühlt sie sich aber nicht mehr durch die Hausarbeit ausgefüllt und will eine Halbtagsstelle annehmen. Als sie ihm dies erzählt, sagt er: Das gefällt mir überhaupt nicht, daß meine

Frau woanders arbeitet und bei anderen Leuten Geld verdient; außerdem wirst du dann immer müde sein, wenn ich abends nach Hause komme. – Aber eine Halbtagsbeschäftigung wie sie von ihr vorgesehen ist, ist mit ihrer kinderlosen Ehe durchaus in Einklang zu bringen. Es handelt sich um eine honorige Tätigkeit (Hört, Hört! rufe ich dazwischen), die ihr genügend Zeit für ihre ehelichen Pflichten läßt.« 1977 geschrieben, 1978 veröffentlicht, lieber Bebel, als Leitfaden für Leute, die sich in der heutigen Eherechts-Situation zurechtfinden sollen.

Aber weiter: »Wenn allerdings in der Familie das erste Kind erwartet wird, wird sie schon von allein so vernünftig sein und ihre Beschäftigung beenden, um für das Kind den ganzen Tag als Mutter dazusein und auch noch Zeit für den Ehemann zu haben.« – Ein Ratschlag für Eheleute, die unter dem Motto, daß beide das Recht zur Berufstätigkeit haben, eine Ehe eingehen und führen sollen. Als wären es wirklich zwei Welten: die tatsächliche und die rechtliche Situation der verheirateten Frau und Mutter. Ist die Frage polemisch, daß solche Ratgeber eigentlich eine Unverschämtheit sind, ein Schlag ins Gesicht der Gesetzgeber?

Doch es kommt noch schöner: »Der Wunsch der Ehefrau nach einer eigenen Berufstätigkeit hat auch sonst seine Grenzen. Kein Ehemann dürfte erbaut sein, wenn ihm seine Frau eröffnet, daß sie eine Stellung als Luftstewardeß angenommen hat. Derartige Berufe sind mit einer Ehe praktisch kaum zu vereinbaren. (Hoffentlich wissen das die Ehefrauen von Flugkapitänen, Funkern, Montagearbeitern, Managern, Handelsvertretern, Politikern . . .!) Heimarbeit, die ohne Vernachlässigung des Haushalts nebenher ausgeübt werden kann, wird dagegen meistens für den anderen Ehegatten zumutbar sein, und zwar besonders dann, wenn mit dem Entgelt wichtige Gegenstände angeschafft werden sollen.« – Um dieses Ratschlags an die moderne Ehefrau willen sollten Frauen vielleicht bei Autoren und Verlag mal ein Go-In veranstalten! Heimarbeit, nun wirklich das letzte vom letzten an Arbeit, sollen die Frauen leisten – oder zurück zu schlesischen Verhältnissen. Vielleicht sollen die Kinder auch mal wieder zupacken, besonders dann, wenn für Papi ein neues Auto angeschafft werden soll!

Festzuhalten ist jedenfalls: Wenn eine Frau von derlei Beratung für ihre Ehe- und Lebensführung ausgeht, dann lebt sie nicht anders als zu Bebels Zeiten in einer Ehe, die ihr Beruf ist, ihre Versorgungsanstalt. Und trotz des heißumkämpften neuen Eherechtes, das wir nun seit Mitte 1977 haben, schildert dieser »Hausjurist« die Ausgangslage für die tatsächlichen Verhältnisse im Alltag und im Bewußtsein vor allem

der Männer nach wie vor. Im Gegensatz zu Bebels Zeiten ist dieses Bewußtsein nur geteilt – in ein Bewußtsein, die gutgehende (das heißt: im Sinne des Mannes gutgehende) Ehe betreffend, und ein ganz anderes Bewußtsein, das die gescheiterte Ehe betrifft.
Männer, die eine Frau heiraten wollen oder mit ihr glücklich verheiratet sind, wollen, daß diese Ehe Beruf der Frau ist ... von wenigen Ausnahmen abgesehen. Sie finden es herrlich, wenn sie ihre Arbeit aufgibt und »ganz« für ihn da ist. Und wenn man sie zu diesem Zeitpunkt fragt, was ihnen lieber ist – die wirtschaftliche Selbständigkeit der Frau oder ihre ökonomische Abhängigkeit –, dann entscheiden sie sich strahlend für die ökonomische Abhängigkeit der Frau von ihnen. Und dieselben Männer verlangen im Fall der Scheidung Jahre oder Jahrzehnte später von derselben Frau die sofortige, ausreichende wirtschaftliche Selbständigkeit und lehnen jeden Unterhalt höhnisch ab: Das wäre ja noch schöner – im Zeitalter der Gleichberechtigung! Daß die Frauen sich nicht schämen, da immer noch mit Unterhaltsansprüchen zu kommen! Welch eine Schande und wie altmodich – und ob es nicht fast ein bißchen etwas mit Prostitution zu tun habe ..., ja, schlimmer noch, denn die Prostituierte verlange ja schließlich nur Geld gegen Leistung, wohingegen die Frau, die man nicht mehr haben will, Geld möchte ohne Leistung. – Diese Meinung ist landauf – landab zu hören. Dieselben Männer, die von der jungen Frau mit für sie allein jedenfalls gut ausreichendem Verdienst lächelnd verlangen, daß sie Beruf und Selbständigkeit aufgibt, um den unbezahlten Haushalts- und Familienjob zu übernehmen, verlangen nun von der Jahre älteren Frau, bar jeder Berufsroutine und -qualifizierung, daß sie sich schleunigst selbst ernähren soll – und die Kinder gleich am liebsten mit.

Die Ehe als brotlose Kunst

So ist es – und es wäre nicht so schlimm, lieber Bebel, wenn die Chancen für die wirtschaftliche Selbständigkeit der Frauen heute nicht so miserabel wären. Über Frauenarbeitslosigkeit zu berichten, gehört eigentlich nicht in dieses Kapitel über »Ehe und Familie« – und doch gehört es eben auch hierher. Denn alles, was sich in Ehe und Familie tut, hängt ab von der Arbeitswelt, von den wirtschaftlichen Rahmenbedingungen. Es ist eben bloß ein Spruch auf dem Papier, wenn es im Ehegesetz heißt: »Beide Ehegatten haben das Recht, berufstätig zu sein« – und wenn es dann in der Wirklichkeit, die wir heute Arbeitsmarkt nennen, nicht genügend Möglichkeiten der Berufstätigkeit für

Männer und Frauen gibt. Und wenn es so ist, daß da, wo Mangel herrscht, die Frauen von diesem Mangel – wie stets – doppelt und dreifach hart betroffen sind, dann läßt sich leicht ausmalen, was dies für die tatsächliche Situation der verheirateten Frau heute heißt.
Dazu zwei Zeitungsgeschichten aus diesen Tagen, die – von ganz unterschiedlicher Warte – diese Situation beschreiben. Erstens ein Bericht über die Spitzen-Traum-Karrieren in unserem Land, die Diplomaten. Da heißt es in der Wochenzeitung »Die Zeit«: »Vor zwei Jahren, 1976, im 31. Attachélehrgang – im Corps-Jargon spricht man von ›Crew‹ –, waren von 26 Teilnehmern drei Frauen. Die 32. Crew, 1977, bestand aus 22 Juristen, 6 Volkswirten, 6 Philologen, 3 Politologen und je einem Mathematiker, Historiker, Sozialwirt, Verwaltungswirt und Diplomkaufmann, darunter eine Frau. Die Attaché-Lehrgänge haben im Schnitt zwischen 5 und 8 Prozent weiblicher Teilnehmer. Im Laufe der Ausbildung verkleinert sich der Anteil nicht selten noch durch Eheschließung. Ältere Diplomaten stehen deshalb nicht an, die Ausbildungsstätte in Bonn mit einer Mischung aus Wohlwollen und Säuernis ob der Fehlinvestition als ›teuerstes Heiratsinstitut der Bundesrepublik‹ zu bezeichnen.« – Dieser Artikel ist übrigens liebevoll und solidarisch mit Frauen, die wirklichen Ursachen solch einer Misere aussparend, von einer Frau geschrieben. Und, lieber Bebel, der Text könnte ja auch einer Reportage vom Offizierskasino X in Berlin aus dem vorigen Jahrhundert entstammen: »Haben Sie schon gehört, nun können die Damen auch noch Diplomatie lernen! Aber da wissen sich die Herren Attachés schon zu helfen – die Konkurrenz wird ins Bett geholt; als Diplomatengattin machen die dann gute Figur.« Oder?
Die zweite Geschichte stammt aus der gleichen Wochenzeitung, ist auch von einer Frau geschrieben und berichtet über die Anstrengungen im Bundesland Schleswig-Holstein, der heranwachsenden Frauengeneration eine gute, zukunftssichere Ausbildung zu verschaffen. Selbstkritisch hat man dort eingesehen, daß »seit Generationen die Frauen benachteiligt worden sind, deshalb gibt es nun eine Ausbildungsförderung ausschließlich für Mädchen«. Hört sich toll an. Und worin werden die Mädchen nun ausgebildet? Ab 1978, August? Im Fach »Hauswirtschafterin«. Lesen wir den Zeitungsbericht: »Im Kultusministerium geht man davon aus, daß eine hauswirtschaftliche Berufsausbildung zu jenen beruflichen Qualifikationen zählt, die ihren Wert ein Leben lang behalten. Auch wenn die Frau sich später anderen beruflichen Tätigkeiten zuwendet, ist sie auf die mehrfachen Aufgaben, die viele Frauen heute haben, nämlich als Hausfrau, Mutter

und im Beruf, gut vorbereitet.« – Doch halt. Warum soll sie sich später einmal anderen beruflichen Tätigkeiten zuwenden, da sie doch den qualifizierten Beruf der Hauswirtschafterin gelernt hat? Und welcher anderen Tätigkeit? Soll sie etwa als Aushilfe im Winterschlußverkauf einspringen? Soll sie in eine Textilfabrik gehen oder in einem Schreibsaal ihr Dasein fristen, wo sie doch das schöne Zertifikat in der Tasche hat, staatlich geprüfte Hauswirtschafterin zu sein? Nein, das wird sie ja wohl nicht tun; und das genau ist ja der Knalleffekt an diesem Genieblitz: Ist das junge Mädchen auf diese Weise aus der traurigen Schar der Jugendlichen ohne Ausbildungsplatz verschwunden, wird sie sich als Erwachsene nicht mehr in die Reihe der Arbeitslosen stellen. Sie wird daheim bleiben, an ihrem Arbeitsplatz, denn sie hat ja etwas fürs Leben gelernt, für das Leben ihres Gatten und ihrer Kinder und für das Überleben dieser Gesellschaft. Sie ist nicht zu ersetzen, weil offenbar niemand an ihrem Arbeitsplatz interessiert ist. An ihrem Küchenstuhl sägt kein Kollege.

In der Tat, die gelernte Hauswirtschafterin hat einen sicheren Arbeitsplatz. Er hat nur einen kleinen Schönheitsfehler; aber darauf sollten Frauen nicht so unweiblich sein zu achten: Er wird nicht bezahlt. Er ist keinen Pfennig wert, keine Alterssicherung, nichts. Die gelernte Hauswirtschafterin, 1978 im Modellversuch des Landes Schleswig-Holstein ausgebildet, weil »seit Generationen die Frauen benachteiligt worden sind«, hat die Ehe als Beruf von weitsichtigen Politikern und Bildungsspezialisten zugewiesen bekommen. Das ist die Wirklichkeit 1978! 52 Milliarden Arbeitsstunden jährlich, lieber Bebel, werden von den mehr oder weniger »gelernten« Hauswirtschafterinnen in diesem Land abgeleistet, umsonst; und das sind zwei Milliarden Arbeitsstunden mehr als jene 50, die alle Arbeitnehmer in Lohn und Brot, Männer wie Frauen, zusammen schaffen. Die Ehe als Beruf, allerdings ohne Lohn, also wahrhaft brotlose Kunst, ist heute, nach wie vor, en vogue. Das hat sich seit Bebels Zeiten nicht geändert. Der Ehemann als Partner und Arbeitgeber zugleich – das ist die Realität. Das heißt, wenn die Frau heiratet, tritt sie gleichzeitig in ein Familienunternehmen ein, das nur eine Arbeitskraft hat, und die ist sie selbst.

Namensrecht ist Persönlichkeitsrecht!

Deshalb ist es auch nicht sehr erstaunlich, daß eine andere rechtliche Reform des Ehe- und Familienrechts, die viel zur Veränderung des Status der Frauen in der Ehe hätte beitragen können, kaum tatsächliche Auswirkungen hat. Ich meine das neue Namensrecht. Da gibt es nämlich einen neuformulierten Paragraphen 1355, der lautet: »Die Ehegatten führen einen gemeinsamen Familiennamen (Ehenamen). Zum Ehenamen können die Ehegatten bei der Eheschließung durch Erklärung gegenüber dem Standesbeamten den Geburtsnamen des Mannes oder den Geburtsnamen der Frau bestimmen. Treffen sie keine Bestimmung, so ist der Ehename der Geburtsname des Mannes.«

Diese Reform war ursprünglich auch noch anders gedacht. Es sollte eigentlich ohne Willenserklärung über den Familiennamen überhaupt nicht gehen. Es sollte jener Automatismus, der bisher geherrscht hat, bewußt abgeschafft werden, der da lautet, wenn geheiratet wird, dann verschwindet der Name der Frau. Statt dessen sollte eine Willenserklärung beider Eheleute zu einem neuen gemeinsamen Namen den Anfang zur Eheschließung machen.

Dieser Grundgedanke ist von den Politikern, die die ganze Reform nicht wollten, wieder aus dem Gesetz rausgetrickst worden. Wir arbeiten jetzt sozusagen mit einer Halb-Automatik. Die beiden Verlobten können, wenn sie wollen, eine Erklärung, eine solche Willenserklärung, Entscheidung für einen neuen Namen abgeben – oder sie erklären nichts; dann schaltet sich der Namensverlust der Frau automatisch ein. Daß es dabei am besten sowieso bleiben soll, beschreibt uns der »Hausjurist« auf anmutig-emanzipatorische Weise. Ausgangspunkt ist, daß beide Verlobten an ihrem Familiennamen hängen: »Warum soll eigentlich immer der Männername erhalten bleiben und der Frauenname untergehen?« fragt sie ihn. »Was willst du?«, entgegnet er. »Der Name, den du trägst, ist doch ein Männername, nämlich der Familienname deines Vaters. Bisher wurden doch immer die Familiennamen der Männer weitergereicht, und die Familiennamen der Frauen gingen unter. Du hast ja nun die Möglichkeit, deinen Familiennamen unserem gemeinsamen Ehenamen voranzustellen. Dann heiße ich in Zukunft wie bisher – und du hast einen Doppelnamen. Allerdings hast du dann in Zukunft viel zu schreiben, wenn du deine Unterschrift leistest.« Soweit der Klartext des modernen Verlobten aus dem »Hausjuristen« von 1978. Er bleibt in Zukunft bei seinem Familiennamen, sagt er, als gäbe es überhaupt kein neues Gesetz. Großzügig wird der zukünftigen Gattin ein Doppelname gestattet – aber das macht ja soviel Arbeit, wie gesagt. Wer an dieser Stelle nur lächelt – und die ganze Geschichte mit dem Namensrecht sowieso für Kleinkram hält angesichts ganz anderer Ungleichheitstatbestände –, der sollte aber einen Moment überlegen, ob nicht hier die Misere anfängt: in der Identifikation mit dem, was männlich ist und weiblich beim Eingehen einer Ehe und damit in allen Bereichen, die Mann und Frau betreffen, auch!! Namen haben etwas mit Selbstwert zu tun – und sind eben keineswegs nur »Schall und Rauch«. Das zeigt sich ja schon daran, wie verbissen und absolut Männer an ihrem Namen festhalten. »Ist das mit den Namen denn wirklich so wichtig?« fragen die Männer, die um keinen Preis ihren Namen aufgeben wollen und ganz verlegen werden, wenn Frauen zurückfragen: »Ja, ist es denn wirklich so wichtig? Dann können wir doch einfacherweise in Zukunft ganz auf die Frauennamen übergehen – wenn es im Grunde völlig unwichtig ist!« Knaurs »Hausjurist« jedenfalls kann nach diesem schönen Meinungsausspruch des modernen Verlobten '78 den verallgemeinernden Schluß ziehen: »Nach aller Erfahrung wird es wohl bei der Mehrzahl der Eheschließungen bei dem Familiennamen des Mannes bleiben.«

Und auch die Musterverlobten dieses »Ratgebers« beschließen, entsprechend seiner ideologischen Patriarchatsvorstellung, daß sie den Namen des Mannes in Zukunft als Familiennamen führen werden, und: » . . . so erklären sie deshalb gegenüber dem Standesbeamten, daß sie gar keine Erklärung abgeben wollen. Das hat dann die automatische Folge, daß der Familienname des jungen Ehemannes nunmehr der gemeinsame Familienname wird.« Eben.

Wie hat Bebel geschrieben? »Die Frau hat das gleiche Recht wie der Mann auf Entfaltung ihrer Kräfte und auf die freie Betätigung derselben; sie ist Mensch wie der Mann, und sie soll wie er die Freiheit haben, über sich zu verfügen als ihr eigener Herr. Der Zufall, als Frau geboren worden zu sein, darf daran nichts ändern.« Und das fängt eben beim Namen an, geht mit der Entscheidung – der eigenen Entscheidung, wohlgemerkt – für Ausbildung und Beruf weiter und gipfelt doch eigentlich darin, die Eheschließung als ein Datum in der eigenen Biographie anzusehen, das zwar sehr viel mit der Hoffnung auf Glück, mit Gefühlen und der Vervollkommnung des Lebens zu tun hat, aber nichts mit den Daten Arbeit, Alterssicherung, Selbständigkeit.

Nie stellt sich für den Mann das Datum der Hochzeit als Bruch mit der ganzen bisherigen Existenz dar – und der zukünftigen Existenz. Man heiratet. Wie schön. Herzlichen Glückwunsch! Drei Tage Sonderurlaub gibt es dafür. Und ein Fest für die Kollegen, Vorgesetzten und Untergebenen. Aber sonst? Fragt der Chef: »Na, mein lieber Meier, wann hören Sie denn nun mit der Arbeit auf?« Oder sagt Meier zum Chef: »Wissen Sie, Überstunden, die kann ich jetzt nicht mehr machen, ich bin nämlich verheiratet!«? Niemals. Also. Und solange es eben geradezu undenkbar ist, daß Männer derartige Fragen stellen, das heißt Probleme haben, und es andererseits geradezu selbstverständlich ist, daß Frauen dieser Part zufällt, ist der obige Bebel-Ausspruch so wirklichkeitsfern wie er es damals war, als er aufgeschrieben wurde . . . und von Hunderttausenden von Frauen und Männern gelesen wurde, mit Kopfnicken und erkennendem Einverständnis . . . und dann wieder zur Seite gelegt wurde, und dann waren schon fast 50 Jahre rum, und dann ganz und gar vergessen wurde, ja von der Wirklichkeit voll und bewußt auf den Kopf gestellt wurde in einer Gesellschaft, die aus den Frauen wieder Germaninnen machen wollte an Heim und Herd und Gebärfront und dann aber – und das ist wohl das Entscheidende für uns heutzutage – auch nicht wieder richtig ausgegraben wurde, herausgeholt wurde aus seiner Verschüttung, und nun endlich, endlich, endlich ernstgenommen worden wäre, sagen wir 1949 folgende. Nein, keineswegs, sondern ziemlich vergessen und verschüttet blieb – bis wir heute mit staunenden Augen uns an die Sätze von vor hundert Jahren heranmachen und zu der Erkenntnis kommen, daß Bebels Forderungen immer noch das sind, was sie vor hundert Jahren schon waren: ein Programm zur Gleichberechtigung der Frauen, unerfüllt. – Das ist die Realität.

Das Kind – »in einen Korb gepackt«

Nachricht vom 4. April 1978 in der Tageszeitung: »Die Welt«: »Delmenhorst. Aus Angst vor der Entdeckung ihrer Schwangerschaft setzte eine 18 Jahre alte Schülerin in Großenkneten-Ahlhorn (Landkreis Oldenburg) ein Neugeborenes nach der Geburt aus. Das Kind starb. Spielende Kinder entdeckten die Leiche in einem Waldstück nahe der Wohnung der Schülerin. Die 18jährige konnte die Schwangerschaft vor ihrer Umwelt verbergen. Sie brachte das Kind ohne fremde Hilfe in ihrer Wohnung zur Welt, packte es in einen Korb und legte es in den 150 Meter von der Wohnung entfernt gelegenen Wald.« – Ende der Nachricht. Also gut, Bebel, solche Nachrichten konnten Zeitgenossen vor hundert Jahren täglich lesen. Uns fällt sie auf. Sie berichtet Außergewöhnliches, das ist ganz klar. Solche Fälle sind heutzutage viel seltener als 1879. Aber, einmal ist schlimm, daß es immer noch solche Fälle gibt, und sei es nur einer im Jahr oder zwei. Dann aber, und das ist mir wichtiger: Die Geschichte sagt ja auch etwas Grundsätzliches aus über die nach wie vor die Existenz bedrohende Problematik »Schwangerschaft« für Frauen – ob nichtehelich oder vorehelich, außerehelich oder auch ehelich.

Über die vielen jungen Frauen gibt es nämlich keine Zeitungsnachrichten, die zur Zeit – ohne Ausbildung und Berufschancen – schwanger sind, nicht allein bleiben damit, sondern von Eltern und auch Freund nicht im Stich gelassen werden, aber trotzdem ihr Leben ruinieren. Der Freund heiratet sie. Ja, so unpartnerschaftlich müssen wir das nennen. Er heiratet sie, weil das Kind unterwegs ist. Eigentlich will er nicht, will sie wahrscheinlich auch nicht, aber sie will schon; denn was hat sie sonst für eine Zukunft?

Sie ist 17 oder 18 Jahre alt, liegt den Eltern auf der Tasche. Eine Lehre gibt es nicht. Ein Tag Berufsschule in der Woche – das ist ihre Aufgabe, und sie fragt sich ständig, wofür und wozu sie dort lernt. Sie hat kein Geld – in einer Gesellschaft, wo eine Fahrkarte für die öffentlichen Verkehrsmittel inzwischen fast zwei Mark kostet. Sie ist praktisch zu Hause eingeschlossen – deswegen. Sie hat einen Freund. Das ist unter diesen Verhältnissen der einzige Lichtblick, das einzige, was ihr Lebensgefühl etwas hochhält. Der Freund hat zwar Sorgen genug – eine Lehrstelle zwar oder eine Arbeit –, aber das Damoklesschwert darüber, daß dies alles nur von kurzer Dauer sein kann, keine Garantie für die Zukunft. So, und in dieser Situation kommt nun die Schwangerschaft – vielleicht sogar bewußt von dem Mädchen gewollt, weil sie sich an das einzige klammern will, was in ihrer Umwelt eine Zukunft verspricht: der Freund, der zukünftige Ehemann; sie braucht ja eigentlich keine Arbeit, keine Ausbildung, denkt sie, wenn sie Ehefrau wird und Mutter. Ehe als Beruf eben. Und wehe ihr, und wehe dem Kind, das da nun in diese Zwangsehe und unsicheren wirtschaftlichen Rahmenbedingungen hineingeboren wird. Der Vater immer im Kopf, daß er heiraten »mußte«; die Mutter immer im Kopf, daß sie dankbar sein muß; schließlich hat er sie ja geheiratet – und das Kind letztlich »an allem schuld«, weil man ja so gern verdrängt und vom Verdrängen lebt.

Auch hier wird das Kind »in einen Korb« gepackt – allerdings nicht ausgesetzt am Waldrand, aber ausgesetzt in einer Zwangsehe. Und wenn die Bilder äußerlich ganz »normal« aussehen: Trauring, Feier im Kreis der Familien, Unterkommen in einem Zimmer oder zwei bei einem oder dem anderen Elternpaar, human und im Sinne der Partnerschaft von Mann und Frau und im Sinne eines neuen Eheverständnisses ist das nicht – auch wenn es darüber natürlich keine Zeitungsgeschichten gibt wie über die 18jährige Kindstöterin aus dem Landkreis Oldenburg. Das Elend der Zwangsehe, der Ehe als Beruf, der Ehe als Versorgungsanstalt – weil der Frau sonst gar nichts anderes übrigbleibt – existiert als tatsächliche Lebensform also nach wie vor, auch

wenn die rechtliche Situation sich verändert hat und die Hausfrauenehe als Rechtsnorm nicht mehr existiert. Das ist das Elend der Frauen auch heute. Und es wird nicht besser werden. Es ist nicht eine Frage der Zeit, eine Frage der Geduld, eine Frage des Fortschritts, der eine Schnecke ist, auch wenn wir wünschten, er sei ein Eilzug. Das ist es eben nicht: Wenn es einen Trend gäbe, der eine einschneidende Änderung für die Zukunft aufwiese, eine Tendenz, die grundsätzlich alles verändert! Das Gegenteil ist eher der Fall.
Da stellen sich die auffallendsten Parallelen zu Bebels Buch und Bebels Zeit her. Auch damals gab es Arbeitslosigkeit, Verknappung der Arbeit. Der Siegeszug der Dampfmaschine und ihrer Nachfolgerinnen brachte Abertausende Arbeiter um Lohn und Brot und setzte interessanterweise Abertausende Arbeiterinnen in Hungerlohn. Denn die Frauen, so billig sie zu haben waren, waren immer noch billiger als die neuen, arbeitsfressenden Maschinen. Also wurden sie als Lohndrükker eingesetzt und als Ernährer der Arbeiterfamilien – und Gebärerinnen neuer Arbeitskraftgenerationen. Das führte damals dazu, daß eine große Zahl von Arbeitern und organisierten Arbeitern – unter der Führung von Lassalle – die Frauenarbeit verbieten wollten. Sie hielten die Frauenarbeit, wie die Kinderarbeit, für ein grundsätzliches Übel, welches abgeschafft gehörte. Bebel hielt davon überhaupt nichts. Er schrieb: »Der klassenbewußte Arbeiter weiß, daß die gegenwärtige ökonomische Entwicklung die Frau zwingt, sich zum Konkurrenten des Mannes aufzuwerfen. Er weiß aber auch, daß die Frauenarbeit zu verbieten ebenso unsinnig wäre wie ein Verbot der Anwendung von Maschinen . . .«
Heute steht dieses Problem wieder auf der Tagesordnung. Bis vor kurzem haben die Frauen ihre Rolle als Heer der Leichtlohnarbeiter gespielt; billiger waren sie als die Maschinen. Nun aber kommt die hochtechnisierte Maschinengeneration und macht die besser bezahlte Männerarbeit wie die schlechter bezahlte Frauenarbeit in immer größer werdender Zahl überflüssig. Und nun fordern zwar nicht Arbeiter und Gewerkschaften das Ende oder Verbot der Frauenarbeit – aber klammheimlich wird es dennoch laufend praktiziert. Wenn Entlassungen anstehen, und der Betriebsrat, der ja zustimmen muß, berät, dann heißt es hinterher zu den Kolleginnen: »Versteht uns doch, die Männer haben doch alle Familie« – als hätten die Frauen dies nicht. Die hohe Frauenarbeitslosigkeit heute: Daran sind nicht nur die Unternehmer beteiligt, sondern auch Arbeiter, sozialdemokratische Arbeiter und Gewerkschafter.
Jetzt, da eigentlich alles schon zu spät ist, laufen Modellversuche an,

die Mädchen Ausbildungsmöglichkeiten geben sollen, auch in technischen Berufen. In Hamburg zum Beispiel wird Andrea Frische, 22 Jahre alt, vom Schulsenator wie ein Wundertier der Presse vorgezeigt: Sie lernt Schlosser. Was ist ihre Geschichte? Zitat aus dem »Hamburger Abendblatt«: »Schon immer handwerklich interessiert, will sie Maschinenschlosser werden. Bis sie endlich bei Thyssen-Rheinstahl einen Ausbildungsplatz in ihrem Beruf fand, mußte sie sich bei mehr als 30 Firmen bewerben. Gut ein Drittel ihrer Bewerbungen wurde nicht einmal beantwortet.« Heute lernt sie als ein Mädchen unter 37 Auszubildenden . . . Das ist die Realität. Warum ich immer von Arbeitswelt und Ausbildung rede – in einem Kapitel über Ehe und Familie? Weil das eine nicht ohne das andere geht – wenigstens nicht im Sinne der Forderung, die Bebel vor hundert Jahren aufgestellt hat.

Frauenfrage heute – Frauenfrage damals

Bebel schreibt in seinem Buch über den Rückgang der Geburten, das Wachstum der Ehescheidungen, die Abnahme der Eheschließungen – Themen, die heute noch genauso relevant sind, in der Diskussion sind. Nun könnte man daraufhin lächelnd erwidern, na ja, hat er sich Sorgen gemacht, daß die Geburten zurückgehen, daß die Zahl der Scheidungen zu-, die der Eheschließungen abnimmt. Aber nun sind wir hundert Jahre weiter, und Ehe und Familie existieren unverändert, ungefragt immer noch. Kinder kommen zur Welt, noch weniger als damals, aber vielleicht ist das eher ein Segen als ein Übel; für die Scheidungen gilt das gleiche, und letztlich ist die Ehe nach wie vor die Form des Zusammenlebens von Männern und Frauen in diesem Land. Andererseits kann man auch sagen: Die Übel von heute sind also ziemlich alt, hat es alles schon gegeben, was da an Kritik an der heutigen Ehe und Familie artikuliert wird. Und drittens kann man auch noch sagen: Seltsam, daß sich in hundert Jahren so viel ändert – und Grundsätzliches dann doch nicht. Vielleicht hängt das ja damit zusammen, daß sich theoretisch so viel so gut und fortschrittlich formulieren und fordern läßt – nur die Konsequenzen bleiben aus, diese Forderungen im Leben durchzusetzen.

Dazu eine Geschichte, beziehungsweise etwas Geschichtliches. Lily Braun, die engagierte Sozialistin und Zeitgenossin von Bebel hat ein Abendessen im Hause Bebel beschrieben, zu dem sozialistische Männer und Frauen eingeladen waren. Wobei wichtig zu wissen ist, daß Lily Braun kurz davor den sozialistischen Journalisten Braun geheiratet hatte, der sich ihretwegen hatte scheiden lassen – eine Angelegenheit, die bei den fortschrittlichen Sozialisten, Männern wie Frauen, genußvolles Tratschthema war. Lily Braun berichtet nun von der Begegnung mit Bebel: »Ich beklagte mich über die Behandlung durch die vielen anderen, – selbst Parteigenossen. ›Sie wundern sich noch, daß ihre Geschichte so viel Staub aufgewirbelt hat?!‹ sagte Bebel. ›Da kennen Sie unsere männlichen und weiblichen Philister schlecht! In der Theorie läßt man sich allerlei bieten, aber in der Praxis – nein das geht doch nicht! Wo bliebe da die Moral. Meine Frau und ich haben schon schwer für Sie kämpfen müssen . . .‹ ›So laß doch, August, – das erzählt man doch nicht‹ wehrte Frau Julie errötend ab, während ich ihr dankbar die mütterlich-weiche Hand drückte.« Ja, so war und ist das mit der Praxis – Vater Bebel weist auf die Philister hin und Frau Julie wehrt errötend ab, wenn er sie im Gespräch erwähnt. Aber weiter im Text von Lily Braun – sie beschreibt die Unterhaltung bei Tisch und auch, wie sich diese Unterhaltung dann nach dem Nachtisch auflöst: »Man stand auf. Nach ein paar Höflichkeitsphrasen wurde der weibliche Teil der Gesellschaft in das Wohnzimmer genötigt; die Herren rückten mit ihren Zigarren um den Eßtisch zusammen, und durch die Tür klang ihre laute Unterhaltung. Bei uns drinnen sprach man von Fleischpreisen und Kochrezepten; keine der anwesenden Frauen schien in der Parteibewegung irgendeine aktive Rolle zu spielen. Fragen von allgemeinerem Interesse wurden nicht berührt. Nur die große Frau, deren Schönheit und Geist mir inzwischen wer gepriesen hatte, stellte sich wie ein Inquisitor kerzengerade vor mich hin und fragte: ›Wie denken sie über Ibsen?‹«

Vielleicht liegt die Lösung hier, daß sich bei vielen Veränderungen nicht viel verändert hat in der Frauenfrage. Frage, ganz ehrlich, an den Herausgeber dieses Buches: Geht es heute bei führenden Sozialdemokraten, Sozialdemokraten, die regieren, Gesetze machen für Frauen, für die Emanzipation, für, für, für . . . anders zu? Welcher Sozialdemokrat in Regierungs- oder Parteiverantwortung lebt eigentlich mit einer Frau zusammen, die lebenslänglich ihren Beruf ausgeübt hat und ausübt, die in der Partei eine wirklich aktive Rolle spielt, die gleichberechtigt ist im Sinne Bebels? Haben diese Politiker nicht alle Ehefrauen, deren Beruf diese Ehe mit ihnen ist? Für die diese Ehe nicht nolens volens eine Versorgungsanstalt ist? Ich höre die Antworten schon auf diese Fragen; sie heißen: Was haben die individuellen Ehen mit der allgemeinen Politik zu tun? Oh, eine Menge! Da wird das Bewußtsein geprägt, das den Alltag beeinflußt – nicht nur durch die unpersönlichen, gleichermaßen abstrakten Gesetzesparagraphen! Wenn es den berufstätigen Müttern in diesem Land heute noch so schlecht geht – grundsätzlich, wie gesagt – wie vor hundert Jahren, zu Bebels Zeiten, dann liegt das auch daran, daß die Männer, die Politik in diesem Lande machen, keine berufstätigen Mütter wirklich kennen. Ihre Frauen sind es jedenfalls nicht; die Frauen in der Nachbarschaft, wo sie leben, sind es meist auch nicht.

Nun wäre es vielleicht nicht so schlimm, wenn die Hälfte derjenigen, die in der Politik die Entscheidungen fällen, Frauen wären, berufstätige, in der Politik berufstätige Mütter, zum Beispiel. Aber da es diese Hälfte ja nicht gibt – wieder Fehlanzeige. Kein Wunder, daß die Frauenfrage bleibt, daß sich grundsätzlich – noch einmal: grundsätzlich heißt in Relation zur Situation der Männer – nichts ändert. Und deshalb muß ich auch auf die Misere der Frauenrepräsentation in der Politik zu sprechen kommen (wenigstens hier, quasi am Rande).

Haupthindernis auf dem Weg zur Verbesserung der Lage der Frau ist das patriarchalische Bewußtsein – das sich von 1879 in unsere Zeit, nicht unverändert zwar, aber dadurch dennoch nicht gebrochen, herübergerettet hat.

Das patriarchalische Bewußtsein ist nicht verschwunden

»In mancher Beziehung«, schreibt Bebel im Kapitel »Die moderne Ehe«, »unterscheiden sich unsere Anschauungen wenig von denen barbarischer Völker. Bei diesen wurden häufig Neugeborene getötet, insbesondere traf dieses Schicksal die Mädchen. Wir töten die Mädchen nicht mehr, dazu sind wir zu zivilisiert, aber sie werden nur zu oft als Parias behandelt. Der stärkere Mann drängt die Frau überall im Kampf um das Dasein zurück, und nimmt sie dennoch den Kampf auf, so wird sie nicht selten von dem stärkeren Geschlecht als unliebsame Konkurrentin mit Haß verfolgt.« Und er schreibt: »Eine Menge Hemmnisse und Hindernisse, die der Mann nicht kennt, bestehen für die Frau auf Schritt und Tritt. Vieles, was dem Mann erlaubt ist, ist ihr untersagt.« Das ist es, was unser Leben prägt, damals wie heute. An die Stelle der offenen Verbote sind eben die heimlichen getreten; das ist der ganze Unterschied, der im Grund keiner ist, wenigstens nicht, was die Auswirkungen angeht. Ehrlich – ist es wirklich ein so großer Unterschied, ob wir das aktive Wahlrecht haben oder nicht, wenn die Zahl der Frauen im Parlament bei den hausmachtunfähigen sechs oder sieben Prozent liegt? Und ist es wirklich ein so großer Unterschied, ob es Mädchen verboten ist, Schlosser zu werden, oder ob von 30 Bewerbungen, die frau an die Firmen losschickt, 20 mit ablehnendem Bescheid zurückkommen – und zehn bleiben eh unbeantwortet? Und ist es letztlich wirklich ein so großer Unterschied, ob der verheirateten Frau die Berufstätigkeit nicht erlaubt ist, oder beiden Ehegatten gestattet wird, berufstätig zu sein, zu einem Zeitpunkt, an dem es nachweislich inzwischen nicht mehr genügend Arbeitsplätze für verheiratete Männer und Frauen gibt, sondern bestenfalls nur für einen von beiden – und wie lange das noch, da sind sich die Experten uneins. Eine Frauenfrage, eine Misere der Frau in Ehe und Familie wird es geben, solange die Grundforderung Bebels nicht verwirklicht ist, die da lautet: »Arbeit für alle Arbeitsfähigen ohne Unterschied des Geschlechts!« Dann ist die neue Ehe im Sinne Bebels möglich, dann wird es die neue Frau im Sinne Bebels geben, die nicht mehr unterdrückte Frau. Denn, so sagt Bebel: »Frauen und Arbeiter haben gemein, Unterdrückte zu sein. Die Formen der Unterdrückung ist den Unterdrückten zu Bewußtsein gekommen, aber eine Bewegung zur Beseitigung der Unterdrückung gibt es bis heute nicht. Solch eine Bewegung ist abhängig vom Maß der Einsicht der Betroffenen und von ihrer Bewegungsfreiheit. In beidem steht die Frau hinter dem Arbeiter zurück durch Sitte und Erziehung.«

Herta Däubler-Gmelin

Chancen-»Gleichheit« einst und jetzt

Erwerbstätigkeit und Bildungsmöglichkeiten von Frauen

In seinen Ausführugen über die Erwerbstätigkeit und die Bildungschancen der Frauen seiner Zeit macht Bebel drei grundsätzliche Positionen deutlich. Einmal seine – positive – Einstellung zur Frauenerwerbstätigkeit überhaupt. Bebel nahm die steigende Erwerbstätigkeit der Arbeiterinnen im letzten Viertel des 19. Jahrhunderts nicht bestenfalls mit Resignation oder mit Argwohn zur Kenntnis wie viele seiner Mitbürger. Obwohl die mit dieser Tätigkeit verbundenen Probleme Tag für Tag bedrückender deutlich wurden: Die Ausbeutung der Frauen selbst, die irreparablen Schäden für ihre Gesundheit und die ihrer ungeborenen Kinder; die Zerfallserscheinungen in den Arbeiterfamilien, in denen Vater und Mutter in die Fabrik gehen mußten; die negativen Auswirkungen der Einstellung von Frauen auf die Arbeitsbedingungen der Männer. Auch unter diesen Umständen stimmte Bebel nicht in den Chor derjenigen ein, die nostalgisch meinten, man müsse die Entwicklung nur wieder zurückdrehen; die – auch im Lager der Sozialisten – glaubten, man könne solche Probleme durch die Verdrängung der Frauenarbeit lösen, und dies mit der Forderung nach einer neuen, auf Chancengleichheit, rechtlicher und sozialer Unabhängigkeit aller Menschen aufgebauten Gesellschaftsordnung verbinden.
Bebel versuchte vielmehr, die Chancen aufzuzeigen, die in einer Verbesserung – damit aber auch festeren Verankerung – von Frauenerwerbstätigkeit und -bildung lagen: die Chancen für die Frauen selbst, dann leichter zu erkennen, daß sie an den Bestrebungen der Sozialisten, wie Bebel es ausdrückte, ein »eminent wichtiges Interesse haben müssen«; die Chancen freilich auch für die deutschen Sozialisten, dieses Interesse selbst besser zu erkennen, danach zu handeln und damit Frauen in verstärktem Umfang zur Unterstützung ihrer Politik zu gewinnen.
Als weitere Grundposition macht Bebel deutlich, daß er eine inhaltlich andere und qualitativ bessere Frauen- und Mädchenbildung für unab-

dingbar hielt. Daß er damit gegen beinahe übermächtige Vorurteile ankämpfen mußte, zeigen seine langen Ausführungen über die vermeintliche Natur des Weibes, seine biologischen Eigenheiten und die Auswirkungen auf die geistigen Fähigkeiten ebenso wie die ergänzenden Ausführungen, die er in den Vorworten späterer Auflagen unter Berücksichtigung der Kritik seiner – reaktionären – Gegner anfügte. Für Bebel war die Öffnung der Bildungsanstalten, der Universitäten und höheren Berufe für Frauen eine Frage von prinzipieller Bedeutung – eine Frage des Prinzips auch, weil er wußte, daß von einer derartigen Öffnung ebenso wie von der Änderung der Bildungsinhalte in seiner Zeit und der unmittelbar folgenden Zukunft mit Sicherheit »nur« Frauen aus bürgerlichem Hause profitieren konnten, nicht aber die Töchter der Arbeiter und Handwerker, denen seine besondere Sorge galt. Bebel war zu Recht davon überzeugt, daß es die bürgerlichen Frauen, deren Repräsentanten zu seiner Zeit untrennbar in den bürgerlichen Klassenstaat verstrickt waren, ohne die Solidarität der Arbeiterfrauen nicht schaffen würden, »sich am eigenen Zopf aus dem Sumpf zu ziehen«, und daß von der Verringerung der Vorurteile, von einer Verbesserung der Bildungschancen letztlich auch die Arbeitertöchter profitieren würden.

Als dritten Punkt stellt Bebel die Zusammenhänge zwischen der bürgerlichen Klassengesellschaft des wilhelminischen Deutschland und den Arbeits- und Bildungsbedingungen der Frauen in den Mittelpunkt seiner Ausführungen: Er beschreibt nicht nur einprägsam die elenden Arbeits- und Lebensbedingungen, die damals für angemessen und zumutbar gehalten wurden, sondern auch, daß die Arbeits- und Lebensbedingungen der arbeitenden Frauen noch weit erbärmlicher waren. Er macht außerdem deutlich, weshalb dies so war: Die bürgerliche Klassengesellschaft mußte an der Zulassung von Frauenerwerbstätigkeit und Frauenemanzipation bis zu einem gewissen Grade interessiert sein. Eine quasi feudale Rollenbindung der Frau an Haus und Familie war unzweckmäßig, wenn möglichst viele, möglichst billige Arbeitskräfte für die Fabriken gebraucht wurden. Die rechtlosen, sozial hilfloseren, weitgehend ungesicherten Frauen boten zusätzlich ein geeignetes Konkurrenz- und Disziplinierungsinstrument in den Händen der Unternehmer. Daß Frauenarbeit unter solchen Bedingungen von »den« Männern argwöhnisch beäugt wurde, ist klar. Deutlich wird auch, warum die bürgerliche Gesellschaftsordnung jener Tage gleichberechtigte Erwerbstätigkeit und qualifiziertere Bildung der Frauen – und damit die rechtliche und soziale Unabhängigkeit der Frauen – noch weniger wünschen konnte als die der Arbeiter allgemein.

Deutlich werden aber auch die spezifischen Mittel, mit denen einer derartigen Entwicklung wirksam vorgebeugt werden konnte: Wo kein Bedarf an billigen Arbeitskräften bestand oder andere Gründe (Konkurrenz) das Eindringen von Frauen als nicht geraten erscheinen ließen, da hatte man in der Ideologie von der Natur des Weibes, seines biologisch bedingten und daher unveränderbaren Unvermögens, das sich im bürgerlichen Familien- und Sozialmodell widerspiegelt, ein treffliches Argument, das auch auf die Frauen selbst seine Wirkung nicht verfehlte.

Faszinierend ist der Gedanke, Bebels Feststellung für die heutige Zeit neu zu überdenken: Läßt seine Analyse nicht auch Rückschlüsse vom Stand der Erwerbs- und Bildungsbedingungen für Mädchen und Frauen heute auf den Charakter unserer gegenwärtigen Gesellschaftsordnung zu?

Das erwerbstätige Drittel

Hat sich der Stellenwert der Frauenarbeit, oder sein Umfang seit den Zeiten Bebels verändert? Gemessen an der Zahl der arbeitenden Frauen nicht: Erwerbstätig ist heute kaum ein Drittel der weiblichen Bevölkerung (1975: 30,9 Prozent). Dieses knappe Drittel entspricht einem Anteil der Frauen an allen Erwerbstätigen von ebenfalls rund einem Drittel (1975: 35,5 Prozent). Schon 1907 arbeiteten 30,37 Prozent der weiblichen Bevölkerung. Aufgrund der statistischen Zahlen aus 25 aufeinanderfolgenden Jahren hatte Bebel eine andere Erfahrung gewinnen müssen. Damals stieg die Zahl der weiblichen Erwerbstätigen kontinuierlich und stärker als die Gesamtzahl der Arbeitskräfte: Zwischen 1882 und 1907 wuchs der Anteil der Erwerbstätigen an der weiblichen Gesamtbevölkerung von 24,02 auf 30,37 Prozent, der Anteil der Frauen an den Erwerbstätigen von 29,2 auf 33,8 Prozent.

Heute scheinen jedoch zunehmend andere Frauen aus zunehmend anderen Gründen erwerbstätig zu sein als damals: Die meisten der heute erwerbstätigen Frauen sind verheiratet (1975: 60,1 Prozent). Ihr Anteil hat sich seit 1950 (34,6 Prozent) nahezu verdoppelt; der der erwerbstätigen Mütter mit Kindern unter 15 Jahren nahezu versechsfacht: 1975 hatte über ein Drittel aller erwerbstätigen Frauen (also etwa 3,5 Millionen) Kinder unter achtzehn, ungefähr drei Millionen Frauen Kinder unter fünfzehn, mehr als zwölf Prozent, also etwa 1,1 Millionen Frauen immerhin Kinder unter sechs Jahren zu betreuen.

Auch zu Bebels Zeiten gab es verheiratete unter den erwerbstätigen Frauen – bei den Arbeiterinnen. Bebels Billigung fand das freilich nicht. Weniger aus grundsätzlichen Gründen, obwohl auch er sich von der Vorstellung kaum lösen konnte, das Leben einer Frau werde durch Mutterschaft und Kindererziehung erst voll erfüllt. Bebels Ablehnung beruhte vielmehr auf den Arbeitsbedingungen der Arbeiterinnen und deren gesundheitlichen und sozialen Folgen für die Mütter, Kinder und Familien. Von daher ist sie durchaus verständlich: Wenn Bebel aus Berichten von Gewerbeinspektoren um die Jahrhundertwende zitiert, daß in den Gegenden mit hohem Anteil an Webfabriken der Prozentsatz unter den verheirateten Fabrikarbeiterinnen weit über die durchschnittliche Marke von 26,1 Prozent hinausreiche, so deutet schon dieser Hinweis auf die Gründe hin, aus denen damals verheiratete Arbeiterinnen in die Fabriken gingen: Die »Unzulänglichkeit des Verdienstes des Mannes« war nach den Feststellungen Bebels der nahezu ausschließliche Grund.

Für Frauen der höheren Stände mit besseren Arbeitsbedingungen und damit weniger derartigen Problemen hätte dieses Motiv sicher nicht im Vordergrund gestanden: Ihnen verbot der für sie geltende bürgerliche Verhaltenskodex die Berufstätigkeit nahezu völlig. In diesen Schichten war man sich weitgehend einig, Berufstätigkeit sei höchstens für unverheiratete Frauen geeignet. Bebel nahm die Unvereinbarkeit der »in der bürgerlichen Welt an die Ehefrau gestellten häuslichen Pflichten« mit der Ausübung eines erlernten Berufs zur Kenntnis, mit dem – beachtenswerten – Hinweis darauf, es seien wohl noch grundsätzliche Umgestaltungen der sozialen Verhältnisse erforderlich, bevor weibliche Intelligenz unter dem Zwang, beides zu vereinbaren, zur vollen Betätigung kommen könne.

Auch heute sind viele Frauen aus überwiegend wirtschaftlichen und finanziellen Gründen erwerbstätig. Auffällig ist jedoch, wie stark die Berufsmotivation von der Ausbildungsqualität und der Qualifikation der Berufstätigkeit selbst abhängt: Ist die Qualifikation gering, so stehen wirtschaftliche Erwägungen eindeutig im Vordergrund; Arbeiterinnen ohne Vorbildung begreifen und bejahen ihre Berufstätigkeit auch heute noch nahezu ausschließlich als Gelderwerb. Nur zwei Prozent der berufstätigen Frauen ohne Berufsausbildung, aber 32 Prozent der Frauen mit Abitur geben »Freude am Beruf« und vergleichbare psychologische Motivationen als Hauptgrund an. Bei erwerbstätigen Frauen mit Haupt- bzw. Volksschulabschluß tun dies 18 Prozent; bei Frauen mit Haupt- bzw. Volksschulabschluß *und* beruflichem Lehrabschluß schon 28 Prozent.

Andere Umfragen bestätigen dieses Ergebnis und seine verhältnismäßig hohe Stabilität: 1961 antworteten noch 93 Prozent der Arbeitnehmerinnen mit Kindern, 1963 noch neun von zehn Arbeiterinnen und vier von fünf weiblichen Angestellten auf die entsprechende Frage, sie würden ihre Berufstätigkeit aufgeben, wenn dies finanziell im Rahmen ihrer Möglichkeiten läge. Vollakzeptierter Rollenbestandteil ist die kontinuierliche Berufstätigkeit vor allem bei hochqualifiziert ausgebildeten Frauen, deren Berufstätigkeit hohe Bildungsvoraussetzungen erfordert: Schon 1966 lag die spezifische Erwerbsquote der Frauen (das ist der Anteil der erwerbstätigen Frauen an der weiblichen Bevölkerung) mit abgeschlossener Hochschulausbildung bei 70 Prozent.
Vor diesem Hintergrund ist auch die spezifische Erwerbsquote der Frauen heute zu beurteilen: Sie besagt nicht, daß die statistisch vorgefundenen 30,9 Prozent erwerbstätigen ununterbrochen, die restlichen 69,1 Prozent Frauen nie berufstätig seien. Vielmehr sind nahezu neun von zehn Frauen (86 Prozent) in ihrem Leben ein- oder mehrmals kürzer oder länger einer Erwerbstätigkeit nachgegangen – nur eben nie mehr als rund ein Drittel gleichzeitig an einem Stichtag.
Erwerbstätigkeit ist heute für Frauen somit nichts Ungewöhnliches mehr – weit weniger als zu Bebels Zeiten. Doch muß man heute von einem besonders typischen weiblichen, einem diskontinuierlichen Erwerbsverhalten sprechen. Auch wenn sich seit der zweiten Hälfte der sechziger Jahre und unter den damals günstigen Erwerbschancen für Frauen der Wunsch nach ständiger Berufstätigkeit verstärkt, so steht doch ein anderes – ein dreiphasig diskontinuierliches – Erwerbsverhalten im Vordergrund: Es soll den Frauen die Harmonisierung »ihrer« Familienpflichten mit der Erwerbstätigkeit auf reibungslose Art ermöglichen. An die Ausbildungszeit, die das junge Mädchen durchläuft, soll sich danach eine – erste – Zeit der Berufstätigkeit anschließen. Mit der Heirat oder der Geburt von Kindern soll sie von einer – zweiten – Familienphase abgelöst werden. »Wenn die Kinder größer sind«, möglicherweise vorbereitet durch Übergänge über Teilzeitarbeit, soll dann die dritte Phase, die Rückkehr in den Beruf, folgen.
Es leuchtet ein, daß die ökonomischen, gesellschaftspolitischen und Bildungsvoraussetzungen sehr günstig sein müssen, um ein solches Erwerbsverhalten überhaupt funktionieren zu lassen, um insbesondere die Rückkehr in den (erlernten) Beruf ohne zu viele Nachteile, mit Hinblick auf Verdienst und Aufstiegschancen zu ermöglichen. Nicht nur die gegenwärtige Lage auf dem Arbeitsmarkt – auf die später noch einzugehen sein wird – zeigt, daß diese Bedingungen heute

nicht erfüllt sind: Die Nachteile, die mit einem diskontinuierlichen Erwerbsverhalten in den modernen Industriegesellschaften geradezu zwangsläufig verbunden sind, hat schon die Internationale Arbeitskonferenz 1974 hervorgehoben; sie machen sich in allen Phasen des Erwerbsverhaltens und in den meisten Besonderheiten der Bildungs- und Arbeitsbedingungen von Frauen bemerkbar.

Nur einige Stichworte dazu: Zur Vorbereitung auf ein diskontinuierliches Erwerbsverhalten müßte die Erstausbildung der Mädchen besonders breit angelegt, intensiv und gründlich sein. Das Gegenteil ist der Fall: Mädchen haben schlechtere Chancen – auch dazu weiter unten – gerade im Hinblick auf die wahrscheinliche Heirat. Auch die erste Berufsphase wird negativ beeinflußt: Schon wenige Jahre nach Ende ihrer Ausbildungszeit finden sich Frauen auf Arbeitsplätzen wieder, die Aufstieg, Entwicklungsmöglichkeiten und größere Autonomie kaum zulassen, auf denen sie auch zur innerbetrieblichen Fortbildung nur schwer Zugang finden. Und die Begründung dafür? »Sie heiratet ja doch« – »Sie steht dem Betrieb dann nicht zur Verfügung« – »Es lohnt sich nicht, in sie zu investieren«! In der Familienphase trägt die Frau dann die Sorge um Kinder und Haushalt überwiegend allein. Will sie später in den Beruf zurück, so zeigt sich schließlich, wie sehr sie inzwischen den Kontakt zur Berufswelt verloren hat, vorausgesetzt, sie findet überhaupt einen Arbeitsplatz. Auffrischungskurse werden seit 1976 nur noch unter restriktiven Voraussetzungen vom Arbeitsamt gefördert. Meist können Frauen heute nur unter ihrem früheren Standard wieder anfangen – die Nachteile schleppen sie bis zum Rentenalter mit. Trotzdem: Eine 1976 von der Bundesanstalt für Arbeit durchgeführte Untersuchung zeigt, daß 49 Prozent der Mädchen eine familienbedingte Berufsunterbrechung fest in ihre Lebensgestaltung eingeplant haben. Die hohe Zahl ist realistisch, auch wenn eine ebenfalls 1976 veröffentlichte Studie des Bundesministeriums für Jugend, Familie und Gesundheit ermittelt haben will, daß die Berufstätigkeit verheirateter Frauen mehr und mehr akzeptiert wird – nicht nur von den betroffenen Frauen selbst, sondern auch von ihren Männern, ihrer ganzen Umwelt.

Bebel hatte – am Beispiel bestehender Einrichtungen in den USA – andere, weniger rollenfestschreibende Lösungen vorgeschlagen, um die Vereinbarkeit von Berufstätigkeit und Familienpflichten zu erleichtern: Er forderte damals, Teile der belastenden Arbeiten, die es in jedem Haushalt und in jeder Familie gibt, auf gemeinschaftlich betriebene Einrichtungen zu verlagern: Zentrale Heizsysteme, Warm- und Kaltwasserversorgung, Großküchen und Wäschereien sollten die Belastungen der Frauen abbauen helfen. Heute gibt es das alles zu durchaus erschwinglichen Preisen. Eine große Zahl ebenfalls erschwinglicher Haushaltsmaschinen erleichtert die individuelle Haushaltsführung zusätzlich. Heute führen andere Forderungen die – richtigen – Gedanken Bebels weiter: Frauenkongresse von Sozialdemokraten und Gewerkschaften pflegen seit Jahren lange Kataloge von (öffentlichen) Entlastungseinrichtungen auf dem Gebiet der Pflege, Erziehung und Betreuung von Kindern zu fordern: Kindergärten gibt es mittlerweile nahezu in ausreichender Zahl. Kindertagesstätten indessen nicht. Gegen Tagesmütter und Ganztagsschulen werden im Zuge der nostalgischen Welle verstärkt ideologische Bedenken laut, Hausaufgabenbetreuung und andere Serviceeinrichtungen sind mehr die Ausnahme als die Regel. Mußten die Realisierungschancen solcher Forderungen schon immer skeptisch beurteilt werden, weil dafür kein Geld zu bekommen war, so dürfte dies für die kommenden Jahre noch mehr zutreffen: Durch hohe Arbeitslosigkeit hervorgerufene Steuer- und Beitragsausfälle müssen kompensiert, zusätzliche Ausgaben in Milliardenhöhe müssen aufgebracht werden.

Kaum verändert: Arbeitsplätze, Berufswünsche

Schon Bebel stellte fest, daß Frauen nicht gleichmäßig in allen Bereichen der Wirtschaft arbeiten (konnten). Obwohl die gewerblichen Berufe schon für Männer und Frauen offen standen, zeigten sich bereits damals typische Erscheinungen der Konzentration von Frauenarbeit in bestimmten Gebieten – sie sind Ursachen und Auswirkungen der elenden Arbeitsbedingungen zugleich: Landwirtschaft, Bekleidungs- und Reinigungsgewerbe, Handel, Textilindustrie, Gast- und Schankwirtschaften, metallverarbeitende Industrie waren »weiblich«, weil drei Viertel der erwerbstätigen Frauen dort arbeiteten. Einen extrem hohen Frauenanteil hatten die »häuslichen Dienste« (89 Prozent), die Gast- und Schankwirtschaftsbetriebe (67 Prozent), das Bekleidungsgewerbe (66 Prozent), Gesundheitspflege und Krankenwartung (63 Prozent) und schließlich die Landwirtschaft, die Textilindustrie und das Reinigungsgewerbe (55 bzw. 54 Prozent) aufzuweisen.
Heute arbeitet mehr als die Hälfte der Frauen (ca. 51 Prozent) in sechs Wirtschaftszweigen; bei den Männern verteilt sich derselbe Anteil auf immerhin neun – andere – Bereiche. Frauen arbeiten zumeist als Angestellte im Büro-, Verwaltungs- und Organisationsbereich und im Einzelhandel, als Arbeiterinnen im Bereich von Landwirtschaft und

Gartenbau, im Bereich der Leder-, Textil- und der Bekleidungsindustrie; als Angestellte im Gesundheits- und Veterinärwesen. Frauen sind schließlich schwerpunktmäßig auch in großen Bereichen der metallverarbeitenden Industrie zu finden. Der Frauenanteil ist mit 81 Prozent in den allgemeinen Dienstleistungsberufen heute am höchsten; mit knapp 80 Prozent folgen die Bekleidungs-, mit etwa 76,1 Prozent die Gesundheitshilfsberufe, mit ungefähr 58 Prozent die Handels-, dann die Organisations-, Verwaltungs- und Büroberufe, die Sozial- und Erziehungsberufe sowie die landwirtschaftlichen Berufe. Es hat sich somit nicht viel verändert: Trotz der seit einigen Jahren im Arbeitsförderungsgesetz bestehenden Möglichkeiten und Instrumente sind die geschlechtsspezifischen Konzentrationserscheinungen kaum abgebaut worden – sogar die Berufs- und Wirtschaftszweige mit »weiblicher« Prägung decken sich heute wie damals in weiten Teilen. Daß diese Konzentration der Frauenerwerbstätigkeit, daß »weibliche« Bereiche schon zu Bebels Zeit schlechte Arbeitsbedingungen bedeuteten, ist schon erwähnt worden. Daß heute weitere Risiken damit verbunden sind, wird noch zu erörtern sein.

Besonders betrüblich ist, daß sich diese geschlechtsspezifische Verzerrung auch in den Berufszielen der unter besseren Voraussetzungen antretenden nächsten Generation weiblicher Berufstätiger nahezu ungebrochen widerspiegelt: Mehr als drei Viertel der Mädchen streben in nur 15 Ausbildungsberufe – bei den Jungen verteilen sich 50 Prozent auf 15 andere Bereiche: Bei den Mädchen stehen die Verkäuferinnen (Mädchenanteil 1976: 99,6 Prozent) an der Spitze, gefolgt von Bürohilfskräften und Bürofachberufen (Hilfsberufe: 99,2 Prozent, Bürokaufleute: 78,7 Prozent), medizinischen Hilfsberufen (nahezu 100 Prozent) und Friseusen (95,3 Prozent). Ziele in sogenannten männlichen Berufen, etwa als Bäcker, Konditor, Mechaniker oder Elektriker werden kaum angestrebt. Die Gründe dafür liegen bei den Mädchen selbst, wie in der Haltung ihrer Umwelt und dem knappen und einseitigen Angebot an Lehrstellen, das für sie zur Verfügung steht.

Typische Konzentrationserscheinungen der Frauenerwerbstätigkeit zeigen sich auch im Status der erwerbstätigen Frauen. Heute wie zu Bebels Zeiten sind Frauen unter den Selbständigen unterdurchschnittlich vertreten: 1907 lag ihr Anteil bei 18,3 Prozent; 1975 bewegte er sich nach erheblichen Schwankungen wieder in der gleichen Größenordnung. Berücksichtigt man die Sozialisation der Mädchen in beiden Epochen, so verwundert es kaum, daß lediglich eine kleine Minderheit von Frauen diesen Weg geht: Neben ganz wenigen weiblichen Unternehmern mit zumeist mittelständischen Betrieben (zwölf Prozent aller Unternehmer) und Angehörigen der sogenannten freien Berufe (Ärzte, Anwälte) handelt es sich dabei in erster Linie um handwerkliche Existenzen, um Friseusen, Schneiderinnen und vergleichbare Berufe. Anders als zu Bebels Zeit spielen mithelfende Angehörige in Familienbetrieben heute keine wirtschaftlich wichtige Rolle mehr. Zwar stellen Frauen heute 80 Prozent (1907: 70 Prozent) dieser sozial immer noch weniger abgesicherten Arbeitnehmergruppe. Insgesamt hat sich dieser Personenkreis in den vergangenen Jahren aber um rund eine halbe Million auf nahezu die Hälfte reduziert.

Überdurchschnittlich gewachsen, auch wenn man die Gesamtausdehnung seit der Zeit Bebels berücksichtigt, ist der Anteil der Frauen im öffentlichen Dienst. Mit mehr als 30 Prozent nähert er sich heute dem Anteil, den Frauen an allen Erwerbstätigen stellen. Auch hier gibt es die traditionelle Schwerpunktbildung: Frauen arbeiten in erster Linie als Lehrer, Erzieher, Sozialarbeiter und in Gesundheitshilfeberufen. Nur 4,1 Prozent von Frauen im öffentlichen Dienst sind Beamte; der Frauenanteil an Beamten beträgt mittlerweile 15,3 Prozent. Der überwiegende Teil der weiblichen Beamten ist wegen der Konzentration auf die erziehenden, heilenden und pflegerischen Berufe im gehobenen Dienst (53,7 Prozent), nur rund 20 Prozent im höheren, der Rest in den Laufbahnen des einfachen oder mittleren Dienstes beschäftigt.

Die Zahl der weiblichen Angestellten hat sich am stärksten verändert. Noch 1907 spielten sie kaum eine Rolle. Ihr Anteil war in den Jahren seit 1882 erheblich langsamer gewachsen als der der Männer und lag 1907 gerade bei zwölf Prozent. Heute aber arbeiten immer mehr Frauen als Angestellte. Im Mai 1975 waren schon 51,1 Prozent aller Angestellten Frauen und 57,5 Prozent aller abhängig arbeitenden Frauen Angestellte. Zahl und Anteil der Frauen an den Arbeitern sank vergleichbar – besonders deutlich bei den jüngeren Jahrgängen. Im Mai 1971 stellten Frauen noch 40,1 Prozent aller Arbeiter; vier Jahre später nur noch 38,9 Prozent. Berufswünsche und Ausbildungsverhältnisse der jungen Frauen zeigen, daß sich diese Tendenz fortsetzen wird: Angestelltenberufe werden überwiegend mit Mädchen besetzt; im gewerblich-technischen und handwerklichen Bereich dagegen ist der Anteil der Mädchen an den Auszubildenden zwischen 1972 und 1974 sogar zurückgegangen (im gewerblich-technischen Bereich von 12,9 auf 10,9 Prozent).

Der Wandel im Status der Mehrheit aller erwerbstätigen Frauen signalisiert keineswegs eine Aufwertung der Frauenarbeit. Er signalisiert schon eher, daß sich allgemein Änderungen vollzogen haben; daß die zu Beginn des Jahrhunderts bewußt eingesetzte hierarchische Privilegierung der Angestellten zumindest im Bereich der Frauenerwerbstätigkeit ihre Bedeutung verliert, während sich die Tätigkeitsbereiche und -inhalte angleichen. Die Tätigkeit von Arbeiterinnen besteht zwar nach wie vor häufig im »Herstellen«, »Maschinen überwachen«, »Transportieren« und »Reinigen«, während »Verteilen«, »Verwalten« und »Dienstleistungen erbringen« typische Angestelltentätigkeiten sind. Erhebliche Qualitäts- und Qualifikationsunterschiede sind indes mit diesen Tätigkeiten nicht verbunden.

Tätigkeiten und Dispositionsbefugnisse wie »Leiten«, »Planen« oder »Kontrollieren« treten bei Arbeiterinnen und weiblichen Angestellten nur am Rande in Erscheinung. Auch die Eingruppierung zeigt in beiden Bereichen ein vergleichbares Bild: Nur 5,5 Prozent der Arbeiterinnen, jedoch mehr als zehnmal so viele Männer, werden nach der höchsten Arbeitslohngruppe für Facharbeiter, Meister, Vorarbeiter bezahlt. In die höchsten Leistungsgruppen für Angestellte waren 1974 nur 6,2 Prozent der weiblichen, aber 46,4 Prozent der männlichen Angestellten eingruppiert. Und obwohl gerade im Angestelltenbereich die Eingruppierung von Frauen in höhere Leistungsgruppen in den vergangenen Jahren Fortschritte gemacht hat, läßt sich auch hier die alte – polarisierte – Zuordnung erkennen: In den Leistungsgruppen mit besonderen Fachkenntnissen dominieren männliche Arbeiter und Angestellte. In Bereichen mit geringen Qualifikationsanforderungen dominieren die Frauen: Seit zehn Jahren wird knapp die Hälfte aller Arbeiterinnen, aber nur jeder achte Arbeiter nach den Leistungsgruppen für einfache Hilfsarbeiten bezahlt, für die keinerlei fachliche Ausbildung erforderlich ist. In der untersten Gruppe für Angestellte, nach der einfache, mechanische und schematische Tätigkeiten bezahlt werden, die keine Berufsausbildung erfordern, stehen 0,8 Prozent der männlichen immer noch 8,2 Prozent der weiblichen Angestellten gegenüber. Frauen arbeiten somit schwerpunktmäßiger dort, wo Arbeitsplätze kaum fachliche Vorbildung voraussetzen. Sie verrichten dort schematische, zerteilte, mechanische Tätigkeiten. Ihre Arbeitsplätze gehören damit nicht nur zu den am wenigsten attraktiven, sondern sind auch darüber hinaus mit weiteren Risiken verbunden.

Die fortschreitenden technischen Möglichkeiten, jedes Ansteigen von

Kostendruck bzw. Konkurrenz bringen sie in Gefahr, denn sie eignen sich von der Struktur her besonders dazu, durch Maschinen und Automaten ersetzt zu werden. Die Entlassung von Arbeitnehmern, die auf solchen Arbeitsplätzen arbeiten, ist für den Betrieb in aller Regel mit relativ geringen finanziellen und organisatorischen Belastungen verbunden. Anders als in höherqualifizierte Mitarbeiter wurde in solche Arbeitnehmer kaum investiert; sie besitzen nur geringe betriebsspezifische Kenntnisse und keine, die nach der Entlassung schwer zu schließende Lücken hinterlassen könnten. Zudem lassen sich – bei Bedarf – Arbeitnehmer für solche Arbeitsplätze jederzeit vom Arbeitsmarkt beschaffen. Ihre Eingliederung in die betriebliche Organisation ist vergleichsweise problemlos, ihre Aufnahme in das Stammpersonal des Betriebes meist nicht geplant.

Leichtlohn statt Gleichlohn

Frauen haben – wie jede Übersicht in Wirtschafts- und Dienstleistungsbereichen zeigt – kaum Chancen, beruflich aufzusteigen, ihre Arbeitsinhalte autonomer zu gestalten und als einzelne ihre Bezahlung nachhaltig zu verbessern. 1970 waren nicht einmal 3,5 Prozent der Industrie- und Werkmeister, der Vorarbeiter und Kolonnenführer Frauen. In der Verwaltung insgesamt üben weniger als zehn Prozent der Frauen leitende und aufsichtsführende Tätigkeiten aus. Dasselbe gilt – wenn auch unter anderen Voraussetzungen – für die kleine Zahl von Frauen, die mit der entsprechenden Vorbildung in hochqualifizierten Berufen arbeiten.

Ein Hauptgrund für das tatsächliche Nachhinken der Arbeitsbedingungen für Frauen trotz des heute unbestrittenen Gleichbehandlungsgebotes liegt auf der Hand: Sozialisation, Bildungshintergrund, Familienorientierung, Doppelbelastung und unattraktive Arbeitsplätze haben bisher dafür gesorgt, daß Frauen weit weniger Engagement am Arbeitsplatz, in den betrieblichen Arbeitnehmervertretungen und in den Gewerkschaften gezeigt haben. Dabei sind – wie die einschlägigen Untersuchungen deutlich belegen – auch diese Frauen mit ihren Arbeitsbedingungen keineswegs zufrieden; sie setzen diese Unzufriedenheit jedoch auch heute noch überwiegend in eine Flucht aus der Wirklichkeit des Arbeitsplatzes in den Familienbereich um.

Erst in jüngerer Zeit schlägt sich die wachsende Qualifikation, das sich wandelnde Erwerbsverhalten jüngerer Frauen in verstärktem Engagement nieder: Die Zahl der weiblichen Mitglieder in Gewerkschaften steigt. 1977 waren 18,8 Prozent aller in DGB-Gewerkschaften organisierten Arbeitnehmer Frauen – 1973 nur 16,4 Prozent. Auch der Anteil der Frauen an der Gesamtzahl der Betriebsratsmitglieder wächst deutlich: Zwischen 1968 und 1975 stieg er von 11,4 Prozent auf immerhin 15,7 Prozent. Besonders erfreulich ist die Entwicklung in reinen »Frauendomänen«: In der Textilindustrie stellen Frauen mittlerweile mehr als die Hälfte aller Betriebsratsmitglieder und nahezu 50 Prozent der Betriebsratsvorsitzenden. In der Bekleidungsindustrie sind vier von fünf Betriebsratsmitgliedern und nahezu drei Viertel aller Betriebsratsvorsitzenden Frauen.

Seit Bebels Zeit konnten die allgemeinen Arbeitsbedingungen ebenso deutlich verbessert werden wie die von Bebel und der proletarischen Richtung der Frauenbewegung des 19. Jahrhunderts so dringlich geforderten geschlechtsbezogenen Schutzbestimmungen, so zum Beispiel die Mutterschutzbestimmungen, die Arbeitszeit- und Arbeitsplatzschutzvorschriften. Die rechtliche und soziale Lage der Arbeitnehmer konnte stärker abgesichert, die totale Fremdbestimmung durch erste Stufen der Beteiligung (Tarifautonomie, Mitbestimmung, Betriebsverfassungsgesetz) abgemildert werden.

Auch die rechtlichen Grundlagen der Arbeitsbedingungen für Frauen haben sich verändert: Seit 1949 schreibt das Grundgesetz für Gesetzgeber, Gerichte, Tarifvertragsparteien und andere Normsetzer bindend vor, daß Frauen – auch auf dem Gebiet des Arbeitsrechtes – gleichberechtigt sind und daß sie aufgrund ihres Geschlechtes nicht mehr benachteiligt werden dürfen. In der symbolträchtigen und zentralen Frage der Entlohnung wurden 1955 erste Konsequenzen gezogen: Damals erklärte das Bundesarbeitsgericht die sogenannten Frauenlohngruppen für verfassungswidrig, nach denen Frauen bis dahin generell, also auch für gleiche Arbeit, weniger Lohn erhalten hatten als ihre männlichen Kollegen. An ihre Stellen traten zumeist »Leichtlohngruppen«, die nicht mehr offen und unmittelbar diskriminieren, aber die feststehenden tatsächlichen Eingruppierungsunterschiede fortsetzen. Nach ihnen wird, wie oben schon angedeutet, ein großer Teil der heute arbeitenden Frauen entlohnt. Neben dieser juristisch korrekten Umgehung des Gleichheitsgebots sorgen in weiten Bereichen – zum Beispiel in der verarbeitenden Industrie – Betriebsvereinbarungen dafür, daß die Unterschiede zwischen Männer- und Frauenlöhnen sich nur zögerlich verringern – übrigens auch dort, wo mittlerweile Lohnfindungssysteme auf die Tätigkeit am einzelnen Arbeitsplatz abstellen: Männer erhalten nicht selten die Garantie, über den Leichtlohngruppen eingruppiert zu werden. Verdienten Frauen zur

Zeit Bebels höchstens die Hälfte der Männerlöhne, so lag der statistische Durchschnittsverdienst im dritten Quartal 1977 für einen Arbeiter bei 2188 DM, für eine Arbeiterin nur bei 1364 DM brutto im Monat. Ein männlicher Angestellter kam auf durchschnittlich 2953 DM, seine weibliche Kollegin auf 2102 DM.

Frauen dürfen – so bestimmen es Gesetz und Recht – nicht schlechter bezahlt werden als ihre männlichen Kollegen, die in Werkshallen und Büros vergleichbare Arbeiten verrichten. Die Unterschiede bestehen, weil die Mehrzahl der Frauen kaum in gut bezahlte Positionen kommt; weil sie in Bereichen arbeiten, in denen insgesamt schlechter verdient wird. Schon zu Bebels Zeit waren die Verdienste in »weiblichen« Tätigkeitsfeldern besonders niedrig. Heute liegt der Frauenanteil in der Verbrauchsgüterindustrie mit 49 Prozent verhältnismäßig hoch. Die Folge: Männer und Frauen verdienen hier rund hundert DM weniger als die Durchschnittswerte. In der Grundstoff- und Produktionsgüterindustrie liegt der Frauenanteil mit nur etwa 18,5 Prozent sehr niedrig – der Verdienst dafür um 200 bis 300 DM über den Durchschnittswerten. Der völlig anders strukturierte Bereich des Gaststättengewerbes mit einem Frauenanteil von 62 Prozent schließlich weist einen unterdurchschnittlichen Verdienst für Männer und Frauen von 300 bis 500 DM aus.

Der hohe Angestelltenanteil der Frauen hat sich bisher nicht positiv bemerkbar gemacht; auch das bestätigt die oben angestellte Vermutung. Negativ bemerkbar macht sich jedoch der Zwang, die Sorge um Familie und Haushalt irgendwie mit einer Möglichkeit zur Erwerbstätigkeit unter einen Hut zu bringen. Er führt nicht nur zu der häufig beklagten, erheblich reduzierten regionalen Mobilität der Frauen und zu dem ebenso oft gerügten eingeschränkten und aufstiegshemmenden Engagement der Frauen am Arbeitsplatz. Dieser Zwang begünstigt darüber hinaus die Konzentration der Frauenerwerbstätigkeit auf leicht erreichbaren, aber unattraktiven Arbeitsplätzen und führt dazu, daß Frauen den weitaus größten Teil der Teilzeitbeschäftigten (85 Prozent) und der Heimarbeiter (mehr als 91 Prozent) stellen.

Frauenarbeitslosigkeit

Wenn Umfang und damit die gesamtwirtschaftliche Bedeutung der Frauenerwerbstätigkeit stagnieren, wenn sich Erwerbsverhalten und Arbeitsbedingungen der Frauen zwar erheblich veränderten, die relative Benachteiligung, die einseitige Belastung mit Familienpflichten jedoch nicht in Frage gestellt wird, dann läßt sich die Frage nach den Auswirkungen von ungünstigen, nicht auf Expansion eingestellten Wirtschaftsbedingungen in Zeiten struktureller Verwerfungen und konjunktureller Probleme leicht beantworten: Frauen stellen seit geraumer Zeit mehr als die Hälfte (etwa 51 Prozent) der Arbeitslosen – einen eher nach oben strebenden Anteil. Zählt man die Frauen aus der sogenannten stillen Reserve hinzu, die zwar Arbeit suchen, aber beim Arbeitsamt nicht registriert sind, zum Beispiel diejenigen, die am Ende der sogenannten Familienphase ins Berufsleben zurück wollen, aber resignieren, weil die Aussichten so schlecht sind, und Frauen, die wegen des Fehlens der gesetzlichen Voraussetzungen keine Arbeitslosenunterstützung bekommen und sich dann nicht als Arbeitslose registrieren lassen – so dürften Frauen kaum weniger als zwei Drittel aller tatsächlichen Arbeitslosen in der Bundesrepublik Deutschland stellen. Fragt man nach den Gründen für diesen überproportionalen Frauenanteil, so tauchen in den Strukturuntersuchungen zur Frauenarbeitslosigkeit alle Auffälligkeiten wieder auf, von denen oben schon die Rede war: mangelnde regionale Mobilität ebenso wie geringere Qualifikation; typische Häufung auf rationalisierungsbetroffenen bzw. gefährdeten Bereichen, sei dies in der Industrie oder im Büro, wo durch den Einsatz von Textverarbeitungssystemen in den kommenden Jahren zahlreiche weitere Arbeitsplätze wegfallen werden; typische Häufung auf konjunkturell anfälligen Teilzeitarbeits- und Heimarbeitsplätzen in besonders anfälligen Bereichen der Industrie.

Frauen werden auch aus betriebsbedingten Gründen leichter gekündigt als Männer: einmal aus juristisch-systemimmanenten Gründen; zum anderen auch deshalb, weil weniger Frauen ihre Rechte kennen; weil sie sich auch dann weniger wehren, wenn sie ungerechtfertigt betroffen werden, weil sie dem psychologischen Druck leichter nachgeben. Frauen werden auch schwerer wieder eingestellt: Sie sind im Durchschnitt erheblich länger arbeitslos, und jedes Arbeitsamt klagt über die besonderen Vermittlungsprobleme arbeitloser (verheirateter) Frauen: Die Zahl und die Struktur der offenen Stellen stimmen nicht mit dem überein, was diese Frauen an familienabhängiger Flexibilität und Qualifikation aufweisen können; die besonderen Arbeitsschutzvorschriften machen ihre Beschäftigung oft teurer oder auch nur organisatorisch unbequemer. All das, was für Frauenerwerbstätigkeit seit Jahrzehnten typisch ist, kehrt sich unter problematischen wirtschaftlichen Bedingungen gegen sie; es mindert nicht nur den Ausbau, sondern schmälert die Aufrechterhaltung erreichter tatsächlicher Positionen.

Daß Frauen unter diesen Voraussetzungen wie etwa zu Bebels Zeiten zum Zwecke der Manipulierung von Arbeitsbedingungen, zur Disziplinierung »männlicher Arbeit«, also als Schmutzkonkurrenz und Lohndrücker eingesetzt werden könnten, ist schwer vorstellbar: Allgemein gestiegener Lebensstandard und das Netz der sozialen Sicherungen machen eine Verdrängung zumindest der verheirateten Frauen in die Familien wahrscheinlicher. Wahrscheinlicher ist auch, daß Frauenarbeit in den nächsten Jahren weiter unter Druck geraten wird: Die Zahl der Arbeitsplätze nimmt durch Strukturwandel und Rationalisierung weiter ab; die aus anderen Gründen richtige stärkere Öffnung der Märkte von Industriestaaten für Produkte aus sich entwickelnden Staaten wird einige Branchen in der Bundesrepublik weiter schrumpfen lassen. Textilindustrie, Schmuck, Lederverarbeitung, elektronische Industrie werden Arbeitskräfte »freisetzen« – Frauen in aller Regel, denn gerade in diesen Branchen ist ihr Anteil überdurchschnittlich groß.
In den nächsten Jahren wird schließlich die Zahl der Arbeitsuchenden insgesamt zunehmen: Geburtenstarke Jahrgänge fordern zu Recht ihre Chance im Berufsleben. Ihr Anspruch auf einen Arbeitsplatz wird in der öffentlichen Meinung zunehmend anerkannt. Auf der Seite der politisch durchsetzbaren Lösungsmöglichkeiten sieht es für Frauen deshalb noch ungünstiger aus: Es ist nicht abzusehen, wie die Neuschaffung von Arbeitsplätzen mit den Anforderungen Schritt halten könnte. Vorschläge schließlich, die durch Arbeitszeitverkürzung die sozialen Lasten dieser Umstrukturierungsprozesse gerechter verteilen und auch die Frauenerwerbstätigkeit absichern könnten, werden bisher meist nur unter »ferner liefen« diskutiert. Die nachdrückliche Verlängerung der ersten Ausbildungszeit mit geeigneten Inhalten, die Einführung eines obligatorischen jährlichen Bildungsurlaubs, der die spezifischen Defizite und Probleme der erwerbstätigen Frauen berücksichtigt und schließlich Arbeitszeitverkürzungen in einem Umfang, der zu einer Neuverteilung der Pflichten aus Beruf und Familie auf beide Partner beitragen könnte, wären für beides geeignet: Sie würden arbeitsmarktpolitische Entzugseffekte bewirken und eine der noch heute bestehenden Hauptursachen der Manipulierbarkeit von Frauenerwerbstätigkeit langfristig abbauen.
Ausdruck der prinzipiellen Schwäche und damit der seit Bebels Zeiten ungelösten Probleme der Frauenerwerbstätigkeit sind die Vorschläge zur Überwindung der Arbeitslosigkeit, die landauf, landab mit häufig großer öffentlicher Zustimmung auch von Sozialdemokraten verbreitet werden: Da werden Leistung, Beruf und Wert der (»Nur«-)Haus-

frau und Mutter gepriesen – völlig zu Recht, aber warum geschieht das jetzt und nicht schon vor zehn Jahren? Da wird ein »Erziehungsgeld« für Mütter vorgeschlagen, die ihre Kinder selbst erziehen. Auch das ist grundsätzlich zu begrüßen; sozialdemokratische Frauen fordern schon lange, die Erziehungsleistung der Eltern anzuerkennen und sie zu verbessern. Die bisher diskutierten Vorschläge sind jedoch so konstruiert, daß tatsächlich ausschließlich Frauen aus dem Erwerbsprozeß ausscheiden; sie werden (und sollen!) unter den gegebenen Umständen nach dem Auslaufen der Subvention einen neuen Arbeitsplatz nicht finden und damit den Anschluß an die Berufswelt verlieren. Da werden mehr Teilzeitarbeitsplätze für Frauen gefordert. Auch gut, denn auch damit kann im Augenblick der einen oder anderen arbeitslosen Frau geholfen werden. Bezahlt wird diese Hilfe freilich mit noch mehr konjunkturell gefährdeten Arbeitsplätzen (außer im Beamtenbereich des öffentlichen Dienstes), mit einer weiteren Verfestigung des tradierten Sozial- und Familienmodells. Bezahlt wird diese Hilfe auch durch die Fortsetzung der Lohnunterschiede, der Aufstiegshemmnisse für Frauen, mit der Manipulierbarkeit der Frauenerwerbstätigkeit insgesamt. Der Grundposition Bebels, dem Sinn seiner Vorschläge entspricht dies nicht.

Bildungschancen, wenig genutzt

Wie sieht es nun im Bereich der Bildungschancen für Frauen und Mädchen aus? Vor hundert Jahren hatte Bebel schon mit nicht zu überbietender Deutlichkeit, sicher nicht unter dem ungeteilten Beifall seiner eigenen Freunde kritisiert, daß Mädchen erstens erheblich weniger ausgebildet, zum anderen einseitig erzogen würden: Bei Jungen achte man auf die Schulung von Verstand, Wissen und Willenskraft; bei Mädchen verzichte man darauf weitestgehend und betreibe die gewünschte Sozialisierung auf die Haus- und Mutterrolle durch die Überbetonung des Gemüthaften, der Seele, des Emotionalen, die sogenannte schöngeistige Bildung oder was man eben darunter verstehe. Hat sich daran etwas geändert – sind Bildungsinhalte und Ziele für Jungen und Mädchen immer noch verschieden? Oder verbessern sich die Chancen der jungen Frauen, ihre Stellung im Beruf, im öffentlichen Leben, in der Familie weiter? In der Tat – bis heute hat sich vieles geändert: Die Argumente vom geistigen Unvermögen des Weibes, das aus seiner geschlechtlichen Beschaffenheit folgte, spielen nicht mehr die Rolle wie in Bebels Tagen. Zwar haben gerade diese Vorurteile ein langes Leben und werden bei Bedarf immer wieder mobilisiert – auch heute. Als Begründung für rechtliche Schranken im Bildungsbereich werden sie indes nicht mehr verwandt; sie mit derselben Akribie nochmals zu erörtern, wie Bebel dies tun mußte, ist daher heute nicht mehr erforderlich. Die Probleme auf dem Gebiet der Frauen- und Mädchenbildung liegen heute nicht mehr in fehlenden Zugangsrechten zu Ausbildungs- und Bildungsstätten. Das verfassungsrechtliche Gleichheitsgebot und das Grundrecht jedes Deutschen, Beruf und Ausbildungsstätte frei zu wählen, sorgen wenigstens dafür, daß Mädchen heute unter den gleichen rechtlichen Bedingungen wie Jungen zum Studium zugelassen werden und ihre Ausbildung in nahezu allen Bereichen anstreben können. Zwar werden Mädchen auch heute noch von der »Lufthansa« nicht zu Verkehrspiloten ausgebildet und von einigen Glaubensgemeinschaften schwerlich als Seelsorger akzeptiert. Das zeigt indes nicht nur die Grenzen auch dieses Fortschritts auf. Es zeigt vielmehr auch, in welchen engbegrenzten Randbereichen die formalen Zulassungsprobleme für Frauen sich heute bewegen. Seit Bebels Zeit hat sich die gesetzliche Schulpflicht für Mädchen und Jungen deutlich verlängert, und ihre Einhaltung wird heute kontrolliert. Schulgeld-, Lehr- und Lernmittelfreiheit, staatliche Ausbildungsbeihilfen, die auch für die oberen Bereiche weiterführender Schulen gezahlt werden, bauen mittlerweile nicht nur soziale Härten ab, sondern vermindern auch mit der finanziellen Situation der Eltern begründete Hindernisse gegen eine qualifiziertere Schulbildung gerade der Mädchen.

Am wenigsten geschieht heute bei den Kindern von ausländischen Arbeitnehmern in der Bundesrepublik: Lebens- und Bildungsbedingungen der Töcher vieler dieser Familien ähneln denn auch am ehesten dem, was beispielsweise Adelheid Popp in ihren Jugenderinnerungen über ihre Jugendjahre so eindringlich beschrieb.

Nun ein paar Zahlen: Obwohl sich, wie die Alters-Aufschlüsselung des Bildungshintergrunds von Frauen heute unschwer ausweist, bei jüngeren Frauen deutliche Änderungen abzeichnen, ist die Gesamtheit der heute lebenden Frauen immer noch deutlich schlechter ausgebildet als die der Männer. Bei mehr als 50 Prozent der Frauen, aber nur bei 22,9 Prozent der Männer endete die Ausbildungszeit mit dem Ende der Pflichtschulzeit. Auch bei den heute erwerbstätigen Frauen sind die Verhältnisse vergleichbar: Nur 45 Prozent dieser Frauen können überhaupt eine abgeschlossene schulische oder berufliche Ausbildung nachweisen – bei den erwerbstätigen Männern liegt die entsprechende Marke immerhin bei 75 Prozent. Was gerade diese geringe Erstausbildung für die Fähigkeit und Bereitschaft der Frauen zu Fortbildung und lebenslangem Lernen bedeutet, ist mittlerweile kaum mehr streitig: Die häufig als zu gering beklagte Umschulungsfreudigkeit, Fortbildungsfähigkeit und Weiterbildungsmotivation der erwerbstätigen und arbeitslosen Frauen haben außer in objektiven, in den Familienpflichten begründeten Hindernissen in diesen Faktoren ihre Ursache. Ein Beispiel für die Veränderungen, die sich mit dem Nachwachsen jüngerer Frauen in den Erwerbsprozeß vollzogen haben: Von den heute 25- bis 34jährigen Arbeiterinnen haben schon nahezu drei Fünftel, bei den um zehn Jahre älteren nur knapp zwei Fünftel eine Lehre oder Anlernzeit durchlaufen.

Am deutlichsten zeigen sich die positiven Veränderungen der vergangenen Jahre im allgemeinbildenden Schulwesen: Noch 1965/66 gingen mehr als drei Viertel aller weiblichen Schulabgänger aus den Hauptschulen, nur 16 Prozent aus mittleren Bildungsstufen (also den Realschulen, den zehnten Klassen der Gymnasien und vergleichbaren Stufen) ab, machten nur sechs Prozent Abitur. Am Ende des Schuljahres 1974/75 war der Anteil der Hauptschulabsolventen auf 57 Prozent gefallen, die Zahl der Abgänger aus mittleren Bildungsstufen hatte sich nahezu verdoppelt. Bei den Abiturienten haben die Mädchen die Jungen nahezu eingeholt: 31,2 Prozent der Mädchen, 34,6 Prozent der Jungen eines Jahrgangs machten Abitur.

Nicht so günstig sieht es im beruflichen Schulwesen aus: Von den Schulabgängern mit Hoch- und Fachschulreife waren 1974 erst 23,5 Prozent Mädchen; ihr Anteil an den Abiturienten lag damals schon bei 45 Prozent. Mit sinkender Qualifikationsstufe nimmt der Anteil der Mädchen zu. Die Zahl der Studenten an wissenschaftlichen und pädagogischen Hochschulen hat sich in den vergangenen beiden Jahrzehnten mehr als verdreifacht, die der weiblichen Studierenden mehr als verfünffacht. Seit dem Anfang der siebziger Jahre hat sich ihre Zahl nochmals verdoppelt (Wintersemester 1975/76: 36,2 Prozent). Diese positiven Veränderungen könnten sich allerdings wieder rückläufig entwickeln durch die Auswirkungen des Numerus clausus und durch Einstellungsstops in Berufen, die vorwiegend von Mädchen angestrebt werden. Auch die nostalgisch verbrämte, in Wirklichkeit reaktionär gegen Emanzipation allgemein gerichtete Großoffensive auf ideologischem Gebiet, die mit wirtschaftlichen Schwierigkeiten einhergeht, könnte den oben dargestellten Aufwärtstrend wieder stoppen. Zu vermuten ist das: Die abnehmende Zahl weiblicher Studienanfänger seit 1975 läßt bedrückende Befürchtungen aufkommen.

Der Bildungs- und Qualifikationsvorsprung der Jungen im Bereich der betrieblichen Berufsbildung ist nach wie vor erheblich. Zwar hat sich auch hier einiges verbessert: 1950 stellten die Mädchen erst ein Viertel aller Lehr- und Anlernlinge. 1976 war immerhin mehr als jeder dritte Ausbildungsplatz mit einem Mädchen besetzt (36,1 Prozent). Gemessen am Anteil, den Mädchen an jedem Geburtsjahrgang stellen, ist auch dies noch viel zu wenig. Bedenklich stimmt überdies, daß sich der Anteil der Mädchen im betrieblichen Berufsbildungsbereich seit dem Beginn der siebziger Jahre nicht mehr erhöht hat und daß er erheblichen politisch-weltanschaulichen und regionalen Schwankungen unterliegt. Es ist zu befürchten, daß hier die größten Schwachstellen für neue Benachteiligungen von Frauen in der Zukunft liegen: Lehrstellenknappheit und steigende Nachfrage durch männliche Jugendliche lassen heute schon Mädchen zunehmend leer ausgehen, auf Hilfslösungen ausweichen, in berufliche Sackgassen umsteigen.

Bereits jetzt suchen Mädchen länger nach Lehrstellen – dies selbst dann, wenn ihr formaler Schulabschluß qualifizierter, ihre Zeugnisse besser sind, als die der männlichen Mitbewerber. Da die Probleme auf dem beruflichen Ausbildungssektor in den kommenden Jahren mit unverminderter Heftigkeit andauern werden, muß es eine der Hauptaufgaben der politisch Verantwortlichen sein, nicht nur die Verdrängung weiblicher Ausbildungswilliger aufzuhalten, sondern ihre Zahl zu erhöhen, sie in zukunftssichere qualifizierte Ausbildungsplätze zu bringen. Vereinzelte Sonderprogramme und Versuche – die in der letzten Zeit bei wenigen weitblickenden Landesarbeitsämtern bei einigen fortschrittlichen Regierungen mit einer kleinen Zahl von begünstigten Mädchen anlaufen – reichen dazu nicht aus: Sonderprogramme großen Umfangs, materielle Anreize für Mädchen und Arbeitgeber, der Ausbau an Beratungsmöglichkeiten für die betroffenen Mädchen, für deren Eltern und die potentiellen Arbeitgeber, sowie – zur Not – auch eine geschlechtsspezifische Quotierung der nach dem Arbeitsförderungsgesetz möglichen Hilfen sind erforderlich; dies um so mehr, als die überkommenen Vorstellungen auf dem Gebiet der Bildungsinhalte und -ziele ein besonders zähes Leben zu besitzen scheinen.

Folgt man den Ergebnissen einer Studie, die 1977 vom Max-Planck-Institut für Bildungsforschung vorgelegt wurde, dann hat sich in den Bereichen der familiären Sozialisation und der schulischen Ausbildung von Mädchen nicht allzuviel bewegt; denn die Sozialisation der Mädchen in den Familien orientiert sich weiter – zwar schichtenspezifisch verschieden stark, aber immer noch eindeutig – an den tradierten

Rollenzuweisungen für Männer und Frauen nach dem bürgerlichen Sozial- und Familienmodell: Mädchen werden von ihren Eltern weniger schulisch gefördert, mehr zu Hausarbeiten herangezogen, weniger zur Unabhängigkeit und Selbständigkeit erzogen; es wird eher auf eine Heirat, auf Familiengründung als auf eine kontinuierliche Erwerbstätigkeit gesetzt. Die schulische Ausbildung scheint nur in geringem Maße – zudem in Abhängigkeit von der politisch-ideologischen Ausrichtung des jeweiligen Bundeslandes – ausgleichend wirken zu wollen oder zu können. Trotz Koedukation, trotz Handarbeitsunterricht auch für die Jungen gibt es immer noch spezifische Unterschiede in Stoff-, Stundenverteilungsplänen und Bildungszielen: Alle fördern die überkommene Ausrichtung der Frau auf Haus, Familie, auf Gemütswerte und Opferbereitschaft – bei aller gleichzeitigen Propagierung moderner partnerschaftlicher Elemente des Verhaltens. Das Ergebnis der vorhergehenden Sozialisation in den Familien, also die geringer ausgeprägte berufliche Zielorientierung und damit die geschlechterspezifisch verschiedene vorentschiedene Zuweisung der Berufspositionen wird eher verstärkt als ausgeglichen – insoweit eine unbefriedigende Bilanz: Trotz der Beschränkung der Übersicht dieser Studie auf Unterrichtsmaterial vom Ende der sechziger Jahre ist nicht unwahrscheinlich, daß sie auch für heute noch zutrifft, wenn man die »weiblichkeits-«orientierten Berufswünsche im Bereich der betrieblichen Berufsbildung, die Vorstellungen über das eigene zukünftige Erwerbsverhalten der jungen Mädchen oder auch die einseitige Konzentration von Mädchen auf bestimmte Fächer in Berufsfachschulen, Fachhochschulen und Universitäten berücksichtigt: Auch hier treten traditionell als »weiblich« angesehene, im Zusammenhang mit ausgelagerten Familienfunktionen stehende Erziehungs-, Heil- und fürsorgerische Fachrichtungen in den Vordergrund. Rund zwei Drittel der Studentinnen verteilen sich auf nur acht von über 70 möglichen Studienfachrichtungen: auf Sprach- und Kulturwissenschaften, Ernährungswissenschaften, kunstwissenschaftliche Fächer, auf Pharmazie und Medizin. Natur- und Ingenieurwissenschaften studieren Frauen immer noch kaum; ebensowenig Fachrichtungen, die nach gängiger Auffassung geeignet sind, »Herrschaftswissen« für Führungspositionen in Staat, Verbänden und Wirtschaft zu vermitteln, wie zum Beispiel Rechts- und Staatswissenschaften.

Vorschläge, die in Fortführung der Bebelschen Forderungen Bildungsinhalte und Sozialisation ändern wollen, gibt es – gerade von Sozialdemokraten – genug. Ihre Umsetzung scheint jedoch in den vergangenen Jahren ins Stocken geraten zu sein. Auch unter günstigen

Voraussetzungen und mit dem Schwung neuer Anläufe im Rücken lassen sich Verhaltens- und Einstellungsänderungen jedoch erst allmählich erzielen. Was das für die Chancen der Frauen bedeutet, ist klar: Die rechtliche Gleichstellung mag in naher Zukunft wahrscheinlich sein – unter den gegebenen gesellschaftspolitischen Bedingungen werden die soziale Gleichstellung oder gar die soziale Unabhängigkeit der Frauen weit länger auf sich warten lassen.

Luise Rinser

»Ein Mädchen ist doch nichts Ernsthaftes«

Frauengestalten in der Literatur der vergangenen hundert Jahre

Vorbemerkung: Das Thema »Darstellung der Frau in der Kunst und Kultur der letzten hundert Jahre« in einem Aufsatz von zwanzig Seiten zu behandeln, ist schlechterdings unmöglich. Ich beschränkte mich auf die Literatur und in ihr auf einige Dichtwerke, die mir, im strengen soziologischen Sinne, signifikant scheinen. Natürlich hätte ich auch andere Werke auswählen können. Ich habe deren viele gelesen und wiedergelesen. Aber ein anderes Bild als das von mir gezeichnete ergäbe auch eine andere Auswahl nicht, meine ich. Die Fülle der wirklich zeitgenössischen, also in den siebziger Jahren erschienenen belletristischen Bücher in Europa und Amerika (USA) zum Thema Emanzipation der Frau zu betrachten, wäre eine umfangreiche Arbeit für sich. Ich meine aber, daß wir die wirklich zutreffende Darstellung noch nicht in der Literatur finden, sondern in Sachbüchern wie »Sexismus« von Marielouise Janssen-Jurreit und Reporten, etwa in Alice Schwarzers »Der kleine Unterschied« oder in Laure Wyss' »14 Protokolle«.

Das Weib – Heilige oder Hure

Noch vor Mitte des vorigen Jahrhunderts schrieb ein französischer Autor George Sand (Deckname für eine Frau, die nicht wagen konnte, ihre allzu modernen Ansichten über die Frau zu äußern, und die den Ich-Erzähler einen Mann sein läßt) bemerkenswerte Sätze, die als Entwürfe zu Thesen über die Emanzipation von Frau und Mann gelten können und zugleich den Zusammenhang zwischen Sozialismus und Frauen-Emanzipation andeuten (ein halbes Jahrhundert vor Bebel): »Ich würde zu Gott sagen: Du bist der Allgerechte, der Allgütige, du kannst nicht wollen, daß der Sklave dem Herrn, der Arme dem Reichen, die Frau dem Manne dienstbar sei . . . Der Arme hat ebensowenig wie die Frau das Gefühl der Gleichheit erhalten. Zwischen den beiden Wesen gibt es tiefe Verwandtschaften. Die Frau ist arm unter der Herrschaft der Gütergemeinschaft, deren Haupt der Mann ist. Der Arme ist Frau, weil seinem Geist wie dem der Frau die Entwicklung durch Unterricht versagt ist und nur das Herz in ihm lebt . . . Die Rolle der Frau aus dem Volk, aus der Masse, findet in der Geschichte keine genügende Behandlung.«

Diese Sätze sind entnommen dem Roman »Isidora«, deren Heldinnen zwei Frauen sind: eine tugendhafte aristokratische Witwe und eine Maitresse, eine Ausgehaltene. Beide lieben denselben Mann, der wiederum beide liebt. Beide Frauen verzichten und werden Freundinnen, ungeachtet der so verschiedenen Herkunft. Sie erfahren sich als Nicht-mehr-Rivalinnen und als gleichwertige Menschen. Die Autorin schreibt: »Die Erziehung könnte herbeiführen, daß die Fähigkeiten beider Geschlechter völlig verändert würden.«

Man könnte annehmen, daß solche Ansichten die Darstellung der Frau in nachfolgenden Zeiten beeinflussen würden. Tatsächlich aber gingen die Mißverständnisse weiter, die alten Schablonen wurden nachgezeichnet, wenn auch variiert. George Sand hatte geschrieben: »Die Schriftsteller und Metaphysiker haben das Weib immer entweder zu hoch oder zu niedrig gestellt.«

Das bleibt hundert Jahre noch so. Die Frau wird dargestellt entweder als Madonna oder als büßende Magdalena, als Heilige oder Hure, als Hexe oder als gehorsame Hausfrau, treu und rein neben dem ausschweifenden freien Mann, immer also als Ganz-Andere, die Über- oder Untermenschliche. Und wer ist es, der sie so darstellt? Es gibt in jener Zeit fast nur männliche Schriftsteller, und sie gehören alle der Aristokratie oder der Bourgeoisie an und leben mit tradierten bürgerlichen Denkmodellen. Wir erfahren also nicht, wie die Frau ist, sondern wie der Mann sie sieht: als die femme fatale, die Verführerin, die Zerstörerin männlicher Karrieren (besonders in der Duellzeit), als die Mutter (verehrt, abgöttisch geliebt, gefürchtet, bekämpft, jedenfalls ambivalent erfahren), oder, wie bei Claudel, als »Gefahr, die Gott eingeführt hat mitten in seinen wundervollen Bau«, als Stachel dem trägen Mann; als Verkörperung des Ewig-Weiblichen (Gertrud von Le Fort), und, moderne Sicht, als spirituelle, verzichtende, heiligmäßige Gefährtin des homosexuellen Mannes (André Gide). Die Frau von heute erkennt sich kaum noch in all diesen Darstellungen.

Aber wie hat sie selbst sich dargestellt? Es gibt doch einige schreibende Frauen in den Jahren zwischen 1850 und heute. Die verkannte Marlitt, zum Beispiel, versuchte nicht nur die soziale Kritik an der Aristokratie, sondern stellte auch fast schon »emanzipierte« Frauen dar. Wie ist es mit der großen Virginia Woolf? So revolutionär im Literarischen, im Romanstil, so zaghaft noch in der Kritik am überkommenen Frauenbild. Frau Dalloway (im gleichnamigen Roman) ist typisch für die englische Frau der konservativ-bürgerlichen Gesellschaft. Es ist 1925, als Virginia Woolf ihre Frau Dalloway sagen läßt: »Ich habe fünf Söhne ... Lieber Gott, welche Verwandlung ist über mich gekommen: Die Sanftheit der Mutterschaft, auch deren Egoismus ...« Der Roman ist die Schilderung eines Tages im Leben dieser typischen Frau, die ein kleines Fest vorbereitet und dann, erschöpft, miterlebt. Hundert Mühseligkeiten: überlegen, wen man einlädt, was man zu essen, was man zu trinken gibt; dann das Einkaufen, Bestellen, Arrangieren, Kombinieren, Raum-Schmücken, Sich-selber-schön-Machen ... Bei Beginn des Festes »fühlt sie sich schier als die Urheberin einer kultischen Feier«. Aber: »Wenn sie diese Triumphe (eines gelungenen Festes) auch liebte, fühlte sie doch ihre Leere, ihren falschen Schein.« Was von all den Anstrengungen und auch den Befriedigungen bleibt – es ist nichts. Virginia Woolf ist nicht Frau Dalloway; aber sie leidet an den Zwängen innerhalb der Gesellschaft, denen auch sie unterworfen ist. Sie fühlt sich nicht gut in der Rolle der »weiblichen« Frau. Darum schreibt sie, 1927, also nach »Mrs. Dalloway« ihren Roman »Orlando«: die Geschichte der Verwandlung eines Mannes in eine Frau, nicht auf chirurgischem oder hormontherapeutischem Weg, sondern durch eine Art Magie. Ein witzig-brillantes Buch, aber weit mehr als das: eine Auseinandersetzung mit dem überkommenen Bild der Frau.

Die wahre Heldin des Romans ist V. Woolf's lesbische Freundin, die Schriftstellerin Victoria Sackville-West. V. Woolf läßt sie auftreten als Mann im 15. Jahrhundert und läßt sie leben bis in die Gegenwart. Zur Frau geworden, erinnert sich der ehemalige Held Orlando, wie er »als junger Mann beharrlich gefordert hatte, Damen sollten folgsam, keusch, parfümiert und exquisit herausgeputzt sein. Nun muß ich in eigener Person büßen für diese Forderungen. Denn Weiber sind von Natur aus weder folgsam noch keusch, weder parfümiert noch exquisit herausgeputzt. Sie können diese Reize, ohne welche sie sich keiner Genüsse des Lebens erfreuen dürfen, nur durch die ödeste Selbstzucht erwerben ... Mir als Frau wird nie mehr erlaubt sein, einem Mann eins über den Kopf zu geben, im Haus der Lords (im Parlament) zu sitzen, ... ein Heer anzuführen oder zweiundsiebzig verschiedene Medaillen auf der Brust zu tragen. Ich werde nichts mehr tun als Tee einschenken und meine Herren und Gebieter fragen, wie sie ihn gern trinken ...« Sie war entsetzt »zu gewahren, was für eine niedere Meinung sie sich über das männliche Geschlecht bildete, zu dem zu gehören sie einst so stolz war: . . . sich ausstaffieren, auf den Straßen paradieren, damit einen die Weiber bewundern, eine Frau nichts lernen lassen, damit sie einen nicht auslacht. Himmel, was für Narren sind wir!« Am Schluß der Überlegung aber sagt Orlando, zur Frau geworden, es sei doch besser, mit Armut und Unwissenheit, diesen »dunkeln Gewändern des weiblichen Geschlechts, bekleidet zu sein und das Herrschen und Züchtigen, den kriegerischen Ehrgeiz und alle männlichen Begierden dem Mann zu überlassen, um, als Frau, die höchsten den Menschen bekannten Wonnen zu genießen: Stille Betrachtung, Einsamkeit, Liebe . . Gott sei Dank, daß ich ein Weib bin.«

Diese Konklusion steht erst dann im rechten, nämlich im dubiosen Licht, wenn man weiß, daß Virginia Woolf 1941 Selbstmord beging. Sie ertrug das Leben weder als Mann noch als Frau. Sie wählte den Tod im Wasser, im eigentlichen archetypisch weiblichen Element.

Wie eine Frau, die alle Voraussetzungen mitbrachte, um sich als emanzipierte Person frei zu entfalten, in der Bürgerlichkeit verblieb, zeigen die »Ungeschriebenen Memoiren« von Katia Mann, der Witwe Thomas Manns. Sie schrieb oder diktierte das Buch 1970. Sie ist nicht nur die Frau eines großen bürgerlichen Schriftstellers, sondern die Enkelin einer großen Frauenrechtlerin, Hedwig Dohm. Über diese bedeutende Großmutter sagt Katia Mann: »Sie schrieb Romane, die heute wahrscheinlich nicht sehr aktuell wären. Sie war eine sehr putzige Frau.« Das ist alles. Katia Mann genoß die Rechte, die jene Frauenrechtlerinnen erkämpft hatten: Sie konnte studieren, zum Beispiel, sogar Mathematik und Physik, wenigstens einige Semester tat sie es auch; dann heiratete sie, das »mehr aus töchterlicher Anhänglichkeit« (an den Physikervater) gewählte Studium leichten Herzens an den Nagel hängend. Als sie das erste Kind bekam, Erika, war sie »sehr verärgert.« – »Ich war immer verärgert, wenn ich ein Mädchen bekam, ich weiß nicht, warum.« (Sie hatte drei Söhne und drei Töchter). Wir wissen wohl, warum sie verärgert war: ihr Mann hatte auf ihre Frage, was er sich wünsche, Bub oder Mädchen, geantwortet: »Natürlich einen Jungen. Ein Mädchen ist doch nichts Ernsthaftes.« Katia Mann, obwohl eine sehr starke Persönlichkeit, blieb tief in den Vorstellungen einer patriarchalischen Welt gefangen. Sie ging völlig auf in ihrem Ehemann, denn, so sagt sie, »das ziemte sich so.« Sie tolerierte darum auch alle bisexuellen Eskapaden ihres Mannes, ohne sich selbst die entsprechende Freiheit herauszunehmen. Solche Selbstdarstellungen der bürgerlichen Frau zeigen, daß Weininger so unrecht nicht hat, wenn er schrieb: »Die Frau ist der stärkste Feind der Frauen-Emanzipation.«

Ich selbst habe auch einen Roman geschrieben, der zur Hauptperson eine Frau, Nina, hat, die mit aller Kraft sich aus den Fesseln bürgerlicher Tabus befreit. Sie erkämpft sich das Studium, sie befreit sich von der zähen Herrschaft der Eltern, sie übersteigt die bürgerliche Gesellschaftsmoral, sie geht nach der Scheidung ganz allein ihren Weg, sie riskiert unter dem Hitlerregime Beruf und Leben; sie ist, alles in allem, im Gegensatz zu ihrer Schwester, eine emanzipierte Frau, die sich selbst findet. Ich erwähne das Buch deshalb, weil es, 1949 geschrieben, heute von der dritten Generation Mädchen in vielen Ländern gelesen wird: Es ist immer noch aktuell, weil Frauen wie Nina immer noch in der Minderheit und Frauen wie ihre bürgerliche Schwester immer noch in der Mehrheit sind. Die Mehrheit lebt wie die Frauen eh und je lebten: so, wie der Mann sie will, weil sie ihm so, wie er sie sehen will, bequem ist. Nina-Typen sind ihm unbequem. Er fürchtet sie, auch wenn sie ihn faszinieren.

Da wir immer einen engen Zusammenhang von Sozialismus und Frauen-Emanzipation behaupten, müssen wir auch die Selbstdarstellung einer Frau aus der DDR, die in ihren Intentionen sozialistisch ist, ansehen: Christa Wolfs »Der geteilte Himmel.« Die Heldin, Rita Seidel, ist Studentin und arbeitet auch im Büro einer Fabrik. Sie kennt also die beiden Sphären des gesellschaftlichen Lebens, die der Intellektuellen und die der Fabrikarbeiter. Beide Welten sind, wie in allen sozialistischen Ostblock-Staaten, weit weniger getrennt als im Westen. Man kennt sich, das ist gut. Christa Wolf kennt ihr Land und seine Gesellschaft. Aber worin unterscheidet sie sich als Frau von der Frau des Westens? Wir erleben sie nicht als Ehefrau, sondern als liebendes Mädchen. Die DDR-Ehefrau ist dargestellt in der Mutter von Ritas Freund. Diese Mutter ist der Typ der bürgerlichen Frau, unberührt von der Veränderung des Bewußtseins in der DDR-Gesellschaft. Ein Relikt also aus dem Bürgertum, kann man sagen. Aber die junge Rita, inwiefern ist sie anders als ein West-Mädchen? Sie liebt, wie jedes Mädchen liebt. Ihr Sonderproblem ist politischer Natur: Der Freund setzt sich ab in den Westen, sie bleibt im Osten. Mir scheint, die Geschichte könnte spiegelverkehrt auch im Westen spielen. Ritas Freund sagt: »Denkst du denn, ich wäre nicht auch mal voller Hoffnung gewesen? Ich hätte nicht auch mal gedacht, mit der Wurzel des Übels würde man das Übel selbst aus der Welt ausreißen? Aber es hat tausend Wurzeln. Es ist nicht auszurotten ... Der Mensch ist nicht dazu gemacht, Sozialist zu sein. Zwingt man ihn dazu, macht er groteske Verrenkungen, bis er wieder da ist, wo er hingehört: an der fettesten Krippe ... Sozialismus ist wie geschaffen für die östlichen Völker ... Für uns führt kein Weg dorthin zurück. Was ihr braucht, sind ungebrochene Helden. Was ihr hier findet, sind gebrochene Generationen. Ein tragischer Widerspruch ...«

Von Rita sagt die Autorin: »Sie erwartete Außerordentliches, außerordentliche Freuden und Leiden, Geschehnisse und Erkenntnisse. Das ganze Land ist in Unruhe und Aufbruchstimmung (das fiel ihr nicht auf, sie kannte es nicht anders); aber wer blieb ihr, der ihr half, einen winzigen Teil des großen Stromes in ihr eigenes kleines, wichtiges Leben abzuleiten?« Der ihr hätte helfen können, der verließ sie, um im Westen Karriere zu machen. Rita sieht sich schon als junger Mensch gescheitert: »Wie dumm, zu glauben, der nackte Eigennutz in den Gesichtern könnte sich eines Tages in Einsicht und Güte verwandeln.«

Sätze, von einer jungen Dichterin in der DDR geschrieben. Kernsätze. Sie könnten genausogut und in gleicher Weise im Westen geschrieben sein.

Wie weit man dieses Buch als typisch für die sozialistische Welt nehmen darf, ist fraglich. Aber, bei meiner genauen Kenntnis mehrerer Frauen der DDR, Polens, der ČSSR und der Sowjetunion, möchte ich wagen zu sagen, daß nach einem enormen Aufschwung hinsichtlich der Aufwertung der Frauen nach der Revolution heute ein Stillstand, wenn nicht ein Rückschritt zu verzeichnen ist. Auch die sozialistischen Staaten des Ostblocks sind wesentlich patriarchalisch. An der Spitze des Politbüros stehen Männer. Frauen werden von Männern an Stellen eingesetzt, wo Männer sie eben brauchen können.

Es gibt eine große Zahl von Werken männlicher Autoren, die dem nicht scharf nachdenkenden Leser als Verteidigung der vom Mann verführten Frau erscheinen. Die Grundfigur solcher Romane und Stücke ist diese: Ein Mädchen, meist Waise oder jedenfalls arm und darum wehrlos, wird mit einem Manne verheiratet, der ihr eine Lebenssicherung gibt. Sie wird ver- und angekauft und hat, als gekaufte Ware, der Vorstellung des Käufers zu entsprechen. Eines Tages aber tritt »der Eigentliche« in ihr Leben, der Starke, der sie erweckt und zum Ehebruch verführt. Sie fällt, wird von der Gesellschaft verfemt, vom Verführer verlassen, verkommt im Elend, wird Hure oder begeht Selbstmord. Ich wähle aus dieser Art Darstellung der Frau ein bekanntes und ein ziemlich unbekanntes Buch. Das ziemlich unbekannte ist »Thérèse Raquin« von Zola, das bekannte »Anna Karenina« von Tolstoi.

Thérèse, uneheliches Kind, von der Tante großgezogen zusammen mit deren Sohn, wird mit diesem, der kränklich ist, verheiratet, als wäre es das Selbstverständlichste. Thérèse lebt stumpf ergeben in der Ehe, bis der Starke kommt, sie erweckt und zu einem Gattenmord verführt, der schließlich beide in den Selbstmord treibt. Thérèses Ausbruch aus der Ehe ist nur scheinbar Befreiung. Tatsächlich ist er der Sturz aus einer Sklaverei in die andere. Zola schreibt im Vorwort zur zweiten Auflage, das Buch sei von den Lesern mit Abscheu aufgenommen worden: Abscheu vor dem Autor, der wagte, derlei zu schreiben, das heißt schlimme allgemeine Zustände aufzudecken. Es war das Buch eines jungen Autors, der weder Thérèse noch den Verführer verurteilte, sondern die Ursache des Unheils, nämlich die Verlogenheit der Gesellschaft.

Über Tolstois »Anna Karenina« erfahren wir aus einem seiner Briefe, daß er zunächst nichts anderes beabsichtigte, als die Geschichte einer untreuen Ehefrau zu schreiben. Unter der Hand sei ihm daraus ein Bild der russischen Gesellschaft geworden. Der Grundfigur der Ehebruchsromane entsprechend, ist Anna eine Waise und wird sehr jung verheiratet an einen älteren Mann, der ein trocken korrekter Beamter ist und in nichts den Sehnsüchten einer gescheiten, leidenschaftlichen Frau entspricht. Dennoch lebt sie zunächst mit ihm und hat einen Sohn von ihm. Dann aber kommt der Richtige, der Gefährte. Anna bricht mit ihm die Ehe, aber nicht alle Fesseln, mit denen sie an der Gesellschaft hängt, selbst als Verfemte, ja gerade als Verfemte. Aus der legalen Ehe stürzt sie in die viel radikalere Bindung an den Geliebten. Für diesen wird ihre Liebe schließlich zur Last. Weil Annas Mann die Scheidung verweigert (die Anna auch nicht ernsthaft verlangt, weil sie fürchtet, das Kind ganz zu verlieren), kann die illegale Liebe nicht legalisiert werden. Die Lage des so aneinandergeketteten Liebespaares wird unterträglich. Anna macht ein Ende: Sie wirft sich unter den D-Zug. Der Geliebte zieht in den Krieg in der festen Absicht, lebend nicht wiederzukehren. Der Sieger ist Annas Ehemann. Er behält den eigenen Sohn, nimmt Annas Kind aus der Liaison als eigenes Kind an und steht vor der Gesellschaft als ein bewundernswerter Ehemann da. Die Alleinschuldige ist Anna.

Tolstoi war zwar ein Moralist, aber auch ein mitleidender Christ: Er enthält sich der Verurteilung wessen auch immer. Aber er läßt uns keinen Zweifel daran, daß seine Achtung einem anderen Paar im Roman gehört: Kitty und Lewin. Dieser Lewin ist zunächst ein Großgrundbesitzer wie viele andere, aber er hat soziale Ideen. In ihm stellt Tolstoi in etwa sich selber dar. Lewin hat einen Blick für alle Unterdrückten, also auch für die Frau. Vor der Heirat wagt er nicht zu denken, daß er eine Frau wie Kitty (eine übrigens alltägliche Frau) verdiene. In der Ehe behandelt er sie gut, er ist ihr treu, er liebt sie. Die Ehe ist ein Modell. Zwischen dieser Ehe und der Ehe der Karenins steht die von Dolly und Oblonski: Auch sie ist »glücklich«, weil Dolly treu und lieb ist und ihrem Mann alle Freiheit läßt für seine Ehebrüche. Kurzum: eine normale bürgerliche Ehe.

Tolstoi stellt eine aristokratisch-bürgerliche Gesellschaft dar, in der die Frau überhaupt keine Rechte hat. Er ist weit entfernt davon, sie ihr zuzubilligen oder sie zu erkämpfen. Aber unter der Hand wachsen ihm die Frauen über seine eigenen theoretischen Ansichten hinaus. Die Frauen sind schöner, stärker, klüger als die Männer. Und wenn sie »fallen«, so fallen sie großartig, und ihr Ende ist keine Strafe für die Sünderin, sondern tragisch: die Frau als Opfer des Mannes in der bürgerlichen Gesellschaft, in der es der Frau unmöglich ist, ihrem eigenen Größenmaß entsprechend zu leben. Obgleich Tolstoi ganz patriarchalisch denkt, begreift er die geschichtliche Notwendigkeit der Befreiung von Leibeigenen. Der nächste Schritt müßte die Erkenntnis von der Notwendigkeit der Befreiung der Frau sein. Solche Erkenntnisse reifen langsam.

Wer heute ganz unbefangen auf den Inhalt hin diesen Roman liest, fragt sich, ob denn diese gescheite, starke Anna sich nicht hätte retten können, wenn sie sich eine Arbeit gesucht hätte, statt inmitten von viel Geld und Dienerschaft rein nichts zu tun als den Mann zu lieben und mit ihm zu streiten. Eine naive Frage, dennoch berechtigt, da Anna im Roman selbst den Anlauf dazu macht, etwas zu tun: Sie interessiert sich für die Arbeit ihres Geliebten, der ein Krankenhaus bauen läßt für die Bauern. Anna gibt ihm dabei Ratschläge, und man merkt, daß sie durchaus fähig wäre, eine soziale Arbeit zu leisten. Aber sie lebt und stirbt zu früh.

Tolstoi schrieb »Anna Karenina« 1878 – im selben Jahr, als Bebels Buch über »Die Frau und der Sozialismus« entstand. Und zur gleichen Zeit schrieb Ibsen sein Stück »Nora oder ein Puppenheim«. Hier zeigt sich eine Lösung an.

Nora zerbricht nicht an der Ehe, sie versucht die Emanzipation. »Nora« ist kein individuelles Ehebruchs-Drama, sondern ein rein gesellschaftskritisches Stück. Der Konflikt entzündet sich innerhalb der Ehe an der Institution Ehe selbst. Nora ist scheinbar glücklich verheiratet, sie hat drei Kinder, ihr Mann trägt sie auf den Händen, und sie spielt jene Rolle, in der ihr Mann sie zu sehen wünscht: die der entzükkenden, immer heiteren, verspielten Haus- und Bettfrau. Damit sie den goldenen Käfig verlassen kann, bedarf es einer Katastrophe. Sie ist latent immer schon da: Nora hat einmal, um ihren damals armen kranken Mann einen Sanatoriums-Aufenthalt zu erkaufen, Geld geborgt und eine Unterschrift gefälscht. Damit gab sie sich in die Hände eines Mitwissers, der sie zu erpressen droht. Schließlich gesteht sie selbst ihrem Mann, was sie getan hat. Statt ihr zu helfen, stößt er sie von sich. Warum eigentlich? Weil er, der Ehemann, es nicht erträgt, der Mann einer »Verbrecherin« zu sein. Gut. Aber was er in Wirklichkeit und Wahrheit nicht erträgt, ist, daß die Sache ruchbar und öffentlich werden könnte. Nora fragt zu Recht, wie viele Frauen ausharren an der Seite von Männern, die ihre Ehre verloren. Als dann der rettende Bote mit dem zerissenen Scheck kommt, großmütig zurückgegeben vom potentiellen Erpresser, ruft Noras Mann aus: »Nora, ich bin gerettet!« – »Und ich?« fragt Nora. Er versteht nicht. Sie hat ihn durchschaut: Er liebt nicht seine Frau, sondern ein Spielzeug, das wegzuwerfen er bereit war. Nun ist es Nora, die ihn verläßt. »Als alle Gefahr vorbei war, . . . war ich wieder deine kleine Lerche, die Puppe, die du fortan doppelt vorsichtig auf Händen tragen wolltest, weil sie so schwach und zerbrechlich wäre . . . In diesem Augenblick kam ich zu der Erkenntnis, daß ich acht Jahre mit einem fremden Mann gelebt hatte . . .« Ihr Mann sagt: »Zwischen uns ist ein Abgrund aufgetan. Nora, sollte er sich nicht überbrücken lassen?« Nora: »So wie ich jetzt bin, bin ich keine Frau für dich.« Er: »Ich habe die Kraft, ein anderer zu werden.« Nora: »Vielleicht, wenn dir die Puppe genommen wird.« Nora geht. Sie will noch nicht die Scheidung. Sie versucht, allein und ohne die Kinder sich selbst zu finden. Sie lehnt jede auch finanzielle Hilfe des Mannes ab.

Was wird sie tun? Wir können es ahnen. Sie sucht sich eine Arbeit. Ibsen nimmt mit diesem Stück sehr viel voraus: die Erkenntnis, daß die Emanzipation der Frau die Vorbedingung ist für jene des Mannes, nicht umgekehrt. Wer fortan den rechten Ton angeben wird, ist die gewandelte Frau.

Wer klagt den Verführer an?

Ein anderes großes Thema, von männlichen Autoren oft benutzt, ist das der unehelichen Mutter, das Faust-Gretchen-Thema. Hierbei wirft sich der Mann fast immer als der große Bemitleider auf und auch als Ankläger des Mannes. Ein bemerkenswertes Phänomen, das einer genauen Analyse wert wäre. Drückt sich hier ein kollektives Schuldgefühl der Männer aus? Oder werden individuelle Erfahrungen verarbeitet? Beichten sich da Männer rein in ihren Gesängen von Gretchen im Kerker? Als etwa 1960 die französische katholische Publizistin Marcelle Auclair eine große Umfrage zum Thema Abtreibung machte, stellte sich heraus, daß es meist nicht die schwangere Frau ist, die von sich aus die Abtreibung will, sondern der Mann, der Ehemann, der Geliebte. Das Kind ist dem Manne unbequem, die Frau oder das Mädchen stimmt ihm zuliebe der Abtreibung zu. »Alles, was mich dazu trieb, Gott, war so gut, war so lieb«, sagt Gretchen im Faust. Später ertränkt sie ihr Kind. Warum? Faust kümmert sich nicht mehr um sie. Erst als sie im Gefängnis ist, die Kindsmörderin, versucht er, sie zu retten. Da will sie die Rettung durch ihn nicht mehr.

Das Thema Abtreibung ist auch für die emanzipierte Frau von heute ein schweres Problem. Die italienische Star-Journalistin Oriana Fallaci schrieb darüber ein Buch: »Brief an ein ungeborenes Kind.« Sie widmet das Buch »allen Frauen, die sich dem Dilemma stellen, Leben zu geben oder zu verweigern«. Eine Frau widmet es allen Frauen. Diese eine Frau (autobiographisch oder nicht), berufstätig, unverheiratet, modern in jeder Hinsicht, erwartet ein Kind. Als sie es sicher weiß, hat sie Angst. Vor was, vor wem? Nicht vor der Gesellschaft, die ist ihr gleichgültig, auch nicht vor der Schwangerschaft, nicht vor Schmerzen, sondern »vor dem Zufall, der das Kind aus dem Nichts gerissen hat« und für das sie Verantwortung tragen soll. Nun beginnt ihr Kampf: Abtreibung oder nicht. Sie will das Kind, sie will es nicht. Es wird sie hindern bei der Arbeit, es wird ihre Karriere erheblich stören, es wird sie unfrei machen. Der Mann, den sie telefonisch benachrichtigt, reagiert entsetzlich falsch: Er bietet ihr sofort das Geld für die Abtreibung an. Als sie daraufhin schweigt, sagt er, sie könnten sich die Kosten teilen, da sie ja »beide schuld seien«. Einige Zeit später ruft er an, um zu fragen, »ob sie die *Sache* in Ordnung gebracht habe«. Sie will nun das Kind, sie erlebt es als Menschenkind. Aber das will nur ihr Bewußtsein. Ihr Unbewußtes ist stärker: Es will kein Kind. So stirbt das Kind im Uterus ab. Eine Frühgeburt, eine Totgeburt. Das Problem: Die berufstätige Frau erlebt Schwangerschaft und Kind als Störung, als karriere-feindlich. Viele Frauen erkennen sich in dieser einen, die Oriana Fallaci darstellt oder ist: Allemal ist es die Frau, die für den Beischlaf zahlt.

Bebel spricht oft von den gewandelten Zuständen in den USA. Darum wähle ich einen neueren Roman, 1968 erschienen in den USA (John

Updike, »Ehepaare«). In diesem Roman fragt die schwangere Ehefrau schüchtern und angstvoll ihren Mann: »Geniert es dich, daß ich schwanger bin?« (Über diesen Roman später mehr.) Die Frau als Schwangere ist dem Manne aus mehreren Gründen unheimlich und unbequem. Das ist nicht nur in der bürgerlichen Gesellschaft so, sondern auch in der kleinbäuerlich-proletarischen. Aus der langen Reihe der Faust-Gretchen-Dramen wähle ich das Stück »Rose Bernd« von Gerhart Hauptmann, 1903 geschrieben.

Rose, verlobt mit einem braven, aber unvitalen frommen Sektierer, wird verführt von einem starken, aber verheirateten Mann. Sie wird schwanger, bringt das Kind heimlich zur Welt, erwürgt es und stellt sich dem Gericht. Die letzten Worte des Stückes sagt der anständige fromme Verlobte: »Das Mädel, . . . was muß die gelitten haben.«

Gerhart Hauptmann, Gesellschaftskritiker, Verfasser des scharf zeitkritischen Stückes »Die Weber«, hatte entschieden die Partei der Schwachen, der Unterdrückten ergriffen: der armen schlesischen Weber und der armen Frauen und Mädchen. Aber so weit war es nicht, daß er den Verführer angeklagt hätte, statt die Verführte zu beklagen. Er hätte darstellen (und damit fordern) müssen, daß der Verführer zusammen mit der Verführten vor Gericht gekommen wäre. Immer ist der Mann mitschuldig am Kindsmord. Ein Vater, der sich am Kind freut, wird keinen Mord dulden oder anstiften. Sein Nein zum Kind ist die Anstiftung zum Mord. Kam je ein Mann deshalb ins Gefängnis? Männer machen Gesetze zum Schutz von Männern. Mit der Frau haben sie allenfalls Mitleid. Faust geht weinend, aber sonst ungebrochen hinweg über die Leiche Gretchens und des Kindleins. Sein Schuldgefühl sublimiert er, indem er den Himmlischen anheimstellt, Gretchen zu retten für den Himmel. Warum stellte er sich nicht dem Gericht, um mit Gretchen zusammen zu sterben? Wie konnte er weiterleben mit dieser Schuld? Er konnte es recht gut. Millionen Männer können es ebensogut.

Männer-Thema Prostitution

Ein noch immer tabuisiertes Thema ist die Prostitution mit ihren möglichen Folgen: der Ansteckung, der »venerischen Krankheiten«. Maitressen-Romane gibt es. Ein reizvolles Beispiel ist der englische Hurenroman »Fanny Hill«. Vom ernsthaft sozialkritischen Standpunkt aus ist er unwichtig. Aber er ist ein Beispiel dafür, wie es männlichen Autoren gelingt, unter dem Mantel der moralisierenden »Warn-Literatur« ihr skrupelloses Vergnügen an der Prostitution darzustellen. Wedekinds »Lulu« ist keine Hure, sie benimmt sich nur ähnlich, aber nicht gezwungen von wirtschaftlicher Not wie die meisten echten Huren, sondern weil sie »eine Getriebene« ist, eine Nymphomanin, ein »Weibsteufel, geschaffen, Unheil anzustiften« unter den bürgerlichen Männern. Nach dem Lulu-Modell sind viele andere Stücke entstanden. Eine moderne Variante ist Harold Pinters »Heimkehr«: Drei Männer, der Ehemann und die Söhne Ruths, beschließen, daß, wenn Ruth schon eine Nymphomanin sei (sie war vor der Heirat Prostituierte), sie es wenigstens von Gnaden der drei Männer sein soll, nämlich von ihnen kontrolliert. Sie planen für Ruth eine Existenz als Callgirl. So hätte sie beides: den gewohnten Beruf und die deckende Ehe. Aber daraus wird nichts: Ruth will reinen Tisch, nämlich den Beruf ohne Ehe.

Diese Stücke und Romane stammen wiederum von Männern. Wir erfahren, was Männer über Huren denken, aber nicht, wie diese Frauen selbst ihren Zustand erleben. Auch sind die Autoren immer bürgerliche Männer, und es ist immer ein ganz normales bürgerliches Männervergnügen, ins Bordell oder sonst mit einer Hure zu gehen; und diese Huren sind selber noch bürgerlich, das heißt sie werden zu dem, was sie sind, aus verschiedenen Gründen, aber nicht aus nackter wirtschaftlicher Not. Maupassant machte mit seiner Novelle »Der Hafen« einen Versuch, dieses Thema schärfer, gesellschaftskritischer anzupacken. Er fand keine wirklichen Nachfolger.

Über eine andere Art der Prostitution, wie sie im großbürgerlichen Berlin und in Wien gepflegt wurde, schrieben Fontane und Schnitzler. In Berlin war es in diesen großbürgerlichen Häusern üblich, daß der Mann sich eine Art Nebenfrau hielt; »das Verhältnis« nannte man sie. In Wien hatte man dafür »das süße Mädel«. Diese Frauen, meist aus niedrigen Gesellschaftskreisen oder »vom Theater«, wurden streng von der Familie ferngehalten, aber die Ehefrauen wußten davon und duldeten es (meist) schweigend. Diese »süßen Mädel« wurden später versorgt: Man suchte ihnen einen Ehemann und zahlte sie aus; der Mann nahm so eine Frau zufrieden an, da sie Geld mitbrachte.

August Bebel hat das Problem in seiner Breite und Bedeutung gesehen. Geändert hat sich seither nichts, weder an der Sache selbst noch an der literarischen Tabuisierung. Nicht einmal Gottfried Benn, Berliner Arzt für Haut- und Geschlechtskrankheiten, der also die Sache aus nächster Nähe kannte, schrieb darüber. Es war kein Stoff für ihn. Es ist offenbar für keinen (und keine!) von uns »ein Stoff«.

Dabei wird das Problem mit den zunehmenden Wirtschaftskrisen immer brennender: Mit der allgemeinen Arbeitslosigkeit wächst rapide jene der Frau. Was kann das Mädchen, das keine Arbeit findet, tun? Als Lösung der Frage bietet sich die Prostitution an, sei es die geheime, nicht lizensierte, sei es die legalisierte im Huren- oder Freudenhaus, auch Eros-Center genannt. Wirtschaftlich schwache Länder dulden nicht einfach stillschweigend die Prostitution, sondern begrüßen und fördern sie. In der Form des internationalen Mädchenhandels bringt sie Devisen ein, in der Form der lizensierten Freudenhäuser Steuern. Gibt es einen deutschen Roman, in dem nicht die Edelhure der Wirtschaftsbosse und Politiker – sei es in Deutschland, sei es in Japan, Südkorea, Thailand – dargestellt ist, sondern die »proletarische« Hure, das Mädchen, das aus purer wirtschaftlicher Not gezwungen ist, »auf den Strich zu gehen«? Wir Frauen kennen unsere verkauften Schwestern nicht, und die männlichen Kollegen, die sie kennen, genieren sich, zu gestehen, daß sie sie gut kennen. So bleibt das Thema tabu. Die bildende Kunst hat sich entschieden mit dem Thema der Frau als Dirne befaßt. Die Frau als »Odaliske« ist Thema von Manet, Rouault, Modigliani, Delvaux und einigen Dutzend anderer Maler. Die verführerisch nackt hingestreckten Frauen sind meist Berufs-Modelle. Sie werden dafür bezahlt. Sie verbinden zwei Berufe: den des Modells mit dem des Liebchens. Das ist nicht übel. Übel ist nur, was später aus solchen Frauen wird. »Absinth« heißt ein berühmtes Bild von Degas. Ein grausam realistisches Bild des Malers der entzückenden Ballettmädchen.

Die Ehe als Versorgungsanstalt

Was aber tut das Mädchen, das sich nicht prostituieren will und keine Arbeit findet? Sie tut, was sie immer tat: Sie sucht einen Ehemann und wird dabei zur Rivalin der anderen. Und damit sind wir wieder auf den Punkt zurückgeworfen, von dem aus die Frauen-Emanzipation startete: Die Ehe als Versorgungsinstitut, als eine Form der unumgänglichen Sklaverei. Der Kampf Bebels galt nicht der Ehe an sich, nicht der Institution und ihrem Wert, sondern der Ehe als einzigen Weg der Frau, Arbeit und Versorgung zu finden.
Mit dieser Thematik befaßte sich Sibilla Aleramo, deren autobiographischer Roman »Una Donna« 1906 in Italien erschien. Ein problemtypischer Roman: Sibilla, Tochter eines autoritären Vaters, aufgewachsen in bürgerlich-kapitalistischer Umgebung, wird überredet, einen ungeliebten Mann zu heiraten. Sie gehorcht und versucht, ihr Le-

ben als Ehefrau und Mutter zu bestehen wie andere auch, glücklich oder nicht, was machte das aus. Aber Sibilla ist eine potentiell emanzipierte Frau. Sie erkennt allmählich das Schiefe, das Unerträgliche und Würdelose ihrer Lage. Sie will nicht so enden wie ihre Mutter: in der Irrenanstalt. Sibilla will ausbrechen, sie will einen Beruf, um jeden Preis, sie will Freiheit von der traditionellen Sklaverei. Sie verläßt ihren Mann, aber nicht um, wie Anna Karenina, zu einem Geliebten zu gehen, und auch nicht wie Nora, die ins Blaue ausbricht, um sich selber zu finden. Sibilla hat eine klare Vorstellung von dem, was sie will und soll: Sie wird, weil sie dazu begabt ist, Journalistin und Schriftstellerin. Da sie ihren Mann »böswillig« verlassen hat, bekommt sie ihren Sohn nicht (wie Anna Karenina). Sie muß verzichten. Sie geht unbeirrbar ihren Weg. Sie ist eine scharfe Kritikerin der Gesellschaft ihrer Zeit, und ihre Kritik gilt heute noch: »Irgendwie arrangierten sich alle: mein Mann, mein Vater, die Sozialisten wie die Priester, die Jungfrauen wie die Huren: Jeder lebte resigniert mit seiner Lüge. Die individuellen Revolten waren fruchtlos oder schädlich, die kollektiven noch zu schwach und fast lächerlich, verglichen mit der furchterregenden Größe des Ungeheuers, das es zu besiegen galt«, nämlich das Patriarchat mit allen seinen Erscheinungen, zu denen auch der Kapitalismus gehört, und auch, als nur scheinbarer Widerspruch, der Mutterkult. »Was bewundern wir an der Mutterschaft? Woher kommt dieser unmenschliche Gedanke des mütterlichen Opfers? Seit Jahrhunderten setzt sich diese Knechtschaft von der Mutter zur Tochter in einer ungeheuerlichen Kette fort«.

Es ist kein Zufall, daß Frauen, die sich emanzipieren wollen, dabei ihre Kinder ganz oder zeitweise verlassen müssen. Das ist der Preis, den sie bezahlen. Es ist die symbolische Geste für das Unterbrechen der Kette, welche die Frau an die Mutterschaft bindet, um sie daran zu hindern, eine freie Persönlichkeit gleich dem Mann zu werden und so ihm das Bewußtsein seiner unendlichen Überlegenheit zu rauben.

Dieses nunmehr siebzig Jahre alte Buch wurde kürzlich in Italien neu aufgelegt und auch ins Deutsche übersetzt: Es ist aktuell.

Liest man nach »Una Donna« den 1968 erschienenen schon erwähnten Roman »Ehepaare« von John Updike, so fragt man sich, was sich denn seit 1906 geändert habe. Sechs Ehepaare in einer nordamerikanischen Mittelstadt, bürgerlich, wohlhabend, vollwertige Mitglieder ihrer Gesellschaft, Durchschnittsmenschen, voller unterschwelliger Probleme, voller Ängste, voll tödlicher Langeweile trotz aller Betriebsamkeit. Sie bilden einen »magischen Kreis von Schädeln, um die Nacht fernzuhalten«, sagt eine der Personen über diese Gruppe und

erzählt, daß einer von ihnen »Angst bekomme, wenn er die Gruppe ein Wochenende mal nicht sieht«. Aus Langeweile, aus Unzufriedenheit, aus Zynismus, aus Lust am Experiment, aus purer Sinnlichkeit mit Ansätzen zur Liebe beginnen sie ein lässiges, jeder Tragik und jeder Moral bares Bäumchen-Wechsel-Spiel, bei dem es einigen Streit gibt, einige häusliche und außerhäusliche Szenen, aber im großen ganzen wird die Sache von allen toleriert. Und doch sind diese Drauflos-Sünder voller Komplexe, und die Frauen sind keineswegs emanzipiert, sondern gefangen in ihrer Welt, in der Männer, aber nicht Ideen herrschen. »Das Grundmuster: Streit, Versöhnung, Abscheu, Hingabe wiederholte sich drei-, viermal in diesem Winter, während in der Türkei Flugzeuge zusammenstießen und im Irak und in Togo Staatsstreiche sich ereigneten, in Lybien die Erde bebte . . . Janet hatte sich angewöhnt, die Zeitung zu lesen, als könne dieser verwischte Schlüssellochblick ins Leben anderer ihr dazu verhelfen, aus dem eigenen herauszufinden . . .«
Der Roman ist ein Bestseller und hat auch in Deutschland eine hohe Auflage. Das bedeutet, daß sich viele Ehepaare in den dargestellten wiedererkennen. Und das heute. Wenn die Frucht der großen sozialen und damit frauenrechtlichen Bewegung die zynisch-angstvolle Promiskuität der bürgerlichen Gesellschaft ist . . . Der Roman zeigt, wie schwer es der bürgerlichen Frau ist, sich aus ihrem Käfig zu befreien.

Die Ehre der Frau »aus dem Volk«

Wie steht es mit der nicht-bürgerlichen, der »proletarischen« Frau, wie steht es mit der Arbeiterin? Welcher Schriftsteller hat sich ihrer angenommen? Brecht etwa? Seine Frauengestalten (Mutter Courage, Frau Carrar, die heilige Johanna der Schlachthöfe) sind Brechtsche Kunstfiguren, mit denen sich kaum eine Frau identifizieren kann. Brecht scheint das hohe Lob der Frauen zu singen, tatsächlich aber unterstellt er die Frau und ihre Arbeit für die sozialistische Revolution ganz der Leitung des Mannes. In dem Gedicht »Lob der Wlassowa« sagt er: »Alle Wlassowas aller Länder, gute Maulwürfe, unbekannte Soldaten der Revolution . . . Ihre Arbeit ist klein, zäh verrichtet und unentbehrlich.« Und Johanna, die Vermittlerin sein möchte zwischen den Herren der Chicagoer Schlachthöfe und den Arbeitern, Johanna, die Menschlichkeit predigt, läßt Brecht sterben: ohnmächtiges Opfer. Das Weibliche geht zugrunde in einer Welt der Männer.
Wie Arbeiterinnen, Proletarierinnen wirklich leben, das erfahren wir

bei Brecht nicht. Wir erfahren es in dem kürzlich erschienenen Roman von August Kühn »Zeit zum Aufstehen«, eine Münchner Familiengeschichte von 1848 bis 1975. Frauen mehrerer Generationen treten auf: Mägde, Dienstmädchen, Kellnerinnen, eine Hebamme, eine Verkäuferin, eine Schneiderin, eine Köchin, eine Spülerin und Hausfrauen, Arbeiterfrauen. Alle arbeiten hart, alle haben es schwer, sie bekommen uneheliche Kinder, sie sind nicht aufgeklärt, sie treiben ab (mit Chinin und Rotwein oder bei der »Engelmacherin«), oder sie tragen sie in Gottesnamen aus und müssen sie dann weggeben »in Kost und Pflege« zu fremden Leuten; sie werden, schwanger geworden, von den Vermieterinnen hinausgeworfen und von den Dienstherren entlassen, sie heiraten, um versorgt zu sein, sie werden Mitwisserin der Delikte ihrer Männer oder Liebhaber, sie verstehen nichts von Politik (»ich hab was anderes zu tun als in deine Bücher schauen« sagt Karoline zu ihrem sozialistischen Mann, der sie gern in seine politische Arbeit einbeziehen möchte), und sie sterben früher oder später, ohne je zu sich selber gekommen zu sein. Darum werden sie auch in Kühns so grundrichtigem Buch keine einprägsamen Figuren, im Gegensatz zu den Männern, die »da sind«.

Die Frauen, so wichtig sie sind im Leben der »kleinen Leute«, zählen doch nicht mit. Die Welt ist Männerwelt. Erst die Räte-Republik 1919 weckt einige Frauen auf; sie besuchen mutig eine Versammlung, in der über den § 218 und den § 219 geredet wird. Ein zweites Erwachen, ein gründliches, gibt es für sie, als ihre sozialistischen Männer ins KZ kommen. Ein drittes Erwachen bedeutet für sie die Auseinandersetzung mit den Kindern, die gegen den Vietnamkrieg demonstrieren. Wie sie sich zu den immer drängenderen Fragen der Gleichberechtigung stellen, erfahren wir nicht mehr aus dem Buch. »Schade«, schreibt Kühn, »daß jede Generation dieser Arbeiterfamilien ihre eigenen schmerzlichen Erfahrungen machen mußte. Mußte? Weil so wenig weitergegeben wird, weil die Väter und Mütter abends zu müde sind, um mit den Kindern über das zu sprechen, was die Lehrer in der Schule nicht wissen können« – und die bürgerlichen Schriftsteller auch nicht. Kühn kommt aus der Welt der Arbeiter; er kann uns sagen, wie die Frauen der Arbeiterklasse waren und sind.

Auch Bölls Katharina Blum gehört in diese Welt, obwohl sie keine Fabrikarbeiterin ist. Ihr Schicksal ist das der berufstätigen Frau aus nicht-akademischen Kreisen, also »aus dem Volk«. Sie ist 1947 geboren, Tochter eines Bergarbeiters, der früh stirbt an den Folgen einer Kriegsverletzung. Katharina muß früh im Haushalt helfen, den kranken Vater pflegen bis zum Tod, in fremden Haushalten mithelfen, zur

Schule gehen, früh eine Stelle annehmen, ist nicht zufrieden damit, nur Geld zu verdienen, will ihre Kräfte entfalten, will lernen; also besucht sie eine Hauswirtschaftsschule, später Abendkurse, wird diplomierte Wirtschafterin, heiratet dazwischen einmal einen Arbeiter, von dem sie sich bald scheiden läßt, da er brutal ist, geht von da an ihren Weg allein, arbeitet unermüdlich, erspart sich das Geld für eine kleine Eigentumswohnung und ein gebrauchtes Auto, arbeitet, um die Kredite abzuzahlen, noch mehr als vorher, hat keine Liebschaften, ist fleißig, zuverlässig, sauber im Charakter, überall geschätzt und stolz; ihre Ehre bedeutet ihr ungemein viel. Gerade diese Ehre wird ihr geraubt. War ihr Schicksal bis zu diesem Raub typisch für eine Frau von heute, so wird es von einem bestimmten Punkt an a-typisch: Sie begegnet der Liebe ihres Lebens und verbringt eine Nacht mit dem Mann ihrer Wahl, ohne zu wissen, daß er ein gesuchter Terrorist ist. Sie wird verhaftet und vernommen. Noch ehe die Vernehmungen abgeschlossen sind, bemächtigt sich die Schundpresse ihres Falles und stellt sie als Terroristin dar, was sie noch ertrüge, aber auch als Hure und Kriminelle, kurzum als ehrlose Person. (Hier wird ihr Fall wieder zeit-typisch.) Sie erträgt es nicht, erschießt den sie verleumdenden Journalisten und stellt sich der Polizei. Indem sie den Journalisten erschießt, rächt sie sich an einer Gesellschaft, die es erlaubt, daß eine ehrliche unbescholtene tapfere Frau, eine Persönlichkeit, öffentlich ehrlos gemacht wird. Diese Katharina kann, abgesehen vom Sonderfall der Verhaftung, als Typus der emanzipierten Frau gelten. Sie zeigt, daß Emanzipation kein Vorrecht der intellektuellen Frau ist, und auch keineswegs Verlust der Weiblichkeit bedeutet und gewiß auch nicht Promiskuität, sondern vielmehr Selbstfindung und Eigendisziplin. Die Geschichte ist auch ein Beitrag zur Klärung der Frage, warum unter den heutigen Terroristen so erstaunlich viele Frauen sind: Sie haben auf die eine oder andere Weise ihre verlorene Ehre wiederzugewinnen. Es steht aber zu hoffen, daß die Frau nicht das männliche Leitbild des »Helden« übernimmt: des harten Kriegers, des mit der eisernen Waffe kämpfenden todessüchtigen Ideologen und Dogmatikers einer Religion. Dann wäre die Frage der Frauen-Emanzipation ad absurdum geführt, und zugleich jene des Mannes.

Jutta Szostak

Klischees die ganze Woche lang

Frauen im Fernsehen – wie sie dargestellt werden, was sie darstellen können

Notwendige Vorbemerkung einer (Fernseh-) Autorin: Dieser Aufsatz ist einseitig, subjektiv, unausgewogen und grob verallgemeinernd. Die Autorin äußert nur ihre eigenen Ansichten. Sie spricht weder für das ZDF noch für eine andere Fernsehanstalt.

Die Fernsehzuschauerin Frida ärgerte sich: »Diese schnieken Weiber im Fernsehen, immer tipptopp, immer frisch gekämmt, immer wie aus dem Ei gepellt und nie was zu tun im Haushalt, immer nur für den Mann da sein, immer nur schön . . . was wissen die schon, wie's im Leben wirklich spielt . . .« Frida gehört zu einer Zuschauergruppe von vier Arbeiterinnen und zwei Ehemännern, die das Bild der Frau im Fernsehen auf Wirklichkeitsnähe und Glaubwürdigkeit überprüfte. Ihre Sicht der Dinge sollte in einen Fernsehbeitrag eingebracht werden, der die Darstellung der Frau im Fernsehprogramm zum Thema hatte. Das geschah im Jahr 1975, im »Jahr der Frau«.

Die Fernsehanstalten wußten, was sich anläßlich eines solchen Ereignisses gehört. Das ZDF zum Beispiel hatte deshalb für das Jahr 1975 eine Reihe von Filmen angekündigt, deren Hauptfiguren (oder Gegenstände?) Frauen waren – jeder einzelne Film davon sicherlich gut oder beachtlich, als Programmpaket dennoch ärgerlich; denn es ging um Frauenschicksale in fernen Ländern, um Portraits weiblicher Filmgrößen, um Ausnahmesituationen, die sich gut dramatisieren ließen. Kaum ein Beitrag war in dieser Zusammenstellung zu finden, in dem sich Frauen wiedererkennen konnten, der sie etwas anging und ihnen womöglich einen Fingerzeig gab, um eigene Probleme besser in den Griff zu bekommen. Auch die Frauenbewegung und ihre vielfältigen Aktionen hatten in diesem Programm keinen Platz. Kurz: Das Programm zum Jahr der Frau sah sehr nach Pflichtübung aus; es gab den Frauen nicht mehr Orientierungshilfen und Identifikationsmodelle als das übliche Programmangebot, und das stimmt ja mitunter recht verdrießlich . . . Schon lange hatte mich beeindruckt, wie Frauen in vielen Programmen agieren müssen. Eine Szene aus einer Western-Familienserie war für mich Auslöser, die Darstellung der Frauen im Fernsehprogramm unter die Lupe zu nehmen: Da bittet die Tochter des Hauses, schwerverletzt und sich kurz vor dem Tode wähnend, mit matter Stimme ihre Angehörigen, man möge sich doch um ihre eingelegten Gurken kümmern ...

Zum »Jahr der Frau« was Kritisches?

Gelegenheit zu einer kritischen Würdigung der Frauen im Fernsehen gab es im »Jahr der Frau«. Ich analysierte Rolle und Status, Verhaltensmuster und Weltsicht der Fernseh-Frauen, ihre Stellung in Familie und Arbeitswelt, ihre Beziehung zum Mann am Beispiel des Vorprogramms einer Woche.

Vorprogramme wählte ich deshalb aus, um zum einen dem Vorwurf der willkürlichen Auswahl von besonders niederträchtigen Frauendarstellungen zu entgehen, zum anderen weil diese Serien mit ihren immergleichen Rollenbildern und Verhaltensklischees ganz bestimmte Frauenbilder vermitteln, die wegen ihrer ständigen Wiederholung prägenden Charakter haben können. Zudem werden diese Vorabendserien gern gesehen. Man mag einwenden, das Fernsehen zeige in diesen Programmen niedrigstes Niveau, niemand könne diesen Filmen ernsthafte Bedeutung beimessen. Dieser Einwand mag berechtigt sein, dennoch haben die Vorprogramme Informationswert, denn da zeigen sich Frauenfiguren in ihrer reinsten, weil unverschleierten Form: Sie sind auf das »Wesentliche« reduziert. Schon die Kürze der Filme läßt eine subtile Charakterschilderung im allgemeinen nicht zu. In den Vorabendserien sehen wir nur Frauenstereotype.

Die entscheidenden Szenen dieser Filme zeigte ich der Zuschauergruppe. Die Vorführung jedes Films in seiner vollen Länge wäre überflüssig und langweilig gewesen und hätte die Gruppe überstrapaziert. Die Filmstücke, von jedem Handlungsballast befreit, zeigten in schöner Vielfalt fast alle gängigen Klischees von Frauen:

Der Montag bringt einen Abenteuerfilm ins Haus. Der Held hat seine Frau verlassen, weil er sich mehr fürs Diamantensuchen interessiert. Dennoch kann er sie nicht völlig vergessen. Er schreibt ihr auf Anraten seiner Kumpane einen Brief. Seine Angetraute leitet ein Transportunternehmen, obwohl das für eine Frau ja eigentlich kein Beruf ist, wie des Diamantensuchers Freunde meinen. Auch sie schreibt ihrem treulosen Mann einen Brief – sie sei schwanger. Aber nach einigem Nachdenken zerreißt sie den Brief wieder. Ob sie ihn beim Diamantensuchen nicht stören will? Der Held erfährt auf verschlungenen Wegen dennoch, daß er Vater wird, und da er inzwischen Diamanten gefunden hat, steht einem Familienbesuch nichts mehr im Wege. Er kommt gerade rechtzeitig, um seinen neugeborenen Sohn, ja, natürlich Sohn (die junge Mutter: Ich werde ihn nach Dir John nennen, damit ich immer einen John zu Hause habe, wenn Du weg bist . . .), zu bewundern und der Mutter zu beteuern, wie schön sie sei. Das Gebot der Stunde heißt: Alles vergeben, alles vergessen, der ungetreue Mann ist wieder da, es zählt nur noch die heile Familie – und die Frau, die als Transportunternehmerin auch einige männliche Tugenden vorweisen konnte, erkennt jetzt, wo ihre wahren Bedürfnisse liegen.

Doof und sexy, links und bös

Der Dienstag unterhält uns mit einer Klamotte aus Amerika, in der die Männer auch keine großen Lichter sind. Aber sie werden in dieser Beziehung von den Frauen noch übertroffen. Einer der Filmhelden entgegnet auf die Bemerkung eines Freundes, seine Mieze sei ja nicht gerade besonders helle, er wolle kein wandelndes Lexikon als Braut haben. Doof, aber sexy. »Hier werden die Frauen so dämlich dargestellt, daß das eine Unverschämtheit ist«, sagt Frida aus der Zuschauergruppe, »für die Manner sind die gerade gut genug fürs Bett und sonst jarnischt.« Der Film lehrt: Wenn schon die Männer nicht mit allzuviel Geistesgaben versehen sind, dann müssen die Frauen noch ein bißchen dümmer sein.

Der Mittwoch gewährt Einblicke in die Ausbildungs- und Arbeitswelt. Wir sehen eine Frau im Beruf, natürlich in untergeordneter Stellung – als Sekretärin eines Kommissars. Diese Sekretärin ist außerordentlich arbeitsam; sie tippt, man traut seinen Augen kaum, auch sonntags. Weil sie ihre Aktenberge wegschaffen will? Weil sie Freude an der Arbeit hat und die notwendig findet und sie sich ihre Arbeitszeit sogar selbst einteilt? Weit gefehlt. Wenn eine Sekretärin sonntags arbeitet, dann muß etwas anderes dahinterstecken. Ein Mann womöglich? Richtig. Sie arbeitet, weil sie sich von ihren Privatproblemen ablenken will, denn sie hat Liebeskummer. Folgerichtig verliert sie ihren Arbeitseifer ganz schnell, als ihr Liebster anruft und sich mit ihr verabreden will. – Klar, daß die Arbeit für diese Frau keine tiefere Bedeutung hat, ein Job ist das, was sonst.

Die nächste Rolle im gleichen Kriminalfilm sauber vorgeführt: die politisch-engagierte mit Charakterfehler. Es handelt sich um eine Studentin mit mürrischem Blick, die vom Kommissar verhört wird. Schon der mürrische Blick macht sie verdächtig, und der Eindruck, daß mit ihr nicht alles stimme, verstärkt sich zunehmend. Sie hat wilde politische Ideen, ja, sogar Klassenbewußtsein, sie hat was gegen Leute mit viel Geld. Sie pocht auf ihre Bürgerrechte, indem sie sich vom Kommissar den Dienstausweis zeigen läßt. Wird im Fall der Sekretärin die berufstätige Frau – freilich sehr subtil – denunziert, so ist es hier die emanzipierte. Politisch engagiert, nicht autoritätsgläubig, ihre Rechte wohl kennend – sofort ist klar, mit der stimmt was nicht. Sie wird dann auch bald als Mörderin entlarvt. – Diese Studentin entspricht dem Klischee der engagierten Linken. Übrigens werden auch Studenten mit diesen Eigenschaften ausgestattet, um sie fragwürdig zu machen, aber um wieviel verdächtiger macht sich eine Frau, wenn sie es wagt, aus der ihr zugedachten Schablone herauszuschlüpfen. Hier wird in aller Deutlichkeit die Botschaft vermittelt: Emanzipierte Frauen haben eine Macke.

Der Donnerstag beschert uns den Konflikt einer Provinzschauspielerin zwischen Liebe und Beruf. Sie hat die Chance, an eine große Bühne nach Berlin zu gehen. Andererseits gibt es einen Grund, in der Provinz zu bleiben: Ihr Freund, der sie heiraten will, ist ebenfalls dort engagiert. Eine vertrackte Sache. Wie wird die Künstlerin sich entscheiden? Die Zuschauergruppe glaubt an ein Happy-End. Das heißt Heirat. (Übrigens ein Unding, daß ›Happy-End‹ auch einmal etwas anderes als ›Heirat‹ bedeuten kann – ›beruflicher Erfolg‹ zum Beispiel!) Es muß einfach ein Happy-End geben. Warum? Christa weiß es: »Damit die Zuschauer schön fröhlich bleiben.« – Aber es kommt anders. Der Autor hatte zwar ein Happy-End eingeplant, weil auch er weiß, daß unterhaltende Sendungen ›gut‹ ausgehen müssen, aber er hat doch die Wahrhaftigkeit vorgezogen, so sagt er selbst. Die Schauspielerin entscheidet sich also für den Beruf, man faßt es kaum. Allerdings: was man einem Mann ohne weiteres zutraut, nämlich Liebe und Beruf unter einen Hut zu bringen, kann eine Frau offenbar nicht schaffen. So bestätigt der kühne Schluß des Autors – der ›wahrhaftige‹ Schluß – letztlich nichts weiter als ein anderes Klischee.

Das Kinderprogramm am Wochenende macht schon den Jüngsten klar, welche Rollen sie einmal übernehmen sollen. In einer Art Robinson-Geschichte werden die Eltern bei der Ausübung ihrer traditionell-geschlechtsbestimmten Arbeiten gezeigt. Die Mutter hantiert mit Näh- und Flickzeug, der Vater mit Handwerkszeug. Der Vater will die Mutter überreden, zum Angeln zu gehen, aber die Mutter ziert sich – die Näharbeit ... Dann läßt sie sich aber doch überreden, bald darauf sieht man sie im Boot sitzen und angeln. Doch wie das Leben so spielt – sie werden von einem Unwetter überrascht und kentern. Die Kinder glauben, ihre Eltern seien tot. Nach dem ersten Schock erinnern sie sich aber gleich, was sie gelernt haben. Die Brüder machen sich an ihre Arbeit, ihre Männerarbeit selbstverständlich (sie bauen ein Floß), und die kleine Schwester widmet sich sogleich ihrer Arbeit, ihrer Frauenarbeit selbstverständlich (sie flickt Netze und kocht). Die Selbstverständlichkeit, mit der die Tätigkeiten der Eltern so haargenau und perfekt nachgeahmt werden, ist atemberaubend. Da gibt es keine Rollenunsicherheit, keine Diskussion darüber, ob die Brüder kochen und die Schwester mit Hammer und Nägeln umgehen sollte. Reibungslos klappt die Rollenzuweisung. Die Falle ist zugeschnappt; von ihrem Nähzeug wird die kleine Schwester wohl nie mehr wegkommen. So wie's immer war, muß es bleiben.

Probleme am Arbeitsplatz gibt es nicht

Am Samstag darf geträumt werden. Von einer Superfrau. Sie ist Innenarchitektin; wie in solchen Filmen üblich, wird sie nie bei der Ausübung ihres Berufes gezeigt. Sie ist schön, sie ist reich, sie ist unabhängig. Sie ist eine Klassemutter, die ihren Sprößling frühzeitig daran gewöhnt, wie man mit dem Personal umgeht. Sie ist ein Traum, diese Frau. Wer wollte nicht so sein wie sie? Im Prinzip ist die Dame eine positive Frauengestalt. Aber wie ist sie so unabhängig, selbstbewußt und reich geworden? Die Bedingungen ihrer Entwicklung sind kaum nachvollziehbar, allenfalls wird mit dürren Worten angedeutet, daß auch sie einen Lebenslauf hat. Diese Frau bleibt ein fernes und unerreichbares Kunstprodukt, das keine Möglichkeit zur Identifikation zuläßt. – Die Zuschauergruppe reagierte auf diese Demonstration von Überlegenheit und Perfektion aggressiv. Ihre Distanz zur dargestellten Figur war zu groß.
Schon diese wenigen Beispiele reichen aus, um das Schema, nach dem die Frauen für Fernsehfilme genormt werden, zu erkennen. Die anderen Filme der beobachteten Programmwoche (die hier nicht weiter beschrieben werden sollen), sind nach ähnlichem Muster gefertigt, und man darf wohl verallgemeinernd sagen, daß kein Fernsehtag vergeht, ohne daß uns eine Frau der beschriebenen Machart ins Haus steht: Wenn die Frauen Berufe haben, dann arbeiten sie entweder in untergeordneter Stellung: Nie sind sie Chef; nie haben sie Verantwortung; nie können sie bestimmen. Immer sind sie die Untergebenen. Oder sie

haben Traumberufe: Berufe mit hohem Sozialprestige, wie Ärztin, Journalistin, Innenarchitektin oder Schauspielerin. Ihre Berufstätigkeit wird allerdings in den meisten Fällen nur behauptet, den Berufsalltag dieser Geschöpfe sieht man so gut wie nie.

Probleme am Arbeitsplatz? Aber doch nicht für unsere Traumfrauen! Die Frau im Fernsehen ist vorwiegend präsent in der ihr von altersher zugewiesenen Rolle als Hausfrau und Mutter, als Objekt, als schmükkendes Beiwerk, als Dekoration, Staffage. Wirkliche Rollen spielen diese Frauen fast nie. Ihre Existenz wird durch den Mann bestimmt, sie sind geschichtslose Wesen, mehr der Innenwelt zugeordnet, wo sie bewahrende und behütende Funktion haben, wohingegen der Mann, geraden Blicks hinaus ins Leben, sich die Außenwelt aneignet.

Wo sind neue Leitbilder, die sich auf Veränderungen der Frauenrolle in unserer Gesellschaft beziehen?

»Die Frau in der neuen Gesellschaft ist sozial und ökonomisch vollkommen unabhängig, sie ist keinem Schein von Herrschaft und Ausbeutung mehr unterworfen, sie steht dem Mann als Freie, Gleiche gegenüber und ist Herrin ihrer Geschicke. Ihre Erziehung ist der des Mannes gleich, mit Ausnahme der Abweichungen, welche die Verschiedenheit des Geschlechts und ihre geschlechtlichen Funktionen bedingen; unter naturgemäßen Bedingungen lebend kann sie ihre physischen und geistigen Kräfte und Fähigkeiten nach Bedürfnis entwickeln und betätigen; sie wählt für ihre Tätigkeit diejenigen Gebiete, die ihren Wünschen, Neigungen und Anlagen entsprechen und ist unter den gleichen Bedingungen wie der Mann tätig« – so schreibt August Bebel im Kapitel »Die Frau in der Zukunft«.

Dieses Zukunftsbild der Frau hat sich in den Medien nicht erfüllt, und man wird in einer Gesellschaft, in der die Männer nach wie vor ihre Überlegenheit gegenüber Frauen betonen – wie neue Repräsentativumfragen ergeben haben –, noch lange warten müssen.

Die Zuschauergruppe kommentierte die Darstellung der Frau in den vorgeführten Vorabendprogrammen teilweise recht polemisch. Es wurde klar herausgearbeitet, daß die Frauen im Fernsehen mit dem alltäglichen Leben der Frauen nichts oder recht wenig zu tun haben – wenn man einmal davon absieht, daß auch in der Wirklichkeit die Frauen meistens in untergeordneten Positionen anzutreffen sind.

Einen Bezug zu eigenen Erfahrungen konnte die Gruppe nur in einem Fall herstellen, mit der Sendung »Ehen vor Gericht«, die in derselben Woche lief.

Die Darstellung und Beschreibung einer tablettensüchtigen Frau wurde allgemein als glaubwürdig akzeptiert. Interessant war die Reak-

tion der Frauen auf den Filmausschnitt. Sie fingen sofort an, über die Handlungsweise der Frau zu diskutieren und überlegten, wie sie selbst in ähnlicher Lage reagiert hätten. Hier wurde klar, was ein wirklichkeitsbezogener Film zu leisten vermag: Indem da ein Mensch gezeigt wurde und nicht die übliche seelenlose Pappfigur, konnte eine Annäherung der Zuschauer an die Thematik und die handelnden Personen erzielt werden. Die Darstellung einer nachvollziehbaren Frauenproblematik löste Betroffenheit aus und regte an, darüber nachzudenken. Für mich war die Reaktion von der Zuschauergruppe ein Beweis für die Notwendigkeit realistischer, problemorientierter Frauendarstellungen im Fernsehen. Nun soll hier natürlich kein Plädoyer für Problemstücke am laufenden Meter gehalten werden. Niemand wird plötzlich nur noch verquälte Frauengestalten sehen wollen. Aber der Anspruch der Zuschauer-Frauen war: Man solle zeigen, »wie's im Leben so spielt«. Sie wollen sich in den Fernseh-Frauen wiedererkennen können, sie möchten neue Leitbilder, und sie möchten sich »nicht von diesen Schema-F-Tanten langweilen lassen, die sich Männerhirne ausdenken«.
Es ist bezeichnend, daß der einzig positive Ansatz der untersuchten Beispiele von einer Frau entwickelt wurde. Für die Zuschauergruppe hieß das: »Mehr Frauen sollten Sendungen machen, dann würden die Frauen auch besser dargestellt«. Warum? »Weil Frauen Frauen eben besser kennen!«

Die Wirklichkeit auf den Kopf gestellt

Die Zahlen der Programm machenden Frauen in den Fernsehanstalten sprechen für sich. 1975 waren beim ZDF von 409 Redakteuren 38 Frauen, unter 34 Abteilungsleitern gab es eine Frau. Heute sind die Proportionen nicht wesentlich anders. Noch immer sind es die Männer, die planen und die Denkarbeit machen, und noch immer sind es die Frauen, die organisieren und dafür sorgen, daß der Laden läuft. Noch immer haben Frauen kaum Einfluß auf die Programmgestaltung. Mein Film über die Darstellung der Frauen im Fernsehprogramm fand Beachtung, da das »Jahr der Frau« offensichtlich publizistisch viel hergab. Es erschienen viele positive Besprechungen, auch männliche Kollegen reagierten zustimmend auf die Provokation des Films; sie hielten ihn für eine notwendige und fällige Aufklärung. Bei den hohen Herren im eigenen Haus allerdings galt der Prophet nichts. Zwar widersprach niemand den im Film geäußerten Thesen und Auffassungen, aber die Methode wurde kritisiert und die Aussage des Films als manipulativ gewertet. Doch meine Ergebnisse bekamen einige Wochen später eine wissenschaftliche Bestätigung durch die Untersuchung eines Forschungsteams an der Universität Münster unter der Leitung von Prof. Dr. Erich Küchenhoff. Kein Wunder, denn originell waren meine Betrachtungen nicht, sie mußten jedem Medienbeobachter vertraut sein. Aber die Studie von ›objektiven‹ Wissenschaftlern, die zu den gleichen Ergebnissen kamen, nahm doch einigen Mißtrauischen den Wind aus den Segeln.

Küchenhoff und seine Mitarbeiter gingen von folgender Überlegung aus: Wenn das Fernsehen die Funktion hat, gesellschaftliche Leitbilder zu vermitteln, dann muß diese Funktion auch in der Darstellung der Frauen und in der Behandlung von Frauenfragen wirksam werden. Sie faßten ihre Ergebnisse in folgenden sieben Thesen zusammen:

– Frauen sind im Deutschen Fernsehen unterrepräsentiert.
– Die Mittelschichtsorientierung in der Darstellung von Frauen steht im Gegensatz zur gesellschaftlichen Realität.
– Neben dem traditionellen Leitbild der Frau und Mutter steht das Leitbild der jungen, schönen und unabhängigen Frau.
– Charakteristisch ist die mangelnde Thematisierung der Berufstätigkeit und die Nichtbehandlung von Problemen der Frauenarbeit und der Doppelbelastung. Berufstätigkeit in den Sendungen mit Spielhandlung dient im wesentlichen der Zuweisung des sozialen Status und der Legitimierung des Lebenstandards.
– Die Fernsehfrau ist unpolitisch. Sie zeigt sich wenig informiert und wird daher auch nicht politisch oder gesellschaftskritisch aktiv.
– Die kritische Auseinandersetzung mit der besonderen Situation der Frau wird im Fernsehen vernachlässigt.
– Auch die medieninterne Rollenverteilung in den Fernsehanstalten weist eine deutliche Benachteiligung der Frau auf.

Aber auch gegen Küchenhoffs Ergebnisse gab es Einwände. Die Abwehrmechanismen mancher Herren funktionieren prächtig, wenn es darum geht, Wahrheiten nicht zur Kenntnis zu nehmen.

Da wird an jedem Kleinstdetail einer Untersuchung herumgekrittelt, um nur ja jede Diskussion über (notwendige) Konsequenzen zu vermeiden. Jede praktische Nutzanwendung, die sich aus theoretischen Einsichten ergeben sollte, wird auf diese Weise lahmgelegt – indem man sich an Methodenstreitereien und wissenschafts-theoretischen Auseinandersetzungen festbeißt. Wer will denn allen Ernstes behaupten, die Darstellung der Frauen im Fernsehen sei gar nicht so, sondern ganz anders?

Küchenhoffs Untersuchungsergebnisse entsprechen übrigens auch einer Studie der Wissenschaftlerinnen Michele L. Long und Rita J. Simon, die 1972 22 Sendungen des amerikanischen Kinder- und Familienprogramms analysiert haben. Sie fragten: In welchem Maß spiegelt das Fernsehen die Rollenerwartungen und Rollenveränderungen der Frauen in unserer heutigen Gesellschaft? Long und Simon fanden heraus, daß noch immer die Männer alle Prestige- und Führungsposten besetzen. Die Männer sind die Starken, Fähigen, Intelligenten; ihre Charaktere werden ausgeprägter geschildert, sie sind vielseitiger und wandlungsfähiger.

Und die Frauen? – Sie sehen fast alle gleich aus, haben keine nennenswerte Position in der Gesellschaft, sind zu Hause . . . siehe oben. Die beiden Wissenschaftlerinnen schließen ihren Bericht mit den Worten: » . . .ob die Sendungen 1970, 71 oder 72 produziert wurden – das generelle Bild der Frau wird immer noch von Tradition und Sexismus bestimmt. Die jungen Leute, die das Zielpublikum dieser Sendung sein sollen, bekommen wahrscheinlich keine Einsichten über die neuen Rollen oder Wahrnehmungen, die Frauen von sich haben oder für ihre Töchter wünschen.« Solche Einsichten bekommen sie durchs Fernsehen wahrscheinlich auch heute, 100 Jahre nach Bebel, nicht.

Soweit die (wissenschaftlichen) Untersuchungen von Küchenhoff und Mitarbeitern, Long, Simon und meine eigene (unwissenschaftliche). Die Untersuchungen sind alle nicht mehr brandneu; an Aktualität haben sie jedoch wenig eingebüßt. Der Gerechtigkeit halber sei erwähnt, daß einige Programmverantwortliche sich bemühen, der Forderung nach realitätsnäherer und weniger diskriminierender Darstellung von Frauen nachzukommen; es gibt auch Verbesserungen, ohne Frage; trotzdem verändern die wenigen akzeptablen Beispiele das Frauenbild nicht in dem von seinen Kritikern gewünschten Maß.

Zum vermittelten Bild der Frau im Fernsehen gehört ebenso der nicht-fiktive Bereich. Auch in den Dokumentationen des Fernsehens wird klar, welch unbedeutende Rolle die Frauen im gesellschaftlichen Leben spielen. Diese traurige Tatsache kann man natürlich keinem Programmverantwortlichen vorwerfen, wohl aber die Nachlässigkeit, wenn es darum geht, über die zahlreichen Aktivitäten und Initiativen, die von Frauen in den letzten Jahren in Gang gesetzt worden sind, zu berichten. Frauen erleben einen Bewußtseinsprozeß, sie entdecken ihre Geschichte, sie kämpfen für ihre Rechte. Diese gesellschaftspolitisch so erheblichen Tatsachen ignorieren die Medien zum größten Teil.

Auch für die aktuellen Sendungen des Fernsehens (Nachrichten und

Magazine) gilt: Die Frauen sind im Weltgeschehen allemal Randfiguren. Nachrichten zu Frauenthemen gibt es selten – das ist allerdings nicht allein die Schuld der (männlichen) Nachrichtenredakteure, sondern liegt auch an den Agenturen, von denen die Fernsehanstalten den größten Teil ihrer Meldungen beziehen. In den Agenturen sitzen eben auch überwiegend Männer. Von den Frauengruppen und -verbänden wird selbst zu wenig Öffentlichkeitsarbeit betrieben. Selbst in den Planungsredaktionen der Fernsehanstalten sind wichtige Frauentermine oft nicht bekannt. Hier muß also von den Frauen selbst ein Defizit behoben werden. Frauen haben in ganz anderen Dimensionen Public-Relations-Arbeit für ihre Sache zu machen, dann werden auch die Nachrichtenredaktionen verstärkt darüber berichten müssen. Eine Garantie dafür gibt es allerdings nicht. Der Beweis, für wie unwichtig Frauenthemen gehalten werden, ist in den Archiven zu finden. Dort liegt viel Film-Material zu Frauenfragen, das nie gesendet worden ist. Beispiel: Frauendemonstrationen in Italien, die wegen der politisch sehr brisanten Abtreibungsdebatte nicht nur für Italien wichtig waren.

Nur für »Soziales« kompetent?

Die »Medienfrauen«, deren Aufgabe es wäre, ein anderes Frauenbild im Fernsehen zu vermitteln, sind eine unbedeutende Minderheit und können das Programm nur geringfügig beeinflussen. Wie erscheinen die Medienfrauen auf dem Bildschirm? Als ansehnliche Ansagerinnen und Assistentinnen, als nette Moderatorinnen in netten Bereichen; sie erscheinen in den traditionellen »Domänen« der Frau: Kultur, Soziales, Familie, in den sachten und sanften Programmen, wo Frauen schmücken und ihr »Wesen« so richtig entfalten können.

Natürlich gibt es auch Korrespondentinnen, politische Journalistinnen, Kommentatorinnen – aber wie viele?

Seit einer Weile darf auch eine Quizmasterin im Fernsehen Fragen stellen. Welcher Fortschritt! Ist die Funktion schon neu, so bleibt wenigstens die »Domäne« gewahrt – es handelt sich um ein Quiz aus dem Bereich Oper, Operette, Musical.

Das Problem »Darstellung der Frauen im Programm« ist nicht zu trennen von dem Problem »Frauen als Programm-Macherinnen«. Frauen sind nach wie vor in der Mehrzahl als Sekretärinnen und Sachbearbeiterinnen beschäftigt. Die wenigen Redakteurinnen arbeiten vorwiegend in den Bereichen Kultur, Bildung, Jugend, Film. Nach wie vor sind sie unterrepräsentiert in den politischen Redaktionen.

Um ernstgenommen zu werden, müssen sich Frauen im allgemeinen überqualifizieren. Nichts gegen Qualifikation. Aber während bei der Beurteilung von »männlichen« Elaboraten schon mal beide Augen und Ohren zugedrückt werden, legt man bei Frauen – übrigens in allen qualifizierten Berufen – strenge Leistungskriterien an. Frauen können sich Fehler und Informationslücken nicht leisten, wenn sie akzeptiert werden wollen: Ehemalige Volontärinnen berichten übereinstimmend, daß sich die größeren Anforderungen schon bei Berufsbeginn zeigen. Die meisten Bewerberinnen hatten nur dann eine Chance, einen der begehrten Ausbildungsplätze zu bekommen, wenn sie ein abgeschlossenes Hochschulstudium vorweisen konnten. Überflüssig zu sagen, daß solche Kriterien für männliche Bewerber nicht angewendet wurden. Nach den Volontärskursen wurden Frauen zumeist in die unteren Redakteurs-Vergütungsgruppen eingruppiert – das heißt automatisch: Job mit einfacheren Tätigkeitsmerkmalen und geringeren Leistungsanforderungen. Wo den männlichen Kollegen längst vor Abschluß des Volontariats bestimmte Positionen zugedacht waren, wurden die Frauen verteilt – untergebracht wie lästige Störenfriede.

Es ist für Frauen immer noch sehr schwierig, in Bereiche der Programmverantwortung hineinzukommen; und wenn das geschieht, gelten sie – viel eher als Männer – als Karrieristinnen, womit natürlich auch Eigenschaften wie kalt, berechnend und ähnliches assoziiert werden. Eine Frau, die einen höheren Posten anstrebt, muß eine ganze Reihe von Eigenschaften, die gemeinhin als ›männliche Tugenden‹ gelten, vorweisen können: Durchsetzungsvermögen, Entschlossenheit, Entscheidungsfreudigkeit, Härte und eine hohe Leistungsmotivation. Mit solchen Charakteristika darf dann auch eine Frau »ihren Mann stehen«. Vom männlichen Vorgesetzten ist bestenfalls ein liberaler männlicher Standpunkt zu erwarten: »Warum soll nicht auch mal eine Frau diesen oder jenen höheren Posten übernehmen?«

Die Hierarchie erweist sich also dann und wann als großzügig und gewährt gönnerhaft Verantwortung.

Benachteiligungen wurden lange von den Frauen hingenommen, wenn auch lamentierend, denn die Rollenzuweisung durch die männlich-orientierte Hierarchie mußte dazu führen, daß die Frauen sich so verhielten und sich selbst so einschätzten, wie sie von den Männern eingeschätzt wurden. Noch immer – und das gilt nicht nur für die Situation in Fernsehanstalten – lassen sich Frauen die Positionen zuteilen, anstatt sie als eine Selbstverständlichkeit zu fordern. Denn noch immer stehen ihnen die anerzogenen und verinnerlichten Unterlegenheitsgefühle im Weg.

Aber auch in den Medien zeigt sich allmählich, daß die Frauen ein neues Selbstbewußtsein zu entwickeln beginnen. In vielen Fernsehanstalten haben sich Frauengruppen gebildet. Die Frauen fangen an, ihre Interessen zu erkennen und zu artikulieren. Es sind Arbeitsgruppen entstanden, die sich mit den Problemen befassen, die Frauen angehen: Halbtagsstellen, mögliche, auch tarifliche Verbesserungen, Tarifvertrag/Tarifrecht, Arbeitsplatzanalysen, Repräsentanz der Frauen in den Medien und im Programm und anderes.

Die angeblichen Zuschauerinteressen

Es ist nicht ganz einfach, eine Vorstellung davon zu vermitteln, in welcher Weise Frauen als Fernsehmacherinnen unterdrückt, diskriminiert oder diffamiert werden, denn diese Mechanismen laufen sehr subtil ab. Jede der Frauen hat einschlägige Erfahrungen, die zum Teil schwer zu konkretisieren sind; die Erfahrungen sind eher atmosphärischer Art. Keine kann sie genau beschreiben, aber jede hat sie schon erlebt. Wichtig ist in diesem Zusammenhang übrigens, daß Frauen Benachteiligungen zunächst als individuelles Problem empfinden. Sie glauben erst einmal, sie hätten etwas falsch gemacht, seien schuld, hätten kein Talent, kämen mit ihren Vorgesetzten nicht zurecht. Erst durch längere Gespräche mit Kolleginnen, die ähnliche Gedanken hatten, wird die persönliche Situation in einen allgemein-gesellschaftlichen Zusammenhang gestellt.

Eine Nachrichtenredakteurin berichtet, sie werde zwar für kompetent gehalten, dürfe aber trotzdem keine Interviews mit Politikern machen: Die männlichen Gesprächspartner befürchten, sie werden von ihren Gesprächspartnern nicht für voll genommen. (Das ist in der Tat manchmal der Fall. In solchen Momenten kann sich eine Frau rächen: indem sie ihren Interviewpartner in dem Glauben läßt, er hätte es mit einem treuherzigen Mädchen zu tun, dem man alles mögliche erzählen kann; der vergißt dann in seiner abschätzigen Haltung zuweilen den »öffentlichen Charakter« des Interviews und sagt Dinge, die er lieber verschwiegen hätte ...)

Wenn die Nachrichtenredakteurin Frauenthemen anbietet, wird sie wegen ihres »Emanzenticks« bespöttelt: Hätte sie den »Emanzentick« allerdings nicht, so gäbe es noch weniger Berichte zu Frauenthemen in den Nachrichtensendungen. Eine andere Kollegin durfte jetzt, nach acht Jahren qualifizierter Arbeit im Innendienst, endlich mal ins Ausland zu einer bedeutenderen Wirtschaftskonferenz.

Als Moderatorinnen werden diese Frauen unter anderem deswegen nicht eingesetzt, weil die Zuschauer angeblich dann nicht mehr die Sache sehen, sondern nur auf Äußeres achten, auf Aussehen, Kleidung etc. Frauen, die auf dem Bildschirm erscheinen, berichten oft, daß sie mit Bemerkungen zu ihrer Erscheinung traktiert werden (die falsche Frisur, zu dunkle Schminke, die unpassende Kleidung, die falsche Blickrichtung, zu freundlich gewesen, zu unfreundlich gewesen, zu viel gelächelt, zu wenig gelächelt), statt daß man mit ihnen über die vermittelten Inhalte diskutiert.

Bei moderierenden Frauen werden Schönheitskriterien zu ihrer Beurteilung herangezogen, wohingegen ein Mann ja wohl aussehen kann, wie er will. Was einem Mann nie passieren würde – Frauen müssen sich Bemerkungen der Kollegen gefallen lassen, ihr Äußeres hätte störend von der Moderation abgelenkt. – Dieses Schönheitsproblem gilt auch für die Ansagerinnen. Sie müssen dem Zuschauer immer ein angenehmes Äußeres bieten. Als »Visitenkarte der Sender« haben sie knitterfrei und fleckenlos auszusehen. Dafür dürfen sie viele ernsthafte Sendungen nicht ansagen. Das könnte den Zuschauer wohl irritieren. Er würde die folgende Sendung vielleicht nicht für so ernsthaft halten, wie sie es tatsächlich ist.

Diese angeblichen Zuschauerinteressen lösen auch bei aufgeklärten Redakteuren bisweilen merkwürdige Zwangsvorstellungen aus. So entspann sich in einer als tolerant und weltoffen geltenden Redaktion einmal ein heftiger Disput darüber, ob in der gleichen Sendung zwei Moderatorinnen auftreten sollten – statt wie üblich die Rollen paritätisch zu besetzen. Einige Mitarbeiter befürchteten, das gehäufte Auftreten von Frauen könne Unmut bei den Zuschauern auslösen. Die beiden Moderatorinnen traten dann doch gemeinsam auf, und nach unseren Informationen ist kein Zuschauer deswegen ausgeflippt.

Eine andere Kollegin berichtet: Es wird nicht als selbstverständlich angesehen, daß Frauen allein Filme machen können. Texte werden redigiert ohne Beteiligung der Autorin, beim Drehen weist das Kamerateam immer wieder auf die Abhängigkeit der Autorin hin – die Rollenproblematik ist in diesem Bereich wegen der institutionalisierten Weisungsbefugnis der Autorin bzw. Redakteurin besonders groß. In Redaktionskonferenzen wird Frauen eher das Wort abgeschnitten oder ihnen gar nicht erst zugehört – besonders, wenn sie die Technik des Themen-Verkaufens nicht beherrschen (oder vielleicht nicht beherrschen möchten). Ein Thema an den Mann bringen, das heißt eine Vertretermentalität entwickeln müssen, mit Lautstärke und Penetranz reden und reden und durchhalten ... Die männliche Zustimmungshierarchie ist nicht eben einfach zu durchlaufen. Bei Kalkulationsgesprächen werden Frauen in den meisten Fällen für ahnungslos gehalten; den Status aufbessern können erst Preise, die man für Sendungen bekommen hat. Das schafft Kompetenz! Wenn eine Frau erfolgreiche Sendungen vorweisen kann, hat sie große Chancen, ernstgenommen zu werden. Redakteurinnen, die sich in ihrer Arbeit (im weitesten Sinne) politisch engagieren, lösen dagegen oft Widerstände aus und werden in mysteriöser Weise verdächtig. Das gehört sich eben nicht.

Wer »Journalist« denkt, denkt »Mann«

Eine den Redakteurinnen gern zugewiesene Rolle ist übrigens die der Betreuerin; da hat sie mal wieder Mutterfunktion, da ist sie mal wieder Dienstleistende. Der Kreative, dessen Ideen und Filme sie von der Entstehung bis zur Sendung betreut, beschützt, umsorgt und schön pflegt, ist natürlich ein Mann.

Sind Frau und Mann Co-Autoren, so wird automatisch der Mann als ›wichtigerer‹ Autor angesehen. Ein Redaktionsleiter wendet sich in Diskussionen unbewußt stets an den Mann. Um Aufmerksamkeit zu bekommen, muß die Frau energisch dazwischenreden. Macht sie dieses peinliche Spiel nicht mit, wird sie nicht wahrgenommen und bleibt ein verkanntes Mauerblümchen – und im Zweifelsfall diejenige, die Dreh- und Schnittermine bestellen und den Kommentartext tippen durfte.

In den seltensten Fällen ist böse Absicht zu unterstellen, wenn Frauen benachteiligt oder als zweite Wahl angesehen werden. Zu lange erprobt sind die Denkstrukturen und Reaktionsmuster in den Köpfen der Männer. Wenn »kritischer Journalist« gedacht wird, wird erst einmal »Mann« gedacht. Zu schwierigen Interviews, bei denen man den kritischen Überblick behalten muß, zu komplizierten Themen, das Weltgeschehen betreffend, werden männliche Kollegen beordert. Das ist eben Männersache. Frauen wirken da nicht so glaubwürdig. Und weil dies so ist, ändert sich – zumindest durch die Männer – nichts. Auch wenn es um die Hauptfiguren in Drehbüchern geht, wird zunächst ›Mann‹ gedacht. Wenn in einer progressiven Vorschulsendung Geschichten entwickelt werden, so berichtet die Redakteurin dieses Programms, schlagen die männlichen Mitarbeiter sogleich einen kleinen Jungen als Hauptfigur vor. Auch die Mütter, sonst immer mit der Rolle der Kindererzieherinnen in Familie und pädagogischen Berufen identifiziert, tauchen in den Köpfen der Autoren selten auf; statt des-

sen werden Beziehungsgeschichten von Vätern und Söhnen angeboten – womit die Autoren, meist selbst Väter, ihre Schuldgefühle kompensieren, weil sie im allgemeinen kaum Zeit für ihre Kinder haben. Wenn diese – unbewußte – Bevorzugung von männlichen Rollen dann allerdings in einer Konferenz thematisiert wird, beharren die Autoren nicht auf ihren Vorstellungen, sondern sind bereit, auch Mädchen als Hauptfiguren einzusetzen oder die Mütter in den Geschichten mitspielen zu lassen. – Ähnliche Beispiele gibt es in Hülle und Fülle. Man erinnere sich an die zahllosen Fernsehdiskussionen und ihre Besetzung. Haben es die Frauen schon zu mehr als der gelegentlich erscheinenden Alibi-Frau gebracht?
Und noch einmal: Ich unterstelle keine böse Absicht. Wenn ich einen geschätzten Kollegen, mit dem ich zusammengearbeitet habe, auf seine kaum merklichen abschätzigen Verhaltensweisen Frauen gegenüber anspräche, so wüßte er wahrscheinlich gar nicht, wovon ich rede.
Frauen haben aus allen diesen Gründen begonnen, ihre Interessen in den Anstalten durchzusetzen und verstärkt Einfluß auf das Programm zu nehmen; leider ist das nur in bescheidenem Umfang möglich. Viele Redakteurinnen versuchen, andere Inhalte ins Programm zu bringen: Im Jugendmagazin des ZDF wurden mädchenbezogene Themen stärker berücksichtigt. Im Bereich des Bildungsprogramms achten Redakteurinnen darauf, daß in den einzelnen Sendungen Beispiele von Rollentausch zu sehen sind – wo der Vater den Abwasch macht und die Mutter Auto fährt. Statt solche Beispiele nur einmal – in einer Sendung – zu thematisieren und dadurch Gefahr zu laufen, bei den Zuschauern Ängste und Abwehrhaltungen zu provozieren, wird versucht, in kleinen Schritten ein neues Frauenbild zu vermitteln.
Im Bereich Fernsehspiel erhalten allmählich immer mehr Frauen Gelegenheit, Filme zu machen. Es geht dabei weniger um die Darstellung von Frauenproblemen als vielmehr darum, bestimmte gesellschaftspolitische Themen aus einem anderen Blickwinkel zu sehen: mit »Frauenaugen« statt mit »Männeraugen«. Frauen als Autorinnen und Redakteurinnen können Zuschauerinnen eher mit bestimmten Themen ansprechen, weil sie besser wissen, was Frauen betrifft. Eine Kollegin aus der Nachrichtenredaktion gab dafür ein Beispiel: Wenn sie zur Kriegsberichterstattung in den Libanon geschickt würde, sähe sie ihre Aufgabe darin, aus der Sicht der betroffenen Frauen und Mütter zu berichten statt statistisches Material über die Kriegsverluste auf beiden Seiten mitzuteilen.
Oft ist die Frage diskutiert worden, auch auf dem ersten Schriftstelle-

rinnen-Treffen vor einiger Zeit, ob es »weibliche« Inhalte, ob es eine »weibliche« Ästhetik gäbe. Die Frauen kamen auf diesem Kongreß zu der Einsicht, daß Frauen eher als Männer fähig sind, ihre privaten Probleme zu veröffentlichen und damit öffentlich zu machen. Sie erkennen ihre privaten Probleme als gesellschaftliche Probleme. – Eine Frage, über die nachzudenken sich lohnt, ist: wie Frauen sich durch Rundfunk und Fernsehen in die Öffentlichkeit »einbringen« können. Die Frage ist auch, ob es Frauen gelingt, andere Sendungen zu machen, das heißt auch andere Präsentationsformen zu finden, eine eigene Filmsprache zu entwickeln, Dinge und Personen anders wahrzunehmen und darzustellen. Das wäre fraglos eine Bereicherung des Programms, denn bisher haben sich Autorinnen und Redakteurinnen an die herrschenden Normen der Fernsehanstalten anpassen müssen – und das sind männliche Normen. Ansätze sind also vorhanden, die Frauen im Programm anders darzustellen. Aber diese Ansätze dürfen so lange nicht optimistisch stimmen, so lange es »noch mehr Tierfilme als Frauenfilme« gibt wie eine Redakteurin einmal so schön formulierte.

Die veränderte und sich verändernde Position der Frau in unserer Gesellschaft muß im Fernsehen angemessen dargestellt werden. Diese Forderung sollten Frauen aus allen Berufsgruppen mit Nachdruck stellen. Leider ist diese Forderung nicht einklagbar; man muß auf die Einsicht der Männer hoffen. Marielouise Janssen-Jurreit schrieb in einem Papier, in dem sie die Gründung eines Journalistinnenverbandes ›Mediafrauen‹ vorschlägt: »Da unsere Diskriminierung wie oben beschrieben zumeist mit psychologischen und unserer Kultur immanenten Mitteln stattfindet, besteht die Schwierigkeit, diese Benachteiligung und Diskriminierung in juristisches Beweismaterial bzw. juristische Argumentation umzusetzen. Da wir uns in einer absoluten Minoritätenposition befinden, können wir zunächst nur mit einer Strategie der Freundlichkeit versuchen, für unsere Ziele zu werben und z. B. durch ständige Stellungnahmen die zuständigen Instanzen nerven.«

Als ich Bebels Buch »Die Frau und der Sozialismus« las, war ich beeindruckt, wie aktuell seine vor hundert Jahren niedergeschriebenen Einsichten auch 1978 noch sind, und ich mache mir einen schönen Traum: Jemand möge in hundert Jahren das vorliegende Buch lesen, müde abwinken und sagen: Ach, was für ein alter Hut . . .

Katharina Focke

Die vergessene Hälfte der Dritten Welt

Auch die Entwicklungspolitik hat die Probleme der Frauen zu berücksichtigen

Frauen in der Dritten Welt sind erst seit kurzem in unserem Bewußtsein. Daß sie um die Mitte der siebziger Jahre auch »ein Thema« wurden, ist den Vereinten Nationen zu danken. Die Welternährungs- und die Weltbevölkerungskonferenz 1974 trugen dazu bei. Die Weltfrauenkonferenz von Mexiko und das »Internationale Jahr der Frau« 1975 waren Ausdruck eines wachsenden Bewußtseins für die soziale und ökonomische Benachteiligung der Frauen besonders in den Entwicklungsländern; sie sollten zugleich die Erkenntnis schärfen, daß hier ein dringend zu bearbeitendes Feld nationaler Initiativen und internationaler Solidarität liegt.
In der Bundesrepublik Deutschland blieb das Echo relativ gering. Das »Internationale Jahr der Frau« wurde meist mißverstanden, weil zu sehr auf die Probleme mangelnder Gleichberechtigung zu Hause bezogen. Selbst in der Arbeitsgemeinschaft Sozialdemokratischer Frauen gibt es in dieser Hinsicht noch immer zuviel Provinzialismus.

Bebel und die »Internationalität«

Die Frauen der Dritten Welt waren auch kein Thema für Bebel, als er vor hundert Jahren sein Buch über die Frau und den Sozialismus schrieb. Sie konnten noch keines sein. Doch beweist sein Kapitel über »Die Internationalität« gegen Ende des Buches – das seiner Darstellung des »goldenen Zeitalters« folgt, in dem mit der Klassenherrschaft auch die Herrschaft des Mannes über die Frau für immer ihr Ende erreicht hat –, daß ihm die internationale Dimension der sozialen Probleme, die Verflochtenheit der Völker und der Weltwirtschaft sehr bewußt waren. Seine soziale Utopie steht ausdrücklich unter dem Vorbehalt: »Das menschenwürdige Dasein für alle kann aber nicht die Daseinsweise eines einzigen bevorzugten Volkes sein, das, isoliert von allen übrigen Völkern, diesen Zustand weder zu begründen noch auf-

rechtzuerhalten vermöchte. Unsere ganze Entwicklung ist das Produkt des Zusammenwirkens nationaler und internationaler Kräfte und Beziehungen. Obgleich die nationale Idee noch vielfach die Köpfe beherrscht . . . stecken wir bereits tief im Internationalismus.«
Seine Welt war die der Kulturnationen, wie er sie nannte: ganz Europa von Rußland bis Portugal, vom Balkan bis Irland; die Vereinigten Staaten von Amerika; Australien. Sie würden mit Kultur- und Kolonisationsarbeiten den Barbaren und Wilden als Wohltäter erscheinen, als Freund, der alle Menschen zu Kulturmenschen erziehen will. Dies könnte erfolgen, wenn die neue Gesellschaft nach dem Ende des sozialen Kampfes, dessen letzte Phase sich zu Beginn des 20. Jahhunderts nähert, dann auch auf internationaler Basis aufbaut, wenn die Völker sich verbrüdern »und danach trachten, den neuen Zustand allmählich über alle Völker der Erde auszudehnen«. Er sah Symptome sozialer Gärung und tiefe soziale Gegensätze in den einzelnen Ländern. Den größten sozialen Konflikt des ausgehenden 20. Jahrhunderts, den Nord-Süd-Konflikt, konnte er nicht voraussehen. Und die Frau kommt in seinem Kapitel »Die Internationalität« überhaupt nicht vor. Etwas anders sieht es aus in dem anschließenden – auch international aufgefaßten – Kapitel über »Bevölkerungsfrage und Sozialismus«, in dem er die Furcht vor Überbevölkerung als Gefahr für seine sozialistische Utopie zu zerstreuen sucht und sich deshalb intensiv mit Malthus auseinandersetzt. In ihm steht die zentrale Aussage: »Die Furcht vor Überbevölkerung tritt stets in Perioden auf, in denen der bestehende Sozialzustand im Verfall begriffen ist. Die allgemeine Unzufriedenheit, die dann entsteht, glaubt man in erster Linie dem Überfluß an Menschen und dem Mangel an Lebensmitteln *und nicht der Art, wie sie gewonnen und verteilt werden*, zuschreiben zu müssen.«
Er dreht die Kausalität um. Er stützt sich auf Marx und auf Virchow, um zu untermauern, daß je größer die Armut, um so zahlreicher die Kinder, und also zu erwarten sei, daß eine sozialistische Gesellschaft eine *Abnahme der Fortpflanzung* zur Folge haben werde. Wörtlich sagt er: »In der Bevölkerungsfrage ist in Zukunft eins von ausschlaggebender Bedeutung. Das ist die höhere freiere Stellung, die alsdann unsere Frauen ohne Ausnahme einnehmen.« Für Bebel stand fest, daß wegen dieser neuen Stellung der Frau in der sozialistischen Gesellschaft die Bevölkerungsvermehrung langsamer vor sich gehen werde als in der bürgerlichen.

Von hier führt ein gar nicht so kühner Sprung zu einer Rede, die 1977 – 98 Jahre später – der Weltbankpräsident Robert McNamara über die Bevölkerungsprobleme in Entwicklungsländern hielt: Er forderte darin die Regierungen auf, in erster Linie die soziale und wirtschaftliche Umwelt zu ändern, die bisher für die hohe Fruchtbarkeit gesorgt habe, und vor allem die soziale, wirtschaftliche und politische Situation der Frauen zu verbessern. Einfache, breitgestreute Gesundheitsdienste für die ländliche Bevölkerung, Ausdehnung der Schulbildung insbesondere auch für Mädchen, Verbesserung der Einkommen vor allem der Kleinbauern und der städtischen Armen, eine gerechtere Einkommensverteilung, all dies verknüpft mit einer größeren Beteiligung der Frauen am Entwicklungsprozeß – das ist für McNamara entscheidender als Familienplanungsprogramme und die Verteilung von Empfängnis-Verhütungsmitteln. Er belegt dies mit konkreten Erfahrungen. So zum Beispiel in Kerala, einem der ärmsten Bundesstaaten Indiens, was das durchschnittliche Pro-Kopf-Einkommen betrifft. Dagegen ist die Einkommensverteilung relativ ausgeglichen, die Analphabetenrate, insbesondere unter Frauen, die höchste in Indien und die Kindersterblichkeit am niedrigsten. In Kerala ist die Geburtenrate die niedrigste von allen indischen Bundesstaaten. Vier Milliarden Menschen auf der Erde heute gegenüber zwei Milliarden noch vor 25 Jahren; die Aussicht auf acht Milliarden im Jahre 2000; Überschwemmungs- und Dürrekatastrophen mit Millionen Hungertoten; 1,2 Milliarden Menschen ohne sauberes Trinkwasser und 700 Millionen gefährlich Mangelernährte; die wachsende Kluft zwischen Bevölkerungswachstum und Nahrungsmittelproduktion in vielen Entwicklungsländern; das weitgehende Versagen aller bisherigen Nahrungsmittelhilfen, weil Transport und Verteilung nicht funktionieren und Korruption die Lieferungen versickern läßt: Das ist der eine Grund, der zur Besinnung auf die Situation der Frauen in der Dritten Welt geführt hat.

Der andere liegt in der Erkenntnis, daß trotz aller bisherigen Bemühungen der Entwicklungshilfe und der wirtschaftlichen Zusammenarbeit die Armut in vielen Entwicklungsländern wächst. Zweifel wachsen zugleich an der Richtigkeit der bisherigen Methoden. Statistische Wachstumsraten und Erhöhung der durchschnittlichen Pro-Kopf-Einkommen besagen wenig, wenn dahinter immer krassere Unterschiede zwischen wenigen Reichen und vielen Armen und eine wachsende »absolute Armut« stehen. (»Abolute Armut« als Definition für

Menschen, die von weniger als hundert Mark pro Kopf und Jahr leben müssen.)
Die forcierte Industrialisierung führte zur Landflucht, zur wachsenden Kluft zwischen Stadt und Land, zu Slums mit 70 Prozent Säuglingssterblichkeit, zu zurückgelassenen Frauen in den ländlichen Regionen, die allein mit der Erziehung ihrer Kinder, der Nahrungsmittelproduktion, der Feldarbeit, Wasser- und Holzschleppen überfordert sind – auch dies wiederum ein Grund für ungenügende Produktivität in der Landwirtschaft. Der verstärkte Anbau von Verkaufsfrüchten bedeutet oft zusätzliche Belastung für die Frauen, oder er geschieht auf Kosten des Anbaues von Nahrungsmitteln für die Familie, für den Kleinhandel auf dem nächsten Markt. Damit geht die Entwicklung zu Lasten der Gesundheit und nimmt den Frauen eine traditionelle Einkommensquelle. Massenproduktion in industrieller Arbeitsteilung verdrängt Heimarbeit und Kleinhandel, ohne dafür Ersatz durch neue Arbeitsplätze zu schaffen, die weitgehend den Männern vorbehalten blieben.
Es zeigt sich: Der soziale und ökonomische Wandel, der sich in vielen Entwicklungsländern noch schneller als einst in den Industrieländern vollzieht, ist häufig mit negativen Begleiterscheinungen für die Menschen verbunden, und die Frauen wurden dabei am härtesten betroffen.
Die Nichtbeachtung des sozialen und kulturellen Rahmens, in dem Projekte organisiert wurden, die Zerstörung überkommener Sozial- und Familienstrukturen geht vor allem zu Lasten der Frauen. Die Grundbedürfnisse der Menschen – Essen, Wohnung, Gesundheit, Bildung und Arbeit – werden häufig nicht besser, sondern schlechter erfüllt.

Entwicklung verschlechtert die Lage der Frauen

Dies allgemeine Bild bedarf natürlich der Differenzierung. Wenn auch im städtischen wie ländlichen Bereich negative Auswirkungen der wirtschaftlichen und technologischen Entwicklung auf die Lage der Frauen festgestellt werden müssen, so hängt Charakter und Ausmaß – mit erheblichen regionalen Unterschieden – zum Beispiel davon ab, wie groß der Anteil der Frauen in landwirtschaftlichen Familienbetrieben ist (Afrika südlich der Sahara ca. 50 Prozent, Südostasien 20 Prozent); wie sehr sie im Kleinhandel dominierten (typisch für Westafrika); wie stark sie Zugang zum modernen Industriesektor (vorwiegend in Südostasien) oder zum traditionellen Dienstleistungssektor in den Städten (vorwiegend Lateinamerika) hatten. Grob skizziert kann man sagen, daß die Entwicklung in lateinamerikanischen und einigen asiatischen Ländern eine die Frauen benachteiligende Arbeitsteilung noch verschärft hat, während sie in Afrika durch die Zerstörung gleichberechtigter oder matriarchalischer Stammesstrukturen den Frauen Status, soziale Sicherheit und traditionelle, auch ökonomisch wichtige Betätigungsfelder oft ersatzlos zu nehmen droht.

Natürlich ist hervorzuheben, daß es in vielen Entwicklungsländern Frauen in wichtigen politischen, wirtschaftlichen und gesellschaftlichen Positionen gibt und insofern ein Vergleich mit Frauen in Schlüsselpositionen bei uns durchaus zugunsten von Ländern der Dritten Welt ausfallen kann. Das ändert aber nichts an der negativen Gesamtaussage, die sich auf die große Mehrheit der Frauen in ländlichen Regionen und in den Städten bezieht.

Das Thema »Frauen in der Dritten Welt« ist kein Emanzipationsthema nach westlichem Muster mit der einfachen Übertragung politischer und sozialer Vorstellungen und Forderungen aus europäischer oder amerikanischer Sicht. Es läßt sich umgekehrt auch nicht wegdiskutieren oder wegwünschen mit der nostalgischen Warnung, die Frauenfrage in Afrika, Asien oder Lateinamerika aufwerfen, hieße, ganz andere Strukturen und Kulturen zu verfremden und zu zerstören. Diese Zerstörung ist längst im Gang. Es geht heute darum, dies zu erkennen, wo möglich aufzuhalten, die negativen Folgen zu mindern, und dabei für die Entwicklung das große Potential der Frauen der Dritten Welt nicht weiter an den Rand zu drängen, sondern zur Entfaltung und Mitwirkung kommen zu lassen. Nur so kann es gelingen, die von Entwicklungs- und Industrieländern gemeinsam formulierten Ziele für alle Menschen zu erreichen.

Wenn Bebel sich heute in den Entwicklungsländern umsehen könnte, so würde er die Zustände durchaus wiedererkennen: als frühkapitalistische, die nach seinem Urteil auch in Europa die Frauen besonders hart getroffen haben. Und er würde verlangen, daß sozialdemokratische Parteien und Regierungen von Kulturnationen im internationalen Sozialkonflikt, den wir den Nord-Süd-Konflikt nennen, solidarisch mit den Arbeitern und Frauen der Dritten Welt um ihre Rechte kämpfen.

Dabei würde er, wie in der Einleitung zu »Die Frau und der Sozialismus« dargestellt, gewiß auch hier eine doppelte Aufgabe sehen: einmal im Rahmen der jeweilig gegebenen Situation für die Gleichberechtigung der Frauen auf allen Gebieten zu kämpfen – und hier sah er auch eine engere Solidarität der Frauen untereinander, selbst über Klassenschranken hinweg. Zum anderen die »Umwandlung der Gesellschaft von Grund aus . . ., um einen Zustand herbeizuführen, der die volle ökonomische und geistige Unabhängigkeit beiden Geschlechtern durch entsprechende soziale Einrichtungen ermöglicht«. Und in diesem Kampf sah er Männer und Frauen Seite an Seite.

Auf unser Nord-Süd-Problem übertragen, heißt dies: Die Situation der Frauen in der Dritten Welt zu verbessern, ist eine ständig zu berücksichtigende und vor allem von den Frauen voranzutreibende Aufgabe innerhalb der wirtschaftlichen Zusammenarbeit. Sie ersetzt nicht, sondern ergänzt nur die andere, große Aufgabe der Errichtung einer gerechteren internationalen Wirtschafts- und Sozialordnung, in der – weltweit – die politischen und die sozialen Menschenrechte verwirklicht werden.

Bei der ersten Aufgabe handelt es sich um die richtige Auswahl und Anlage von bilateralen und multilateralen Projekten. Es handelt sich auch um die stärkere Berücksichtigung der Frauen bei der Entwicklung ländlicher Regionen und – in der sogenannten Grundbedürfnisstrategie zur Bekämpfung der Armut – um mehr einfache Gesundheitsdienste, Bewässerungsprojekte und Dorfbrunnen. Die Einbeziehung von Mädchen und Frauen in Grundbildung, Ausbildung, Erwachsenenbildung, in die Erlernung einfacher Techniken, in Beratung und Training (zum Beispiel in der Landwirtschaft), in Genossenschafts- und Gemeinwesenarbeit, in die Unterstützung von Selbsthilfeorganisationen gehören ebenso zur Verbesserung der Situation jener Frauen.

Bei der zweiten Aufgabe handelt es sich um die Korrektur der aus der Kolonialzeit überkommenen kraß ungerechten Verteilung des Reichtums und der Arbeitsteilung zwischen rohstoffliefernden Ländern und industriell produzierenden Ländern; handelt es sich – in Erkenntnis gegenseitiger Abhängigkeit und Interessen – um gerechtere Lösungen für all die Probleme, die heute auf den verschiedenen Konferenzen und in den verschiedenen Organisationen – unter den Stichworten: Neue Weltwirtschaftsordnung, Rohstoffabkommen mit Ausgleichslagern und einem gemeinsamen Fond, internationales Seerecht, Zoll-

präferenzen, liberale Handelspolitik, Technologietransfer, Multis, Ressourcentransfer, 0,7-Prozent-Ziel – diskutiert und verhandelt werden.
In beiden Aufgabenbereichen geht es um die Arbeitsplätze und Märkte von morgen in Industrie- *und* Entwicklungsländern, um die gerechte Verteilung von Wohlstand, Wissen und Macht. Die im Augenblick größte Hoffnung auf zukunftsweisende Antworten liegt jenseits aller Konferenzen, Versammlungen und Verhandlungstische bei der kürzlich berufenen Nord-Süd-Kommission, die Willy Brandt leitet.

Der Weltaktionsplan

Die Weltfrauenkonferenz in Mexiko City im Juni 1975 war eine typische Momentaufnahme der Situation mit ihren unterschiedlichen Interessen, Akteuren und Zielrichtungen. Wer gehofft hatte, eine mehrheitlich von weiblichen Delegierten getragene Konferenz werde anders verlaufen und bessere Ergebnisse bringen als üblich, wurde enttäuscht: Es gab ein typisches UN-Konferenzbild – und keineswegs nur, weil die männliche Minorität häufig die Drähte zog. Nationale und regionale Interessen, die bekannten Auseinandersetzungen zwischen Ideologien und Gesellschaftssystemen bis hin zum israelisch-arabischen Konflikt beherrschten weithin die Szene, und auch Lea Rabin und Jehan Saddat konnten oder wollten daran nichts ändern.
Vor allem auch auf der ziemlich turbulenten Parallelkonferenz nichtstaatlicher Delegationen erfuhr die westliche Emanzipation à la Women's Lib wegen Provinzialismus und Egozentrik eine glatte Abfuhr durch die Dritte Welt. Die ständig wiederholten Thesen kommunistischer Vertreterinnen, daß es eine Frauenfrage in den sozialistischen Ländern nicht gäbe, wurden ebenso höflich wie skeptisch entgegengenommen. Die Delegation der Volksrepublik China war noch neu auf dem internationalen Parkett und darum eine Hauptsensation.
Das Ergebnis in Form vieler Resolutionen, der Deklaration von Mexiko und des Weltaktionsplans überbrückte in notgedrungen weltweiter und also allgemeiner Aussage die ganz unterschiedlichen Situationen, Notwendigkeiten und Prioritäten. Es überbrückte aber auch die zum Teil – vor allem in den Vorkonferenzen – ausgebrochene Auseinandersetzung zwischen jenen, die eine Verbesserung der Situation der Frauen allein von einer Neuen Weltwirtschaftsordnung abhängig sehen wollten, und jenen, die auch auf dem Weg dahin, in Gegenwart

und näherer Zukunft, konkrete Aufgaben und konkrete Lösungen zu mehr Gleichberechtigung unter den jeweils gegebenen Umständen sahen.
Insbesondere der Weltaktionsplan enthält eine Fülle von gezielten Maßnahmen zur Verbesserung der Situation der Frauen – schwerpunktmäßig der Frauen in Entwicklungsländern und dort vor allem in ländlichen Regionen – »sowohl als Mittel zur Erreichung sozialen Fortschritts und allgemeiner Entwicklung als auch als Ziel an sich«. Politische Partizipation, Erziehung und Ausbildung, Erwerbstätigkeit, Gesundheit und Ernährung, Familie, Bevölkerung, Wohnen nehmen einen breiten Raum ein. Die Verwirklichung ist national, regional und international gedacht. Als Rahmenbedingungen, unter denen die angestrebten Ziele erreicht werden können, werden genannt: Abbau des Ungleichgewichts der internationalen ökonomischen Beziehungen; Beseitigung jeder Form von Unterdrückung; Unabhängigkeit und Souveränität der Staaten.
Die Konferenz hatte zur Folge, daß viele weibliche Delegierte sich kennenlernten, zum erstenmal eine Anschauung davon erhielten, wo sich Partnerinnen für eine zukünftige Zusammenarbeit befanden. Daß es ohne die Initiative und Mitsprache der Frauen in jedem einzelnen Land nicht gehen würde, war allen klar. Und Beachtung fand die Delegationsleiterin der Bunderepublik Deutschland, als sie sagte: »Wir Frauen in den Industrieländern müssen unsere Entwicklungspolitik zugunsten der Frauen in den Entwicklungsländern beeinflussen. Die Frauen in den Entwicklungsländern müssen sich stark machen, daß Projekte beantragt werden, die zur Lösung ihrer Probleme beitragen. Hier könnten wir Frauen beweisen, daß wir von Solidarität nicht nur reden, sondern sie auch zu praktizieren wissen.«
Natürlich war dies eine Idealvorstellung. In Wirklichkeit hatten Frauen nur einen minimalen Einfluß auf die Zusammenarbeit zwischen Industrie- und Entwicklungsländern. Doch ist seitdem ein Wandel im Gang. Politikerinnen, Gewerkschafterinnen und Frauenorganisationen in Industrieländern werden problembewußter und weiten allmählich ihren Einsatz für Gleichberechtigung auch auf Frauen der Dritten Welt aus. Das Grundsatzpapier »Förderung der Frau in Entwicklungsländern«, das während der Amtszeit von Marie Schlei als Bundesminister für wirtschaftliche Zusammenarbeit zustande kam, ist ein wichtiges Beispiel dafür.
In den Entwicklungsländern – in denen es viele starke Frauenorganisationen und auch lokale Selbsthilfegruppen gibt – hat ein Umdenkungsprozeß bei den Frauen, die schon führende Positionen erreicht

hatten, bei städtischen Eliten und Akademikerinnen, eingesetzt. Auch sie sind eigentlich erst durch das »Internationale Jahr der Frau« auf ihre benachteiligteren Schwestern auf dem Lande aufmerksam geworden. Sie geben das zum Teil offen zu, so wie Mrs. Jiagge, Richterin am Obersten Gerichtshof und Vorsitzende des Nationalen Frauenrates in Ghana. Ihre Arbeit wendet sich heute im eigenen Land der Verwirklichung von Teilen des Weltaktionsplans zu: insbesondere durch ein Work-shop-Programm für Frauen auf dem Lande, um alte Handfertigkeiten neu zu beleben und neue zu lehren, weibliche Einkommen zu erhöhen, Dorf- und Heimarbeit zu verbreitern, Frauen im Genossenschafts- und Kreditwesen und bei Finanzierung von Selbsthilfe-Projekten zu unterstützen, sie mit einfachen Techniken und Geräten für Haus und Garten zu versehen etc.

Nationale und regionale Anstrengungen

Das meiste muß natürlich *national* geschehen. Wenn es im Weltaktionsplan – um ein Beispiel herauszugreifen – heißt, daß das Bildungsniveau der Frauen merklich angehoben werden muß, so geht es bei uns darum, das Bildungssystem in Richtung Gesamtschulen und Ganztagsschulen zu entwickeln, um Mädchen und Kindern auf dem Lande bessere Chancen zu geben; so heißt es mehr Lehrstellen für Mädchen, bessere Nutzung von Umschulungs- und Weiterbildungsmöglichkeiten für Frauen; so heißt es immer noch, Eltern, Lehrer, Lehrherren davon zu überzeugen, daß eine gute Ausbildung für Mädchen genau so wichtig ist wie für Jungen und daß von der Schule übers Arbeitsamt bis zu den Universitäten das Denken in Männer- und Frauenberufen überwunden werden muß.

In Entwicklungsländern, wo von 800 Millionen Analphabeten 500 Millionen Frauen sind, geht es oft darum, Mädchen überhaupt eine Möglichkeit zum Schulbesuch zu verschaffen; Kindertagesstätten zu errichten, um sie von der Betreuung ihrer kleinen Geschwister zeitweise zu entlasten. Trotz erheblicher Ausweitung des Schulwesens steigt jedoch die Zahl der Kinder ohne Schulbildung und wird beim raschen Bevölkerungszuwachs weiter steigen: Die Lücke wird größer statt kleiner, obwohl von Entwicklungsländern bis zu 20 und 30 Prozent des Staatshaushaltes für Bildung und Ausbildung bereitgestellt werden. Es muß also an eine »informelle« Basis-Bildung, den örtlichen Gegebenheiten angepaßt, mit Hilfe von örtlichen Initiativen von Jugend- und Frauenverbänden gedacht werden. Es müssen Ausbildungsprogramme auch für Mädchen und Frauen in ländlichen Gebieten entwickelt werden, die neben einem Minimum von Alphabetisierung und Rechnen vor allem Ackerbaumethoden, Einsatz von Geräten, Genossenschaftswesen, Handel, Verkauf, Tierzucht, Nahrungsmittelbevorratung, Ernährung, Gesundheit, Kindererziehung, Familienplanung umfassen.

Nationale Anstrengungen sollen laut Weltaktionsplan von *regionalen* unterstützt werden. Dabei handelt es sich vor allem um die großen regionalen Unterorganisationen der Vereinten Nationen: ECA, die Wirtschaftskommission für Afrika zum Beispiel, oder ECLA, die Wirtschaftskommission für Lateinamerika. Es gibt Konferenzen, Erfahrungs- und Planungsaustausch nach Mexiko – aber auch konkrete Aktivitäten. Eine davon ist das Projekt in Lateinamerika mit der Bezeichnung »Förderung und Entwicklung der Rolle der Frau in Gemeinschaftsaktivitäten und bei der Entwicklung und Wohlfahrt des Kindes und der Familie«, das von UNICEF, dem Weltkinderhilfswerk der Vereinten Nationen, unterstützt wird und für das auch die Bundesrepublik Deutschland 1978/79 etwa 1,5 Millionen Mark beiträgt. Bei dem Vorhaben, das sich auf zahlreiche lateinamerikanische Länder bezieht, geht es darum, durch Erfahrungsaustausch, Seminare, Workshops in Zusammenarbeit zwischen ECLA, UNICEF, nationalen Behörden, Frauenorganisationen, Selbsthilfegruppen die Bedürfnisse der Frauen in sozialen Diensten, in der Gemeinwesenarbeit, in Ernährung, Erziehung, Ausbildung und Beschäftigung stärker zu berücksichtigen. Priorität haben die ärmeren Bevölkerungsgruppen. Die Erfahrungen werden ausgewertet.

Was ist frauenrelevant?

In der *internationalen* Diskussion wird zwischen sogenannten frauenspezifischen und frauenrelevanten Maßnahmen unterschieden. Die ersteren betreffen Frauen unmittelbar und ausschließlich (Unterrichtung in Hauswirtschaft, Ausbildung als Krankenschwester oder Dorfschwester). Das klingt sehr schön, geschieht auch schon seit längerem, ist aber nach neueren Erkenntnissen, auch denen des Weltaktionsplans, sehr viel weniger wichtig als die sogenannten frauenrelevanten Maßnahmen, die Frauen angeblich nur indirekt berühren: Ihr Einfluß auf eine Verbesserung der Lage ist in Wirklichkeit unmittelbarer, wenn auch häufig integriert in einen anderen oder größeren Zusammenhang.

Es geht auf gut deutsch bei der Verwirklichung des Weltaktionsplans auf internationaler Ebene nicht um einige isolierte Frauenprogramme, sondern darum, in der finanziellen und technischen Zusammenarbeit, bilateral und multilateral, alle Projekte und Programme auf ihren Einfluß auf die Situation der Frau hin zu überprüfen: einmal um zu verhindern, daß Entwicklungshilfemaßnahmen sich – wie bisher oft – zum Nachteil der Frauen auswirken; zum anderen, um – vor allem in den Sektoren Bildung, Gesundheit und Ernährung, Arbeit, im Rahmen integrierter ländlicher Entwicklungsprogramme, in der Grundbedürfnisstrategie, aber auch bei der Industrialisierung und Technisierung – zur unmittelbaren Verbesserung der Lebenslage der Frauen beizutragen.

Die Bundesrepublik Deutschland hat sich in Mexiko dazu mit verpflichtet. Es paßt nahtlos zu ihrer eigenen entwicklungspolitischen Konzeption. Die Förderung der Frauen in Entwicklungsländern ist ein besonders guter Ansatzpunkt, um das zu tun, was nach Grundsatzpapieren bis zu Richtlinen für die praktische Durchführung von Projekten durch die GTZ (Gesellschaft für Technische Zusammenarbeit) und die KW (Kreditanstalt für Wiederaufbau) sowieso ihr erklärtes Ziel ist: die Menschen zu erreichen; ihre sozialen Menschenrechte zu befriedigen; nicht nur statistische Fortschritte, sondern mehr Verteilungsgerechtigkeit mitzubewirken; nicht nur einen Hafen, eine Fabrik, eine Straße zu bauen, sondern immer auch nach den sozialen Auswirkungen von Projekten auf verschiedene gesellschaftliche Gruppen zu fragen.

Wonach in Zukunft zu fragen ist

Ganz konkret ist zum Beispiel bei einem landwirtschaftlichen Entwicklungsprojekt zu fragen, wie auch die Weltbank dies vor mehreren Jahren schon angeregt hat: Wie ist in der Region die Familienstruktur? Welche Landarbeiten werden von Frauen, welche von Männern verrichtet? Wie wird das Projekt die Arbeitsteilung in der Familie berühren?

Welche Geräte können eingeführt werden, um nicht nur die Arbeit der Männer, sondern auch die der Frauen zu erleichtern? Was für Geräte möchten Frauen haben, und sind sie bereit, sie zu benutzen? Wird irgendein Bestandteil des geplanten Projektes Frauen traditionelle Einkommensmöglichkeiten nehmen? Welche Alternativen gibt es?

Falls mehr landwirtschaftliche Produkte für den Verkauf angebaut

werden sollen – wird das die Arbeitslast der Frauen vergrößern, und zu welcher Belastung durch die Arbeit für die Ernährung der Familie kommt das hinzu? Wird der Verkaufsanbau womöglich den Nahrungsmittelanbau für die Ernährung und Gesundheit der Familie beeinträchtigen?
Welche sozialen Dienste gibt es in der Region – Wasser, Gesundheitsdienste, Schulen, Wohnungen? Welche besonderen Bedürfnisse haben vor allem die Frauen?
Welche Ausbildungs- und Beratungsmöglichkeiten haben die Frauen, um mehr über Anbau, Ernährung, Lagerung zu erfahren? Werden Frauen ermutigt, sich daran zu beteiligen? Können sie stärker vom landwirtschaftlichen Beratungsdienst profitieren? Wie können Frauen an Planung und Durchführung der Projekte beteiligt werden?
Welche Genossenschaften, Selbsthilfegruppen, informelle Organisationsansätze ließen sich nutzen, um Frauen zu mehr Ausbildung zu verhelfen? Enstspricht die vorhandene oder geplante Ausbildung den tatsächlichen Rollen, die Frauen in der Region in Landwirtschaft, Kleinhandel, Industrie etc. spielen?
Würden solche Fragen und viele andere je nach Projekt und Region gestellt – entweder vor der Projektentscheidung oder wenigstens während es läuft, um es noch nachträglich ergänzen und korrigieren zu können –, so würde das eine sensationelle Veränderung im Charakter der meisten Projekte nicht nur des Bundesministeriums für wirtschaftliche Zusammenarbeit bedeuten. Viele Projekte, die ohne Rücksicht auf soziale Kosten nur auf wirtschaftliche Effizienz hin angelegt sind, müßten verworfen werden. Landwirtschaftliche Schmalspur-Projekte, allein zur Erhöhung des Anbaus bestimmt, würde es so nicht mehr geben; integrierte ländliche Projekte unter voller Einbeziehung der Frauen würden die Regel.
Aber der Weg dahin ist lang und voller Widerstände. Beamte, Ingenieure und Kaufleute sind nicht gewohnt, solche Fragen zu stellen. Soziologen sind kaum beteiligt, wissenschaftliche Projektbegleitung fehlt noch weitgehend; der vom Bundeshaushalt erzwungene jährliche Mittelabfluß nach Länderquoten führt zu Regierungsverhandlungen, Projektentscheidungen und ihrer Duchführung nach dem Gesetz des geringsten Widerstandes. Der Einfluß der Lobby ist alldurchdringend. Dies gilt natürlich für beide Seiten, Industrie- und Entwicklungsland; und die Souveränität des Partners, der sich bei seinen Projektwünschen nicht um den auch von ihm mitbeschlossenen Weltaktionsplan kümmert, ist natürlich eine gute Ausrede – und mehr als das. Daß gerade die Beziehung zwischen Partnern Anregung und Überzeugung

verträgt, daß mittelfristig mehr Kontakte, Gespräche, Vorerkundungen, Rückkoppelung von Erfahrungen und wissenschaftliche Begleitung hilfreich sein kann – das sind Erkenntnisse, die sich erst allmählich Bahn brechen.

In Projekten einiger internationaler Organisationen – nicht-staatlicher und kirchlicher Träger oder auch der politischen Stiftungen – kommt die Berücksichtigung sozialer Bedürfnisse schon eher zum Zuge als in der bilateralen technischen und finanziellen Zusammenarbeit. Das Bundesministerium für wirtschaftliche Zusammenarbeit täte deshalb gut daran, diese noch mehr zu unterstützen und von ihren Erfahrungen zu lernen. Vor allem aber wird es darum gehen, den Druck einer informierten öffentlichen Meinung zu erhöhen – nicht nur für mehr Mittel, sondern auch für bessere Projekte.

Hier liegt eine Aufgabe gerade auch der Frauenorganisationen in unserem Lande – allen voran der Arbeitsgemeinschaft Sozialdemokratischer Frauen, die damit angesichts einer weltweiten neuen Herausforderung ihrer eigenen Tradition treu bliebe.

Anke Fuchs

Weder Resignation noch Militanz!

Gleichberechtigung der Frauen in Europa ist ohne dynamische Reformpolitik nicht möglich

Manchmal hat man den Eindruck, die Reden und Schriften über die Gleichberechtigung der Frau würden langsam langweilig, weil dazu alles gesagt ist und sich doch anscheinend nichts Entscheidendes bewegt. Besteht deshalb Anlaß zu Resignation oder Militanz?

Wer – wie auch die Autoren dieser Veröffentlichung es tun – in die Geschichte der letzten 100 Jahre zurückblickt, wird zugeben müssen, daß sich schon einiges getan hat, daß viele der Forderungen Bebels in seiner Kampfschrift für die Frauen erfüllt sind: Von der Erringung des Wahlrechts bis zur Zulassung zum Studium sind eine Reihe von Fortschritten gelungen. Aber es waren kleine Schritte und sie haben zu lange gedauert. Nach den Vorstellungen August Bebels sollten diese Schritte auch nicht nur von einem Volk, in nur einem Staat getan werden, denn: »Das menschenwürdige Dasein für alle kann . . . nicht die Daseinsweise eines einzigen bevorzugten Volkes sein, das, isoliert von allen übrigen Völkern, diesen Zustand weder zu begründen noch aufrechtzuhalten vermöchte. Unsere ganze Entwicklung ist das Produkt des Zusammenwirkens nationaler und internationaler Kräfte und Beziehungen. Obgleich die nationale Idee noch vielfach die Köpfe beherrscht und als Mittel zur Aufrechterhaltung politischer und sozialer Herrschaft dient, denn diese ist nur innerhalb nationaler Schranken möglich, stecken wir bereits tief im Internationalismus.«

Bebel hat sich vermutlich mehr vorgestellt, als eine Gemeinschaft, wie wir sie gerade aufbauen. Und er hat sich unter der »Internationalität« gewiß mehr Rechte, mehr Möglichkeiten zur Selbstverwirklichung für die Frau erhofft. Denn heute, hundert Jahre später, sind die Frauen in der politischen Wirklichkeit unserer Europäischen Gemeinschaft – und insbesondere die 38 Millionen, die erwerbstätig sind – noch lange nicht gleichberechtigt. Wie tief die Probleme wurzeln, zeigt sich daran, daß sie in allen Ländern sehr ähnlich sind: Die Ursache liegt in überkommenen Vorurteilen, Verhaltensweisen und gesellschaftlichen Grundstrukturen, die nur schwer und in langwierigen Prozessen über-

wunden werden können. Das fängt an bei der immer noch rollenspezifischen Erziehung der Mädchen und geht folgerichtig über die traditionelle Rollenverteilung in Familie und Beruf.
Die erwerbstätigen Frauen sind überproportional stark in Dienstleistungsbereichen und Wirtschaftszweigen mit der geringsten Qualifizierung, mit schlechterer Bezahlung und begrenzten Aufstiegsmöglichkeiten tätig. Ihnen wird die Doppelbelastung von Beruf und Familie aufgebürdet, weil auch in der Familie noch weitgehend eine einseitige Aufgabenverteilung besteht. Von der Doppelbelastung des Mannes habe ich jedenfalls noch nichts gehört, wohl aber von der Meinung, die Europäische Gemeinschaft sei im Hinblick auf die Alltagspflichten gegenüber den kleinen Kindern eine vaterlose Gemeinschaft.
Und schließlich setzt sich die Benachteiligung der Frau bis ins Alter fort. Durch niedrigere Löhne und geringere Versicherungszeiten sind dann – ich hätte fast gesagt: natürlich – auch die Leistungen der Altersversorgung für Frauen schlechter. Ich darf leise anmerken: In einigen Ländern, zu denen die Bundesrepublik nicht gehört, werden bestimmte Leistungen der sozialen Sicherheit – wie das Arbeitslosengeld – an den Haushaltsvorstand gezahlt. Zugunsten des Mannes wird diese Eigenschaft einfach unterstellt, die Frau muß sie konkret nachweisen.

Männerherrschaft, wo man hinsieht

Die schwersten Benachteiligungen der Frauen liegen jedoch in den tatsächlichen gesellschaftlichen Verhältnissen begründet, während die unmittelbaren Benachteiligungen durch Rechtsnormen mehr und mehr zur Ausnahme werden und von geringerem Gewicht sind: Die Rollenverteilung in der Gesellschaft bringt es fast selbstverständlich mit sich, daß das gesamte öffentliche Leben nach wie vor von den Männern beherrscht wird. Wir haben nach wie vor Männerparteien und Männerparlamente; führende Gewerkschafterinnen und Unternehmerinnen müssen mit der Lupe gesucht werden. Es ist deshalb zu begrüßen, daß mit der Reformbegeisterung und in der gesellschaftlichen Aufbruchsstimmung zu Ende der sechziger Jahre die Frauen in einer ganzen Reihe von Ländern aktiv geworden sind und für die Verbesserung ihrer Lage gekämpft haben. Ich erinnere an die große Auseinandersetzung über die Ehescheidung und den Schwangerschaftsabruch in Italien, Frankreich, Deutschland und anderen Ländern. Das hat, obwohl Rückschläge nicht ausgeblieben sind, einen deutlichen Sprung nach vorn gebracht.

Der wichtigste Erfolg aber war eine erhebliche Veränderung im Bewußtsein der Öffentlichkeit vieler Länder gegenüber den Problemen der Frau. Dieser Wandel hat sich auch in wichtigen Änderungen niedergeschlagen: Die jüngeren Frauen holen das Defizit an schulischer Ausbildung gegenüber den Männern auf; ihr Bildungsniveau ist erheblich höher als das der älteren Frauen. In den höheren Schulen sind fast die Hälfte Mädchen; seit 1960 ist der Anteil um zehn Prozent gestiegen. Vor allem aber ist wichtig: Seit 1966 ist die Zahl der erwerbstätigen Frauen trotz der schwierigen Arbeitsmarktlage um 500 000 gestiegen. Von den arbeitslosen Frauen meldet sich heute auch ein erheblich höherer Anteil bei den Arbeitsämtern als noch vor zwölf Jahren. Dies ist – gerade wegen des hohen Anteils der Frauen an der Arbeitslosigkeit – für mich das deutlichste Signal für eine tiefgreifende Änderung im Bewußtsein und im Rollenverhalten der Frau. Sie läßt sich heute nicht mehr still und ergeben in den Reservetopf des Arbeitsmarktes zurückdrängen. Und ich sage trotz der Probleme, die es für die Statistiker des Arbeitsamtes mit sich bringt: Dies ist sehr gut so. Für die Bundesregierung wird das zentrale Problem der Arbeitslosigkeit erst beseitigt, wenn auch jede Frau, die es will, einen Arbeitsplatz hat. Dies gilt gleichermaßen für Frauen mit qualifizierter Ausbildung wie für Frauen ohne Ausbildung. Allerdings halte ich ein künstliches Quotensystem oder gar eine vorrangige Berücksichtigung von Frauen bei einer Berufseinstellung – wie verschiedentlich gefordert – für keine echte Lösung des Problems.

Wir brauchen mehr als eine Gabrielle Defrenne

Die Impulse dieser Jahre haben neben tatsächlichen Veränderungen auch in der Rechtsordnung, im Ehescheidungsrecht, im Namensrecht eine Reihe von Verbesserungen mit sich gebracht. An dieser Entwicklung zugunsten der Frauen hat auch die Kommission der EG einen wichtigen Anteil. Im EG-Vertrag ist bereits seit 1958 der Grundsatz des gleichen Gehalts für Männer und Frauen bei gleicher Arbeit verankert. »Jeder Mitgliedstaat wird . . . den Grundsatz des gleichen Entgelts für Männer und Frauen bei gleicher Arbeit anwenden und in der Folge beibehalten. Unter Entgelt im Sinne dieses Artikels sind die üblichen Grund- und Mindestlöhne und -gehälter sowie alle sonstigen Vergütungen zu verstehen, die der Arbeitgeber auf Grund des Dienstverhältnisses dem Arbeitnehmer mittelbar oder unmittelbar in bar oder in Sachleistungen zahlt. Gleichheit des Arbeitsentgelts ohne Diskriminierung auf Grund des Geschlechts bedeutet, daß das Entgelt für eine gleiche nach Akkord bezahlte Arbeit auf Grund der gleichen Maßeinheit festgesetzt wird und daß für eine nach Zeit bezahlte Arbeit das Entgelt bei gleichem Arbeitsplatz gleich ist.«

Gegen die bezeichnend zögerliche Haltung der Mitgliedstaaten hat die Kommission einen zähen Kampf geführt, um die unmittelbare Wirkung dieses Grundsatzes auf die Rechtsbeziehungen des einzelnen Arbeitnehmers durchzusetzen.

Nachdem sie den Mitgliedern bereits eine Klage vor dem Europäischen Gerichtshof angedroht hat, kam ihr eine einzelne Frau zu Hilfe. Eine belgische Stewardeß, Gabrielle Defrenne, wollte nicht einsehen, daß sie bei unbestritten *gleicher Arbeit* nicht den *gleichen Lohn* von ihrer Fluggesellschaft erhalten sollte wie ihre männlichen Kollegen. Und sie erhielt – nach einem langen Weg durch die Instanzen – schließlich im April 1976 vor dem Europäischen Gerichtshof recht. Das Gericht bestätigte die zwingende Bedeutung von Artikel 119 des EG-Vertrages für jeden Arbeitgeber und jeden Arbeitnehmer. Mehr als ein Jahrzehnt hat es gedauert, bis dies eindeutig klargestellt worden ist. Wir verdanken es der Initiative einer Frau, die nicht resignierte.

Um endlich klare Verhältnisse herbeizuführen, hatte die Kommission bereits Ende 1973 eine Richtlinie zur Verwirklichung des gleichen Entgelts für Männer und Frauen in den Rechtsvorschriften der Mitgliedstaaten vorgeschlagen, die der Rat am 10. Februar 1975 verabschiedete. Diese Richtlinie ist durch die Entscheidung des Europäischen Gerichtshofes nicht überflüssig geworden. Sie fördert vielmehr durch eine Reihe von Maßnahmen auf nationaler Ebene die sachgerechte Anwendung von Artikel 119, insbesondere im Hinblick auf die Beseitigung mittelbarer Diskriminierungen. Sie erstreckt den Grundsatz des gleichen Lohnes ausdrücklich noch auf die Arbeit, die als *gleichwertig* anerkannt wird. Außerdem verlangt sie, daß ein System beruflicher Entgeltstufen auf Kriterien beruht, die für männliche und weibliche Arbeitnehmer gemeinsam gelten und eine Diskriminierung aufgrund des Geschlechts ausschließen.

Diskriminierung durchs Hintertürchen

Allerdings sollte sich niemand aufs hohe Roß setzen und sagen, nach der Rechtslage sei die Gleichberechtigung gewährleistet. Es gibt immer noch Möglichkeiten, Hintertürchen, die es erlauben, ohne daß gegen formale Gesetze verstoßen wird, Frauen bei der Entlohnung zu benachteiligen; und oft wird auch immer noch das Recht verletzt. Sicher ist die Zeit vorbei, da bestimmte niedrige Lohngruppen ausdrücklich den Frauen vorbehalten waren. Vorbei ist die Zeit offenkundiger Diskriminierung. So wurde ja früher eine Stunde Chorsingen für den Tenor besser bezahlt als für den Sopran. Oder ein Unternehmer, gefragt, warum das Einpacken von Fernsehgeräten bei Mann und Frau unterschiedlich bezahlt werde, anwortete: Der Mann packt ja einen Farbfernseher ein. Tatsache ist noch immer, daß – nicht nur bei uns – ein erhebliches Gefälle zwischen den Durchschnittsverdiensten der Männer und der Frauen besteht. Das liegt nicht nur daran, daß der Anteil der Frauen, im wesentlichen schon durch ihr Ausbildungsdefizit bedingt, in höheren Verdienstgruppen immer geringer wird. Es gibt ein raffiniertes System übertariflicher Zulagen, zum Beispiel Anwesenheitsprämien, die gerade auf die familienbezogene Doppelbelastung der Frauen und die dadurch bedingten Fehlzeiten abgestimmt sind; dazu kommen Fehlzeiten durch Schwangerschaft und Mutterschaft. Empörende Einzelschicksale sind in der von Annemarie Renger 1977 unter dem Titel »Gleiche Chancen für Frauen« zusammengestellten Dokumentation nachzulesen. (Das Buch sollte Pflichtlektüre für jeden Sozialpolitiker sein.)

Neben diesen offensichtlichen Mißbräuchen, die beseitigt werden müssen, ist ein besonderes Problem die gleiche Entlohnung bei gleichwertiger Arbeit. Es stellt sich vor allem bei den Leichtlohngruppen, die in einigen Tarifverträgen noch enthalten sind. In diesen Leichtlohngruppen der Industrie sind heute noch rund 400000 Arbeitnehmer, darunter rund 300000 Frauen beschäftigt. Die Unhaltbarkeit der Lohnbewertung in den Leichtlohngruppen ist längst nachgewiesen: Nicht die Beanspruchung der Muskelkraft macht die Schwere einer Arbeit aus. Die Beanspruchung der Sinne, Nerven, Konzentrationsfähigkeit führt heute insgesamt zu einer größeren Belastung. Monotonie ist eine schwere Beanspruchung, die überhaupt nicht genügend bewertet werden kann. Allerdings läßt sich dieses Problem endgültig nur von den Tarifvertragsparteien selbst lösen.

Die Bundesregierung hat versucht, die Tarifvertragsparteien bei der Suche nach Lösungen für eine gerechtere Lohnfindung zu unterstützen. So hat sie in den Jahren 1973 bis 1976 Forschungsaufträge vergeben, deren Ergebnisse den Tarifvertragsparteien bessere Grundlagen für eine zuverlässige Arbeitsplatzanalyse und eine gerechtere Anforderungsermittlung und -bewertung geben soll. Die Aufgeschlossenheit der Tarifvertragsparteien gegenüber diesen Hilfen läßt hoffen, daß weitere Fortschritte auf diesem Gebiet erzielt werden.

Die mühsame Art, in der hier zentimeterweise Fortschritte erzielt werden müssen, ist offenbar das unvermeidliche Los dieser Jahre. Der große Schwung, die Euphorie, ist in allen politischen Bereichen und auch in der Frauenfrage verlorengegangen. Ja, wir müssen sogar große Anstrengungen machen, keine Rückschläge zu erleiden.
Man muß da auch bei – nur scheinbar! – ganz anderen Themen sehr wachsam sein und sie immer auch auf ihre Auswirkungen für die Rolle und die Situation der Frau betrachten.

Schlagen traditionelle Strukturen durch?

Wir haben die Diskussion über den Bevölkerungsrückgang in der Bundesrepublik. Den Aposteln kinderreicher Familien kann ich aber nur sagen: Die Propaganda für eine zunehmende Kinderzahl darf nicht wieder dazu führen, die Frauen an den Kochtopf und ins Kinderzimmer zurückzudrängen. Es wäre zum Beispiel ein falscher Schritt, das Nachtarbeitsverbot für Frauen zu lockern oder gar aufzuheben. Größtmögliche Einschränkung der Nachtarbeit, auch für Männer, muß da die wegweisende Position sein.
Ich habe eben von positiven Entwicklungen bei jüngeren Frauen berichtet. Das Bild ist aber nur vollständig, wenn ich auch auf gefährliche rückläufige Tendenzen aufmerksam mache: Zum Beispiel hat sich die Studienwilligkeit der Mädchen um die Hälfte stärker verringert als die der Jungen. Seit 1976 geht der Anteil weiblicher Studienanfänger erstmals wieder zurück. Schlagen da die traditionellen Strukturen wieder durch? Resignieren die Mädchen angesichts der schwierigen Berufsaussichten wieder eher? Muß es einen ganz neuen Anfang geben? Ich plädiere zunächst dafür, zäh um jeden kleinen Schritt zu ringen. Jeder weiß, welche großen Änderungen zu einem entscheidenden Durchbruch führen könnten, aber auch welch vielfältige Hindernisse – nicht zuletzt finanzieller Art – auf dem Weg dazu überwunden werden müssen.
Entscheidend für eine tiefgreifende Veränderung im traditionellen Rollenverhalten von Mann und Frau, für eine neue Familienstruktur sind Perspektiven für die Vereinbarkeit von Beruf und Familie; das bedeutet auch ganz sicher die Erfüllung der Forderungen nach Ganztagsschulen und -kindergärten sowie die Verkürzung der Arbeitszeit. Eine Verkürzung der täglichen Arbeitszeit im besonderen könnte so etwas wie einen Durchbruch für die Neuordnung der Beziehungen zwischen Mann und Frau und innerhalb der Familie darstellen. Sie bie-

tet die Chance, persönliche und familiäre, berufliche und gesellschaftliche Aktivitäten besser aufeinander abzustimmen. Sie gibt vor allem aber die Möglichkeit, die Männer mehr in die Verantwortung für die Familie einzubeziehen. Eine Veränderung der Gewichte im Konkurrenzkampf zwischen Karriere und Familie könnte ungeahnte Rückwirkungen auf das Berufsleben haben. Es könnte dazu kommen, daß die Familie in diesem Kampf nicht immer zurückstecken muß.

Einen Gesichtspunkt, der mir besonders am Herzen liegt, möchte ich vertiefen: Die Frauen dürfen die Strukturen der männlichen Berufswelt nicht einfach kritiklos übernehmen. Bei bloßer Anpassung und Nachahmung bleibt der Mann immer im Vorteil, weil alle Arbeitsabläufe auf seine Fähigkeiten zugeschnitten sind. Die spezifisch weiblichen Fähigkeiten müssen massiv eingebracht werden, um die männliche Berufswelt zu verändern. Dazu müssen neue Arbeitsformen entwickelt werden, Arbeitsformen, die übertriebene Konkurrenzsituationen abmildern und weniger Einzelpersonen als vielmehr eine Berufsgruppe zum Träger des Arbeitsprozesses machen; Arbeitsformen, die die Trennung von leitenden und ausübenden Funktionen verringern, um Hierarchien und deren Spannungen durch kooperative Organisationsformen zu ersetzen.

Volle Integration der Frau in die Berufswelt kann nicht gelingen, wenn sich die Frau einseitig anpaßt. Zu einer gegenseitigen Beeinflussung gehört hier, daß Frauen in bestimmten Punkten neue Fähigkeiten lernen und alte Verhaltensmuster der Unselbständigkeit, Abhängigkeit und Fügsamkeit ablegen. Es gehört aber auch dazu, die Männer von ihrer radikalen Berufs- und Karrierebezogenheit durch Einbringen weiblicher Fähigkeiten und Verhaltensweisen in die Berufswelt einige kleine Schritte weiter zugunsten von Ehe und Familie abzubringen.

Ich könnte mir eine ganze Reihe anderer schöner Dinge denken, die sehr zur Gleichberechtigung beitragen würden. Dazu könnten als mittelfristig vielleicht realisierbare Schritte ein Karenzurlaub gehören – wie er in Österreich oder der DDR bereits verwirklicht ist – sowie insgesamt eine Verbesserung des Mutterschutzes.

Ungleichbehandlung muß klagefähig sein

Die konkrete politische Aufgabe der nächsten Zeit ist aber vordringlich die Umsetzung der Richtlinien des EG-Ministerrates vom 9. Februar 1976. Er hat zum Ziel, in den Mitgliedstaaten den Grundsatz der Gleichbehandlung von Männern und Frauen durchzusetzen: beim

Zugang zur Beschäftigung, einschließlich des beruflichen Aufstiegs, beim Zugang zur Berufsbildung und bei den Arbeitsbedingungen. Nach dem Maßnahmekatalog dieser Richtlinien, deren Frist zur Durchführung in der nationalen Gesetzgebung noch nicht abgelaufen ist, müssen dem Gleichbehandlungsgrundsatz entgegenstehende Rechtsvorschriften beseitigt werden.

Einige Mitgliedstaaten haben bereits entsprechende Maßnahmen getroffen. Großbritannien hatte schon vor ihrem Erlaß eine recht umfassende »Sex Discrimination Act« in Kraft gesetzt. In Dänemark will das Folketing noch in der laufenden Sitzungsperiode die Sicherstellung gleicher Bedingungen für Männer und Frauen beim Zugang zur Beschäftigung, zur beruflichen Bildung und zum beruflichen Aufstieg gesetzlich festlegen. Irland hat seit dem 1. Juli 1977 sein Gesetz über die Gleichbehandlung im Arbeitsleben. In der Bundesrepublik ist das Gleichbehandlungsgebot in Art. 3 des Grundgesetzes verankert. Das Grundrecht hat jedoch keine unmittelbare Drittwirkung für die Rechtsbeziehungen zwischen den Bürgern.

Für die Bundesrepublik stellt sich daher die Frage, ob Rechtsvorschriften des einfachen Rechts die tatsächliche Durchsetzung des Gleichbehandlungsgrundsatzes wesentlich fördern können. Die von der Bundesregierung eingesetzte Arbeitsgesetzbuchkommission hat die Frage bejaht und folgende Regelungen vorgeschlagen: Ausdrückliches Verbot, einen Arbeitnehmer bei der Einstellung und bei der Vereinbarung des Arbeitsvertrages wegen seines Geschlechtes zu benachteiligen. Im Arbeitsrecht wird der Verfassungsgrundsatz nochmals besonders betont, daß Männer und Frauen Anspruch haben auf das gleiche Arbeitsentgelt für die gleiche Arbeit oder für Arbeit, die als gleichwertig anerkannt wird. Schließlich wird überlegt, den Arbeitgebern ausdrücklich zu untersagen, Arbeitnehmerinnen ohne sachlichen Grund ungünstiger zu behandeln als vergleichbare, bei ihnen beschäftigte Arbeitnehmer.

Ich muß ehrlich bekennen, daß ich noch im Zweifel bin, ob solche Regelungen wirklich konkrete Verbesserungen zugunsten des einzelnen bringen würden. Vielleicht könnte ein solches Gesetz in der Tat den Beteiligten – Arbeitnehmern und Arbeitgebern – ihre Rechte und Pflichten zur Gleichbehandlung stärker in das Bewußtsein rücken. Vielleicht könnte dadurch ein neues Zeichen gesetzt werden. Aber die Schwierigkeiten bestehen darin, Diskriminierungen klagefähig nachweisen zu können; dies begrenzt die Wirkungsmöglichkeiten gesetzlicher Regelungen stark. Jedenfalls beobachtet die Bundesregierung die Wirkungen der Regelung in Großbritannien aufmerksam!

Ich sehe zur Zeit noch den größten Effekt dieses britischen Gesetzes in der Einrichtung der Kommission, einer Stelle, die die Einhaltung der Gleichbehandlung in konkreten Fällen untersuchen kann und auch eine gewisse Entscheidungsbefugnis hat. Nach meinen Informationen waren 30 Prozent aller Beschwerden an die Kommission Klagen über diskriminierende Inserate – sicherlich keine unwichtige, sicherlich aber auch nicht die zentrale Frage für die Gleichberechtigung der Frau: Meine Skepsis gründet sich darauf, daß man hier in die Gefahr gerät, sich in zweitrangigen Aktivitäten zu verlieren.
Ähnliches gilt für Bemühungen, geschlechtsneutrale Berufsbezeichnungen einzuführen. Danach bin ich auch in einer Fragestunde des Deutschen Bundestages zur Frauenarbeitslosigkeit gefragt worden. Mir fällt dazu – ohne diese Bemühungen unterbewerten oder lächerlich machen zu wollen – immer ein, daß der Bericht der britischen Kommission zu diesem Problem am Schluß von seiner Vorsitzenden mit »Betty Lockwood, Chair*man*«, unterzeichnet war. Offenbar scheint die Kommission an sich selbst in dieser Frage zuletzt gedacht zu haben.
Die Bundesregierung wird jetzt sehr schnell und intensiv prüfen, ob sie ein Gesetz zur Gleichbehandlung von Mann und Frau vorlegen wird. Günter Verheugen, der Bundesgeschäftsführer des Koalitionspartners unserer von Sozialdemokraten geführten Bundesregierung, hat vor kurzem einen düsteren Rundfunkkommentar zur Gleichberechtigung zwischen Männern und Frauen in der Bundesrepublik abgegeben: Er hat schlicht festgestellt, daß die Gleichberechtigung in der Bundesrepublik seit 25 Jahren auf dem Papier stehe. Während die meisten europäischen Länder und die USA Gesetze beschlössen, die die Diskriminierung von Frauen abbauen sollen, liege die Bundesrepublik, jedenfalls was die Aktivitäten seitens der Gesetzgebung betreffen, im Tiefschlaf. Abgesehen davon, daß ich die Wirkung von Gesetzen in diesem Bereich nicht überschätze und mir die volle Durchsetzung der Gleichberechtigung auch ohne weitere Gesetze vorstellen könnte, finde ich es immerhin bemerkenswert, daß sich hier einmal ein Mann so entschieden geäußert hat. Sobald wir gesetzgeberische Initiativen vorlegen, werden wir den kleineren Koalitionspartner sofort beim Wort nehmen.

Weg von traditionellen Frauenberufen!

Mindestens ebenso wichtig wie gesetzgeberische Initiativen sind solche zur tatsächlichen Verbesserung der beruflichen Situation der Frau. Mit dieser Problematik befaßt sich die Richtlinie sehr eingehend. Ein wesentlicher Faktor zur Beseitigung der hohen Frauenarbeitslosigkeit wäre eine bessere berufliche Qualifikation der Frauen. Dies ist auch der Grund, warum ich skeptisch gegen Teilzeitarbeitsplätze bin. Es ist nicht im Sinn der Sache, Frauen irgendwelche schäbigen Fließbandarbeiten mit schlechter Bezahlung zu sichern. Darum ist es wichtig, wenigstens durch Modellversuche neue Berufsfelder für Frauen im gewerblich-technischen Bereich zu öffnen, wegzukommen von den traditionellen Frauenberufen. Schließlich werden Facharbeiter sogar derzeit gesucht. Man sollte dann aber auch mal Jungen und Männern als Ergänzung den Weg in hauswirtschaftliche und sonstige sogenannte »Frauenberufe« öffnen.

In der schon erwähnten Fragestunde des Bundestages hat sich auch ergeben, daß Frauen an beruflichen Bildungsmaßnahmen und Mobilitätszulagen nur in geringem Maße teilhaben. Ich bin mir nicht ganz im klaren, woran das liegt. Es gibt einen Sozialfonds der Europäischen Gemeinschaft, aus dem Mittel zur Eingliederung von Frauen in das Erwerbsleben bereitgestellt werden. Jede Vereinigung, die Initiativen zur Ausbildung, Fortbildung und beruflichen Vorbereitung von Frauen ergreift, kann hieraus Gelder beantragen. Bisher hat nur der Deutsche Frauenrat einen Antrag gestellt. Wo bleiben hier beispielsweise die Gewerkschaften? Damit will ich sagen: Alle gesellschaftlichen Gruppen müssen genau aufpassen, um die angebotenen Möglichkeiten auszuschöpfen. Intensive Aufklärungsarbeit kann nicht der Staat allein, sie müssen ebenso die Verbände und Vereinigungen leisten.

Auch im Bereich der sozialen Sicherheit sind noch große Schritte hin zur Gleichberechtigung erforderlich. Es ist deshalb folgerichtig, daß die Kommission der Europäischen Gemeinschaft auf diesem Gebiet ebenfalls initiativ geworden ist. Sie hat einen Vorschlag für eine Richtlinie zur schrittweisen Verwirklichung des Grundsatzes der Gleichbehandlung von Männern und Frauen im Bereich der sozialen Sicherheit vorgelegt. Der Vorschlag wird seit einem Jahr in den zuständigen Gremien der Gemeinschaft beraten; und die Bundesregierung hat sich vorgenommen, diese Richtlinie unter ihrer Präsidentschaft Ende 1978 zu verabschieden. Der Vorschlag soll die bereits verabschiedete Gleichbehandlungsrichtlinie auf dem Gebiet der Arbeitsbedingun-

gen in einer ersten Phase im Bereich der sozialen Sicherheit ergänzen. Ich betone »in einer ersten Phase«, denn wichtige Bereiche sind von der Richtlinie noch ausgenommen, wie die Altersgrenze für Rentenbezug, die Anrechnung von Zeiten der Schwanger- und Mutterschaft, die Witwen- bzw. Witwerrente.
Diese besonders kritischen Bereiche bereiten in allen Ländern der Gemeinschaft Schwierigkeiten – wie die betreffende Entscheidung des Bundesverfassungsgerichts zur Witwerrente aus dem Jahre 1975 zeigt – und erfordern ein behutsames Vorgehen. Gleichwohl enthält der Richtlinienvorschlag auch für diesen Bereich eine Verpflichtung der Mitgliedstaaten, regelmäßig der Kommission der Europäischen Gemeinschaften zu berichten und dabei zu begründen, warum die geltenden Bestimmungen beibehalten werden.
In seinem institutionellen Anwendungsbereich erfaßt der Richtlinienvorschlag die Risiken Krankheit, Invalidität, Alter, Arbeitsunfall und Berufskrankheit sowie Arbeitslosigkeit. In diesen Bereichen soll die Anwendung des Grundsatzes der Gleichbehandlung durchgesetzt werden: Das bedeutet die Beseitigung jeglicher Diskriminierung auf Grund des Geschlechts beim Zugang zu den Systemen, bei der Berechnung der Beiträge sowie bei der Berechnung und bei den Bedingungen für den Bezug von Leistungen.

Vordringlich: Soziale Sicherung der Frau

Meiner Einschätzung nach wird die Durchführung dieser Richtlinie, deren endgültige Fassung noch nicht abzusehen ist, die Bundesrepublik nicht vor allzu große Probleme stellen. Das liegt aber nur daran, daß – wie ich schon sagte – die wirklich schwierigen Bereiche von der Richtlinie ausgenommen worden sind. Dies sind aber gerade *die* Bereiche, die für uns Frauen ganz besonders ärgerlich sind. So bin ich weit davon entfernt, mit der bestehenden Lage zufrieden zu sein. Denn die volle Gleichbehandlung der Frauen im Bereich der sozialen Sicherheit braucht auch bei uns noch eine geraume Zeit. Bekanntlich hat das Bundesverfassungsgericht dem Gesetzgeber aufgegeben, bis 1984 die Witwenrente neu zu regeln. Dieses Urteil ist in der Öffentlichkeit leider häufig mißverstanden worden. Gegenstand des Urteils waren die unterschiedlichen Voraussetzungen für Witwen- und Witwerrenten. Eine Witwe erhält immer eine Witwenrente, wenn ihr verstorbener Mann wenigstens 60 Versicherungsmonate zurückgelegt hat. Ein Witwer erhält eine Witwerrente nur unter der zusätzlichen

Voraussetzung, daß seine Frau vor ihrem Tod den Unterhalt ihrer Familie überwiegend bestritten hat. In dieser Regelung hat das Bundesverfassungsgericht zwar noch keinen unmittelbaren Verfassungsverstoß gesehen; es hat den Gesetzgeber jedoch verpflichtet, hier bis 1984 sachgerechte verfassungsgemäße Lösungen zu finden.
Nun könnte man diesem Urteil durch verhältnismäßig kleine Korrekturen am geltenden Recht Rechnung tragen. Ich meine aber, daß uns das Urteil eine Chance gibt, zu weitergehenden Lösungen zu kommen und eine Reihe von Problemen, die es in der sozialen Sicherung der Frau gibt, in Angriff zu nehmen und gerecht zu lösen.
Das drängendste Problem ist die Frage der Unterversorgung. Viele Frauen erhalten Renten, die für ihren Lebensunterhalt nicht ausreichen. Wenn sie nicht selbst durch Erwerbstätigkeit oder Beitragszahlung eigene Ansprüche erworben haben, sind sie nur durch die Hinterbliebenenversorgung in den Schutz der gesetzlichen Rentenversicherung einbezogen. Hat ihr Mann in Branchen gearbeitet, in denen wenig verdient wurde, oder hat er größere Versicherungslücken, so ist die Witwenrente in Höhe von 60 Prozent der Versichertenrente häufig unzureichend. Aber auch wenn die Frau eine Rente aus eigener Erwerbstätigkeit erhält, gibt es Probleme. Ich habe bereits auf die Folgen der häufig niedrigeren Löhne und die geringeren Versicherungszeiten der Frauen hingewiesen, die für das Alter noch einmal niedrigere Renten bedeuten.
Eine Untersuchung hat ergeben, daß Frauen durchschnittlich etwa 23 Versicherungsjahre haben; bei Männern liegt diese Zahl fast doppelt so hoch. Zeiten der Kindererziehung werden von unserer Rentenversicherung – im Gegensatz beispielsweise zu Zeiten des Wehrdienstes – immer noch »außen vor« gelassen, obwohl doch gerade die Kindererziehung die Voraussetzung für das Funktionieren unseres Rentenversicherungssystems ist. Denn dieses System basiert auf dem Generationenvertrag, das heißt: Die Erwerbstätigen sorgen für die berechtigterweise nicht mehr Aktiven – so wie diese in ihrem Erwerbsleben für die damals Alten gesorgt haben. Ich glaube, hier müssen wir alle uns noch etwas einfallen lassen und auch einmal den Mut haben, neue Wege einzuschlagen.
Unser derzeitiges System beruht auf dem Leitbild der »Hausfrauenehe«, das die Frau in eine bestimmte Rolle, eben die der Hausfrau, drängt. Dieses Leitbild entfernt sich aber zunehmend von der gesellschaftlichen Wirklichkeit und kann für uns nicht länger allein maßgeblich sein. Vielmehr muß das Recht und insbesondere auch die Rentenversicherung der von den Ehegatten frei gewählten Rollenverteilung

innerhalb der Ehe Rechnung tragen. Die Bundesregierung hat dieses Urteil des Bundesverfassungsgerichts zügig aufgegriffen und über die Anforderungen des Urteils hinaus eine umfassende Neuordnung der sozialen Sicherung der Frau und der Hinterbliebenen in der Rentenversicherung eingeleitet. Sie hat zur Lösung dieser äußerst schwierigen und komplizierten Aufgabe eine Sachverständigenkommission eingesetzt, die bis zum Sommer 1979 Lösungsmodelle erarbeiten soll, die politisch durchsetzbar sind und eine breite Zustimmung in den gesellschaftlichen Gruppen finden. Aus diesem Grunde hat die Bundesregierung alle im Deutschen Bundestag vertretenen Parteien, die Länder, die großen Tarifvertragsparteien, die Kirchen und Wissenschaftler in die Kommission berufen. Es muß eine Lösung gefunden werden, die dem Gleichberechtigungsgrundsatz gerecht wird und die auch auf Dauer finanziell tragbar ist.
Die Gemeinschaft und die Mitgliedstaaten – sieht man vom nachhinkenden Bereich der sozialen Sicherheit ab – sind also dabei, ein abgerundetes Rechtssystem zur Verwirklichung der Gleichberechtigung der Frauen im Zusammenhang mit dem Beruf zu schaffen.
Aber: Noch immer gibt es Lücken bei der Verwirklichung des Grundsatzes des gleichen Entgelts für Männer und Frauen; noch immer sind die Ausbildungs- und Arbeitschancen der Frau schlechter als die der Männer.
Ich habe auf Möglichkeiten des Staates und der Tarifparteien hingewiesen, die Lage der berufstätigen Frauen zu erleichtern: durch Maßnahmen, die es den Männern und Frauen erlauben, berufliche, familiäre und gesellschaftliche Aufgaben besser miteinander in Einklang zu bringen.

Impulse von allen Mitgliedern der Gemeinschaft

Von entscheidender Bedeutung ist jedoch die *Einstellung der Gesellschaft*. Sie ist in den letzten Jahren problembewußter und kooperativer geworden. Die Frauen wissen, daß sie mehr erreichen können. Die Männer sehen in ihnen nicht mehr nur die Konkurrentinnen. Das Bewußtsein wächst, daß die Verwirklichung der Gleichberechtigung von Männern und Frauen ein der Verbesserung des sozialen Fortschritts ebenbürtiges Ziel ist, ja, daß sozialer Fortschritt ohne Gleichberechtigung nicht mehr denkbar ist. Und wo in dieser Einsicht das eine oder andere Land der Gemeinschaft bereits – wie Bebel sagen würde – »vorgeschrittener« ist, da sollte es für die anderen Länder Schrittmacherdienste leisten: »Ein Volk lernt von dem anderen«, meinte Bebel, »eins sucht dem anderen im Wettstreit zuvorzukommen . . . Die Wirkung dieses auf internationaler Stufenleiter sich vollziehenden Annäherungsprozesses ist, daß die verschiedenen Länder sich immer mehr und mehr in ihren sozialen Zuständen ähnlich sehen.« Mag dieses – für die damalige Zeit – auch eine etwas optimistische Zukunftssicht gewesen sein: ein Silberstreifen am Horizont ist erkennbar. Das verdanken wir auch den Initiativen, die auf europäischer Ebene ergriffen und verwirklicht worden sind.

Ich habe einmal salopp formuliert, die Gleichberechtigung der Frau wäre kein Schnellzug. Deshalb ist es gut, daß die Mitgliedstaaten bei der Verwirklichung des Grundsatzes der Gleichberechtigung von Mann und Frau von der Gemeinschaftsebene wichtige Impulse empfangen. Sie werden angehalten, Verbesserungen in ihrem nationalen Recht einzuführen. Sie stehen, sagen wir es ruhig offen, ein wenig unter Aufsicht einer internationalen Instanz – der EG-Kommission und des Europäischen Gerichtshofs – und geraten, was sicherlich auch nützlich ist, in ein Wettbewerbsverhältnis zueinander. Wer will schon hinter seinem Nachbarn zurückstehen? Auf diese Weise wird zum Fortschritt in allen Mitgliedstaaten beigetragen. Denn auch die Angleichung der Lebens- und Arbeitsbedingungen ist ein Ziel der Europäischen Gemeinschaft.

Allerdings muß man realistischerweise erkennen, daß sich heute der Fahrt des Zuges neue Schwierigkeiten entgegenstellen. Denn andere Probleme drängen sich in den Vordergrund. Ganz obenan steht die schwere Last der Arbeitslosigkeit. Solange von der Arbeitslosigkeit auch Familienväter in hohem Maße betroffen sind, fällt es manchen Verantwortlichen schwer, dem gleichberechtigten Zugang von Frauen auf den Arbeitsmarkt einen hohen Stellenwert zuzuerkennen. Davor darf man die Augen nicht verschließen. Diese Erschwernis könnte sich bei einem Beitritt neuer Mitgliedstaaten noch verschärfen. Die Arbeitsmarktlage ist bei einzelnen Beitrittskandidaten noch weitaus schlechter als in der heutigen Gemeinschaft. Wenn dann im gesellschaftlichen Bewußtsein solcher Staaten auch noch die Gleichberechtigung der Frauen nur einen untergeordneten Rang einnimmt, kann es noch schwerer werden, die Chancengleichheit der Frauen in der Arbeitswelt der Europäischen Gemeinschaft durchzusetzen. Aber gerade dann ist der politische Wille der Kommission wie auch des Rates gefordert. Denn auch für die neuen »Marktbürgerinnen« – die Griechinnen, Portugiesinnen, Spanierinnen – gilt das vertragliche Versprechen der Gleichberechtigung.

Die Kommission muß deshalb ihren politischen Einfluß auf die Mitgliedstaaten und die gesellschaftlichen Gruppen, die sich auf Gemeinschaftsebene konstituiert haben, geltend machen; sie muß die Berichtspflichten, die ihr und den Mitgliedstaaten nach Gemeinschaftsrecht auferlegt und die für die Bewußtseinsbildung so wichtig sind, besonders ernst nehmen und ihr Wächteramt über die Anwendung des Gemeinschaftsrechts ohne Rücksicht ausüben.

Gleichberechtigung der Frau in Europa – fast oder schon erreicht? Nein! Nur eine Illusion? Ebenfalls nein! – Ich bin der Überzeugung, daß in Europa die volle Gleichberechtigung der Frauen keine Illusion bleiben wird. Es liegt sicher noch ein langer Weg vor uns. Die bisherigen Fortschritte haben aber gezeigt, daß es keinen Sinn hat, wenn Frauen militant werden. Beharrliche und zähe Durchsetzung im politischen Alltag hilft weiter.

Dabei geht es nicht nur darum, die Gleichberechtigung der Frauen in unseren überkommenen gesellschaftlichen Verhältnissen herbeizuführen. Denn die Welt, in der wir leben, ist männlich strukturiert. Letzten Endes geht es darum, diese gesellschaftlichen Strukturen so zu verändern, daß Männer und Frauen gleichberechtigt miteinander leben können. Das wird noch eine lange Zeit brauchen; aber ich habe die Zuversicht, daß wir eines Tages dahin kommen werden. Gelingen kann es nur, wenn Frauen und Männer solidarisch und über nationale Grenzen – auch diejenigen der EG – hinweg für eine menschlichere Welt kämpfen.

Annemarie Renger

Nicht isoliert kämpfen!

Frauenpolitik in der Sozialistischen Internationale

Nach den Statuten der Sozialistischen Internationale (SI) ist der Internationale Rat Sozialdemokratischer Frauen (IRSDF) eine »befreundete Organisation«, die das Recht hat, an Diskussionen und Abstimmungen teilzunehmen. Ungeachtet seiner damit festgestellten Selbständigkeit wird der Internationale Rat Sozialdemokratischer Frauen zugleich aber als ein Bestandteil der Sozialistischen Internationale bezeichnet.

Diese Zuordnung von IRSDF und SI spiegelt die Frage darüber wider, ob sich Frauen innerhalb der sozialistischen Bewegung in einer eigenen Organisation zusammenschließen sollen. Die Auseinandersetzung ist nahezu so alt wie die sozialistische Idee selbst. Die sozialdemokratische Frauenbewegung hat, anders als die bürgerlichen Frauenrechtlerinnen, die Aufhebung der Vorrechte des Mannes niemals von einem Kampf der Geschlechter gegeneinander erwartet, den die Frauen aller Klassen und Schichten gemeinsam zu führen hätten. Die Befreiung der Frau war für sie eingebettet in den Kampf aller Ausgebeuteten für eine Reform der Gesellschaft. »Frauen und Arbeiter haben gemein, Unterdrückte zu sein«, heißt es bei August Bebel. »Mit dem Ende der Klassenherrschaft endet auch die Herrschaft des Mannes über die Frau.«

Bebel aber war es auch, der die zweifache Unfreiheit der Frau in ihrer Zugehörigkeit zu einer unterdrückten Klasse und in ihrer Benachteiligung gegenüber dem Mann beschrieben und ihr deshalb eine besondere Förderungswürdigkeit innerhalb der Arbeiterbewegung zuerkannt hat.

Nach Bebels Worten »hängen« der Umfang und die Tiefe einer Bewegung, die die Beseitigung ungerechter Zustände anstrebt, »ab von dem Maße der Einsicht, das in den benachteiligten Schichten verbreitet ist, und von dem Maß der Bewegungsfreiheit, das sie besitzen. In beiden Beziehungen steht die Frau sowohl durch Sitte und Erziehung wie in der gewährten Freiheit hinter dem Arbeiter zurück.«

Das Recht zu Zusammenschlüssen

Eine der Wirkungen des Bebelschen Buches »Die Frau und der Sozialismus« ist der internationale Zusammenschluß der sozialdemokratischen Frauenbewegung im Rahmen und im engsten Zusammenhang mit der II. Internationalen gewesen, der seinen frühesten Ausdruck in der ersten Internationalen Konferenz Sozialdemokratischer Frauen zu Stuttgart im Jahre 1907 fand. Im Bericht dazu findet sich folgende Feststellung: »Wollten sie (die Genossinnen, d. Verf.) den Sozialismus unter die Masse der proletarischen Frauen tragen, so mußten sie deren politische Rückständigkeit, ihre seelische Eigenart, ihre zweifache Pflichtbürde im Hause und in der Fabrik, kurz alle Sonderheiten ihres Daseins, Wirkens, Empfindens und Denkens berücksichtigen. Demgemäß mußten sie bei ihrer Arbeit zum Teil andere Mittel und Wege einschlagen, andere Methoden anwenden, andere Anknüpfungspunkte suchen als die Genossen bei ihrer Aufklärungs- und Organisationsarbeit unter dem männlichen Proletariat.«

Diese Sonderaufgaben sind seitdem – auch unter den veränderten Verhältnissen der Gegenwart – der Grund dafür, daß den Frauen, unbeschadet ihrer Eingliederung in die sozialdemokratischen Parteien und die Gewerkschaften, durchweg das Recht zu eigenen Zusammenschlüssen zugestanden wird.

Dementsprechend ist nach dem 1951 erfolgten Wiederaufbau der SI im Jahre 1955 der Internationale Rat Sozialdemokratischer Frauen als eine Vereinigung sozialdemokratischer Frauenorganisationen gegründet worden, welche den in der SI zusammengeschlossenen Parteien angehören oder von ihnen anerkannt sind. Der IRSDF hat auf der internationalen Ebene von Natur aus dieselben Aufgaben wie auf der nationalen Ebene die jeweiligen Frauenorganisationen der Parteien: Nach außen unter den Frauen für die Ziele des demokratischen Sozialismus zu werben, nach innen die Beteiligung der Frauen an der politischen Willensbildung zu stärken und ihre volle Integration in die Parteien zu erreichen. Dabei unterliegt der IRSDF im Verhältnis zur SI derselben Spannung wie die nationalen Frauenorganisationen zu ihrer jeweiligen Partei.

Der IRSDF hat dieses Problem ausgiebig und kontrovers diskutiert, ohne eine einheitliche Lösung für die Mitgliederorganisation festzulegen. Die Extreme sind auf der einen Seite in der niederländischen Partei deutlich geworden, für die »die einzige Existenzberechtigung einer eigenen Frauenorganisation darin besteht, daß sie eine gefährliche Organisation innerhalb der Partei darstellt«, auf der anderen Seite in dem Austritt des dänischen Frauenausschusses aus dem IRSDF wegen der vollständigen Integration der Frauen in die Dänische Sozialdemokratische Partei. Der Trend innerhalb der Organisationen des IRSDF geht gegenwärtig unter dem Einfluß einer verstärkten Politisierung von Frauen und ihrem Anspruch, sowohl an der politischen Willensbildung der Parteien als auch in ihren Führungsgremien angemessen beteiligt zu werden, eher zu einem verstärkten Engagement in den Frauenorganisationen hin. Die SI widersetzt sich dieser Entwicklung nicht, weil auch sie der Auffassung ist, daß Frauen einen eigenen Zusammenschluß in ihrer Partei bilden sollten, um gehört zu werden. Die Problematik hat sich im Verhältnis von SI und IRSDF im Zusammenhang mit der Behandlung der »Wiener Entschließung« der SI über »die Gleichberechtigung der Frauen in der Politik« 1972 durch die Mitgliedsparteien verschärft. Sie spitzte sich noch zu wegen der – allerdings erfolglosen – Bestrebungen innerhalb der SI, den IRSDF in seinem Diskussions- und Stimmrecht zu beschränken. Die Lösung kann nicht darin bestehen, eine »militantere Haltung« des IRSDF gegenüber der SI einzunehmen. Im Gegenteil, der IRSDF muß insbesondere die sachliche Zusammenarbeit mit der SI entschieden verbessern, soll er nicht zur Wirkungslosigkeit verurteilt werden. Die Organisation des IRSDF selbst ist zu schwach, die finanziellen Mittel und die Unterstützung durch die Mitgliedsorganisationen sind zu bescheiden, um den großen sachlichen Aufgaben, die sich in einer zusammenwachsenden Welt eröffnet haben, gerecht zu werden. Die Reorganisation der SI, die ihr Präsident Willy Brandt in Angriff genommen hat, und die beginnende Diskussion um eine neue Programmatik der SI bieten dazu eine gute Chance. Ein Anfang ist bereits mit den neuen Statuten von SI und IRSDF gemacht worden, die die Position des IRSDF in der SI bekräftigt haben. Das Ziel ist die Verfestigung der Zusammenarbeit zwischen allen Organisationen der internationalen Arbeiterbewegung in der SI.

Die Arbeit des IRSDF in Europa

Die sozialdemokratische Bewegung ist eine Antwort auf die industrielle Revolution und ihre Folgen. Deshalb ist die SI ihrem Ursprung nach eine Vereinigung der Arbeiterparteien in den fortgeschrittensten europäischen Ländern. Hier hatten die gesellschaftlichen Verhältnisse eine Ähnlichkeit entwickelt, die August Bebel zu der Feststellung veranlaßte, »daß, wer die ökonomische Struktur eines Volkes kennengelernt hat, in der Hauptsache diejenige aller übrigen ebenfalls kennt«. Es ist mithin nur natürlich gewesen, daß die Sozialistischen Frauenkonferenzen und, in ihrer Nachfolge, der IRSDF die Emanzipation der Frau zunächst vor allem unter den Bedingungen der modernen Gesellschaft politisch vorangetrieben haben.

Dabei ist es insbesondere in Ländern, in denen die sozialdemokratischen Parteien in Regierungsverantwortung standen, gelungen, im Verfassungs- und Gesetzgebungsbereich erhebliche Fortschritte für die Gleichberechtigung der Frau durchzusetzen. Gerade in diesem Jahrzehnt ist in den meisten europäischen Ländern im Bereich des Familienrechts die Vormachtstellung des Mannes und seine alleinige Entscheidungsgewalt gebrochen worden, nun auch in Italien und Belgien. Die ehemals faschistisch beherrschten südeuropäischen Länder sind im Begriff, diese Entwicklung nachzuholen. Das Scheidungsrecht ist unbeschadet dessen, daß in den meisten Ländern noch das Verschuldensprinzip gilt, liberalisiert worden oder soll noch liberalisiert werden. Diskriminierende Strafvorschriften für Frauen, insbesondere die Schwangerschaftsunterbrechung, sind einer Reform unterzogen. Bis auf einige Arbeitsschutzvorschriften, deren Berechtigung gegenwärtig überprüft wird, können Frauen im allgemeinen jeden Beruf ausüben und haben gleichen Zugang zu den öffentlichen Ämtern. Im wesentlichen weist nur noch das System der sozialen Sicherheit Unterschiede in den gesetzlichen Regelungen auf, geprägt von den gesellschaftlichen Vorstellungen früherer Zeiten, in denen der Vater der Ernährer und die Mutter überwiegend Hausfrau war. In verschiedenen Ländern sind Reformbestrebungen im Gange, die soziale Sicherung der Frauen ihrer veränderten gesellschaftlichen Stellung anzupassen. Auch die EG-Kommission hat hierzu Vorschläge unterbreitet. Wenn dennoch Frauen nach wie vor im gesellschaftlichen und öffentlichen Leben benachteiligt sind, so liegt das an einem Auseinanderklaffen von Recht und Wirklichkeit. Hartnäckig wirkt insbesondere das traditionelle Rollenverständnis nach, das dem Mann den Platz im öffentlichen Leben und im Beruf, der Frau den Platz im Hause zuweist. Schon Bebel hat das »Geschwätz vom Naturberuf der Frau, der sie auf Häuslichkeit und Familie hinweise«, verurteilt. »Die Entwicklung unseres sozialen Lebens fordert das Heraustreten der Frau aus dem engen Kreis der Häuslichkeit und ihre volle Teilnahme am öffentlichen Leben und an den Kulturaufgaben der Menschheit.«

Es lag nahe, daß der IRSDF die ungebrochene gesellschaftliche Zurücksetzung der Frauen vor allem in ihrer politischen Erscheinungsform angriff, der mangelnden Vertretung in Parteien, Parlamenten

und Regierungsorganen. Es ist eine besondere Herausforderung, daß dies trotz aller fortschrittlichen Bekenntnisse auch für die Mitgliedsparteien der SI zutrifft.
Unter Bezugnahme auf die Frankfurter Erklärung der SI aus dem Jahre 1951, nach der »die Sozialisten für die Aufhebung aller gesetzlichen, sozialen, wirtschaftlichen und politischen Ungleichheiten zwischen Mann und Frau kämpfen«, hat der IRSDF die Mitgliedsparteien der SI in der »Wiener Entschließung« von 1972 zur Anerkennung veranlaßt, daß »die schwache Position der Frau in den Mitgliedsparteien die schwache Machtposition der Frauen in der Gesellschaft reflektiert«, und daß dies »auf überholte Rollenvorstellungen zurückzuführen ist«.
Die SI hat sich zur »gleichen Integration von Männern und Frauen als einer vordringlichen politischen Aufgabe bekannt« und die Mitgliedsparteien zur Zusammenstellung und Analyse der Mitgliedschaftsziffern, der Zusammensetzung der leitenden Parteiorgane und der Besetzung der offiziellen Stellen durch die Partei aufgefordert. Dazu wurde eine Studiengruppe »Gleichberechtigung der Frauen in der Politik« eingesetzt, der Vertreterinnen des IRSDF angehören. Das Ergebnis der Befragung der Mitgliedsparteien war in doppeltem Sinne enttäuschend. Zum einen hat trotz mehrfachen Drängens nur eine unverhältnismäßig geringe Zahl auf die detaillierten Fragebögen geantwortet. Darin dokumentiert sich sehr deutlich die Geringschätzung politischer Frauenarbeit und das mangelnde Verständnis für die Notwendigkeit, Frauen in die Parteien zu integrieren. Man übersieht die längerfristigen Folgewirkungen, die sich aus der politischen Abseitsposition der Frauenorganisationen zur jeweiligen Mutterpartei ergeben können. Andere, politisch extreme Parteien oder dubiose Bewegungen werden sich der Frauen annehmen, wenn die Parteien ihnen keine größere Bedeutung zukommen lassen. Zum anderen bestätigen die wenigen Antworten einen deutlichen Kontrast zwischen der Zunahme weiblicher Parteimitglieder und ihrer geringen Repäsentanz in den höheren Parteigremien und Parlamenten. Keine Mitgliedspartei hatte eine Gegenstrategie entwickelt, die hier die Position der Frau hätte stärken können. Die Aktionsprogramme, die die Frauenorganisationen verabschiedet hatten, fanden in der Programmatik der jeweiligen Gesamtpartei nur einen bescheidenen Niederschlag.

Die Frauenorganisationen haben sich deshalb zu eigenen Schritten entschlossen. Ein Beispiel dafür bilden die Frauen in der Sozialistischen Partei Frankreichs, die – ursprünglich ohne Einfluß – ihre Interessen durch Änderung des Parteistatuts wahren konnten. Seit 1975 gilt ein Quotensystem, nach welchem auf allen Ebenen der Partei 10 Prozent der Mandatsträger Frauen sein müssen. Bei den Kommunalwahlen im März 1977 konnte bei der Kandidatenaufstellung eine Quote von 20 Prozent durchgesetzt werden. Auf jeder Parteiebene gibt es Frauenausschüsse, die Analysen und Vorschläge zu speziellen Frauenthemen ausarbeiten. Außerdem befaßt sich einer der 15 National-Sekretäre der Partei, die das politische Exekutiv- und Direktivorgan darstellen, mit Frauenaktionen. In der SPD ist das Quotensystem, das Frauen einen bestimmten Mandatanteil zuweist, vor einigen Jahren abgeschafft worden. Es wird jetzt, wie auch in anderen Parteien, zum Beispiel der SPÖ, wieder erörtert, zumeist unter Widerspruch der Frauenorganisationen selbst. Mittelfristig erscheint es geeignet, mehr Frauen eine Chance zu geben, politische Verantwortung zu übernehmen.

Die Beteiligung der Frauen auf allen Ebenen der Mitgliedsparteien und in den Parlamenten ist ein besonders nachdrücklich verfolgtes Ziel in der Arbeit des IRSDF. Seine Aktivitäten sind aber weiterreichend. Dabei kommt der Berufstätigkeit der Frau ein besonderer Rang zu. Wenn August Bebel in seiner Zeit zur Frauenarbeit kritische Anmerkungen gemacht hat, so nur deshalb, weil die Frau ein »vortreffliches Ausbeutungsobjekt« war. Prinzipiell ist für die Sozialisten die Arbeit die Grundlage der Gesellschaft und zugleich die Voraussetzung zur Selbstentfaltung des Menschen. Von ihr und den Möglichkeiten der industriellen Revolution hat Bebel die Befreiung der Frau erwartet.

Die gegenwärtige Arbeitslosigkeit infolge der weltweiten Wirtschaftsrezession hat die Frauen unverhältnismäßig hart betroffen und deutlich gemacht, daß die Frauen immer noch wie zu Bebels Zeit als Arbeitsmarktreserve gelten. Der IRSDF hat sich zuletzt auf einer Bürotagung in Hamburg Anfang 1977 damit auseinandergesetzt, daß den Frauen nunmehr wieder nach altem Rollenschema nahegelegt wird, sich ausschließlich der Familie zu widmen. Dagegen wird die Anerkennung des Rechts auf Arbeit für alle gefordert, das insbesondere durch eine Verkürzung der Arbeitszeit für Frauen und Männer verwirklicht werden soll. Frauen und Männer sollen sich gleichmäßig in

Beruf und Familie betätigen. Es herrschte Einigkeit darüber, daß eine staatliche Beschäftigungspolitik betrieben werden muß.
Für Sozialdemokraten ist es selbstverständlich, daß es keine spezifische Politik von Frauen für Frauen geben kann. Der Internationale Rat Sozialdemokratischer Frauen versteht seine Arbeit als eigene Organisation gesamtpolitisch, so wie er die Befreiung der Frau als Teil der Befreiung aller Menschen auffaßt. Er widmet sich deshalb auch allgemeinen Themen, wie dem der »Gewalt in der Gesellschaft« und der Abrüstungsproblematik.
Die Einwirkung, die der IRSDF auf die Arbeit der europäischen Parlamente nimmt, ist zu gering. Seinen Konsultativstatus beim Europarat (Sozialausschuß) nutzt der IRSDF mangels finanzieller und organisatorischer Möglichkeiten kaum. Er beschränkt sich auf die bloße Beobachtung der Vorgänge. Das ist um so bedauerlicher, als der Europarat in der Menschenrechtskonvention und in der Europäischen Sozialcharta wichtige emanzipatorische Rechte der Frau kodifiziert hat und Möglichkeiten besitzt, auf die nationalen Regierungen einzuwirken. Darüber hinaus leistet der Europarat als regionale Organisation Arbeit im Sinne der UN-Charta und der auch dort verankerten Gleichheit von Mann und Frau. Die Entschließungen des Europarats über die rechtliche Lage, über die politischen Rechte und über die politische Stellung der Frau aus den Jahren 1974, 1975 und 1976 enthalten Forderungen an die Staaten des Europarats und haben einen wichtigen Beitrag zum »Internationalen Jahr der Frau« und zur Durchsetzung der in den Vereinten Nationen gefaßten Beschlüsse geleistet. Es ist bedauerlich, daß der IRSDF daran nicht mitgewirkt hat.
Der IRSDF unterhält keine offiziellen Verbindungen zum Europäischen Parlament und zum Bund der sozialdemokratischen Parteien Europas. Freilich widerspricht der enge Zusammenschluß der sozialdemokratischen Parteien in der EG, der die fortgeschrittene Integration der Neun widerspiegelt, der lockeren Verbindung der Mitgliedsparteien und -organisationen der SI und des IRSDF, die in diesen Zusammenschlüssen ihre volle Souveränität bewahren. Deshalb erscheint es wünschenswert, wenn sich innerhalb des Bundes der sozialdemokratischen Parteien auch die jeweiligen Frauenorganisationen zusammenschließen, deren organisatorische und sachliche Einbindung entsprechend den Richtlinien für Arbeitsgemeinschaften innerhalb der SPD gestaltet werden könnte. Gespräche über die Gründung einer »Europäischen Aktionsgemeinschaft Sozialdemokratischer Frauen« werden geführt. Die Parteien des Bundes sollten das Vorhaben fördern.

Sozialismus ist seinem Wesen nach sogleich Internationalismus. Bebel hat diesen Zusammenhang, in den auch die Befreiung der Frau gestellt ist, hervorgehoben: »Das menschwürdige Dasein für alle kann nicht die Daseinsweise eines einzigen bevorzugten Volkes sein, das, isoliert von allen übrigen Völkern, diesen Zustand weder zu begründen noch aufrechtzuerhalten vermöchte. Unsere ganze Entwicklung ist das Produkt des Zusammenwirkens nationaler und internationaler Kräfte und Beziehungen ... Wir stecken bereits tief im Internationalismus.«

Obwohl die Internationale sehr früh den Kolonialismus als eine Folge des Militarismus und Imperialismus gebrandmarkt und die »Unterjochung fremder Völker und Länder« verurteilt hat, hat sie sich doch aus dem strengen marxistisch bestimmten Verständnis des Sozialismus als eines »naturgeschichtlichen Werdens« heraus zunächst auf die ökonomische Emanzipation der Arbeiterklasse in den fortgeschrittenen Kulturnationen konzentriert. Die ersten Statuten der Internationalen Arbeiterassoziation bezeichnen die »Emanzipation der Arbeiterklasse« als eine »soziale Aufgabe, welche alle Länder umfaßt, in denen die moderne Gesellschaft besteht«. Erst die bewußte Öffnung der SI zu einem »humanitären Sozialismus« hat auch theoretisch den in den »Friedenszielen demokratischer Sozialisten« 1943 (in Stockholm) vorgezeichneten Weg zu einer aktiven und wahrhaft internationalen Politik bereitet. Diese Öffnung ist mit der Neukonstituierung der SI und der Frankfurter Deklaration von 1951 vollzogen worden, die unabhängig von Doktrinen und gesellschaftlichen Entwicklungszuständen »die Befreiung und Entfaltung der menschlichen Persönlichkeit« in ihrer jeweiligen nationalen und kulturellen Ordnung in den Mittelpunkt sozialistischer Politik stellt.

In diesem Geist weist die Erklärung von Frankfurt die Sozialdemokraten auf die Notwendigkeit hin, die politische und materielle Befreiung der unterdrückten und notleidenden Menschen in den Entwicklungsländern herbeizuführen. In der Denkschrift, die Morgan Phillips dem Kongreß der SI in Mailand 1952 zur sozialistischen Politik für die unterentwickelten Länder vorgelegt hat, wird davor gewarnt, daß die SI in Anbetracht der übergroßen Mehrheit europäischer Mitgliedsparteien »lediglich eine westliche oder weiße Internationale« wird. Seitdem ist die SI bemüht, den demokratischen Sozialismus über Europa hinaus in der Dritten Welt zu verbreiten, aus der sie dann auch vor allem in den sechziger Jahren neue Mitglieder gewonnen hat: Seit dem Kongreß von Rom 1961 ist »das Problem der Entwicklungsländer die größte Herausforderung der sozialdemokratischen Parteien« geworden.

Als Bestandteil der SI hat der Internationale Rat Sozialdemokratischer Frauen eine parallele Entwicklung genommen. Gleich im Gründungsjahr 1955 hat er sich dem Thema der Frau in den unterentwikkelten Ländern angenommen. Dabei lag es nahe, daß beide Organisationen sich an der Arbeit der Vereinten Nationen beteiligen und dort sozialdemokratische Überzeugungen und Wertvorstellungen einbringen. Nicht nur in der demokratischen Struktur, in der Achtung der Souveränität der Mitglieder und der Beschlußfassung in freiem Einvernehmen besteht eine Verwandtschaft. Auch sachlich bestehen weitreichende Gemeinsamkeiten. Die Ziele der UN-Charta – Weltfrieden, Gleichberechtigung und Selbstbestimmung der Völker in einer universalen Staatengemeinschaft, die internationale Zusammenarbeit zur Lösung wirtschaftlicher, sozialer, kultureller und humanitärer Probleme sowie die Achtung vor den Menschenrechten und Grundfreiheiten für alle – sind auch die Ziele von SI und IRSDF.

Alle diese Grundsätze kehren in der Resolution zu den Vereinten Nationen wieder, die die SI auf ihrem Mailänder Kongreß 1952 beschlossen hat. Schon damals, als die Vereinten Nationen noch mehrheitlich aus westlichen Industriestaaten bestanden und vom Ost-West-Gegensatz beherrscht waren, erklärte die SI die Befreiung der Kolonialvölker und deren Entwicklung zu einer der wichtigsten Aufgaben der Vereinten Nationen. Damit waren die besten Grundlagen für eine nahtlose Beteiligung von SI und IRSDF an den gewandelten Aufgaben der Vereinten Nationen gelegt, die sich mit dem Beitritt der Staaten der Dritten Welt in den sechziger Jahren und aus dem Nord-Süd-Konflikt als dem nunmehr vorrangigen Thema ergeben haben. Das Kapitel »Der Sozialismus und die Neuen Staaten« in der Erklärung des Generalrats der SI von 1962 legt dafür ein beredtes Zeugnis ab.

Obwohl sich der IRSDF in seinen Gründungsstatuten die Aufgabe gestellt hatte, »die Vertretung der Frauen in den UNO-Programmen und den Unterorganisationen der UNO und anderen internationalen Vereinigungen zu sichern«, hat er sich doch erst zögernd – eigentlich erst in der Mitte der siebziger Jahre – den Themenvorstellungen der Vereinten Nationen zugewandt. Eine Fixierung auf europäische Fragestellungen mag dafür ursächlich gewesen sein.

Organisatorische Grundlage für ein Mitwirken des Internationalen Rates Sozialdemokratischer Frauen an der internationalen Arbeit der Vereinten Nationen könnte der Konsultativstatus sein, den er als nichtstaatliche internationale Organisation (NGO) beim Wirtschafts- und Sozialrat (ECOSOC), bei der UNESCO und der Internationalen Arbeitsorganisation (ILO) besitzt. Möglichkeiten eröffnet insbesondere die Verbindung zum ECOSOC, weil er das Hauptorgan ist, das alle Aufgaben der Vereinten Nationen auf wirtschaftlichem, sozialem, kulturellem und humanitärem Gebiet sowie im Erziehungs- und Gesundheitswesen zu überwachen und zu koordinieren hat. Die nichtstaatlichen internationalen Organisationen können Einfluß auf die Tagesordnung des ECOSOC nehmen und Beobachter zu den öffentlichen Sitzungen des Rates und der Kommission entsenden. Außerdem können dem Rat Memoranden unterbreitet und auf Kosten der Vereinten Nationen veröffentlicht werden.

Aufgabe der nichtstaatlichen internationalen Organisationen ist es nach den Worten des UN-Generalsekretärs Waldheim, unter ihren Mitgliedern und in der öffentlichen Meinung für die großen gemeinsamen Ziele der Menschheit zu werben und, abgestimmt auf die Tätigkeiten der Vereinten Nationen, eigene Programme zu entwickeln.

Der IRSDF hat sich insbesondere darum bemüht, die Probleme und Lösungsvorschläge im Zusammenhang mit der Weltfrauenkonferenz der Vereinten Nationen 1975 in Mexiko-City aufzugreifen. Er hat während der Konferenz in Mexiko-City eine öffentliche Versammlung über »Die Rolle der demokratischen Sozialisten im Kampf für die Gleichstellung der Frau« veranstaltet.

Im Weltaktionsplan, der wichtigstes Ergebnis der Konferenz war und einen umfangreichen Katalog von Maßnahmen auf nationaler, regionaler und internationaler Ebene enthält, sind besonders die nichtstaatlichen Frauenorganisationen aufgefordert, die nationalen und internationalen Aktivitäten während der UN-Dekade 1975 bis 1985 für »Frauen und Entwicklung« in Gang zu halten. Für 1980 ist eine vorläufige Bestandaufnahme über die durchgeführten Maßnahmen und deren Fortsetzung vorgesehen.

Der IRSDF ist der Aufforderung im Weltaktionsplan nachgekommen, indem er seine 9. Konferenz am 23./24. November 1976 unter das Hauptthema »Nach Mexiko – Was nun?« gestellt hatte. In Übereinstimmung mit der Grundhaltung der Vereinten Nationen erwartet er eine Verbesserung der Lage der Frau in der Dritten Welt von einer

Neuregelung der Wirtschaftsbeziehungen. In einem eigenen Aktionsplan will der IRSDF deshalb »die notwendigen sozialistischen Prioritäten zur Bekämpfung der Armut sowie zur Überbrückung des sozialen und wirtschaftlichen Abstandes zwischen einzelnen Völkern und Staaten prüfen, um mit Hilfe einer neuen Weltwirtschaftsordnung die gegenwärtige Krise zu überwinden, die Unabhängigkeit gegenüber den multinationalen Unternehmen zu wahren und human- und sozialpolitische Maßnahmen sowie Wachstum und wirtschaftliche Entwicklung zu sichern«.

Die Bedingungen, unter denen der IRSDF die Integration der Frau in der Dritten Welt sieht, lauten in der Reihenfolge: Entwicklung der Beschäftigung, Gleichheit, Erfüllung von Grundbedürfnissen sowie ein ausgewogenes Verhältnis zwischen den Einzelpersonen, ihrer Gesellschaft und ihrer naturgegebenen sozialen und kulturellen Umwelt. Die Mitgliedsparteien der SI fordern den IRSDF auf, die internationalen Erklärungen und Programme der Vereinten Nationen über die Gleichheit von Männern und Frauen zu unterstützen und für ihre Verwirklichung im internationalen Bereich einzutreten.

Der IRSDF könnte wie andere nichtstaatliche Organisationen in dem auf Staaten und Regierungen aufgebauten System der Vereinten Nationen einen Beitrag zur Vertiefung der internationalen Kontakte leisten, weil er als ein Repräsentant internationaler gesellschaftlicher Kräfte in seiner Beziehung zu gleichgestellten anderen Repräsentanten informell handeln kann, ohne in die Schranken staatlicher Souveränität und des Staatenverkehrs allgemein eingebunden zu sein.

Den nichtstaatlichen Organisationen steht das weite Feld der »Human Activities«, der Hilfs- und Entwicklungsprogramme, aber auch der Planungs- und Erziehungsprogramme offen; bei mangelhaften Anstrengungen der Staaten und Regierungen können sie eine kompensatorische Funktion wahrnehmen.

Demgegenüber vermerkt der Tätigkeitsbericht des IRSDF, »daß die mit den Vereinten Nationen verbundene Arbeit viele Probleme aufwirft, die aus dem einfachen Grunde nicht voll gelöst werden können, daß zu wenig Geld und zu wenig Menschen zur Verfügung stehen. Die ununterbrochen steigende Zahl von Sitzungen, die Vielfältigkeit der in Sitzungen und Arbeitsgruppen behandelten Gegenstände, die Probleme der Entscheidungsfindung, der Konsultation, der Entgegennahme, Analyse und Ausgabe von Richtlinien verdienen sorgfältigere Aufmerksamkeit, wenn der IRSDF wünscht, eine wirklich vollwertige NGO zu sein.«

Willy Brandt hat nach seiner Wahl zum SI-Präsidenten am 26. November 1976 einen »Neubeginn der Zusammenarbeit« gefordert, deren künftige Schwerpunkte er in einer Offensive für den gesicherten Frieden, für neue Beziehungen zwischen Nord und Süd und für die Menschenrechte sieht.

Es ist zweifelhaft, ob der IRSDF bei seiner gegenwärtigen personellen und finanziellen Ausstattung diesem Programm der SI folgen kann, zumal die politisch-programmatische Arbeit schon in den europäischen Mitgliedsparteien nicht immer den erwünschten Erfolg hatte. Diese europäische Arbeit dürfte sich aber künftig von dem Internationalen Rat Sozialdemokratischer Frauen auf die geplante »Europäische Aktionsgemeinschaft Sozialdemokratischer Frauen« im Bereich des Bundes der Sozialdemokratischen Parteien Europas verlagern. Ihr würde die fortgeschrittene Integration und die größere Homogenität im EG-Bereich zugute kommen. Sie wird sich schon wegen der gemeinsamen Programmatik und der gegenseitigen Angewiesenheit aufeinander zugleich um eine enge Zusammenarbeit mit den Frauenorganisationen der anderen europäischen Parteien bemühen müssen. Das bietet dem IRSDF die Chance, sich parallel zur SI verstärkt außereuropäischen Aktivitäten, insbesondere in der Dritten Welt, zu widmen.

Hanna-Beate Schöpp-Schilling

»Amerika, du hast es besser«

Die Frauenbewegung im Ausland – beispielgebend für uns?

»In den Vereinigten Staaten (hat) die Gesellschaft ... sich weder mit alten europäischen Vorurteilen, noch überlebten Einrichtungen herumzuschlagen, und ist daher weit geeigneter, neue Ideen und Einrichtungen anzunehmen, wenn sie Vorteil versprechen. Dort sieht man seit geraumer Zeit die Stellung der Frau anders an als bei uns.« Bebels Worte bewahrheiten sich erneut in der zweiten Hälfte des 20. Jahrhunderts. Seit Mitte der sechziger Jahre gibt es in den USA eine Neue Frauenbewegung, deren zahlreiche Gruppierungen große Teile der weiblichen und in zunehmendem Maße auch der männlichen Bevölkerung mobilisieren. In der neu gewonnenen Zuversicht, daß die siebziger Jahre *ihr* Jahrzehnt sind, kämpfen amerikanische Frauen gegen die Diskriminierung am Arbeitsplatz, im Bildungs- und Gesundheitswesen und gegen überkommene Rollenvorstellungen, die ihr Leben in Familie und Öffentlichkeit prägen und einengen. Sie stellen die männliche Dominanz in allen Bereichen gesellschaftlichen Lebens in Frage und setzen sich für eine größere soziale Gerechtigkeit ein, die Frauen aller Rassen und Klassen in ihrem Lande zugute kommen soll.

Die Neue amerikanische Frauenbewegung hat zwei Flügel: die Frauenrechtsbewegung (women's rights movement) und die autonome Frauenbefreiungsbewegung (women's liberation movement). Allerdings wird der Name women's liberation heute in der amerikanischen Öffentlichkeit weitgehend für die gesamte Frauenbewegung benutzt. Beide Flügel unterscheiden sich weniger in ihren Zielen, als in der Geschichte ihrer Entstehung, in ihren Organisationsstrukturen und Strategien. In Deutschland wären diese Flügel sehr schnell politischen Richtungen wie »rechts« und »links« zugeordnet worden. Auch in den USA werden oft die Begriffe »reformistisch« und »radikal« gebraucht. Mit der traditionellen Bedeutung dieser Begriffe wird der Charakter dieser Gruppen jedoch kaum erfaßt. Die ideologische Ausrichtung der Anhängerinnen deckt sich nicht immer mit ihrer Gruppenzugehörigkeit. Zudem findet eine wechselseitige Beeinflussung statt, und auch die sogenannten reformistischen Gruppen haben Forderungen entwickelt, deren Erfüllung die amerikanische Gesellschaft von Grund auf ändern würde. Versteht man unter einer »radikalen Bewegung« den Ansatz, gesellschaftlichen Wandel auf der Grundlage neuer Voraussetzungen oder durch Umorientierung alter Ordnungen auf neue Ziele zu erreichen, so ist die Neue amerikanische Frauenbewegung radikal, und zwar in allen ihren Richtungen.

In Europa hat sich aufgrund spektakulärer Presseberichte bei vielen der Eindruck festgesetzt, daß die amerikanische Frauenbewegung mit dem zweiten Flügel, oft auch herabsetzend women's lib genannt, begonnen habe. Dieser Flügel ist zudem mit dem negativen Image frustrierter, männerfeindlicher Frauen behaftet, die angeblich Büstenhalter verbrennen. Abgesehen davon, daß derartige Aktionen niemals stattgefunden haben, ist dieser Eindruck auch falsch. Begonnen hat die amerikanische Frauenbewegung mit der Frauenrechtsbewegung, deren Anhängerinnen fordern, in die von den Männern geschaffenen gesellschaftlichen Institutionen gleichberechtigt, das heißt zum Teil sogar mit gleichem Anteil integriert zu werden. Bei aller Kritik stellt sie diese Institutionen jedoch nicht grundsätzlich in Frage. Die Frauen des zweiten Flügels wollen sich dagegen von dem Frauenbild lösen, das ihnen Männer und die patriarchalische Kultur zudiktiert haben. In autonomen, z. T. sozialistischen, z. T. männerfeindlichen Gruppen versuchen sie, ein neues Selbstverständnis als Frau zu finden und streben an, auf dieser Grundlage alternative Institutionen aufzubauen.

Fast gleichzeitig und mit einer Organisationszugehörigkeit nicht unbedingt identisch beginnen viele Frauen eine neue Theorie vom Menschen zu formulieren. Sie halten die tradierten Geschlechterrollen und die daraus resultierenden Institutionen für überholt und menschenfeindlich. Ihre Kritik richtet sich vorwiegend gegen jene kulturellen Werte, Vorstellungen und Mythen von der Verschiedenartigkeit der Geschlechter, die diese alten Rollen absichern und perpetuieren. Ihr Ziel ist es, mit Männern gemeinsam neue Werte und Lebensmuster zu finden. Dies soll auf der Grundlage eines »androgynen« Menschenbildes geschehen. Sogenannte »männliche« und »weibliche« Persönlichkeitsmerkmale und Aktivitäten sollen nicht mehr rigide zwischen Männern und Frauen aufgeteilt werden, sondern sich auf einer möglicherweise neuen Stufe menschlicher Entwicklung in jedem Menschen individuell integrieren.

Wie kam es nun, daß die unterschiedlichen Flügel der amerikanischen Frauenbewegung gerade gegen Mitte bzw. Ende der sechziger Jahre entstanden? Was waren die auslösenden Bedingungen? Waren diese spezifisch amerikanischer Art?
Eine Reihe von Faktoren lassen sich aufzählen, die in einem komplizierten Zusammenspiel die Entwicklung der Neuen amerikanischen Frauenbewegung begünstigt haben. Vor allem weiße, gebildete Frauen der breiten amerikanischen Mittelschicht bildeten den ersten Kern der Bewegung und stellen auch heute noch ihren wesentlichen Anteil. In den späten fünfziger und dann erneut bei der jüngeren Generation in den sechziger Jahren erlebten sie zunehmend, daß die Erwartungen an das Leben, die ihnen ihre Erziehung vermittelt hatte, sich nicht verwirklichen lassen konnten. Diese Erfahrung, stichwortartig »relative Benachteiligung« (relative deprivation) genannt, ist für die amerikanische Frauenbewegung bedeutsam geworden. Das Konzept umfaßt sowohl subjektive Empfindungen als auch objektiv vorhandene Bedingungen. Die Frauen der Mittelschicht, die zwar gegenüber den Frauen der Unterschicht noch durchaus privilegiert waren, wurden dennoch im praktischen Leben diskriminiert, vor allem aber im Vergleich mit den Männern ihrer Schicht. Auf diese Weise sammelte sich bei diesen Frauen ein Potential an Unzufriedenheit, für dessen Artikulation es dann nur noch bestimmter Anstöße bedurfte.
Während des zweiten Weltkrieges wurde auch für die amerikanische Frau der Mittelschicht das Tabu durchbrochen, als verheiratete Frau nicht berufstätig sein zu dürfen. Mit Beendigung des Krieges wurden die Frauen zum großen Teil wieder aus der Erwerbstätigkeit herausgedrängt bzw. auf die typisch weiblichen Berufsfelder beschränkt. Bewirkte der wirtschaftliche Aufschwung einerseits, daß Frauen gerade in diesen Bereichen verstärkt als Arbeitskräfte gebraucht wurden, so wurde andererseits das gesellschaftliche Leitbild der Hausfrau propagiert, damit der Anspruch der Frau auf Gleichberechtigung im Berufsleben nicht zu manifest wurde. So stieg in den fünfziger Jahren die Zahl der erwerbstätigen Frauen, auch gerade der verheirateten mit Kindern, ständig. Zu den Frauen der Unterschicht, die zum Teil sowieso schon der Doppelbelastung und der Diskriminierung am Arbeitsplatz ausgesetzt waren, stießen nun noch die ebenfalls schlecht bezahlten weiblichen Arbeitskräfte der Mittelschicht. Ihnen blieb jedoch der Aufstieg in Führungspositionen, wie es aufgrund des Männermangels in Deutschland zum Teil möglich war, verwehrt. Die Dop-

pelbelastung wurde besonders unerträglich, weil die Frau zudem für alle Fehlentwicklungen in Ehe und Kindererziehung verantwortlich gemacht wurde, wenn sie nicht gleichzeitig jenem Bild traditioneller Weiblichkeit entsprach, das in den fünfziger Jahren eine Renaissance erfuhr.

Zu Beginn und im Laufe der sechziger Jahre veränderte sich das Bild noch einmal. Betty Friedans Buch zerstörte den Mythos vom Weiblichkeitswahn und motivierte ältere Frauen zu dem Versuch, ihre dritte Lebensphase neu zu gestalten. Hier stießen sie jedoch in der Fortbildung bzw. bei der Wiedereingliederung in Studium und Beruf auf viele Schwierigkeiten. Ihre Töchter begannen, Eheschließung und Mutterschaft hinauszuschieben und andere Prioritäten zu setzen. Es stieg ihr Bildungswille und damit auch der Wunsch, entsprechend ihrer Ausbildung zu arbeiten. Während sich die Ausbildung der Frau für Mittelschichtsberufe der der Männer immer mehr anglich, verringerte sich aber gleichzeitig ihr Anteil am Gewinn dieser Ausbildung. Nicht nur arbeiteten die meisten dieser Frauen in Tätigkeiten, für die sie überqualifiziert waren, sondern sie wurden darüber hinaus in allen Tätigkeiten, was Bezahlung und Aufstiegschancen anging, benachteiligt. Da zahlreiche geschiedene oder auch ledige Mütter gezwungen waren, für sich und ihre Angehörigen zu sorgen und dazu auch durchaus imstande waren, zerbröckelte das Leitbild vom Mann als alleinigem Ernährer und Vorstand der Familie.

In den sechziger Jahren fand eine allgemeine Politisierung der amerikanischen Gesellschaft statt. Nicht nur die Belebung der parteipolitischen Szene, sondern auch gerade die Protestbewegungen der Afro-Amerikaner, der Studenten und der Kriegsgegner waren ein wesentlicher Faktor für die Entstehung der Frauenbewegung. Diese schufen die Rahmenbedingungen, innerhalb derer auch Frauenprobleme als gesellschaftliche Probleme verstanden werden konnten, für die man nach politischen Lösungen suchen mußte. Die Erfolge der Bürgerrechtsbewegung zeigten nicht nur, daß es möglich war, gesellschaftliche Änderungen für »Minderheiten« durchzusetzen, sondern es wurden auch Gesetze erlassen, die Modellcharakter für eine frauenfreundliche Gesetzgebung hatten.

Um den zunehmenden individuellen Protest der Frauen in eine soziale Bewegung einmünden zu lassen, bedurfte es jedoch noch weiterer Vorbedingungen: 1. das Vorhandensein eines Kommunikationsnetzes, dem man sich anschließen konnte und das ideologisch und organisatorisch offen genug war, die Ideen neuer Gruppen aufzunehmen; 2. eine Reihe von Krisen, die die Betroffenen, die Teil dieses Kommunikationsnetzes sind, zur Handlung treibt und 3. die bewußten Bemühungen einzelner Frauen, die einmal aktivierten Frauen weiter zu organisieren sowie ständig neue Anhängerinnen zu gewinnen.
Das Kommunikationsnetz, auf das die Frauenrechtsbewegung zurückgreifen konnte, war entstanden durch die Arbeit der Enquêtekommission zur gesellschaftlichen Situation der Frau in den USA. Diese Kommission war 1961 von Präsident Kennedy eingerichtet worden. Sie hatte Alibifunktion, denn sie sollte die Regierung von der Verpflichtung befreien, sich in konkreterer Form für die Wahlhilfe erkenntlich zu zeigen, die zahllose Frauen gemäß der amerikanischen Tradition in freiwilliger bzw. ehrenamtlicher Arbeit geleistet hatten. Der Bericht der Kommission enthielt zwar eine Sammlung von Beweisen zur Diskriminierung der Frau, war aber in seinen Empfehlungen äußerst gemäßigt und tastete die traditionellen Rollenvorstellungen, vor allem was den Bereich der Familie und damit der Doppelrolle der Frau betraf, nicht an.
Das wichtigste direkte Ergebnis dieser Kommission waren zunächst die Nachfolgekommissionen in den einzelnen Bundesstaaten, die bald aus ähnlichen Gründen zusammengerufen wurden. Indirekt trugen all diese Kommissionen jedoch in dreifacher Weise dazu bei, die Basis zu schaffen, auf der die spätere Frauenrechtsbewegung aufbauen konnte: Sie brachte eine Anzahl von gebildeten, politisch interessierten Frauen aus dem privaten und öffentlichen Leben zusammen, die sich ohne den Anstoß durch diese Kommission nicht unbedingt Frauenfragen zugewandt hätten; sie klärten vorher unwissende oder uninteressierte Frauen über das Ausmaß an Diskriminierung auf; sie schufen die Erwartungshaltung, daß etwas getan werden müsse.
Dies geschah aber zunächst nicht. Die Equal Employment Opportunity Commission, EEOC, des Ministeriums für Gesundheit, Bildung und Soziales, die seit dem Erlaß des Gesetzes Title VII im Jahre 1964 die Aufgabe hatte, Verstöße rassen- und geschlechtsspezifischer Diskriminierung auf dem Arbeitsmarkt zu ahnden, kümmerte sich nur um Rassen-, nicht um Frauenfragen. Die endgültige »Krise«, die dann zur

Bildung der ersten neuen Frauenorganisation führte, war das Verhalten der Delegierten auf einer der nationalen Konferenzen zur Situation der Frau. Als diese sich weigerten, eine Resolution überhaupt nur zu diskutieren, in der die *EEOC* aufgefordert werden sollte, ihren Pflichten nachzukommen, schlossen sich einige der anwesenden engagierten Politikerinnen, Rechtsanwältinnen und Bundesbeamtinnen unter der Führung Betty Friedans zusammen und gründeten die National Organization for Women, NOW, um endlich eine Organisation zu haben, die ihre Forderungen mit Nachdruck bei den Behörden vertreten konnte und die Verabschiedung neuer bzw. die Ausführung bestehender Gesetze bewirken sollte.

1966 verlangten die Gründerinnen von NOW: *Jetzt* ist der Zeitpunkt gekommen, die amerikanische Frau voll und gleichberechtigt in alle amerikanischen Institutionen zu integrieren; sie soll in gleichwertiger Partnerschaft mit dem Mann an den Privilegien dieser Institutionen teilhaben sowie gemeinsam mit ihm die Verantwortung dafür tragen. Grundlage dafür sind neue Vorstellungen über die Rollenverteilung in der Ehe, die eine gleichberechtigte Verteilung der Pflichten in Haushalt, Kindererziehung und bei der Sicherung des Lebensunterhaltes einschließen. Sie protestierten gegen das Bild der Frau in den Medien sowie gegen die frauenfeindlichen Haltungen und Praktiken in Kirche, Politik, Bildung und Erwerbstätigkeit. Unter ihren konkreten Zielen waren zwei Punkte umstritten: das Recht auf Familienplanung und Abtreibung sowie das Equal Rights Amendment, ERA, jener Zusatz zur Verfassung, der die Gleichberechtigung der Frau auch auf diese Weise absichern soll. Während in der Bundesrepublik Deutschland die Gleichberechtigung der Frau im Grundgesetz verankert ist, fehlt diese verfassungsrechtliche Garantie in den USA. Letztlich fanden jedoch beide Punkte die nötige Mehrheit der Mitglieder von NOW.

Kurz nach der Gründung von NOW bildeten sich weitere Organisationen, die zum Teil mit einigen der Forderungen und der Organisationsstruktur von NOW nicht einverstanden waren oder enger gefaßte Interessen vertreten wollten. Dazu gehört die Women's Equity Action League, WEAL, die sich vor allem auf die Diskriminierung der Frau in den Gebieten »Beruf«, »Bildung« und »Steuergesetzgebung« konzentriert. Im Sommer 1971 konstituierte sich der überparteiliche National Women's Political Caucus, NWPC, um im Zuge der bundesstaatlichen und nationalen Wahlen mehr Frauen in politische Positionen zu bringen. Weiterhin bildeten sich eine Frauenrechtsstiftung, die Prozesse in Sachen Frauendiskriminierung finanziell und fachlich unterstützt, Frauensektionen in den akademischen und nichtakademischen Berufsverbänden sowie eine Frauengewerkschaft. Darüber hinaus öffneten sich auch die traditionellen Frauenverbände sowie die Frauenreferate in anderen Organisationen – die zum Teil in ihren Interessen und ihrem Auftreten mit den deutschen gleichzusetzen sind – für die neuen Ideen und Konzepte und begannen, sich für sie einzusetzen.

Solidarität in der »sisterhood«

Der zweite Flügel der amerikanischen Frauenbewegung, die autonome Frauenbewegung, deren Mitglieder meist jüngeren Alters sind, konnte ebenfalls auf ein »Kommunikationsnetz« zurückgreifen. Dies war entstanden durch ihre Beteiligung an den Protestbewegungen der sechziger Jahre, wie der Bürgerrechtsbewegung, der Studentenbewegung und der Friedensbewegung, die sich gegen den Vietnamkrieg richtete. Die »Krise«, die diese Frauen zum Zusammenschluß und zum Kampf für ihre eigene Befreiung brachte, war vergleichbar mit den Erfahrungen der deutschen Frauen in der Studentenbewegung. In der gemeinsamen politischen Arbeit mit den Männern mußten sie erleben, daß ihnen ständig die traditionell weiblichen Aufgaben des Tippens und Kaffeekochens zugewiesen wurden. Unter dem Schlagwort der sexuellen Befreiung hatten sie zudem den Männern als Sexualobjekte zur Verfügung zu stehen. Hinzu kamen Diffamierungen und der Ausschluß aus dem politischen Geschehen, sobald sie auf den Konferenzen ihre eigenen Belange einbringen wollten.
Der letzte Anstoß zum Zusammenschluß in eigenen Gruppen war dann die Konferenz der Neuen Linken im Sommer 1967 in Chicago, auf der die Resolution der Frauen an das Ende der Tagesordnung verbannt wurde, der Vorsitzende ihnen das Rederecht verweigerte und die spätere Autorin Shulamith Firestone herablassend beiseite schob mit den Worten: »Reg dich ab, kleines Mädchen, wir haben Wichtigeres zu tun, als über Frauensachen zu reden.« Die Frauen regten sich jedoch nicht mehr ab, sie schlossen sich zusammen und analysierten ihre Situation als Frau im Rahmen marxistischen Denkens. Dabei ordnen sie die Unterdrückung der Frau ähnlich wie die Unterdrükkung der Arbeiter ein, der farbigen Minderheiten in den USA und der Völker der Dritten Welt. Bald bildeten sich jedoch auch andere Gruppen, die diese Analysen verwarfen. Sie sahen nicht im Kapitalismus, bei aller notwendigen Kritik an ihm, den Hauptfeind, sondern in den von Männern geschaffenen gesellschaftlichen Institutionen und Wer-

ten. Sie konzentrierten sich daher weniger auf die großen gesellschaftspoltischen Zusammenhänge als vielmehr auf ihre tagtäglich erlebte Unterdrückung als Frau.

Die verschiedenen Ansichten manifestierten sich in den Gruppierungen »sozialistischer Feministinnen« (politicos) und der »radikalen Feministinnen« (feminists oder radical feminists). Bei den ersten Treffen der verschiedenen Gruppen wurde die Frage aufgeworfen, ob man sich, gemäß dieser ideologischen Orientierung, der Linken weiter angliedern oder autonom werden sollte. Der Zustrom politisch unerfahrener Frauen in der Folgezeit sowie die feindlich-abwehrende Haltung der Männer in der Linken gegenüber den sozialistischen Feministinnen löste das Problem zugunsten des Autonomieanspruches. Dieser Ausschluß der Männer aus den Gruppen, der sich dann ganz durchsetzte, war beeinflußt durch die Erfahrung, daß sich in gemischten Gruppen die alten Geschlechterrollen immer wieder durchsetzten und die Männer dominierten. Von den Männern und von der amerikanischen Gesellschaft wurde der Ausschluß als Provokation empfunden und erwies sich damit im nachhinein als brauchbare Taktik, Aufmerksamkeit zu erringen und Bewußtsein zu wecken.

Als wichtigstes positives Ergebnis dieser autonomen Frauengruppen hat sich eine neue Verbundenheit der Frauen untereinander entwikkelt, die sich in gegenseitigem Verständnis füreinander und in gegenseitiger Unterstützung (sisterhood) äußert. Das führte bei einigen Frauen bis zu einer ideologisch-politisch begründeten lesbischen Lebensführung. Die neue Solidarität war vor allem auch das Ergebnis der Selbsterfahrungsgruppen, in denen die Frauen als Methode das consciousness raising (Bewußtsein wecken) entwickelten, mit dem sie ihr Bewußtsein über ihre Lage schärften.

Dieses Ziel dieser Selbsterfahrungsgruppen, wie sie in der Bundesrepublik Deutschland genannt werden, boten zahllosen Frauen, die sich den ersten stark auf Systemveränderung ausgerichteten Gruppen nie angeschlossen hätten, den Einstieg in die Frauenbewegung. Hier tauschten sie ihre persönlichen Erfahrungen aus, die sie am Arbeitsplatz, in der Familie und in der Öffentlichkeit machten. Das Sammeln und Vergleichen dieser Erfahrungen machte ihnen schnell deutlich, daß es sich bei ihren Erlebnissen nicht nur um individuelle, möglicherweise selbstverschuldete Ereignisse handelte, sondern daß sie Opfer eines gesellschaftlichen Systems waren. Sie sahen sich verstrickt in ein jahrtausende altes Netz von Geschlechterrollenstereotypen, das ihnen bestimmte Gefühls- und Werthaltungen, Denkmuster und Persönlichkeitsmerkmale diktierte und ihnen bestimmte, zum Teil als minderwertig angesehene Rollen in Familie, Beruf und Öffentlichkeit zuwies. Sie erkannten, daß diese Geschlechterrollenstereotypen einmal durch die Sozialisation weitergereicht werden, gleichzeitig aber ihre Bedingung und Notwendigkeit in den bestehenden gesellschaftlichen Institutionen finden. Sie schlossen daraus, daß es, um eine Befreiung von diesen Sterotypen zu erreichen, sowohl individueller Veränderungen als auch politischer Lösungen bedarf.

Quotierung in Firmen und Behörden

NOW und die um sie herum entstandenen Organisationen sind in ihrem Aufbau und ihrer Führung traditionell demokratisch und zeichnen sich durch führungswillige und führungsgewohnte Frauen aus. Vereinzelt gehören den Organisationen auch Männer an. Zwar wurde in den ersten Jahren auch in NOW mit weniger hierarchischen Organisations- und Führungsformen experimentiert, doch setzten sie sich nicht durch. Die Geschichte ihrer Entstehung und die Art ihrer Struktur führte dazu, daß es ihr zunächst an einer Massenbasis fehlte. Heute besteht allerdings dank des unermüdlichen Einsatzes vieler Frauen ein nationales Organisationsnetz, dem inzwischen auch viele Frauen aus dem Flügel der autonomen Bewegung angehören. Um ihre Ziele zu erreichen, bedienten sich NOW und die übrigen Gruppen der traditionellen politischen Methoden, Strategien, Institutionen sowie des wirkungsvollen Einsatzes der Medien. Aufgrund ihrer vielfältigen Aktionen haben sie dazu beigetragen, daß Arbeitgeber, Gewerkschaften und Bildungsinstitutionen die schon bestehenden sowie die neuen Gesetze zur Chancengleichheit der Frau ernst nehmen und sie befolgen und daß der amerikanische Kongreß inzwischen eine Reihe von Gesetzen verabschiedet hat, die, wenn auch stückweise, Konturen einer nationalen Politik zur Aufhebung der Diskriminierung der Frau sichtbar werden lassen. Gerade im Arbeits- und Bildungsbereich schöpfen die Gruppen der Frauenbewegung die neuen Möglichkeiten aus, indem sie Klagen bei den Regierungsstellen einbringen und Prozesse anstrengen.
Inzwischen ist Unternehmen und Universitäten unter bestimmten Bedingungen die Auflage gemacht worden, Frauenförderungsprogramme (affirmative action programs) aufzustellen, in denen sie sich verpflichten, verstärkt Frauen einzustellen, zu befördern, auszubilden und gleichberechtigt zu bezahlen. Bei Nichteinhaltung dieser Programme, die von staatlicher Seite überprüft werden, folgen Sanktio-

nen bzw. führt dies zum Verlust von staatlichen Aufträgen. Darüber hinaus sind einige Firmen aufgrund von spektakulären Prozessen gezwungen worden, ihren weiblichen Arbeitskräften, die sie im Laufe der Jahre in Bezahlung und Beförderung benachteiligt hatten, Millionen von Dollar nachzuzahlen. Auch ist es heute verboten, Stellen geschlechtsspezifisch auszuschreiben. 1972 waren etwa drei Viertel der ursprünglichen Forderungen von NOW erfüllt, davon sogar die umstrittensten, nämlich das Equal Rights Amendment (ERA) und das Recht auf Abtreibung. Heute sind diese Erfolge allerdings schon wieder zum Teil reduziert: Das ERA bedarf noch immer der endgültigen Ratifizierung; Nixon legte gegen ein Kindertagesstättenprogramm sein Veto ein; das neue Gesetz zur Steuerveranlagung, das den erwerbstätigen Eltern der unteren Einkommensschichten ermöglicht, einen gewissen Betrag für Kinderbetreuung abzusetzen, verlangt so detaillierte Angaben, daß es kaum in Anspruch genommen wird, und die Carter-Regierung hat die Finanzierung der Abtreibung aus öffentlichen Mitteln aufgehoben und damit armen Frauen die Möglichkeit zur Abtreibung genommen.

Geteilte Verantwortung statt Hierarchie

Die Gruppen der autonomen Frauenbewegung lehnen auf dem Hintergrund ihrer früheren politischen Erfahrungen die traditionellen hierarchischen Strukturen und Formen politischen Verhaltens ab; statt dessen versuchen sie in ihren Gruppen, Macht, Verantwortung und Einsatz allen Beteiligten gleichberechtigt offen zu halten. Sie haben auch keine nationale Organisation, sondern sind informell durch ein loses Kontaktnetz persönlicher Beziehungen und Begegnungen, durch Flugblätter, Zeitschriften und andere Publikationen miteinander verbunden. Diese Offenheit in Struktur und Führung gibt ihnen eine große Beweglichkeit. Sie machte es möglich, auch gerade durch die Selbsterfahrungsgruppen, eine Massenbasis schnell und effektiv zu organisieren. Andererseits erschwert die »Tyrannei der Strukturlosigkeit«, wie sie von einigen Kritikerinnen aus den eigenen Reihen später genannt wurde, mit den Machtproblemen, die dennoch auftauchten bzw. durch die »Starwahl« der Presse hervorgerufen wurden, offen umzugehen.

Aus ihrem Selbstverständnis und aufgrund ihrer Struktur setzen sich die Anhängerinnen der autonomen Frauenbewegung mehr für alternative Projekte als für nationale Aktionen bzw. Gesetzesveränderun-

gen ein. So gründeten sie Frauenzentren, in denen Frauen Kontakt, Hilfe und Beratung finden. Sie schufen Gesundheitskliniken mit Naturheilmethoden, Notdienste für vergewaltigte Frauen, Beratungsstellen für Frauen, die abtreiben wollen, Verlage, Buchläden, Kunstgalerien, Zeitschriften, Theatergruppen. Auf diese Weise versuchen sie, sich in ihrem neuen Selbstverständnis zu verwirklichen, die frauenfeindlichen Mißstände zu verdeutlichen und in diesen alternativen Institutionen mögliche Lösungen zu bieten.
Entscheidend für die amerikanische Frauenbewegung ist ihr pluralistischer Charakter. Kennzeichnend ist, daß nicht immer mehr Frauen sich an wenige Organisationen anschlossen, sondern daß sie immer wieder neue Gruppen bildeten, zum Teil außerhalb bestehender Organisationen, zum Teil innerhalb schon lange funktionierender Verbände. In diese brachten sie dann jeweils ihre spezifischen Interessen und Ziele ein (Hausfrauen, alte Frauen, Frauen der farbigen Minderheiten, Frauen bestimmter Berufssparten). Das Ergebnis ist eine Art Arbeitsteilung, sowohl in den Anliegen als auch in den Vorgehensweisen. Dies wird jedoch von den meisten als sich gegenseitig ergänzende Hilfe und nicht als widersprüchlich empfunden. Hier wird die amerikanische Tradition des pragmatischen Aktivismus wirksam. Sie hat mit dazu beigetragen, daß, um der Durchsetzung gemeinsamer Anliegen willen, die Differenzen zumindest zeitweilig immer wieder beiseite geschoben werden.

Kampagne für mehr Bildungschancen

Ein weiteres Beispiel für dieses Zusammenspiel, das vor allem aufgrund seiner Langzeitwirkung für die kommenden Generationen nicht zu unterschätzen ist, sind die Erfolge im Bildungswesen. Auch hier hat sich das Konzept der »gleichzeitigen Mehrfach-Strategien«, wie es von einigen Anhängerinnen formuliert wird, als erfolgreich erwiesen und ist von Frauen aller Gruppierungen unterstützt worden. Indem die Frauen von WEAL 1970 feldzugartig die bestehenden gesetzlichen Möglichkeiten auszuschöpfen und mit Hilfe von Beschwerden und Prozessen durchzusetzen begannen, haben sich nicht nur die Zustände an den Schulen und Hochschulen geändert, sondern es sind auch neue, weitergreifende Gesetze erlassen worden, die zum Beispiel die geschlechtsspezifischen Zulassungsquoten und Stipendien an den Hochschulen, geschlechtsspezifische Lehrpläne, Benachteiligung verheirateter oder älterer Studentinnen sowie die ungleiche Bezahlung und

Beförderung der Hochschuldozentinnen rechtswidrig werden ließen. Die weitestreichenden Konsequenzen erhoffen sich jedoch die Anhängerinnen der Frauenstudienbewegung (Women's Studies) von einem neuen Bildungskonzept, an dessen Ausarbeitung und Durchsetzung wiederum Frauen aller Richtungen der Bewegung beteiligt waren. Schon Bebel kritisierte, daß »die Mächte, die über das Bildungsmaß der Frau zu bestimmen haben, sich nur leiten lassen von ihren Vorurteilen über das Wesen des weiblichen Charakters und die beschränkte Lebensstellung der Frau«. Dagegen stellte er die Forderung, daß die »Erziehung für beide Geschlechter gleich und gemeinsam sein« müsse. Auch zu diesem Punkt verwies er auf die USA, die in Schulen und Universitäten diesen Grundsatz bereits vielfach verwirklichten und damit Deutschland weit voraus seien.

Knapp hundert Jahre später stellten lehrende und lernende amerikanische Frauen jedoch fest, daß der hartnäckige Aberglaube von der Bildungsunfähigkeit der Frauen und die traditionellen Rollenstereotypen noch immer ihr Bildungssystem prägten. Sie erkannten, daß eine formale Gleichberechtigung der Geschlechter in Schulen und Universitäten nicht ausreicht, um Frauen ein neues Selbstbewußtsein zu vermitteln und ihnen die Selbstverwirklichung in Familie, Beruf und Gesellschaft zu ermöglichen, solange die Bildungs*inhalte* noch immer von männlichen Normen bestimmt sind. Studentinnen und Dozentinnen erkannten, daß Wissen über Frauen in den Kultur- und Sozialwissenschaften entweder gar nicht oder nur von Vorurteilen verzerrt vorhanden ist. Forschung und Lehre dienen damit der Aufrechterhaltung eines Zustandes, der nicht bloß als frauenfeindlich und gänzlich überholt, sondern wegen seiner starren Rollenzuweisung für beide Geschlechter als geradezu menschenfeindlich angesehen werden muß. Erstes Ziel der Women's Studies war daher die Entwicklung eines alternativen Lehrangebots für Studentinnen. Im Mittelpunkt der Lehrveranstaltungen standen die Psyche und Sozialisation der Frau, ihr rechtlicher, ökonomischer, politischer und sozialer Status, ihre Geschichte sowie ihre kulturellen und künstlerischen Leistungen. Die Aufarbeitung der Situation der Frau in der Vergangenheit soll allen beteiligten Frauen Selbstbewußtsein und Identität vermitteln. Women's Studies Studiengänge mit akademischen Abschlüssen gibt es heute an über 260 Institutionen des tertiären Bildungsbereichs, Seminare und Vorlesungen an fast allen Colleges und Universitäten. Die meist obligatorische Lehrerfortbildung tut ein übriges, um die neuen Lehrinhalte auch in die Schulen zu bringen. Feministische Verlage arbeiten an neuen Schulbüchern, und traditionelle Verlage beugen sich

dem Druck der Bewegung und entfernen sexistische Inhalte aus ihren Publikationen.
Über die erste, die Defizite ausgleichende Zielsetzung hinaus aber streben Anhängerinnen der Women's Studies-Bewegung inzwischen die quantitative und qualitative Veränderung der gesamten Bildungsinhalte an. Modellversuche laufen dazu schon an einigen Universitäten. Grundlage für sie ist die rasch anwachsende feministische Forschung, die in den wenigen Jahren in einigen Disziplinen (Geschichts-, Literatur- und Kunstwissenschaft, Soziologie, Politologie, Psychologie) zu einer wahren Forschungsexplosion geführt hat.
Feministische Wissenschaft ist jedoch mehr als bloße Forschung über Frauen. Sie ist nicht wertneutral: Mit ihren Methoden, ihrem Erkenntnisinteresse und ihrem Praxisbezug knüpft sie immer an die Diskriminierung der Frau in Wissenschaft und Gesellschaft an und versucht, sie in beiden Bereichen aufzuheben. Frauenforschungszentren, in denen Wissenschaftlerinnen – durch Forschungsstipendien unterstützt – den neuen Fragestellungen in den einzelnen Disziplinen nachgehen können, gibt es schon an einigen renommierten Universitäten. Eine Fülle von Einzelergebnissen setzt sich zu ersten Bausteinen der Geschichte der Frau zusammen und verändert Wissen und Methoden der einzelnen Disziplinen. Die Arbeiten in den angewandten Sozialwissenschaften helfen Männern und Frauen in den Entscheidungspositionen von Wirtschaft, Politik und Kultur, Ausmaß und Qualität von Bildung und Arbeit für Frauen zu erweitern und durch bewußtseinsmäßige und institutionelle Veränderungen die Überwindung der Rollenstereotypen in allen Bereichen gesellschaftlichen Lebens anzugehen.
Als entscheidend für die neue amerikanische Frauenbewegung hat sich also erwiesen, daß die Frauen beider Flügel zur Durchsetzung gemeinsamer Anliegen es schafften, über ihre jeweiligen Differenzen hinwegzusehen und gemeinsam für die Erreichung dieser Ziele zu kämpfen. Letztes eindrucksvolles Beispiel dafür ist die Nationale Frauenkonferenz in Houston, auf der sie in breiter Repräsentanz der verschiedenen Gruppen (Frauen der Unterschicht, der Mittelschicht, der Oberschicht, alte und junge Frauen, Frauen der farbigen Minderheiten, Frauen verschiedener ideologischer Richtungen) einen Frauenaktionsplan verabschiedet haben. Dieser verpflichtet den amerikanischen Präsidenten und den Kongreß zur Stellungnahme, nachdem die Konferenz sowie alle ihr vorausgegangenen bundesstaatlichen Konferenzen schon mit fünf Millionen Dollar Steuergeldern finanziert worden waren.

Doppelrolle für Frau und Mann

Die Neue amerikanische Frauenbewegung hat Tausende von Frauen erreicht und sie dazu angeregt, ihre Rolle neu zu überdenken und zu versuchen, ihr Leben anders zu gestalten. Zwar laufen zur Zeit massive Gegenangriffe reaktionärer Strömungen, die vor allem das ERA gefährden, doch sind bei einer Vielzahl von Frauen, und zum Teil auch bei Männern, Bewußtseinsänderungen entstanden, die kurzfristig nicht mehr rückgängig zu machen sind. Die gesetzgeberischen Erfolge liegen vor allem in den Bereichen Arbeit und Bildung. Die Änderung der Rollenverteilung in der Familie dagegen steht bisher bloß als Forderung auf dem Papier oder wird höchstens individuell mit dem entsprechenden psychischen und materiellen Aufwand gelöst.

Gerade an dieser Stelle hat jedoch die Entwicklung in Schweden eingesetzt. 1968 schilderte die schwedische Regierung in ihrem UNO-Bericht zur Situation der Frau das Konzept der Doppelrolle für Frau *und* Mann als ihre neue Regierungspolitik. In den darauffolgenden Jahren begann sie, ihre Familien-, Arbeitsmarkt-, Steuer- und Bildungspolitik entsprechend zu reformieren und neue Gesetze zu verabschieden.

Wie ist es zu dieser Entwicklung gekommen, und welche Auswirkungen hat dieses Konzept bisher gehabt? Schweden ist ein kleines Land mit einer homogenen Bevölkerung. Regierung, Parteien und Gewerkschaften haben in diesem Jahrhundert versucht, ein Höchstmaß an sozialer Sicherheit zu schaffen. Zwischen 1850 und 1960 wurde die formale gesetzliche Gleichstellung von Mann und Frau fast vollkommen erreicht, die praktische Diskriminierung blieb jedoch, wie anderswo auch, erhalten. Auch in Schweden nahm im Laufe dieses Jahrhunderts der Anteil der Frauen am Arbeitsmarkt ständig zu. 1921 wurde ein neues Eherecht verabschiedet, das beide Ehepartner rechtlich und wirtschaftlich gleichstellte und ihnen gleichermaßen die Verantwortung für den Lebensunterhalt und die Kindererziehung übertrug. In den dreißiger Jahren begann eine lebhafte Debatte um das Recht der »arbeitenden Frau auf Ehe und Mutterschaft«, während zur selben Zeit eine neue Familienpolitik gefordert wurde, die den Vätern mit Hilfe verkürzter Arbeitszeit mehr Raum für ihre Familienpflichten lassen sollte. Diese Gedanken griff die einflußreiche Soziologin Alva Myrdal zusammen mit der englischen Psychologin Viola Klein in den fünfziger Jahren erneut auf. Myrdal sah weiterhin die Aufzucht der Kinder als die Hauptverantwortung der Frau, betonte jedoch gleichzeitig ihr Recht, neben diesen Pflichten auch anderen Aufgaben nachzugehen und entsprechend ihren Fähigkeiten am wirtschaftlichen und gesellschaftlichen Leben außerhalb des Hauses teilzunehmen. Familie und Beruf sollten nicht einander ausschließende Alternativen sein, sondern aufeinander folgende Phasen. Die »Doppelrolle der Frau«, d. h. ihre Wiedereingliederung in die Erwerbstätigkeit, nachdem die Kinder selbständig waren, sollte zu einer festen Gewohnheit werden und zur Verkürzung der Arbeitszeit für beide Geschlechter beitragen. Der durch den wirtschaftlichen Aufschwung bedingte Arbeitskräftemangel führte in den fünfziger Jahren tatsächlich dazu, daß immer mehr Frauen in den Beruf zurückkehrten. Es stellte sich sogar heraus, daß im Gegensatz zum Myrdalschen Modell auch die jungen Frauen mit kleinen Kindern ihre Berufstätigkeit nicht unterbrachen, sondern weiterarbeiteten, wobei sie allen Diskriminierungen des geschlechtsspezifischen Arbeitsmarktes einerseits und der Doppelbelastung andererseits ausgesetzt waren.

Frauenverbände, Parteien und Gewerkschaften kümmerten sich während dieser Jahre immer wieder um die »Frauenfrage«, ohne daß jedoch eine Lösung der grundsätzlichen Probleme erreicht wurde. 1957 begannen dann einzelne Wissenschaftlerinnen, angeregt durch die Lektüre emanzipatorischer Literatur aus dem 19. Jahrhundert, neue Fragen zu stellen. Sie beschäftigten sich jetzt auch mit der *Rolle des Mannes*, verwiesen auf seine ebenso reduzierte Menschlichkeit und verlangten, daß er sich endlich von der Verleugnung seiner emotionalen Fähigkeiten emanzipieren solle. Ohne die Emanzipation der Männer, so lautete ihre Argumentation, sei eine Emanzipation der Frauen nicht möglich. Den entscheidenden Anstoß gab 1959 die liberale Journalistin Eva Moberg, damals Herausgeberin der Zeitschrift »Hertha«, dem Publikationsorgan der größten traditionellen Frauenorganisation, der Frederika-Bremer-Gesellschaft, in Schweden. Sie kritisierte die an die Erfüllung der Doppelrolle geknüpfte Gleichberechtigung der Frau und stellte die radikale Frage, wieso diese nicht für beide Geschlechter gelte. Bald war die Debatte über die »Geschlechterrollen« – so der wissenschaftliche Begriff – in vollem Gange. Die Massenmedien griffen sie auf, und Psychologen, Soziologen und Ökonomen analysierten die Bedingungen und Auswirkungen sowie die jeweils besonderen Schwierigkeiten in den Sozialisationsprozessen von Jungen und Mädchen in einer patriarchalischen Gesellschaft. In der Folgezeit öffneten sich die Frauenverbände, die Gewerkschaften sowie die Parteien mehr und mehr für das neue Konzept der *Doppelrolle für Frau und Mann* und sorgten für seine Verbreitung. Jüngere Politiker, die sich zum Teil auch persönlich durch das Konzept ange-

sprochen fühlten, griffen es auf. Bald wurde es Bestandteil der Parteiprogramme, ohne daß ihm jedoch Priorität zugestanden wurde.
Die Aufforderung der UNO an die einzelnen Länder, Berichte zur Situation der Frau zu erstellen, führte dann dazu, daß die schwedische Regierung 1968 in ihrem Bericht empfahl, nicht mehr von der »Frauenfrage« zu sprechen. Statt dessen stellte sie das Konzept der Doppelrolle für beide Geschlechter einer internationalen Öffentlichkeit als offizielle Regierungspolitik vor. 1972 setzte sie dann eine Delegation von Männern und Frauen ein, die direkt dem Ministerpräsidenten unterstellt war. Ihre Aufgabe sollte sein, die notwendigen Daten für eine neue Gesetzgebung der Regierung zu erheben und mit gezielten Vorschlägen die Gleichberechtigung von Mann und Frau in Beruf, Familie, Freizeit und gesellschaftlich-politischer Arbeit voranzutreiben. Mit dem Regierungswechsel im Jahre 1976 wurde diese sozialdemokratische Delegation in ein parlamentarisches Komitee umgewandelt, das jetzt dem Arbeitsministerium unterstellt ist und in dem alle im Reichstag vertretenen Parteien repräsentiert sind.

Gezielt gegen Rollenstereotypen

Entscheidend für die weitere Entwicklung war, daß Gleichberechtigung von Mann und Frau in der Weise definiert wurde, daß alle Privilegien langfristig aufgehoben werden sollten, die Männern und Frauen aufgrund ihres Geschlechts durch Tradition und Gesetz zugestanden worden waren. Auf der anderen Seite war man sich bewußt, daß es aufgrund ihrer ungleichen Situation gezielter Förderungsmaßnahmen für beide Geschlechter bedurfte, um die Geschlechterrollenstereotypisierung zu durchbrechen. Hatte man sich zunächst gegen ein besonderes Anti-Diskriminierungsgesetz entschieden, so hat das neue Komitee seit 1977 den Auftrag, ein solches vorzubereiten, das vor allem für den Arbeitsmarkt wirksam werden soll.
Eine der wesentlichen Neuerungen, von der man sich eine Veränderung der traditionellen Familienrollen erhofft, ist die »Elternversicherung«, die den Mutterschaftsurlaub ersetzt. Heute können Mütter *oder* Väter ihr Kind während der ersten neun Monate zu Hause betreuen bzw. die Zeit zwischen sich aufteilen, wobei das Pflegegeld 90 Prozent ihre Gehaltes beträgt. Gleichzeitig wurden der außerordentliche Mangel an Kindertagesstätten angegangen und neue Konzepte der Kinderbetreuung entwickelt. Eine Quotierung der Ausbildung männlicher Betreuer für die Tagesstätten sowie der Vorschullehrer für die

inzwischen eingeführten Vorschulen soll dazu führen, daß die Kinder in diesen Institutionen mehr männliche Bezugspersonen haben.

Im Bereich der Arbeit wird die Gesetzgebung von dem Gedanken bestimmt, daß Männer und Frauen grundsätzlich wirtschaftlich voneinander unabhängig sein sollen. Gleichzeitig wird versucht, die Vorstellung durchzusetzen, daß Frauen *und* Männer ihre Erwerbstätigkeit irgendwann einmal wegen der Kindererziehung, der beruflichen Weiterbildung und der gesellschaftlich-politischen Arbeit unterbrechen werden. Um Frauen mehr Chancen auf dem Arbeitsmarkt zu geben, laufen zum Beispiel inzwischen in mehr als 100 Unternehmen Modellversuche, in denen Frauen in männlichen Industrieberufen geschult und anschließend beschäftigt werden. Umgekehrt wirbt man verstärkt um männliche Arbeitskräfte im Gesundheits- und Sozialwesen. Andere Unternehmen, die sich neu etablieren oder ausweiten, müssen mindestens je 40 Prozent Männer und Frauen anstellen, wenn sie staatliche Zuschüsse erhalten wollen. Ebenfalls subventioniert werden Unternehmen, die die innerbetriebliche Aus- und Weiterbildung der Frauen betreiben. Der öffentliche Dienst hofft mit Frauenförderungsprogrammen beispielhaft auf die Privatindustrie zu wirken. Alle diese Schritte sollen dazu beitragen, den geschlechtspezifischen Arbeitsmarkt sowohl horizontal wie auch vertikal zu verändern.

Ähnlich wie in den USA mißt man auch dem Bildungsbereich große Bedeutung zu. Gerade Frauen werden durch die erweiterte Erwachsenenbildung neue Chancen geboten, indem ihnen beim zweiten Bildungsweg nicht nur die Berufstätigkeit, sondern auch die Kindererziehung in der Familie den Weg zur Universität öffnet und letztere damit als vollwertige gesellschaftliche Arbeit anerkannt wird. 1970 initiierte das schwedische Bildungsministerium das sogenannte »Geschlechterrollenprojekt«. In mehrjähriger Arbeit unter Beteiligung von Wissenschaftlern, Lehrern, Politikern, Studenten, Eltern, Schülern und Vertretern der Schulverwaltungen wurde in wissenschaftlichen Untersuchungen erarbeitet, auf welche Weise die Stereotypisierung in Geschlechterrollen bei Jungen und Mädchen gerade auch durch die Schule verfestigt wird. Neben einer umfangreichen Dokumentation und einer Reihe von Empfehlungen bewirkte dieses Projekt vor allem eine Sensibilisierung bei den Beteiligten. Einige neue Unterrichtskurse an Schulen und Universitäten geben jetzt einen Überblick über die Bedingungen und Konsequenzen der traditionellen Rollen. Berufsberatung und -orientierung auch gerade für nicht traditionelle Berufe sollen gefördert werden. Frauenstudien, wie sie seit 1959 von einzelnen engagierten Wissenschaftlerinnen angeboten werden, haben

zwar inzwischen Bewußtsein und Wissen von Studentinnen erweitert und diese mobilisiert, doch sind sie bisher weder in der Lehrerausbildung noch in den Bildungsinstitutionen insgesamt etabliert.
Zehn Jahre nach der Proklamation der neuen Politik der Gleichberechtigung zeigt sich allerdings, daß auch in Schweden die Geschlechterrollen sich in ihren sozioökonomischen und psychischen Dimensionen nur sehr langsam ändern und daß von daher die Situation der Frau noch immer von den Strukturen einer patriarchalischen Gesellschaft bestimmt ist. Zwar sind, wie Untersuchungen zeigen, die neuen Vorstellungen von der Doppelrolle bei beiden Geschlechtern vor allem in der jüngeren Generation relativ weit verbreitet. Im praktischen Leben jedoch werden die Entscheidungen noch immer weitgehend im Rahmen der alten Muster getroffen, und das traditionelle Rollenverhalten in der Familie ist weitgehend erhalten geblieben. Seit Beginn der siebziger Jahre organisieren sich junge Frauen in zunehmendem Maße in Frauengruppen und analysieren ihre Situation auf der Grundlage sozialistischen Denkens. Sie ziehen vor allem jüngere Frauen an, die bisher an einer Arbeit in den traditionellen Frauenverbänden und -gruppen innerhalb der Parteien und Gewerkschaften nicht interessiert waren. Viele von ihnen sind der Meinung, daß die offiziellen Maßnahmen weniger aufgrund einer frauen- oder menschenfreundlichen Ideologie verfolgt wurden, sondern vielmehr, um mit der Situation auf dem Arbeitsmarkt fertig zu werden. Sie fragen darüber hinaus, ob die gesetzlichen Reformen, die nicht von einer sozialen Bewegung und daher vom Bewußtsein großer Teile der Bevölkerung getragen werden, nicht gerade eine tiefergehende Bewußtwerdung verhindern, die zu einem wirklichen Einstellungs- und Haltungswandel führt, auf dessen Grundlage das neue Familienbild dann Wirklichkeit werden könnte.

Gesetze verschleiern Diskriminierung

Wie ist nun im Vergleich zu den USA und zu Schweden die Situation der Frau in der Bundesrepublik Deutschland? Was könnte beispielhaft für hiesige Verhältnisse sein? Auch in der Bundesrepublik ist die formale Gleichberechtigung der Frau in den letzten Jahren zunehmend gesetzlich gesichert worden. Außerdem wurde eine Reihe von Gesetzesvorlagen erarbeitet, die von dem Gedanken der gleichberechtigten Partnerschaft von Männern und Frauen in Familie, Beruf und Politik ausging. Doch sind sie in der jetzt vorliegenden Form längst nicht so konsequent wie die schwedischen. Zudem sind sie kaum ins Bewußtsein der Bevölkerung gedrungen und werden nur zum Teil, und von Männern schon gar nicht, ausgeschöpft.

Auch hier hat sich, ähnlich wie der zweite Flügel der amerikanischen Frauenbewegung, im Rahmen der Studentenbewegung ab 1968 eine neue deutsche Frauenbewegung entwickelt. 1970 schlossen sich junge und ältere Frauen quer durch Gruppen, Parteien und Verbände zu einer Kampagne gegen das Abtreibungsverbot zusammen. In Diskussionen und Aktionen gelang es ihnen, eine weitere Anzahl von Frauen zu mobilisieren. Ihr Bewußtsein über ihre Situation wurde im Laufe der gemeinsamen Arbeit geschärft. Sie erkannten bald, daß sie in allen ihren Lebensbereichen diskriminiert werden. Leider gingen die Forderungen der Frauen nach Schwangerschaftsabbruch in der anschließenden Auseinandersetzung der Parteien unter. Ihr Zusammenschluß zerfiel, da es zunächst an weiteren gemeinsamen konkreten Anliegen fehlte, auf die sie sich hätten einigen können.

Auf der Grundlage des neu gewonnenen Bewußtseins arbeiteten dennoch viele von ihnen auf verschiedenen Ebenen weiter. Einige organisierten sich innerhalb schon bestehender Institutionen zu Emanzipationskreisen, andere, und dies war die große Mehrzahl, bildeten im Rahmen der autonomen Frauenbewegung neue Gruppen. Hier arbeiteten die meist jüngeren Frauen in der Folgezeit weniger an der Bestimmung theoretisch-politischer Positionen, sondern versuchten, auch gerade unter dem Einfluß der autonomen Gruppen in den USA, ihre Situation in Selbsterfahrungsgruppen nach der Methode des consciousness raising zu verstehen, um sich dann auf der Grundlage ihres neugewonnenen Selbstverständnisses der Lösung von Sachproblemen zuzuwenden. Vor allem in den größeren Städten schlossen sie sich in Frauenzentren zusammen, in denen sie nicht-autoritäre und nicht-hierarchische Organisationsstrukturen erprobten. Diese Arbeitsweise trugen sie auch in Arbeitsgruppen, aus denen Projekte entwickelt und umgesetzt wurden (Zeitschriften, Buchläden, Buchvertriebe, Kneipen und Cafés, Frauenstudien, Sommeruniversitäten für Frauen, Häuser für geschlagene Frauen, Notdienste für vergewaltigte Frauen, Gesundheitszentren).

Wie in den USA entstanden viele der Projekte aus der persönlichen Betroffenheit der Frauen, aus Erfahrungen, die sie aber nicht mehr als individuelle, sondern als gesellschaftliche Erfahrungen von Frauen überhaupt verstanden. Das Bekenntnis der Frauengruppen und -projekte zur Autonomie, das heißt zum bewußten Ausschluß von Männern und der teilweise Rückzug aus dem politischen Alltag und den politischen Institutionen auf radikalfeministische Positionen, hinderte jedoch viele Frauen daran, sich ihnen anzuschließen, obwohl sie sich in einer Reihe von Punkten mit den Erfahrungen, Erkenntnissen und Projekten dieser Gruppen indentifizieren konnten.

Erhebungen und Studien zeigen, daß die Mehrzahl der deutschen Frauen kein klares Bewußtsein über ihre Situation hat. Die formale Gleichberechtigung macht einen Teil der amerikanischen Kämpfe überflüssig. Andererseits verschleiert sie die tatsächliche Diskriminierung. Die Verankerung in der traditionellen Familienrolle, die ökonomische Abhängigkeit, Isolation sowie konservative Einstellungen, die unter anderem auch gerade durch die Diskriminierung und die ihnen aufgezwungene Unmündigkeit hervorgerufen werden, erschweren eine Sensibilisierung für die eigenen Belange. Darüber hinaus fehlt ihnen, und zwar noch stärker als den Männern, die Erfahrung selbständiger politischer Initiativen sowie das Wissen um derartige Traditionen im 19. und ersten Drittel des 20. Jahrhunderts.

Die traditionellen Frauenverbände, die die offiziellen Gesprächspartner der politischen Stellen sind, leiden an Nachwuchsmangel. Zwischen diesen – den Frauengruppen in den Parteien und Gewerkschaften einerseits und den Gruppen der autonomen Frauenbewegung andererseits – besteht zudem Berührungsangst von beiden Seiten, die einen Austausch über gemeinsame Ziele und möglicherweise gemeinsame Aktionen erschwert hat. Erst in jüngster Zeit beginnt eine vorsichtige Annäherung bei der Lösung brennender Sachprobleme, die, wie im Beispiel des Berliner Hauses für mißhandelte Frauen, zum Erfolg führt.

Das Beispiel Schweden hat gezeigt, daß Regierungsmaßnahmen allein nicht ausreichen, um einen Wandel in Bewußtsein, Einstellung und Haltung zu bewirken. So wichtig der schwedische Ansatz auch ist, daß beide Geschlechter, wenn auch auf unterschiedliche Weise, im System der Geschlechterrollenstereotypen gefangen sind und sich beide emanzipieren müssen, so darf damit doch nicht beiseite geschoben werden, daß Frauen in einer von patriarchalischen Strukturen geprägten Kultur und Gesellschaft sich in der minderwertigen Position befinden. Sich daraus zu befreien, muß daher auch zunächst ihr Anliegen sein. Noch mangelt es vielen an Bewußtsein und Motivation, um sich in ausreichendem Maße zu engagieren. Um dies zu erreichen, müssen sich die jetzt schon aktiven Frauen in der Bundesrepublik Deutschland stärker in ihren sachbezogenen Aktivitäten und Anliegen zusammenfinden, solidarisieren und eine breite Öffentlichkeit darüber informieren. Gleichzeitig müssen sie sich der positiven historischen Aspekte der Frauenbewegung erinnern.

Bebel wies darauf hin, daß es noch keinen Maßstab gebe, »wonach wir genau beurteilen könnten, welche Fülle von geistigen Kräften und Fähigkeiten sich bei Männern und Frauen entwickeln, sobald diese sich unter naturgemäßen Bedingungen zu entfalten vermögen«. Die amerikanische Frauenstudienbewegung wie auch die Bemühungen einzelner schwedischer Wissenschaftlerinnen haben gezeigt, daß Frauen in einer solidarischen Auseinandersetzung mit der eigenen Geschichte und Kultur, die ihnen bisher verwehrt wurde, ein kritisches Bewußtsein gewinnen, das sie zu neuem Verhalten in ihren zwischenmenschlichen, familiären und dadurch auch in ihren beruflichen und gesellschaftlich-politischen Beziehungen befähigt.
Auch in der Bundesrepublik sind Lehrveranstaltungen, Curriculumsvorschläge und wissenschaftliche Arbeiten in diesem Sinne in Schulen, Volkshochschulen und Universitäten schon gemacht worden. Diese ersten Schritte werden zunehmend von Frauen weiterverfolgt. Um weiterhin in verstärkter Forschung auf breiter Ebene bestehendes Wissen kritisch durchleuchten, vor allem aber um neues Wissen erarbeiten zu können, fordern diese Frauen Unterstützung und Förderung von den traditionellen Bildungsinstitutionen sowie von Verbänden, Parteien und Regierung, damit in Zukunft nicht nur ein frauen-, sondern ein menschenfreundliches Bewußtsein und Wissen vermittelt und die Emanzipation beider Geschlechter erreicht werden kann.

Antje Dertinger

Am eigenen Zopf aus dem Morast

Fraueninitiativen und Männerreaktionen – Wie fern ist Bebels Zukunft?

»Die Frau ist nur, wozu sie der Mann als ihr Beherrscher gemacht hat,« schrieb August Bebel vor einem Jahrhundert; gar so viel hat sich daran nicht geändert. Und so ist »die Durchschnittsfrau« von heute zwar ein Kunstprodukt der Statistiker; nichtsdestoweniger gibt es sie wirklich: Sie ist Mitte dreißig und hat einen sechs Jahre älteren Mann. Sie ist Hausfrau und meint, das gehört sich auch so. Ihr Ehemann bestärkt sie in dieser Sicht von einer Welt, die aus Kindererziehung, Hausarbeit und Sorge um das Wohl und Wehe des Ernährers der Familie besteht: Die Arbeitsteilung zwischen Frau und Mann funktioniert perfekt – und dies nicht nur in unserer industrialisierten westlichen Welt, sondern auch in der DDR, auch in der UdSSR. Wo die Frau – zudem! – erwerbstätig ist, hat ihre außerhäusliche Arbeit den Prestigewert vom Zubrot-Verdienen; wo der Mann zu Hause mal mit zupackt, hat seine Hilfe die Qualität von Kavaliersdiensten.

»Über die Grenzen der Staaten und Gesellschaftssysteme hinweg, unbeeinflußt von ideologischen und wirtschaftlichen Gegensätzen, unberührt von den Unterschieden der Sprache, der Geschichte, der Kultur, besteht eine große Internationale: die Internationale der Ehemänner, die sich einig sind, Hausarbeit sei Frauensache.« Dies stellte die Soziologin Helge Pross 1975, vor drei Jahren, in ihrem Report über die »Wirklichkeit der Hausfrau« fest. Als sie in diesem Jahr eine Untersuchung über die »Selbstbilder von Männern und ihre Bilder von der Frau« veröffentlichte, zitierte sie noch einmal »die Internationale der Ehemänner« (und sich selbst): Nichts hat sich verändert, wenngleich sich Männer und Frauen im Lauf des vergangenen Jahrzehnts zunehmend toleranter, weltoffener, gefühlsbetonter einschätzen.

Auch eine 1976 erschienene – allerdings mit weniger Publizität bedachte – Untersuchung des Bundesministeriums für Jugend, Familie und Gesundheit über »Die Rolle des Mannes und ihr Einfluß auf die Wahlmöglichkeiten der Frau« kommt in dürren Worten zu dem Schluß: Die Durchschnittsfrau – ob »Nur«-Hausfrau oder »nebenbei«

Erwerbstätige – äußert, weil alternativlos, keinen Protest gegen die festgefahrene Arbeitsteilung. Sie bescheidet sich in der Ehe, die selten genug eine Partnerschaft ist, in der realistischen Einschätzung ihrer Möglichkeiten, wie sie in den vorangegangenen Beiträgen dieser Schrift eindringlich dargestellt werden: schlechtere Bildung und Ausbildung als der Mann, Berufstätigkeit längstens bis zum ersten Kind, Entlohnung um ein Drittel schlechter als der Mann, selbst bei gleichwertiger Tätigkeit, Unterbrechung der Erwerbstätigkeit wegen Kinderaufzucht, schlechtere Chancen beim neuen, wenn überhaupt versuchten Berufsstart. Da begnügt man sich mit dem, was man hat. Oder, wie Jean Baker Miller, die amerikanische Psychoanalytikerin, fast süffisant formulierte: »Wenn man nicht weiß, was man will, kann man auch das Risiko, es zu bekommen, umgehen.«

Viel Lärm um nichts?

Warum also der Lärm? Warum also die kaum mehr zählbaren politischen und (nur vermeintlich) unpolitischen Frauengruppen; warum die ad-hoc-Initiativen von Frauen; warum die zahllosen Frauen-Selbsterfahrungsgruppen; warum die Aktionen und Publikationen militanter Feministinnen; warum die – gewiß nur vorerst erfolglose – Klage von Frauen gegen die sexistische und also Frauen verunglimpfende Titelblattgestaltung der größten bundesdeutschen Illustrierten; warum die Flut von Literatur, die den Frauen helfen soll, ihr gebrochenes Selbstbewußtsein wieder aufzubauen?
Sind sie alle Nörgler, Spinner, die sich in Gegensatz setzen zu der nicht-protestierenden, oben erwähnten Durchschnittsfrau? – Sie sind es nicht. Sie sind, gemessen an der sprachlosen Majorität, noch eine verschwindende Minderheit – allerdings eine Minderheit, die gelernt hat sich zu artikulieren; die begriffen hat, daß Politik – im weitesten Sinne – in den eigenen vier Wänden anfängt; die nicht länger dulden will, daß sich, wie Bebel formulierte, »im Gegensatz zur Frau« einzig der Mann – allein durch seine berufsbedingten Außenkontakte – »in einer Art geistigen Mauserung befindet, wohingegen der letzteren . . . die Zeit zur Ausbildung geraubt wird und sie so geistig versauert und verkümmert« – womit Bebel gewiß nicht die »Ausbildung« im strengen, berufsbezogenen Wortsinn gemeint hatte, sondern das Informiertsein ganz allgemein. Und er glaubte – vielleicht mit einem gewissen Zweckoptimismus – schon damals feststellen zu können: »Der Kreis derjenigen wird immer größer, die erkennen, daß die öffentli-

chen Institutionen im innigsten Zusammenhang stehen mit den privaten Beziehungen des einzelnen«.
Keinesfalls ist dieser von Bebel entdeckte »Kreis« kontinuierlich größer geworden; sonst existierte heute keine neue Frauenbewegung. Es hat im Laufe des vergangenen Jahrhunderts viele Brüche gegeben. Und es hat sich am Bewußtseinsstand der Männer nahezu nichts geändert. Umfrageergebnisse, die das Gegenteil zu beweisen scheinen, deuten (wie später noch aufgeführt wird) auf etwas anderes hin.
Die Aktivitäten eines neuen »Kreises«, der Studentenbewegung der sechziger Jahre, der es um Frauen-Emanzipation bestenfalls mittelbar ging, wirken noch heute nach. Aus ihr entwickelten sich erste Frauen-Gruppen, die zunächst klein waren und sozial jeweils ähnlich strukturiert; die sich und ihre Position in unserer Gesellschaft in Frage stellten; die wuchsen und zu lernen begannen, über sich selbst zu sprechen; die häufig, wenn auch oft erst sehr spät, Hilfe und neue Anstöße erhielten durch die wenigen aktiven weiblichen Mitglieder der politischen Parteien. Besonders die Arbeitsgemeinschaft Sozialdemokratischer Frauen verfolgte in ihren örtlichen Gruppen zunächst einmal ganz pragmatisch das Ziel, den weiblichen SPD-Mitgliedern durch die Arbeit innerhalb von Frauengruppen die Sprachlosigkeit zu nehmen und ihnen zumindest so viel Selbstbewußtsein zu vermitteln, daß sie auf Parteiversammlungen mehr zu tun lernten, als die Männer-Diskussionen schweigend zu verfolgen. Dennoch erregen Frauen auf Rednertribünen auch heute noch ein Vielfaches der Aufmerksamkeit, die Männern zuteil wird. Aber es ist eben dieser erhöhte Aufmerksamkeitswert, der den Anschein erweckt, als hätten die Frauen die Schlacht schon gewonnen, als seien sie tatsächlich ebenbürtige Partner: Minderheiten, die sich artikulieren, fallen überproportional auf.
Es war gestern wie heute fast immer die Not, es waren die äußeren Umstände, die Frauen Mut zu Aktivitäten machten. Zur Zeit des Industrialisierungs-Booms im vorigen Jahrhundert war es das materielle Elend der Frauen, das ihnen den Mut zum Kampf um mehr Entlohnung, weniger Arbeitszeit gab. Wer nicht betroffen war, wurde allenfalls caritativ tätig. Menschen, wie Lily Braun – adlige preußische Generalstochter und Urenkelin des Napoleon-Bruders Jérôme von Westfalen – waren mit ihrem engagierten Kampf in der sozialistischen Frauenbewegung die Ausnahme.
Heute entzieht sich das Elend der Arbeiterinnen im vorigen Jahrhundert fast unserem Vorstellungsvermögen. Heute gibt es in unserem Land Elend in diesem Ausmaß längst nicht mehr. Und dennoch ist es auch heute fast stets die persönliche Betroffenheit, die Frauen Mut zu

Aktivitäten macht, ist es jener Zorn der Gerechten, der überraschend große Kräfte freisetzen und anerzogene Verhaltensmuster überwinden helfen kann – womit übrigens reines Selbsterfahrungstraining überflüssig wird. Die Erfahrungen aus drei, ursprünglich rein zweckbezogenen Fraueninitiativen beweisen dies.
Es werden hier bewußt nur drei Initiativen dargestellt, die weder durch Frauenverbände, durch Frauengruppen der Parteien oder Gewerkschaften, noch durch rein feministische oder andere, lange bereits bestehende Gruppen initiiert worden sind: Es werden Frauengruppen geschildert, wie sie in jeder Stadt, in jeder sozialen Schicht entstehen könnten – Frauengruppen, die die Not der Lebensumstände zusammengeführt hat.

Menschsein in Betonburgen

»Wir leiden ... in der Hauptsache in unserem Volk an der falschen Bodenpolitik der vergangenen Jahrzehnte. Ich betrachte diese falsche Bodenpolitik als die Hauptquelle aller physischen und psychischen Entartungserscheinungen, unter denen wir leiden.« Kein »Linksradikaler«, kein Berufspsychologe hatte dies gesagt und hinzugefügt, die bodenreformerischen Probleme seien »Fragen der höchsten Sittlichkeit«. Konrad Adenauer war es. Doch geändert hat sich in weiteren Jahrzehnten nichts. Alexander Mitscherlich nannte sein 1965 geschriebenes Buch über »Die Unwirtlichkeit unserer Städte« im Untertitel »Anstiftung zum Unfrieden«. Es wird seither mehr über Stadtbilderhaltung und Stadtzerstörung gesprochen und geschrieben. Aber für die Tag-Bewohner unserer Städte, überwiegend Frauen und Kinder, werden weiter Betonsilos gebaut.
Zum Beispiel Neuperlach, München. Da hat man Integration probiert: ein Drittel Sozialwohnungen, ein Drittel freifinanzierte Wohnungen, ein Drittel Eigentumswohnungen, 50000 Einwohner; 80000 sollen es einmal werden. Das geplante Einkaufszentrum steht bis heute nicht; das vorgesehene Bürgerzentrum war schließlich zu teuer. Die Probleme dieser Reißbrettstadt lagen auf der Hand. Die Stadt München etablierte immerhin einen »Verein für Gemeinwesenarbeit«. Trotz mancher Vorurteile, die vor allem den dort tätigen Sozialarbeitern entgegengebracht wurden (»zu links«), war deren Tätigkeit Anknüpfungspunkt für einige Frauen, die nicht »arbeiten gehen«, weil sie nicht wollen, weil sie kleine Kinder haben oder weil ihre Männer dies nicht zulassen, da ihre Frauen »sowas nicht nötig haben«. Gerade

in der Arbeiterklasse wirkt dieser Stolz – »meine Frau hat es nicht nötig, arbeiten zu gehen« – bis heute nach, bremst die latent vorhandenen emanzipatorischen Bestrebungen vieler Frauen. Das ist verständlich; denn früher dachten vor allem die Sozialdemokraten in Zusammenhang mit der »Frauenfrage« an die Abschaffung der unmenschlichen Arbeitsbedingungen für Frauen (und Kinder), an die Abschaffung der Frauenarbeit überhaupt und hatten folglich allen Grund stolz zu sein, wenn sie, die Männer, soviel Lohn erhielten, daß ihre Frauen keiner Erwerbstätigkeit nachzugehen brauchten. Und so ist es noch heute für viele Männer – nicht nur der Arbeiterklasse – ein Prestigeverlust, wenn sie »zugeben« müssen, daß ihre Ehefrauen berufstätig sind. Lieber sieht sich eine große Zahl der Männer als »Allein-Ernährer« der Familien, ohne zu begreifen, daß Erwerbstätigkeit für viele Frauen – auch – ein Stückchen Emanzipation sein kann; daß allein das Bewußtsein ökonomischer Unabhängigkeit vom Mann befreiende Wirkung auf Frauen auszulösen vermag. Und wo sie dies nicht verwirklichen können, dürfen oder wollen, da sitzen sie da, die Ehefrauen, durch Hausarbeit weniger belastet als einst, und warten auf den Feierabend ihrer Männer. So auch in Neuperlach, der Kunststadt mit schlechten Verkehrsverbindungen in die bayerische Metropole.

Und wie immer waren es zwei, drei, dann fünf Frauen, die »etwas tun« wollten. Sie hatten eine Idee, die mit Bauplanung nichts, mit Kommunikationsförderung aber viel zu tun hat: Sie organisierten den Verkauf von gebrauchten, doch nie abgetragenen Kinderkleidern und von Spielsachen, aus denen Kinder ebenso schnell herauszuwachsen pflegen wie aus ihren Hosen. Zuerst war auch da eine unausgesprochene Stimmung von Ablehnung: »Mein Kind hat es nicht nötig, gebrauchte Kleider und Spiele zu benutzen.« Doch bald überzeugte – mehr als die vernünftige Aktion selbst – die dadurch geschaffene Kontaktmöglichkeit. »Das war besser, verbindlicher, ja sogar intimer, als Bänke am Rande von Spielplätzen es je sein können,« erinnert sich eine der Initiatorinnen. Frauen sprachen miteinander und entdeckten, keineswegs nur bei sich selbst, daß »die Energie der unerfüllten Bedürfnisse, die sich in der abgeschlossenen Zweierbeziehung oder in der Kleinfamilie anstaut, . . . einfach zu groß (ist), es sei denn, man öffne das Feld nach außen und erweitere den Rahmen in eine größere Gruppe hinein«, wie einer der Autoren dieser Schrift, Horst-Eberhard Richter, an anderer Stelle formuliert hat.

Das Erlebnis der Gemeinsamkeit in der Gruppe und das Leiden unter objektiven Mängeln in dieser Trabantenstadt machten den Frauen Mut zu weiteren Aktivitäten: Eine Kinderstube entstand; der Kreisju-

gendring ließ sich von den Frauen überzeugen – und stellte Raum zur Verfügung. Eine zweite Spielstube folgte. Die Frauen gewannen Zeit für eigene Interessen. Einige arbeiten in einer privaten Nachbarschaftshilfe, andere in einem Frauenladen. Die Nachbarschaftshilfe wird von den Männern voll akzeptiert, seit die Frauen daraus formalrechtlich einen e.V. gemacht haben.
Partei- und Gewerkschaftsmitglieder sind die wenigsten dieser Frauen. Ihnen brauchte auch kaum etwas bewußt gemacht zu werden: An der Unwirtlichkeit Neuperlachs litten sie alle. »Die gestaltete Stadt kann ›Heimat‹ werden, die bloß agglomerierte nicht, denn Heimat verlangt Markierungen der Identität des Ortes«, so Alexander Mitscherlich, der übrigens in Neuperlach selbst gewohnt hat. Nur: über diese fehlenden Markierungen der Identität, die von den Tag-Bewohnern der Städte ja objektiv wahrgenommen werden, hätten die Frauen ohne Anstoß und Ermutigung nie gesprochen. Sie sind leidensfähiger und vor allem leidensbereiter als Männer; so hatten sie schließlich gelernt zu sein.
Die Perlacher Gruppe ist klein, zwei Dutzend Frauen, nicht mehr. Immerhin – ihren Riesenstadtteil haben sie für sich selbst ein bißchen »wirtlicher« gemacht. Und die Erfahrung, nicht individuell leiden zu müssen, sondern kollektiv etwas dagegen tun zu können, scheint noch mehr wert als die von Frauen durchgesetzten Verbesserungen in der Wohnumgebung es sind.

Eine lernt von der anderen

Auch die Aktivitäten zweier Dortmunder Frauengruppen wurden durch Probleme in der Wohnumgebung ausgelöst. Diese Aktivitäten betrafen besonders die Frauen, weil »sie hier ja ihren Arbeitsplatz (haben), und von daher haben sie eine ganz besondere, oft auch andere Sicht als Männer«. Sie betrafen aber auch die Männer, die überwiegend immer noch Ernährer der Familie – und also auch Mietzahler – sind. Es war auch hier jener Zorn, der mobilisiert und der Mut macht, etwas zu tun.
In einer Wohngegend im Norden der Stadt sollten alle Mieter verpflichtet werden, neben ihren Wohnungen auch Garagen zu mieten. Doch, anders als im Bundesdurchschnitt, sind dort nur 20 Prozent der Bewohner Autobesitzer. Ein Mieterrat konstituierte sich, um die gesammelte Empörung zu kanalisieren und dem Vermieter wirkungsvoller zu begegnen. Die Frauen, da sie über mehr Zeit verfügen als ihre

Männer, waren in dem Rat ganz besonders aktiv und im besten Sinne »weiblich«, also auch emotional engagiert. Sie gingen vor Gericht; sie gewannen zwei Prozesse. Das Ergebnis für die daran beteiligten Frauen war weit wertvoller als der eindrucksvolle objektive Erfolg: »Durch diese Arbeit«, sagt eine der Frauen, »lasse ich mich nicht mehr so leicht unterbuttern. Ich nehme heute zu allem Stellung, was mich interessiert« – zum Beispiel in der Zusammenarbeit mit anderen Frauengruppen der Stadt. Die Mitglieder der verschiedenen praxisbezogen arbeitenden Dortmunder Gruppen treffen sich inzwischen regelmäßig. Die Frauen wollen, wie sie sagen, »lernen, in unseren Initiativen angstfrei und selbstbewußt mitzuarbeiten, unsere Interessen als Frau vertreten und lernen, wie wir trotz unserer Isolation als Hausfrauen zu politischem Handeln kommen«. – »In der Regel hat der Mann die Ansicht, daß, was er wolle, die Frau nichts angehe, sie verstehe es nicht. Er nimmt sich nicht die Mühe, sie aufzuklären . . . Das Nichtverständnis der Frauen wird durch den Unverstand der Männer nur gefördert«, stellte Bebel fest – und es klingt, als hätte er es heute gesagt. Diesen Zusammenhang sehen Frauen heute zunehmend, wenn auch sehr häufig über den Umweg einer nachbarschaftlichen Aktion aus gemeinsamer Betroffenheit. Und dann eben entdecken sie mehr Gemeinsamkeiten.

Da waren zum Beispiel die Nöte der Frauen in Dortmund-Asseln. Sie, zumeist Bergarbeiterfrauen, leben in einer alten Zechensiedlung, die – wie so viele Siedlungen dieser Art im Ruhrgebiet – vom Abriß bedroht war, weil für den Besitzer nicht mehr lukrativ. Doch stärker noch als ihre Männer waren die dort lebenden Frauen und deren Kinder von dieser Bedrohung betroffen, denn sie sind es, die diesen Lebensraum, rein zeitlich, am intensivsten nutzen, die am elementarsten auf die lange schon bestehenden sozialen Bindungen angewiesen sind. Ermutigt durch hervorragende Arbeiterinitiativen mit gleichem Ziel in anderen Teilen des Ruhrgebietes – allen voran der öffentlich wohl am bekanntesten gewordene erfolgreiche Kampf um die Erhaltung der Siedlung in Oberhausen-Eisenheim –, engagierten sich in erster Linie die Frauen in Dortmund-Asseln für die Erhaltung auch ihrer Zechensiedlung. Denn es ist ja keineswegs liebe Gewohnheit und menschliche Trägheit, die die Bewohner solcher Siedlungen gegen den Abriß ihrer meist tatsächlich uralten Häuser zu kämpfen veranlaßt. Es ist das Bewußtsein, diese Wohnumgebung, übrigens meistens in Generationen, selbst mitgeschaffen zu haben und die – allerdings kaum je reflektierte – Gewißheit, daß eine solche individuell geprägte Stadtgestalt zurückwirkt auf das eigene soziale Bewußtsein.

Durch nachbarschaftliches Miteinander bekannt und vertraut seit Jahren, entwickelten die Frauen der Siedlung Asseln unter der kollektiv empfundenen Bedrohung Kräfte und Fähigkeiten, von denen sie sich selber kaum je hätten träumen lassen. Und wieder hatte diese Gruppeninitiative Wirkungen und Folgen für die daran beteiligten Frauen, die über den erfolgreichen Kampf zur Erhaltung der Siedlung weit hinausgehen: bleibende, ermutigende Kontakte mit anderen Frauengruppen in der großen Stadt, Erfahrungsaustausch, die Entdeckung, nicht allein zu sein.
»Wenn man abends weggeht, als Frau, dann muß man sich zu Hause durchsetzen. Eine lernt das von der anderen. Jede lernt das zu vertreten gegenüber dem Mann und den Kindern. Das kommt auch der Familie zugute, wenn die Frau mehr Selbstbewußtsein hat.« So formuliert es eine Frau der Dortmunder Gruppen. Aber dies wird jede Frau sagen können, die über eine – zunächst nur zweckbezogene – Initiative Selbsterfahrung gelernt hat. Und diese Selbsterfahrung folgt mit Gewißheit, wenn man offen ist für Interessen, offen für Engagement, wenn man »sich selbst einbringt«.
Dieses aber ist für Frauen dreifach schwer: Sie haben zu kämpfen gegen ihr anerzogenes Anpassungsverhalten, gegen den Druck, der ihrem praxisbezogenen Ziel entgegensteht und – leider meistens auch noch – gegen ihre eigenen Männer.

Solidarität erfahren

Die Situation der Frauen in Erwitte war eine völlig andere. Sie ähnelte in manchem sogar ein wenig jenen von wirklicher Solidarität getragenen Arbeitskämpfen, wie sie von Arbeiterinnen und Arbeitern um die Mitte des vergangenen Jahrhunderts gemeinsam ausgetragen worden waren, wiewohl die Erwitter Frauen, anders als damals, »nur« mittelbar betroffen waren.
Die Stadt im Soestkreis – ein Zehntel so groß wie der Münchner Stadtteil Neuperlach, doch mehr als tausend Jahre alt – bot hauptsächlich Männerarbeitsplätze in einem zu unrühmlicher Bekanntheit gelangtem Zementwerk. Die Frauen haben zwei, nicht selten auch acht Kinder. Sie sahen die Männer selten, die Kinder ihre Väter kaum, denn es wurde in drei Schichten gearbeitet, und fast alle machten Überstunden. Die Frauen von Erwitte lebten für Kinder, Haushalt und ihre von der Arbeit kaputten Männer. Daß die meisten dieser Männer in der Gewerkschaft sind, wußten sie; daß da »irgendwelche Beiträge« ge-

zahlt wurden, bekamen sie auch mit. Aber wozu dies gut sein konnte, wußte kaum eine von ihnen. Ihre Männer erzählten nichts darüber. Und von den zudem erwerbstätigen Frauen gilt Lily Brauns Feststellung um 1900 noch heute: »Die Arbeit ist für ihn (den Mann, d. Verf.) der einzige Beruf; die Frau . . . hat nebenbei noch so viele Wege zu machen, daß sie nicht nur hinter ihm zurückbleibt und früh erlahmt, sondern auch nicht die mindeste Zeit hat, über ihre Lage . . irgendwie nachzudenken . . . Während der Mann sich in Versammlungen aufklärt, . . . hat sie zu kochen, zu nähen, zu flicken, Kinder zu pflegen, zu erziehen, zu beaufsichtigen«. Bebel resümierte bereits zwei Jahrzehnte davor: »Wir leben in einer Zeit, in der das Bedürfnis nach Ideenaustausch in allen Kreisen wächst, und da stellt sich die vernachlässigte geistige Ausbildung der Frau als ein großer Fehler heraus, der sich an dem Manne rächt.« – » M. ist zu Schulungen gefahren und so«, berichtet eine der Erwitter Frauen. »Wenn er dann wiederkam, hat er nie was erzählt. Jetzt frag' ich ihn einfach; da muß er mir Antwort geben. Aber ich muß ihn fragen, sonst erfahr' ich nichts.« – »Mit dem Einwand, daß bisher die Frauen der politischen Bewegung nur schwaches Interesse entgegenbrachten, ist nichts bewiesen«, schrieb August Bebel vor hundert Jahren . . .

Bei den Erwitter Frauen ist dieses Interesse – übrigens von einem Tag auf den anderen – gewachsen. Es wird gepflegt in einer Frauengruppe, die, zugegeben, klein ist. Auch diese Frauen gehören in der Mehrzahl keiner Partei, keiner Gewerkschaft an, obwohl sie fast alle früher einmal »arbeiten gingen«, manche schon mit 13, die meisten mit 14 Jahren. Irgendwann hatten sie geheiratet und die Familie versorgt. Das war ihr Leben. Und dieses Leben änderte sich schlagartig, als ihre Männer entlassen wurden – nicht nur der eine oder andere, sondern fast alle. Die Zementfabrik sollte zugemacht werden; sie warf nicht mehr genug Gewinn ab. Ein jahrelanger Arbeitskampf, nicht um mehr Lohn, um mehr Urlaub, sondern um die Erhaltung der Arbeitsplätze, begann. Und den Frauen wurde bewußt: »Letzten Endes wird der Arbeitskampf auf dem Rücken der Frau ausgetragen. Daß wir da ein Wort mitreden wollen, das können die Männer uns doch nicht verdenken.« Es dauerte in vielen Erwitter Ehen lange, bis die Männer dies begriffen – Erwerbstätigkeit ist Männersache, Arbeitskampf auch, oder?

Aber die Frauen in Erwitte kämpften, ohne ihre Männer zu fragen, für das gleiche Ziel, wenn auch an anderer Front. Anregungen erhielten sie von den Dortmunder Frauen, die schon längere Erfahrungen in der politischen Frauenarbeit besaßen. Und die Erwitter Arbeiterfrauen lernten: »Wir hatten uns nicht um die Probleme anderer gekümmert. Wir waren so in unserem Trott. Man muß wirklich erst mit der Nase da reingestoßen werden, dann wird man wach.« Sie, die bis dahin nur Küche, Kinder und Garten kannten, klebten plötzlich Transparente, demonstrierten vor der feinen Villa des Fabrikbesitzers und gegen die einst solidarischen, dann »abtrünnig gewordenen« Meister, boten sich als Streikposten an, reisten in Nachbarstädte und informierten an Ständen über den Hintergrund des Arbeitskampfes, halfen ihren Männern durchhalten, gaben Zeitungs-, Rundfunk- und Fernsehinterviews. »Ganz am Anfang mal, da kam jemand mit 'nem Mikrofon auf mich zu und fragte mich, wie ich die Sache politisch sehe. Erstens hab' ich mich furchtbar erschrocken, dann hab' ich gesagt: Wieso soll ich das politisch sehen? Der Streik bei Seibel, der hat doch nichts mit Politik zu tun. Das hab' ich im ersten Moment überhaupt nicht begriffen. Die Leute haben das doch gar nicht politisch gesehen, die haben ihre Arbeitsplätze verteidigt. Jetzt machen wir Politik – das ist mir erst viel später klar geworden.« Das hat eine – und nicht nur eine – von den Erwitter Frauen gelernt. Hinzu kam die Erfahrung, daß Initiativ-Werden nichts mit »Gebildet-Sein« im traditionellen Verständnis zu tun haben muß, daß hingegen Interesse für die Umwelt und Erfahrungsaustausch in dieser Umwelt entscheidend sind.

»Die Notwendigkeit der Solidarisierung mit Gruppen . . ., ohne deren Hilfe das Unterfangen . . . gefährdet erscheint«, wie sie Horst-E. Richter in seiner Arbeit als Mediziner und Psychoanalytiker auch in Initiativgruppen immer wieder festgestellt hat, hat die Erwitter Frauengruppe – im Arbeitskampf 50, jetzt nur noch ein Häuflein von acht – an sich selbst erfahren: »An den Rand der Gesellschaft hatten wir uns drücken lassen dadurch, daß wir unsere Hausfrauenpflicht jahrelang zu wichtig genommen hatten. Wir hatten es nicht anders gelernt. Die Männer wußten es auch nicht besser. Als wir aber merkten, daß wir uns alle mit den gleichen Problemen herumschlagen mußten, wurden wir vertrauter. Dabei haben wir gelernt, allem voran, was hinter dem Wort Solidarität steckt.« – »Und wir haben erfahren«, ergänzt eine andere, »daß erst in der Familie Solidarität da sein muß, wenn man die Abgeschlossenheit der Familie durchbrechen, wenn man die Familie nach außen öffnen will. Allerdings dauert es sehr lange, bis Frauen beispielsweise auch über ihre Eheprobleme, die oft durch die Arbeit in der Frauengruppe erst an den Tag kommen, sprechen können. Manche können es jetzt noch nicht; die Ehe – das ist ein Tabu.« Selbstverständlich, denn wer gibt schon gern zu, (vielleicht) eine falsche Entscheidung getroffen zu haben, damals, bei der Heirat? Wer erträgt es, sein Angewiesensein auf den Mann (trotz allem) eingestehen zu müssen? Wer wagt es, angesichts von Kindern und ökonomischer Abhängigkeit vom Ehemann, auszusprechen, daß man (eigentlich) Konsequenzen ziehen müßte? »Die törichten Jungfrauen sind noch nicht ausgestorben«, stellte Bebel fest, als er davon sprach, daß seine Zeit »mitten in einer sozialen Revolution« stecke. Sie sind auch jetzt noch nicht ausgestorben, »die törichten Jungfrauen«. Es ist eben nicht so einfach mit dem Abstreifen von »Torheit«. Das braucht Selbsterkenntnis, Einsicht und vor allem Mut. Väter, Ehemänner und Söhne sind da nur selten hilfreich.

Spott, Mißmut, Ablehnung

»Die Frauen drängen weiter, wenn zunächst auch nur in einer Minorität und darunter nur ein Teil mit vollkommen klaren Zielen«, stellte optimistisch August Bebel fest, ». . . sie wollen nicht nur eine freiere unabhängigere Stellung in der Familie einnehmen, sie wollen auch ihre geistigen Fähigkeiten . . . im öffentlichen Leben verwerten.« Wie wahr, auch heute noch. Doch Bebel schätzte die Männer zu positiv ein. Er unterstellte, zumindest die Männer der Arbeiterklasse hätten ein Interesse daran, wenigstens den Frauen ihrer eigenen Klasse zu gleichen Rechten, zu Anerkennung in Familie und Arbeitswelt und Öffentlichkeit zu verhelfen.

Die Erfahrungen der hier geschilderten Frauengruppen sind anders. Die Erfahrungen aller Frauengruppen sind anders – sofern sie nicht ohnehin und bereits im Ansatz Anti-Männer-Gruppen sind.

»Der Mann sorgt in der Regel für den Unterhalt der Familie«, heißt es in der schon erwähnten Untersuchung des Bundesfamilienministeriums aus dem Jahre 1976, »selbst wenn die Frau ebenfalls Geld verdient, hat ihre Berufstätigkeit nicht die gleiche Bedeutung für die Ehe wie die Berufstätigkeit des Mannes.« Um wieviel weniger »wert« müssen aus Männer-Sicht Frauen-Aktivitäten sein, die nicht einmal Geld einbringen (was ja immerhin der ganzen Familie zugute käme), sondern allein der Weiterentwicklung der Frau als Individuum, womöglich sogar ihrer Selbstverwirklichung (und nebenbei dem vielzitierten Gemeinwohl) dienen!

Mißmut und Skepsis bis hin zu offener Ablehnung und Verbot jedes außerhäuslichen Engagements ihrer Frauen kennzeichnen denn auch die Reaktionen der Männer auf die hier geschilderten Frauen-Initiativen, die ja alles andere als Anti-Männer-Aktivitäten sind.

Kaum hatte die kleine Gruppe von Frauen zwischen 20 und 50 Jahren in Neuperlach entdeckt, daß sie Interessen haben und, gerüstet durch die Selbstsicherheit kollektiv erworbener Erfahrungen, auch vertreten dürfen, da gab es Schwierigkeiten, die die Arbeit für die Sache immer wieder blockierten, mindestens aber erschwerten: »Zuerst war es nur Mißbehagen, das viele Männer äußerten, als sie feststellten, daß wir uns nicht vereinzelt, sondern als Gruppe den Bemühungen des Vereins für Gemeinwesenarbeit anschlossen. Spötteleien waren noch das geringste, was viele von uns ständig zu hören bekamen«, erinnert sich eine der Beteiligten an die nun schon acht Jahre zurückliegenden ersten Aktivitäten. »Mit offener Repression reagierten einige Männer, wenn ihre Frauen gar in den abendlichen Arbeitskreisen des später entstandenen Frauenladens mitarbeiteten. Natürlich war uns schnell klar, daß Männer hinter einem solchen Verhalten nur ihre eigene Unsicherheit gegenüber unserer wachsenden Selbständigwerdung zu verbergen suchten.«

Inzwischen – aber dies hat Jahre gebraucht – werden die verschiedenen Aktionen der Frauen in Neuperlach von zahlreichen Bürgern, darunter auch von Männern, unterstützt. Es arbeiten sogar – Schrekkensvorstellung für jede Feministin! – Männer im Frauenladen mit. Und als es durch das Unternehmen »Altkleider- und Spielwarenverkauf « zur Finanzierung eines hauptamtlichen Nachbarschaftshelfers, der sechs Mark die Stunde erhält, erstmals Nachforschungen vom Finanzamt gab, waren es die Ehemänner und Bekannten der Frauen, die »für uns die Sache in Ordnung brachten«.

»Helft den Männern!«

Bei den Erwitter Frauen war der Leidensdruck, war die persönliche Betroffenheit durch die Massenentlassungen und den entnervenden Arbeitskampf der Männer besonders stark. Entsprechend spontaner und resoluter war ihre Bereitschaft zum Protest. Doch obwohl diese Frauen einen Männerkampf unterstützten, reagierten viele der Männer so negativ, als hätten ihre Frauen individuelle »selbstsüchtige« Ziele verfolgt. »Unsere Lage«, sagen die Erwitter Frauen, »hat sich inzwischen geändert. Diese Änderungen haben sich nicht ohne Schwierigkeiten vollzogen.« Und die Frauen sehen, übrigens verständnisvoller als umgekehrt ihre Männer: »Das neu erworbene Selbstbewußtsein bringt auch den Männern einige Probleme.« Am Ende einer selbstgefertigten Broschüre der über den Arbeitskampf hinaus noch heute bestehenden Frauengruppe heißt es deshalb: »Helft auch den Männern, mit der Befreiung der Frau fertigzuwerden.« Schließlich ist es nach 20 oder mehr Ehejahren für keinen der Beteiligten leicht, wenn die Partnerin, gewissermaßen von einem Tag auf den anderen, fordert: »Wir wollen uns politisch mehr bilden, damit wir ein bißchen Ahnung kriegen.« – »Man war doch regelrecht kritiklos, man nahm alles so hin, hat gedacht, das muß so sein.« Auch die gewachsene Entscheidungsfreudigkeit macht den Männern zu schaffen, wenn etwa ihre Frauen während der Einzelaktionen beim Arbeitskampf sagten: »Wenn wir erst die Männer gefragt hätten, dann wär' manches unter den Tisch gefallen.« Hinzu kam, daß die Frauen im Lauf der Zeit keineswegs nurmehr über den Arbeitskampf diskutierten, sondern über dieses alle gleichermaßen bedrückende Thema zu Vertrautheit, dann zum Gedankenaustausch über andere, bis dahin als individuelle Probleme empfundene Themen kamen: »Daß Du Waschfrau und Putzfrau sein mußt, ist nicht mal das Schlimmste. Das Schlimmste ist die Psychologie, denn wer ist dafür zuständig? Doch nur die Frau, die immer das Gleichgewicht halten muß.«

Das klingt resignativ, besonders wenn man sich vergegenwärtigt, daß vor hundert Jahren die Verhältnisse – zumindest in der Mann-Frau-Beziehung – nicht wesentlich anders waren, daß es bis heute nur in Ausnahmefällen die Männer sind, die den Frauen bei ihrem Streben nach sozialer Gleichstellung behilflich sind. »Die Männer«, stellte kritisch Bebel fest, »sehen in ihrer großen Mehrzahl in den Frauen nichts als Mittel zu ihrem Nutzen und Vergnügen, sie als Gleichberechtigte anzusehen, widerstebt ihrem Vorurteil. Die Frau soll . . . bescheiden sein, sie soll sich auf das Haus beschränken . . .« Vor allem soll die Frau »ihren Gedanken und Neigungen jeden denkbaren Zügel anlegen . . . Je mehr sie all diesen Forderungen nachkommt, um so ›vernünftiger‹ . . . wird sie gepriesen, mag sie als Folge ihrer Zwangsstellung unter der Last physischer und moralischer Leiden zugrunde gehen.«

»Die Frau steckt immer zurück«, sagen die Erwitter Frauen, denn (man ist erschüttert, wie sehr Bebels damalige Zustandsbeschreibung noch heute zutrifft) es liegt im Interesse der Männer, »die Rolle des Herrn zu spielen, und in dieser Herrscherrolle sind sie, wie alle Herrschenden, schwer Vernunftsgründen zugänglich. Um so mehr liegt es im Interesse der Frauen, sich für die Herstellung von Zuständen zu erwärmen, die sie aus dieser entwürdigenden Stellung befreien.« Bebel, nicht ganz frei von Widersprüchen in seiner Einschätzung der Entwicklung, stellte fest: »Die Frauen dürfen so wenig auf die Hilfe der

Männer warten, wie die Arbeiter auf die Hilfe der Bourgeoisie warten.« Vergeblich, wollte er wohl sagen. Und so sind die Erwitter – wie andere – Frauen auf dem Umweg über ihre solidarischen Aktionen längst soweit, die Veränderung selbst in die Hand zu nehmen. »Dies alles darf nicht so bleiben. Wir müssen schon unsere Kinder danach erziehen.« Und diesen Mut haben sie gewonnen, denn: »Man ist doch selbstbewußter geworden. Man denkt ein bißchen mehr an sich. Wenn es heißt, da und da findet irgendwas statt, daß man sagen kann, ohne sich 'ne Erlaubnis zu holen: Ich möchte da hingehen. Wenn es da auch Widerspruch gibt, er weiß ganz genau, das nützt ihm nichts, sie geht doch. So sieht das heute aus.«

Für Frauen – nicht gegen Männer

Nicht immer zurückstecken. Die eigenen Interessen vertreten – auch wenn es Widerspruch gibt. Das ist ein langer Lernprozeß, für die Frauen ohnehin, für die Männer aber auch: Männer scheinen die fixe Idee zu haben, Frauen schüfen, wenn sie schon einmal aktiv werden, Konflikte; Männer sind sogar angesichts objektiv meßbarer Erfolge blind, sehen nicht, daß Frauen Konfliktsituationen eher als Männer aufzudecken bereit sind, weil sie stärker darunter leiden und weil sie gelernt haben, ihrem Leiden Ausdruck zu geben. Das durften sie schon als kleine Mädchen, Jungen durften das nicht. Offenbar werden in den meisten Männern tiefwurzelnde Ängste wach, wenn Frauen aus dem ihnen – von Männern zudiktierten! – Rollenverhalten »herausfallen«, wenn Frauen neue Inhalte für ihr eigenes Leben suchen und sich zu diesem Zweck mit anderen Frauen solidarisieren. Diese – männlichen – Angstempfindungen sind selbst dann zu beobachten, wenn Frauen, wie in den hier geschilderten Gruppen, durchaus nicht gegen die Männer arbeiten, sondern für sich. Männer aber begreifen dies offenbar als »Bist Du nicht für mich, dann bist Du gegen mich«.
Auch die objektiven Erfolge, die die beiden erwähnten Dortmunder Frauengruppen errungen haben, konnten die Skepsis der Männer durchaus nicht verringern. Besonders suspekt scheint Männern zu sein, wenn Frauen eigene Methoden anwenden, um zum Ziel zu gelangen; wenn Frauen keineswegs bestrebt sind, »Männer-Qualitäten« zu entwickeln oder zu übernehmen, sondern »weiblich« argumentieren. Sind doch die Männer daran gewöhnt, daß Frauen in der Konkurrenz am Arbeitsplatz oder in der Politik »männliche« Leistungsnormen anzustreben, sie notgedrungen sogar zu übertreffen suchen, weil ihnen

anders ein Bestehen in dieser Konkurrenz bisher gar nicht möglich ist. Die Frauen aus der Zechensiedlung Dortmund-Asseln mußten feststellen: »Weil Frauen anders verhandeln, weil sie weniger mauscheln, weil sie Probleme direkter formulieren, weil Frauen-Engagement intensiver ist, sagen die Männer: Ihr könnt das nicht.« Aber »anders verhandeln« ist nur aus Männer-Sicht »schlechter verhandeln«.
Allerdings, nur wenige Frauen sind heute – schon, muß ich sagen – imstande, ihr »weibliches« Auftreten, ihre »weiblichen« Fähigkeiten selbstbewußt und offensiv einzusetzen: »Männliche« Leistungsmaßstäbe, »männliche« Verhaltensmuster sind uns, zumindest auf intellektuellem Gebiet, jahrhundertelang als die anzustrebenden Normen dargestellt worden – von Männern, natürlich. Und doch gab es positive Einschätzungen »weiblicher« Eigenarten schon, bevor Freud als Taschenbuch in jedem besseren Haushalt zu finden war – bei Frauen, natürlich: 1907, auf der ersten internationalen Konferenz Sozialdemokratischer Frauen in Stuttgart ging es unter anderem um die Frage, wie Frauen für den Sozialismus gewonnen werden können, wie Frauen also politisch zu interessieren seien. Wir müssen, sagten die Sozialdemokratinnen damals, »die seelische Eigenart« der Frauen, »alle Sonderheiten ihres Daseins, Wirkens, Empfindens und Denkens berücksichtigen.« Folglich, so erkannten die sozialdemokratischen Frauen, »mußten sie bei ihrer Arbeit zum Teil andere Mittel und Wege einschlagen, andere Methoden anwenden, andere Anknüpfungspunkte suchen als die Genossen . . .«. Denn Frauen, die »anders«, also ihren wirklichen eigenen Bedürfnissen und Fähigkeiten entsprechend, angesprochen werden, sind zu ermutigen, zu aktivieren für politisches Handeln.
August Bebel freilich setzte auch in diesem Punkt optimistisch auf eine bessere Einsichtsfähigkeit der Männer; er nahm an: »Die ununterrichtete Frau wird sich naturgemäß an den unterrichteten Mann wenden. Daraus folgt Ideenaustausch und gegenseitige Belehrung, . . .« Und Bebel schloß an: ». . . ein Zustand, wie er bisher in den seltensten Fällen zwischen Mann und Frau bestand.« Man darf diesen Satz nach hundert Jahren bedenkenlos in das Präsenz umwandeln; er stimmt dann immer noch. »Wenn wir aktiv werden in der Öffentlichkeit, sind die Männer negativ«, ist die Erfahrung der Dortmunder Gruppen. »Sie meinen, wir Frauen rotten uns zusammen gegen die Männer. Aber wir tun nichts gegen die Männer – wir tun was für uns. Das begreifen sie nicht.« Wie sollten sie auch? Wer dominiert und dies über Jahrhunderte, neigt dazu, Widerstand – auch wenn er sich nur in eigenständigem Denken der Ehefrau ausdrückt – als Rebellion, als

grundsätzliches Infragestellen der eigenen Position zu empfinden. Und so sprechen die Dortmunder Frauen, die sich im Interesse aller betroffenen Bürger gegen mächtige Hausbesitzer durchgesetzt haben, offen von einem Zweifrontenkampf, mindestens im Anfangsstadium ihrer Aktivitäten: »Das war ein Kampf auf zwei Ebenen: gegen den ›Außenfeind‹, also den Besitzer der Häuser, und gegen die Mitkämpfer, unsere eigenen Männer.«

Das liberale Mäntelchen

So sieht bei uns die Praxis aus – 100 Jahre nach der Kampfschrift Bebels für die Frauenbefreiung, 60 Jahre nach Durchsetzung des Frauenwahlrechts, 30 Jahre nach Verankerung des Gleichberechtigungsgrundsatzes in unserer Verfassung. Wie sind diese mindestens nachdenklich stimmenden Praxiserfahrungen, die nicht selten dramatische Folgen für Ehe und Familie haben, in Einklang zu bringen mit Untersuchungsergebnissen, die als repräsentativ anzusehen sind und auf den ersten Blick zu den schönsten Hoffnungen Anlaß geben?
Nach diesen Erhebungen ist »der Durchschnittsmann« der Meinung, die Frau gehöre eigentlich ins Haus; gleichzeitig aber hätten 78 Prozent der befragten Männer nichts einzuwenden gegen einen weiblichen Bundeskanzler. Und gar 94 Prozent dieser Männer können sich Frauen in Spitzenpositionen unserer Wirtschaft vorstellen. Ein Widerspruch in sich? Die Erklärung dieser Diskrepanz zwischen Alltagspraxis und Umfrageergebnissen ist ebenso simpel wie betrüblich, wenn man erfährt, daß nur noch 42 Prozent der befragten Männergruppe eine sozial höhere Position ihrer eigenen Ehefrau nicht negativ bewerten würden (wobei dieses »nicht negativ« keineswegs die Qualität einer positiv-bejahenden Äußerung hat).
Das bedeutet: Eine Führungskraft in der Wirtschaft, ein Kanzler – sie beide sind der Vorstellungswelt des befragten »Durchschnittsmannes« so weit entfernt, die Frage nach seiner Haltung gegenüber weiblichen Personen ist in diesen Positionen eine so theoretische, daß er sich hier großzügig und tolerant geben kann. Ein weiblicher Kanzler – was soll's? Die eigene Frau wird diese Höhen sicher nicht erreichen, ist sie doch allenfalls in irgendwelchen Frauengruppen tätig und dort mit ihrem Selbstfindungsprozeß ausreichend beschäftigt. Bringt aber die eigene erwerbstätige Frau monatlich mehr Geld nach Hause als der Mann, dann wird es kritisch, dann fühlt sich der Mann in seinem anerzogenen Selbstverständnis – als »der Ernährer«, als »das Haupt der

Familie« – in Frage gestellt; dann ist es aus mit der liberalen Haltung gegenüber der Frauen-Emanzipation: Eine Ehefrau, die mehr Geld verdient als der Mann, ist für 58 Prozent der befragten Männer nicht akzeptabel. »Opportun ist«, so Helge Pross, »sich den Mantel der Liberalität umzuhängen, des egalitären Denkens. Im Bedarfsfall« – siehe oben – »kann er leicht wieder abgelegt werden.«

Das ist vielleicht weniger als August Bebel und seine begeisterten Leser erwartet hatten. Es ist weniger, weil bis heute die Mehrzahl der Männer nicht das geringste Interesse an der Befreiung der Frau hat. Aber es ist mehr als nichts. Denn die Entwicklung ist heute immerhin so weit – der Fortschritt ist eben wirklich eine Schnecke –, daß kaum ein Mann offen zu sagen wagt: Ich bin gegen Gleichberechtigung. Die Gleichberechtigung von Mann und Frau ist in unserem Land nicht nur ein Grundrecht; sie ist eine moralische Norm: von allen anerkannt, doch im privaten Alltag nicht gelebt. Deshalb kommt es vor, daß sich ein Mann am Stammtisch oder in der Eheberatungsstelle über das Desinteresse seiner Frau für seine Berufswelt, für die Kommunalpolitik oder für gesellschaftspolitische Probleme beklagt, ohne auch nur auf den Gedanken zu kommen, daß er, der Mann, durch die auch von ihm nie angetastete traditionelle Aufgabenverteilung in Ehe und Familie Hauptursache für diese vermeintliche Interessenlosigkeit ist: kein böser Wille, nur schlimme Gewohnheit.

Die Arbeit in Frauengruppen bringt objektiv meßbare Erfolge, oft keineswegs nur im Interesse der Frauen, sondern im Interesse von mehr Menschlichkeit in der Umwelt. Sie bringt den Frauen Selbstbewußtsein, das sie brauchen, um nicht Männer-Niveau, sondern menschliches Niveau anzustreben. Sie hat den Frauen aber auch eine Erkenntnis gebracht, die weniger positiv ist – jene Erkenntnis, die die Frauen der Studentenbewegung in den sechziger Jahren wegen des politischen Anspruchs jener Bewegung viel intensiver, viel schmerzvoller getroffen hatte, als sie heute Frauen trifft: die Erkenntnis, daß – bis heute, zumindest – mit den Männern nicht zu rechnen ist, wenn es um gleiche Rechte für die Frauen geht. Doch es ist gut, zu wissen, woran man ist. Die Frauen haben erfahren, daß sie sich, wie weiland Münchhausen, am eigenen Zopf aus dem Morast ziehen müssen. Eine Flut von Literatur – vor allem Erfahrungsberichte von Frauen, aber auch allgemein verständliche wissenschaftliche Arbeiten – kann ihnen dabei behilflich sein.

»Die volle Emanzipation der Frau und ihre Gleichstellung mit dem Mann ist eines der Ziele unserer Kulturentwicklung, dessen Verwirklichung keine Macht der Erde zu verhindern vermag«, schrieb August

Bebel vor 100 Jahren. Doch er schrieb es im Schlußkapitel seines Buches über »Die Frau«, im Kapitel »Die Frau in der Zukunft«. Und nirgendwo verriet uns Bebel, wie greifbar nahe – oder wie fern? – diese Zukunft für ihn war.

Horst-Eberhard Richter

Mehr Weiblichkeit ist mehr Menschlichkeit

Beide Geschlechter können sich nur gemeinsam befreien

Als August Bebel »Die Frau und der Sozialismus« schrieb, gab es noch Gesetze, die dem Mann »eine mäßige körperliche Züchtigung der Frau« gestatteten, die Frauen wie Schüler und Lehrlingen die Beteiligung an politischen Vereinen verboten, die dem Mann zu bestimmen erlaubten, wie lange seine Frau dem Säugling die Brust gab. Die Frau wurde zur Sklavin des Mannes erzogen, der das gemeinsame Vermögen verwaltete, die Kindererziehung bestimmte. Vom Erstgeburtsrecht war sie ausgeschlossen, wenn Brüder vorhanden waren. Und Verträge durfte sie vielerorts nur mit Zustimmung des Mannes schließen. Die Mehrzahl der führenden Mediziner rechtfertigte den erniedrigten Status der Frau mit deren angeblich inferiorer biologischer Ausstattung. Die Forderung nach Gleichberechtigung wurde mit ernsthaften wissenschaftlichen Argumenten als »widernatürlich« verworfen. So mußte sich Bebel noch lang und breit mit dem Problem der Geschlechtsdifferenz der Gehirngewichte auseinandersetzen und war heilfroh, einem wortführenden Gelehrten der Gegenpartei posthum nachweisen zu können, daß dessen eigenes Gehirn weniger gewogen hatte als der Durchschnitt der weiblichen Gehirne. Der herrschenden Lehrmeinung, die Frau tauge von Natur aus nicht zu höherer Bildung wie zu differenzierten Berufen und habe deshalb ihren »Naturberuf« zu Hause unter der Herrschaft des Mannes auszuüben, trat die Sozialdemokratische Partei als erste mit einem Programm entgegen, das die volle Gleichberechtigung der Frau verlangte. Bebel machte klar, daß der Kampf gegen soziale Unterdrückung schlechthin nur glaubwürdig geführt werden könne, wenn er die Frauen neben den Arbeitern als eine Hauptgruppe von Unterdrückten einbeziehe. »Die Frauenfrage ist also für uns nur eine Seite der allgemeinen sozialen Frage, ... und sie kann daher ihre endgültige Lösung nur finden durch Aufhebung der gesellschaftlichen Gegensätze und der aus diesen Gegensätzen hervorgehenden Übel.«

Hundert Jahre nach Erscheinen dieses Buches leben hierzulande der

Kapitalismus und mit ihm viele ungelöste soziale Fragen fort. Dazu zählt die verbleibende Benachteiligung der Frauen in Bildung und Ausbildung, im Beschäftigungsrisiko, in der Arbeitszuteilung, in den beruflichen Aufstiegschancen, in der Bezahlung, in diversen rechtlichen Bestimmungen – und dies trotz der längst verfassungsmäßig fixierten Gleichberechtigungsgarantie. Bebels Grundidee, daß die Frauenfrage von der Gesellschaftspolitik schlechthin nicht zu trennen und somit nicht isoliert von dieser zu lösen sei, ist gültig geblieben. Aber die Frauenfrage hat sich zur Frage einer generellen Umstrukturierung des Geschlechtsverhältnisses überhaupt erweitert. Und der Lösung dieser Aufgabe muß im gesellschaftspolitischen Zusammenhang eine neue Priorität zuerkannt werden.

Hundert weitere Jahre Patriarchat haben trotz eines im Westen und Osten unterschiedlichen Aufbaus formaler Behinderungen der Frauen das Gesicht unserer Welt hochgradig »vermännlicht«. Die Fortentwicklung der männlich geprägten technischen Zivilisation hat den Kampf gegen die Unterdrückung der Frauen – vielfach unbemerkt – in einen Kampf um eine volle Integration der Frauen in eine Männergesellschaft umfunktioniert: So wird die Emanzipation der Frauen zunehmend mit dem Ziel gleichgesetzt, mit den Männern bei gleichzeitiger Unterwerfung unter eine spezifisch »männliche« Weltordnung gleichzuziehen.

Studiert man das Leben in diversen staatssozialistischen Ländern, wo die Frauen längst in großer Zahl in männliche Berufe und Stellungen vorgedrungen und auch im öffentlichen Leben stärker hervorgetreten sind, kann man keineswegs die Erwartung bestätigen, daß die Frauen als Frauen das gemeinsame Leben der Geschlechter stärker mitprägen würden. Statt dessen findet man vielfach eine fortschreitende Uniformisierung in der Erziehung und in den Verhaltensstilen, die speziell zu Lasten weiblicher Eigenarten geht. Nach männlichem Vorbild werden die Frauen auf maximale Sollerfüllung, auf aktivistische »sozialistische« Kampfbereitschaft abgerichtet. Das den Männern Nicht-mehr-Nachstehen ist die große Errungenschaft – der dafür gezahlte Preis aber ist eine neue und radikale Variante von Unterdrückung. Nämlich der auferlegte Verzicht, die Welt weiblich zu sehen und das Zusammenleben nach weiblichen Kriterien mitzubestimmen.

Aber auch in den westlichen Demokratien ist die »Vermännlichung« der Gesellschaft, wie gesagt, stetig vorangeschritten. Nahezu unmerklich verändert das typisch männliche Prinzip der technischen Funktionalität stetig die Situation des Menschen bzw. den Umgang des Menschen mit dem Menschen. Mehr und mehr wird der einzelne in ein immer minutiöser durchorganisiertes System eingepaßt, datenmäßig dokumentiert und verrechnet, bürokratistisch administriert und in nahezu sämtlichen Verhaltensebenen verplant. Seine Bedürfnisse nach Spontaneität und Spiel werden durch zunehmende Kommerzialisierung des Freizeitsektors eingefangen und nivellierend kanalisiert. Zur Entlastung von emotionalem Überdruck bieten sich klischeehafte Medienprogramme für eine passive, unpersönliche Partizipation an Stories an, die alle abreaktionsbedürftigen Trieb- und Gefühlskategorien ausschöpfen. Am härtesten und konsequentesten hat sich technische Zweckrationalität bei der Verunstaltung der Landschaft, bei der Monotonisierung und Entseelung der Arbeitsplätze und der Arbeitsformen durchgesetzt. All dies liegt auf dem Wege zu einer einseitig männlich-technokratischen Umgestaltung unserer Umwelt und unserer Lebensformen bei gleichzeitiger Zurückdrängung »weiblicher« Bedürfnisrichtungen.

Statt dessen müßte eine fortschreitende Gleichberechtigung der Frau dahin führen, gegen »männliche« Größenideen das Maß einfacher menschlicher Wünsche, gegen »männliche« Nüchternheit und Technokratie ästhetisch-emotionale Aspekte zu setzen, gegen männliche Macht- und Konkurrenzverherrlichung auf der Priorität von Zusammengehörigkeit, Kommunikation und Caritas zu insistieren.

Die Verarmung der Kultur

Der Kampf der Frauen gegen die Vorherrschaft der Männer kann nur dann zu einer Vermenschlichung der Gesellschaft führen, wenn er zugleich gegen eine Vorherrschaft der »Männlichkeit« geführt wird. Sonst erreichen die Frauen nur ihre formale Gleichstellung in einer männlichen Gesellschaft, die in nichts der von Bebel entworfenen großartigen Utopia ähneln würde. Bebel rechnete mit einer Rückwendung der Menschen von den großen Städten auf das Land, mit gesünderen und angenehmeren Wohnverhältnissen, mit einer »höchsten Blüte« der Gartenkultur – als einem unerschöpflichen Feld menschlicher Tätigkeit ohne Maschinenanwendung. Die Frau – wie der Mann – sollte ganz und gar in »naturgemäßen Lebensbedingungen« leben, ihre natürlichen Triebbedürfnisse befriedigen können. Sie kann »ihre physischen und geistigen Kräfte und Fähigkeiten entwickeln und betätigen; sie wählt für ihre Tätigkeiten diejenigen Gebiete, die ihren Wünschen, Neigungen und Anlagen entsprechen .. Eben noch praktische Arbeiterin in irgendeinem Gewerbe, ist sie in einem anderen

Teil des Tages Erzieherin, Lehrerin, Pflegerin, übt sie in einem dritten Teil irgendeine Kunst aus oder pflegt eine Wissenschaft und versieht in einem vierten Teil irgendeine verwaltende Funktion.« – Statt dessen haben wir inzwischen eine zunehmende arbeitsteilige Fragmentierung der Beschäftigungen, immer mehr Einengung und Stereotypisierung der Tätigkeiten, programmierte Festlegung statt spontaner Wahlmöglichkeiten, unnatürliche Eingleisigkeit im Dienste optimaler funktionaler Verwertbarkeit. Am wenigsten Wahlchancen hat die Frau, der bei Verknappung der Arbeitsplätze – sofern sie überhaupt Beschäftigung findet – die unattraktivsten bzw. am wenigsten humanen Arbeiten mit Vorrang zugeteilt werden (63 Prozent der Fließbandarbeiter sind Frauen!).

Die Beziehung zwischen Frauenemanzipation und Fortschritt zum demokratischen Sozialismus ist jedenfalls nicht mehr in dem Sinne vorstellbar, daß jene nur einseitig von diesem abhängt. Sondern man muß die Beziehung auch umgekehrt sehen: Nur unter dem gleichberechtigten Einfluß der Frauen und in maßgeblicher Orientierung an der »weiblichen« Lebensperspektive sind diejenigen Lebensqualitäten zu erkämpfen, die eine wahrhaft demokratische Gesellschaft auszuzeichnen haben.

Freilich ist die »weibliche« Lebensperspektive nicht gleichbedeutend mit weiblicher Naturanlage. Und die Benutzung der Anführungsstriche dient dazu, diese traditionelle Gleichsetzung in Frage zu stellen. Geistig-psychische »Männlichkeit« und »Weiblichkeit« sind durch eine historische Polarisierung der Geschlechterrollen jeweils der einen oder der anderen Seite zugeteilt worden. In Abweichung von anderen Kulturen, wo sich die uns geläufigen Geschlechterstereotypen keineswegs ausbildeten, haben wir uns, durch zahlreiche Generationen von Philosophen, Pädagogen, Medizinern bekräftigt, an das Vorurteil von einem biologisch bestimmten psychologischen Geschlechtsunterschied gewöhnt. In Wirklichkeit haben sich Frauen und Männer (freilich unter männlicher Herrschaft) gegenseitig künstlich zu dem gemacht, was sie allmählich auch geworden sind und wie sie sich schließlich zu verstehen gelernt haben: Konkurrenz- und Machtstreben, abstrahierendes und versachlichendes Denken gerieten zum männlichen Monopol, während die von den Männern unterdrückte Gefühlsseite quasi an die Frauen abgetreten wurde. Doch was nützte es den Frauen, etwa in der Moralphilosophie Schopenhauers als die Hüterinnen der Grundtugenden von Menschenliebe und Caritas gepriesen zu werden, wenn sie von den herrschenden Männern daran gehindert wurden, deren politische Fehlplanungen nach eigenen Maßstäben zu korrigieren?

Die traditionelle Dominanz der Männer hat eben nicht nur eine Versklavung der Frauen, sondern darüber hinaus eine Verarmung der Kultur an denjenigen psychosozialen Qualitäten bewirkt, welche die Männer traditionellerweise bei sich selbst unterdrückt und statt dessen den Frauen projektiv zugeteilt hatten. »Männliche« Größen- und Machtbedürfnisse, »männliches« Sachdenken, »männliche« Gefühlsverdrängung haben uns zu einer rein expansionistisch orientierten Wirtschaft und zu einer größenwahnsinnigen Supertechnik verführt, deren ungeheure Gefahrenpotentiale uns erst neuerdings sichtbar werden. Wir haben im gleichen Sinne eine weitgehend »männliche«, d. h. nüchtern technisierte, kommunikationsfeindliche Arbeitswelt und überwiegend eine entseelte Betonkasten-Wohnwelt in unseren Städten geschaffen. Eben weil die unterjochten Frauen daran gehindert worden sind, das an sie separat abgetretene »weibliche« Element von Menschlichkeit in der gesellschaftlichen Realität durchzusetzen, haben wir jetzt allenthalben die Unmenschlichkeit der Arbeitsplätzegestaltung und der Arbeitsorganisation, der Stadt- und Landschaftsplanung usw. zu beklagen. Was wir vermissen, sind doch in erster Linie als weiblich geltende Merkmale wie Wärme, schlichtes menschliches Maß, Liebenswürdigkeit, Kommunikationsfreundlichkeit.

Die traurigen Folgen der Halbblindheit

Also erfordert die Umkehr zu einer menschlicheren Gestaltung unseres Zusammenlebens und unserer Umwelt, daß die traditionellerweise zurückgedrängten weiblichen Wertkategorien intensiver zur Geltung gebracht werden. In dieser Version bedeutet Emanzipation also keineswegs, daß die Frauen einen Vorsprung der Männer aufzuholen haben, sondern daß umgekehrt die Männer einen eigenen hochgradigen Rückstand abbauen müssen. Sie bedürfen erst der Hilfe der Frauen, um ihr eigenes beängstigend angewachsenes Defizit an seelisch-emotionaler Reife zu reduzieren. Die Kehrseite ihrer überlegenen Machtposition ist ihr eklatantes Minus an Humanität, ein im Vergleich zur Frau erschreckendes Extrem an menschlicher Selbstentfremdung. Auf dem Weg zu einer für die Bewältigung der Zukunftsprobleme der Gesellschaft erforderlichen neuen Solidarität der Geschlechter hat der Mann in seiner Bewußtseinsentwicklung mehr Boden gutzumachen als die Frau.

Das damalige groteske Ausmaß der Frauendiskriminierung hatte Bebel noch daran gehindert, die mit der künstlichen Polarisierung der

Geschlechterrollen verbundene gleichzeitige Schädigung des Mannes voll zu erkennen. Es schien nur die Frau zu benachteiligen, daß ihr Lebensradius auf den häuslichen Privatbereich eingeengt wurde. Nicht die einseitige Verstandes- und Willenserziehung des Mannes erschien Bebel kritikwürdig, vielmehr nur die selektive Erziehung der Gefühlsseite bei der Frau. Seine Mahnung lautete: »Es darf sich nicht darum handeln, das Gemütsleben und die Phantasie der Frau noch mehr zu entwickeln, was ihre Anlage zur Nervosität nur steigert . . . Im allgemeinen ist, was man das Gemüts- und Seelenleben der Frau nennt, bei ihr ins Maßlose genährt, ihre Verstandesentwicklung hingegen gehemmt, schwer vernachlässigt und unterdrückt worden.« Von daher sei begreiflich, daß die Frau die Welt anders sähe als der Mann; nämlich – so muß man folgern – weniger klar und weniger zutreffend.
Nunmehr aber stellt sich die schwere Vernachlässigung und Unterdrückung der Gefühlsseite beim Mann als eine nicht minder folgenschwere Fehlerziehung heraus. Eben wegen der Unterentwicklung seiner Emotionalität sieht gerade auch der Mann die Welt seinerseits einseitig und damit falsch. Als der Herrschende richtet er mit seiner Halbblindheit indessen praktisch weit mehr Unheil an, indem er es ist, der die gemeinsamen Lebensbedingungen für beide Geschlechter bevormundend nach seiner eingeengten Perspektive festgelegt hat.
Für die Frau stellt sich demnach das dialektische Problem, daß sie einerseits weiterhin konkurrierend gegen die Vormachtstellung des Mannes ankämpfen muß, um endlich in Politik, Technik, Wirtschaft, Kultur ihren Einfluß auf die Gestaltung unserer Lebensverhältnisse hinreichend ausüben zu können, daß sie andererseits bei diesem Rivalisieren ihre »Weiblichkeit«, d. h. die vorläufig von ihr schwerpunktmäßig gehüteten menschlichen Qualitäten bewahrt und obendrein dem Mann noch quasi Entwicklungshilfe leistet, mit dem Ziel, daß er bei sich allmählich Züge von emotionaler Sensibilität nachentwickelt, die er von sich abgespalten hatte.
Der Psychologe C. G. Jung hatte bereits 1929 diese Entwicklung so gesehen: »Wie sie (die Frau, der Verf.) durch die Umstände gedrängt wurde, ein Stück Männlichkeit zu erwerben und damit zu verhindern, in einer antiquierten, rein instinktmäßigen Weiblichkeit steckenzubleiben, fremd und verloren in der Welt des Mannes als ein geistiges Baby, so wird sich der Mann gezwungen sehen, ein Stück Weiblichkeit zu entwicklen, d. h. psychologisch und erotisch sehend zu werden . . .«
Auf den ersten Blick mutet es verwirrend und paradox an, daß man mehr noch als die sozial eingeengte und an öffentlicher Wirksamkeit gehinderte Frau den dominierend agierenden Mann als in der Bewußt-

seinsentwicklung hinterherhinkend zu diagnostizieren hat. Aber es ist so, daß vielen Frauen inzwischen die Notwendigkeit ihrer Rollenveränderung klargeworden ist und daß sie längst die Unhaltbarkeit jener noch zu Bebels Zeiten gültigen Lehrmeinung bewiesen haben, daß das weibliche Geschlecht nur zu seinem traditionellen häuslichen »Naturberuf« tauge.
Viel zögernder nähern sich auf der anderen Seite die Männer der Einsicht, daß sie sich bislang zum eigenen Schaden mit ihrem unbedingten Dominieren-Wollen überfordert haben und daß es ihnen nur gut täte und auch ihrer Natur viel besser entspräche, sich die Verantwortung für die Planung und die Gestaltung der gemeinsamen Zukunft mit den Frauen partnerschaftlich zu teilen und den Frauen hinsichtlich der Prinzipien jener Gestaltung sogar einen vorrangigen Einfluß einzuräumen.

Mehr Mut zum »Weiblichen«!

Vor hundert Jahren war es Bebels Problem gewesen, belegen zu müssen, daß die Frauen nach Schädelumfang, Körpergröße, Knochen- und Blutbeschaffenheit sowie aufgrund ihrer psychischen Kapazität imstande seien, bislang den Männern vorbehaltene Aufgaben ohne weiteres zu leisten. Heute stellt sich daneben oder sogar vorrangig das umgekehrte Problem, nämlich nachzuweisen, daß die Männer sich nicht von Natur aus zu denjenigen technokratischen Sachmenschen und Gefühlskrüppeln entwickelt haben, als welche sie sich in unserer Kultur weitgehend darstellen und auch selbst (miß-)zuverstehen neigen, sondern daß dies nur eine historisch bedingte künstliche Fehlidentifikation ist. Wir haben miteinander in den letzten hundert Jahren gelernt, den Frauen mehr männliche Möglichkeiten zuzutrauen, aber noch immer ist nicht hinreichend begriffen, wieviel ungelebte Weiblichkeit in den Männern steckt.
So wie seinerzeit Physiologie und Psychologie sich mit der wissenschaftlichen Legitimation des weiblichen Emanzipationsanspruches beschäftigten, muß die Wissenschaft neuerdings eher den Männern beispringen, um ihnen nicht nur die Zulässigkeit, sondern die Notwendigkeit eines neuen Begriffes von sich selbst klarzumachen. Sie muß ihnen Mut machen, daß ihre robustere Knochen- und Muskelkonstitution sie in einer Menschheitsperiode, in der die Lebensbewältigung längst nicht mehr von athletischen Kraftakten abhängt, keineswegs mehr zur Erschöpfung in einem extravertierten Aktivismus

zwingt, und daß es nicht nur für ihre seelische, sondern auch für ihre körperliche Gesundheit unerläßlich ist, daß sie sich ihrer nur künstlich verdrängten Gefühlswelt wieder mehr überlassen.

Wäre die heutige Lebensform des Mannes eine natürliche, würde er nicht im Durchschnitt mehrere Jahre vor der Frau sterben. 1972/74 betrug in der Bundesrepublik Deutschland die durchschnittliche Lebenserwartung der Männer 67,87 Jahre, die der Frauen 74,36 Jahre. Seit 1949/50 hat sich der Rückstand der Männer gegenüber den Frauen in der Lebenserwartung laufend vergrößert, nämlich von 3,92 auf 6,49 Jahre. Dazu erzogen, sich immerfort als stark und fit darzustellen und die Unterdrückung der Gefühlsseite mit idealer »Maskulinität« zu verwechseln, neigt er zu chronischer Überanstrengung. Und es ist nun ein hochwichtiges Resultat der modernen psychosomatischen Forschung, daß gerade die an das traditionelle Männlichkeitsideal am besten angepaßten hektischen, hochehrgeizigen Aktivistentypen ein überdurchschnittliches Risiko tragen, einen frühen Herzinfarkttod zu erleiden. Also: Was vielen noch als das Verhaltensbild der reinsten »Männlichkeit« erscheint, ist in Wirklichkeit nichts als ein extrem ungesundes Resultat einer Fehldressur. Als brillante »Dynamik« und imposante »Fitness« blufft nur eine Fassade, hinter der sich die gefährlichste Verschleißkrankheit unseres Zeitalters vorzeitig vorbereitet.

Die psychosomatische Wissenschaft hat demnach die Aufgabe, dieses gern totgeschwiegene Ergebnis der gegenwärtigen Infarktforschung weithin publik zu machen, weil die Angst vor gesundheitlicher Selbstzerstörung immerhin als nützliches Hilfsmittel gegen die andere, bislang überwiegende Angst funktionieren kann, nämlich gegen die Angst vor Weichheit und Sensibilität als Zeichen von »Unmännlichkeit«.

Zweifellos ist die tief eingewurzelte Angst des Mannes, mit der Preisgabe der üblicherweise antrainierten Dominanzattitüde gegenüber der Frau die eigene geschlechtliche Identität zu verlieren, sich rettungslos zu blamieren und selbst verachten zu müssen, ein Haupthindernis auf dem Wege zu einer tiefgreifenden Umstrukturierung des Geschlechterverhältnisses. In einem Ostblockstaat, in dem bereits in viel höherem Maße als bei uns Frauen in Männerberufen arbeiten und aufgestiegen sind, verrieten mir namhafte Psychiater im vertraulichen Gespräch, daß die Männer durch die Verselbständigung der Frauen weithin geängstigt worden seien. Die Frauen hätten ihre Rolle verändert, aber die Männer hätten sich überwiegend als unfähig erwiesen, sich auf diese Veränderung einzustellen. Anstatt die steigende Verantwortungsübernahme der Frauen als Chance der eigenen Entlastung bzw. als Ermöglichung eines neuen Gleichgewichtes zu begrüßen, reagierten die Männer in großer Zahl verunsichert und rein defensiv. Massenhaft Ehekrisen und Scheidungen seien die Folge eben dieser männlichen Starrheit. Der Versuch vieler Ehemänner, die im Beruf selbstbewußt gewordenen Frauen zu Hause wieder zu unterwerfen, sei im Grunde ein rein angstbedingtes Protestverhalten und Zeichen dafür, daß die Männer dem steigenden Rivalitätsanspruch der Frauen nicht gewachsen seien.

Für den Emanzipationsprozeß beider Geschlechter, vor allem aber auch für die Frauen selbst, wäre es sehr nachteilig, würden sie nun etwa aus dem erkannten Bewußtseinsrückstand der Männer die Konsequenz ziehen, ihren Anspruch auf Beseitigung ihrer noch vorhandenen konkreten sozialen Benachteiligungen zurückzustellen oder auch nur zu mäßigen. Seit je ist es ein typischer weiblicher Fehler, aus Einsicht in die Brüchigkeit und Gewaltsamkeit des männlichen Dominanzgehabes zuviel pseudotherapeutische Nachsicht zu üben. Nur durch weiteres zielstrebiges Aufbegehren gegen alle fortbestehenden Gewohnheiten und Rechtsnormen, die dem Gleichberechtigungsgrundsatz widersprechen, können und müssen die Frauen den für beide Geschlechter notwendigen Prozeß der Rollenänderung vorantreiben. Es ist die Chance der Männer, sich rechtzeitig einer unausweichlichen Neustrukturierung des Geschlechterverhältnisses anzuschließen und den Prozeß aus eigener Initiative aktiv mitzuvollziehen. Ihre Alternative bestände nur darin, von dem auf die Dauer unaufhaltsamen Wandel überrollt und dadurch in eine um so erschreckendere Identitätskrise gestürzt zu werden. So sah es auch bereits C. G. Jung vor einem halben Jahrhundert: Die Männer, die es versäumen würden, sich parallel zur Veränderung der Frauen mitzuverändern, müßten am Ende ohnmächtig hinterherlaufen.

Gehemmt durch frühkindliche Ver-Formung

Die Schwierigkeit und zugleich die Dringlichkeit der Neufassung der eigenen Geschlechtsrolle seitens der Männer wurde hier bislang deshalb besonders betont, weil dieses Problem oft verkürzt oder gar in falscher Perspektive dargestellt wird. Wenn der Anschein erweckt wird, als müßten die Frauen den Männern großartige Vorteile an Freiheit und Selbstverwirklichungsmöglichkeiten abtrotzen, so fixiert man die Männer auf diese Art eher in ihrer irrationalen Defensivhaltung, obwohl ihre Schädigung durch die Fehlkonstellation des bisherigen Geschlechterverhältnisses sich von der Schädigung der Frauen nur dadurch unterscheidet, daß sich die Männer der Tatsache weniger bewußt sind.

Aber auch auf der Seite der Frauen regt sich noch immer offener und auch versteckter Widerstand dagegen, die Struktur des Geschlechterverhältnisses zu revidieren. Die Frauen sind sich beileibe nicht über das Ziel einig, daß sie sich einerseits nach wie vor massiv und zäh gegen männliche Bevormundung wehren müssen und daß sie obendrein davon zu profitieren hätten, die Männer zu mehr Sensibilität und emotionaler Kommunikation zu erziehen. Zu den Hemmungen der Frauen tragen soziale und psychische Faktoren bei, die sich kreisförmig selbst verstärken.

Noch immer wird Massen von Frauen seit früher Kindheit Fügsamkeit als weibliches Verhaltensideal anerzogen. Das zunächst nur äußerlich aufgezwungene Merkmal wird verinnerlicht und wandelt sich zu einer strukturellen Abhängigkeitsbereitschaft. Geradezu zielstrebig werden Selbstunsicherheit und Konkurrenzunfähigkeit konditioniert, wobei diese Defekte schönfärbend als attraktive Sanftheit, Zartheit, Zurückhaltung, Anpassungsfähigkeit hochgelobt werden. Diese einengende Erziehung wird oft mit mangelhaften Bildungs- und Ausbildungshilfen gekoppelt. In Zeiten verknappter Arbeitsplätze resignieren die Frauen schneller, aber sie werden auch massiv von außen benachteiligt. Die Studierwilligkeit der Mädchen geht zurück. Sie nehmen vielfach die Versagung von Ausbildungsplätzen und Arbeitslosigkeit eher ergeben hin. Die Fügsamen werden obendrein den anderen oft als Vorbild vorgehalten, die um ihre beruflichen Chancen kämpfen, ohne den traditionellen Vorrang des männlichen Arbeitsanspruches anzuerkennen. Zur Zeit sind 63 Prozent aller Jugendlichen, die vergeblich nach einem Ausbildungsplatz suchen, weiblich. Viele von Konjunkturschwierigkeiten betroffene Firmen entlassen als erste Frauen. Die weibliche Arbeitslosigkeit übersteigt relativ bei weitem den Anteil der weiblichen Arbeitnehmerinnen in der Bundesrepublik. So fügt sich eines zum anderen: Die restriktiven Erziehungsmaßstäbe schüchtern das Mädchen ein. Wegen seiner psychischen Verunsicherung läßt es sich im Durchschnitt eher eine schlechtere Bildung und Ausbildung gefallen. Durch diese Bildungs- und Ausbildungsdefizite vermindert es wiederum seine realen sozialen Chancen,einen Arbeitsplatz oder gar einen attraktiven Beruf zu finden. Diese sozialen Mißerfolge werden zu einer neuerlichen psychischen Belastung und ruinieren das schon von vornherein geschwächte Selbstvertrauen zusätzlich.

Mannigfache Erfahrungen äußerer Zurücksetzung werden oft als nachträgliche Rechtfertigung der ursprünglichen Einschüchterungserziehung erlebt. Und so entsteht eine junge Mutter, die an ihre Töchter wieder nur das alte weibliche Gefügigkeitsstereotyp weitergibt. Empirische Erhebungen haben nachgewiesen, daß vor allem bei Frauen der Unterschicht immer noch die anerzogene Ideologie vorherrscht, daß der Mann im Zweifelsfall bestimmen solle. Die Forderung, von dieser verinnerlichten Norm abzuweichen, beunruhigt diese Frauen eher. In der Oberschicht und bei jungen Frauen verliert diese Ideologie glücklicherweise allmählich an Boden.
Ähnlich ist es mit der häuslichen Aufgabenverteilung. In Abhängigkeit von der Schichtzugehörigkeit (mit Zunahme in der Unterschicht) hält es noch immer die große Mehrheit der Frauen für ihre natürliche Pflicht, die Hauptlast der Hausarbeit selbst zu tragen. Die alte geschlechterspezifische Arbeitsteilung scheint ihnen unstrittig, auch wenn sie selbst berufstätig sind. Entsprechend dieser Einstellung verhalten sie sich auch. Natürlich bedeutet diese Arbeitsteilung auch Machtverteilung. Die Frau unterwirft sich, wenn sie, durch Berufsarbeit gleich belastet wie der Mann, noch den größten und obendrein meist den weniger attraktiven Teil der Hausarbeit macht.
Je fester verheiratete Frauen noch an dem traditionellen Konzept der häuslichen Aufgabenverteilung haften, um so schwerer haben sie es natürlich, sich besonders sozial zu aktivieren, sich voll beruflich zu engagieren und eventuell obendrein Funktionen wie Vertrauensfrau oder Betriebsrätin zu übernehmen oder sich gar noch gewerkschaftlich oder parteipolitisch zu betätigen. Ihr Konflikt verschärft sich, wenn sie von ihren Ehemännern dabei nicht progressiv unterstützt werden. Und hier geht es nun nicht nur um die oft mangelnde männliche Bereitschaft zu einer modernen kooperativen Aufgabengliederung. Es geht auch um das Problem der erotischen Bestätigung. Wahrlich nicht groß ist die Zahl der Männer, die eine Frau noch hinreichend angstfrei als attraktive Partnerin begehren können, die sich ambitioniert und erfolgreich sozial entfaltet. So engen manche begabte und auch sozial durchsetzungsfähige Frauen ihren Aktionsradius freiwillig wieder ein und maskieren sich gewaltsam als unscheinbare, lenksame Geschöpfe, weil sie um jeden Preis einen bedrohlichen Konkurrenzkonflikt in ihrer Zweierbeziehung vermeiden wollen. Alle sonstigen Einschränkungen nähmen sie eher in Kauf, als die ungetrübte Zuwendung ihres Partners aufs Spiel zu setzen. Daß diese Rücksichtnahme vielfach eine emotionelle Überforderung mit neurotischen oder psychosomatischen Störungen als Konsequenz bedeutet, steht auf einem anderen Blatt.

Nicht trotz, sondern gerade wegen der schmerzlichen Selbstverleugnung, die es viele Frauen in ihrer Kindheit und Jugend gekostet hat, sich dem traditionellen passiv-fügsamen Weiblichkeitsstereotyp anzupassen, reagieren sie schließlich eher erschreckt und defensiv, wenn sie im nachhinein mit radikalen Emanzipationsparolen konfrontiert werden. Der Abstand zwischen ihrer eigenen ängstlichen Angepaßtheit und dem proklamierten Idealtyp einer progressiven Emanzipierten macht sie ratlos und verwirrt sie. Sie können sich, wenn sie sich an progressiven Leitbildern dieser Art messen, nur entweder als minderwertig bzw. als hoffnungslos rückständig erleben – oder umgekehrt, um ihre Selbstachtung nicht vollends preiszugeben, diese modernen Leitbilder radikal verwerfen. Sehr häufig, wenn auch in der Öffentlichkeit weniger sichtbar, trifft man zur Zeit diese Reaktion an. Scharen von Frauen, die sich durch die Zielvorstellung emanzipierter Verhaltensmuster überfordert fühlen, hängen sich dankbar an die sich mehrenden Befürworter einer Bewahrung bzw. Restitution der mittelalterlichen Frauenrolle. In Psychotherapien enthüllt sich diese Zuflucht zum mittelalterlichen Frauenideal überaus häufig als angstbedingte Rationalisierung. Diese Frauen rechtfertigen ihren Rückzug auf die – angebliche – »Naturrolle« der Frau durch das Feindbild des radikal militanten Feminismus, als sei nur diese Alternative zum traditionellen Hausmütterchen realisierbar. Immerhin wäre es lohnend zu untersuchen, ob die absolut männerfeindlichen Publizistinnen unter den Wortführerinnen der Frauenbewegung, die eigentlich nur sadomasochistische Aspekte der Geschlechterbeziehung akzentuieren, mehr Frauen zur Emanzipation anregen oder umgekehrt mehr Frauen so verschrecken, daß sie diese in die Arme der konservativen Gegenbewegung treiben.

Die Fragwürdigkeit des Arrangements

Seit altersher scheint es nun einen Trick zu geben, wie sich die Frau ein unbequemes Rivalisieren mit dem Mann ersparen kann, ohne auf die Erfüllung eigenen sozialen Ehrgeizes verzichten zu müssen. Sicherlich wird die große Zahl derjenigen Frauen unterschätzt, die sich dieses Tricks bedienen, der sich freilich im nachhinein meist als eine arge Fehlrechnung herausstellt. Es handelt sich um ein bestimmtes Muster von Ehepartnerwahl, das im Grunde nur eine Wiederholung der traditionellen Geschlechterrollenverteilung im kleinen darstellt. Es suchen und finden sich eine Frau und ein Mann, die sich insgeheim auf eine

Art von psychologischem Vertrag einigen. Jeder entwickelt bei sich schwerpunktmäßig einen psychischen Aspekt, der sich ergänzend zu dem Aspekt verhält, den jeweils der andere betont kultiviert. Zugleich unterdrückt der eine das, was er dem anderen quasi überläßt. Was jeder bei sich auslebt, gestaltet er zugleich für den Partner mit. Er übernimmt das, was jener bei sich verdrängt hat.
Das funktioniert als ein unbewußter Austauschvorgang, der in den letzten zwanzig Jahren an der Zweierbeziehung sehr genau studiert worden ist. Typischerweise läßt sich die Frau darauf ein, ihren eigenen Drang nach sozialer Entfaltung zu bremsen, indem sie sich in der Erwartung an den Mann hängt, daß dieser um so intensiver das tun sollte, was sie sich versagt. So schiebt sie ihn etwa in die Rolle, daß er um jeden Preis sozial aufsteigen solle. Dies wird es ihr ermöglichen, so unterstellt sie, ihren auf ihn verschobenen sozialen Ehrgeiz mitzuerfüllen. Dafür bietet sie dem Partner ihrerseits an, den emotionalen Bereich darzustellen, der diesen häufig ohnehin eher irritiert. Er kann und soll sich ganz auf seine soziale Durchsetzung konzentrieren, indem sie ihn kontinuierlich mit den Gefühlen wärmt und labt, deren eigene Ausgestaltung er sich versagt. So kann er sich wenigstens vorderhand die Wahrnehmung seiner faktischen emotionalen Verkümmerung ersparen, weil die Partnerin kompensatorisch sein Defizit auffüllt. Solange beide einander sehr intensiv positiv zugewandt sind und der eine jeweils den anderen stellvertretend für den Aspekt entschädigt, den dieser bei sich unterdrückt, können die Partner sich wechselseitig in der Illusion bestärken, daß sie einen guten Weg der gemeinsamen Selbstverwirklichung eingeschlagen hätten. Jeder findet in der engen Verbundenheit mit dem anderen genügend Halt, um verleugnen zu können, daß er eigentlich nur als ein Fragment existiert und ohne den Partner in der Rolle eines ergänzenden Substituts sofort hochgradig labilisiert werden würde.
In der Tat funktioniert diese wechselseitige Kompensationsbeziehung nur selten längere Zeit störungsfrei. Hinsichtlich der Situation der Frau drohen folgende Komplikationen: Entweder der Mann bleibt erfolglos. Dann fällt das Problem ihrer unerfüllten sozialen Ambitionen auf sie selbst zurück. Darauf eingestellt, auf ihn zu projizieren, wird sie leicht versucht sein, mit ihm zu hadern und ihn zu drangsalieren, wobei sie ihn dafür kritisiert, was sie selbst hätte tun wollen und sollen. Sie fängt sich genau in den Minderwertigkeitsgefühlen, die sie sich durch die ihm abgeforderte Aufwärtsentwicklung hatte ersparen wollen – oder der Mann hat Erfolg. Aber dann geschieht es oft, daß er mit der Erweiterung seines sozialen Spielraums und seiner Verantwortlichkei-

ten zumindest so viel an innerer Festigkeit gewinnt, daß ihm eine unselbständige und rein aus dem Gefühlsbereich heraus lebende Frau langweilig wird. Er gewinnt für seine Selbstachtung genügend anderweitige soziale Bestätigung und fühlt es immer mehr eher als Last, daß sie sich nur auf ihn stützt. Er tendiert dazu zu vergessen, daß er sie als selbstunsicherer junger Mann ursprünglich intensiv zu der kompensatorischen Rollenaufteilung mitveranlaßt hatte. Schließlich war sie es, die ihn durch ihre emotionale Zufuhr erst so weit stabilisiert hatte, daß ihm sein sozialer Aufstieg möglich war. Aber eben dies versucht er in dem Bedürfnis, sich ganz und gar mit seiner neuen Position zu identifizieren, zu verdrängen. Und so wirft er später seiner Frau eher vor, daß sie unbedingt selbst mehr hätte für sich tun sollen, um mit ihm und seinem Aufstieg Schritt zu halten. Hatte er sie früher genötigt, ihren Emanzipationsbestrebungen zu entsagen, wird sie jetzt dafür bestraft, daß sie sich auf den Handel eingelassen hat. Dies ist ein jedem Ehepaartherapeuten geläufiges Ehekonfliktmuster, das sich für viele älter werdende Frauen zu einer gravierenden Krise auswächst.

Fixierung auf Kinder als Ausgleich

Oft finden Frauen für lange Zeit Ersatz- und Notlösungen, die es ihnen ermöglichen, die krisenhafte Dekompensation ihrer Zweierbeziehung und den damit verbundenen eigenen psychischen Zusammenbruch immer wieder hinauszuzögern. Die geläufigste dieser Behelfslösungen ist durch unsere kulturellen Normen vorgeprägt. Der Frau wird angeboten, den allmählich entstehenden Überschuß an emotionaler Energie, der sich durch den sich reduzierenden Bedarf des Mannes entwikkelt, den Kindern zuzuführen. Von der psychoanalytischen Forschung ist bewiesen, wie nötig kleine Kinder zumal in den ersten Jahren eine intensive verläßliche Gefühlszuwendung haben. Aber nirgends ist belegt worden, daß diese Gefühlsbindung sich einseitig an die Mutter knüpfen müßte. Auch allein erziehende Väter erweisen sich unter geeigneten sozialen Umständen durchaus als geeignet, die Gefühlsbedürfnisse kleiner Kinder vollauf zu sättigen. Und in einer vollständigen Familie wäre es sehr sinnvoll, wenn der Vater von früh an mehr an der Gefühlsbeziehung wie an der Pflege des Kindes partizipieren würde, als dies durchschnittlicherweise der Fall ist. Die Kleinkindpflege ist keinesfalls ein Naturmonopol der Mütter. Das Vorurteil, den Männern Neigung und Begabung abzusprechen, mit Kindern geschickt, pfleglich und zärtlich umzugehen, fundiert seit eh und je die mittelal-

terliche Rollenaufteilung der Geschlechter. Aber es ist inzwischen ein wichtiger Stabilisator für die Selbstachtung zahlloser »Nur-Hausfrauen« geworden.
So ist es natürlich kein Wunder, daß viele Frauen eher durch die These beunruhigt werden, daß die emotionale und praktische Fürsorge für die Kinder unter beiden Partnern gleichmäßiger aufgeteilt werden sollte. Solange die Arbeitswelt von den dort bevorrechtigten Männern beherrscht wird, was ja eben auch gerade den hier beschriebenen Typ von Ehekonstellation begünstigt, kann es die Frauen nur ängstigen, wenn ihnen auch noch der Alleinbesitz der Kinder streitig gemacht werden soll.
Zu einem Abbau männlicher Privilegien in der Arbeitswelt müssen familienpolitische Initiativen hinzutreten, die auch den Vätern, nicht nur den Frauen Erziehungshilfen bieten. Die notwendige Emanzipation beider Geschlechter kann nur auf dem Wege gefördert werden, der in Schweden begonnen wurde und u. a. ermöglicht, daß entweder der Vater oder die Mutter Arbeitserleichterungen zur Kleinkindpflege in Anspruch nimmt.
Die große Zahl von jungen Müttern, die sich auf das zitierte Ehemodell der einseitigen Aufteilung der psychosozialen Funktionen eingelassen hat, pflegt in zunehmende Schwierigkeiten zu geraten, wenn die Kinder älter werden. Es kommt die Zeit, in der die Kinder anderweitige Gefühlsbeziehungen eingehen wollen und die andauernde mütterliche Fürsorglichkeit eher als Umklammerung empfinden. Viele Jugendliche unterstellen ihren unflexiblen Müttern autoritäre Einmischungsinteressen und verkennen deren innere Notlage. In Wirklichkeit ist es ja doch vielfach eine verzweifelte Angst der Frauen, die ihr irrationales Anklammerungsverhalten bedingt. Ohne rechtzeitige Eröffnung anderweitiger Aktivitätsmöglichkeiten oder Kontakte stehen große Zahlen von Müttern im Augenblick der Ablösung ihrer Kinder vor einer unendlichen psychischen Leere. Es wird ihnen bewußt, daß sie mit Hilfe der Kinder nur lange Zeit den Empfang der Quittung verzögert hatten, die aus der Fehlrechung ihrer schiefen Ehekonstellation folgen mußte.
Die vielfältigen psychosozialen Schwierigkeiten und psychosomatischen Störungen von Frauen im fünften Lebensjahrzehnt haben nur zum Allerwenigsten etwas mit einer biologisch bedingten Alterungskrise zu tun. Es sind nicht die anlagebedingten Veränderungen des weiblichen Organismus in dieser Lebensphase, die jetzt eine Kulmination von Beschwerden bedingen. Sondern es sind ganz überwiegend die Konsequenzen sozialer Fehlentscheidungen der Frauen, die frei-

lich ihrerseits wiederum durch falsche Normen und konkrete gesellschaftliche Fehlregelungen gebahnt worden sind. Gerade die erkannte Bedeutung des sozialen Einflusses bei der Verursachung vieler psychischer und psychosomatischer Frauenkrankheiten zählt zu den maßgeblichen Gründen dafür, daß sich speziell jüngere Psychotherapeuten und Psychiater vermehrt für sozialwissenschaftliche und gerade auch familienpolitische Fragen engagieren.

Die Menschen sind schon offener

Auf der anderen Seite gilt es an der These festzuhalten, daß zu einer allmählichen Umstrukturierung des Geschlechterverhältnisses soziale *und* psychische Bedingungen in einer Wechselbeziehung wirksam werden müssen. Ohne progressive politische Initiativen ist der Prozeß einer gemeinsamen Geschlechteremanzipation nicht denkbar. Umgekehrt werden solche Initiativen immer wieder zusammenbrechen, oder es werden erkämpfte progressive Regelungen wieder in rückschrittlichem Sinne revidiert werden, wenn ihnen ein breiter Rückhalt im Bewußtsein der Menschen fehlt. Viele unnötige Fehlschläge an sich sinnvoller politischer Planungen ergeben sich nur daraus, daß am bloßen Machen orientierte Politiker sich nicht hinreichend vergewissern, ob sie in der Art und im Tempo ihrer Maßnahmen Schritt mit den psychischen Möglichkeiten und Wünschen derer halten, denen die Maßnahmen zugute kommen sollen. Um so wichtiger erscheint es, gerade auch hinsichtlich der Frage des Geschlechterverhältnisses, die Bewußtseinsentwicklung in der Bevölkerung kontinuierlich zu verfolgen. Daß sich hier tatsächlich qualitative Veränderungen abspielen, die sich quantitativ objektivieren lassen, verdient als Resultat einschlägiger Untersuchungen angemessene Beachtung.
Am Zentrum für Psychosomatische Medizin der Universität Gießen wurden zusammen mit zwei Meinungsforschungsinstituten (Divo und Infratest) zwei repräsentative psychologische Erhebungen in der Bundesrepublik durchgeführt. Dabei ging es um die Frage nach der psychischen Veränderung der Bürger der Bundesrepublik zwischen 1968 und 1975. Es wurden jeweils die Profile der 18- bis 60jährigen Bürger mit Hilfe des Gießen-Tests erhoben. Gewonnen wurden die sogenannten Selbstbilder. Die in der repräsentativen Stichprobe befragten Personen stellten ihre eigene psychische Verfassung durch Beantwortung von 40 skaliert vorgegebenen Fragen dar, die in dem Gießen-Test zusammengefaßt worden sind. Dieser Test ist inzwischen in der psy-

chologischen Forschung weithin gebräuchlich und gilt als anerkanntes diagnostisches Instrument. Unsere Erhebungen führten zu dem nicht ohne weiteres erwarteten Befund, daß sich die 18- bis 60jährigen Westdeutschen seit 1968 in beträchtlichem Grade psychisch gewandelt haben. In 15 der 40 Testfragen ließen sich Antwortdifferenzen statistisch sichern. Im Vergleich zu 1968 sehen sich die Bundesbürger 1975 deutlich weniger egozentrisch, weniger individualistisch abgekapselt, statt dessen mehr auf soziale Kommunikation ausgerichtet. Kontakt in der Gruppe, ganz besonders aber auch in der Zweierbeziehung ist ihnen wichtiger geworden. Sie suchen mehr Halt in sozialen Bezügen, während sie sich als einzelne nicht mehr stark und sicher genug fühlen, um sich allein aus sich heraus zu behaupten und zu verwirklichen.
Die Bürger empfinden sich mehr vertrauensbereit, offener, insbesondere durchlässiger für Gefühle. Mehr als sieben Jahre vorher suchen die Menschen 1975 die enge, dauerhafte Partnerbeziehung. Liebesbedürfnisse, aber auch Liebesfähigkeit werden stärker bejaht. So wie die Menschen augenscheinlich wieder ihren Gefühlsbedürfnissen mehr Beachtung schenken, erleben sie sich zugleich als phantasiereicher. Dies ist jedenfalls im kurzen Extrakt das, was sich aus der statistischen Verrechnung der Antwortverläufe ergibt.
Wenn man die herkömmlichen Rollenklischees von »männlich« und »weiblich« zum Maßstab nimmt, kann man demnach ohne weiteres sagen, daß der Gesamttrend in Richtung von mehr »Weiblichkeit« weist. Mehr Gefühlsbetonung, mehr freimütige Kundgabe von emotionalen Bedürfnissen, stärkere Bindungswünsche, mehr Kommunikationsverlangen überhaupt – all diese gesicherten Befunde betonen Züge, die man seit je eher der weiblichen Psychologie zuzurechnen pflegte.
An diesem psychologischen Trend nehmen beide Geschlechter teil. Es ist also im Durchschnitt nicht so – wie man nach gewissen feministischen Pulikationen hätte erwarten können –, daß die Frauen sich eher in Richtung größerer Aggressivität und Härte wandeln würden. Auch die Frauen sehen sich 1975 noch um einiges »weicher« als 1968. Stärker hat diese Wandlung indessen überraschenderweise die Männer ergriffen. Die Männer weichen statistisch in 14, die Frauen nur in 7 Items von den Angaben der Erstbefragung 1968 ab. Beide Geschlechter beschreiben sich 1975 als liebevoller, kontaktoffener, phantasievoller, relativ abhängiger. Die Männer allein sehen sich obendrein im Vergleich zu 1968 vertrauensvoller, durchlässiger hinsichtlich der Preisgabe von Gefühlen und Bedürfnissen. Überraschenderweise sind es nun nicht die jüngeren (18 bis 34 Jahre), sondern die älteren Männer

(35 bis 60 Jahre), die am weitesten von den Daten von 1968 abgerückt sind. Die älteren Männer haben sich wesentlich intensiver als die älteren Frauen gewandelt.
Diese relativ stärkere Befundveränderung bei den Männern bedeutet freilich noch keineswegs, daß sie mit ihrem Trend zu mehr Weichheit, mehr Gefühlswärme und mehr Anhänglichkeit bereits in unmittelbare Nähe des Frauenprofils gerückt wären. Man muß berücksichtigen, daß die Ausgangswerte von 1968 bei beiden Geschlechtern erheblich auseinanderliegen. Die Bewegung der Männer in Richtung »Weiblickeit« hat ihre Differenz zu den Selbstbildern der Frauen deshalb noch nicht aufgehoben, weil ja auch die Frauen, obschon in geringerer Intensität, in paralleler Richtung »gewandert« sind. Die Männer haben sich psychisch ein Stück weit aufgelockert. Gegenüber den Frauen sind sie indessen immer noch ein erhebliches Stück starrer, härter und emotionell eingeengter.
Bei 20 der 40 Fragen des Gießen-Tests sehen sich die Frauen 1975 anders als die Männer. Ängste, Depressionen, Selbstvorwürfe werden von ihnen häufiger angegeben. Ihnen gelingt es schlechter, so meinen sie, ihre Interessen im Lebenskampf durchzusetzen. Dementsprechend beurteilen sie auch ihr Verhältnis zu anderen Menschen. Sie äußern vergleichsweise noch immer mehr Passivität, Unterwerfungsbereitschaft und Gehemmtheit. Deutlich ist ihr gemessen am Profil der Männer weiterbestehendes Defizit an Selbstvertrauen. Sie geben eher nach, anstatt zu rivalisieren. Was sich die Männer – entsprechend deren Selbstbild – an Laxheit und Bequemlichkeit leisten, kompensieren die Frauen, indem sie – wie sie selbst sagen – sich wesentlich mehr Mühe schaffen. Daß sich die Frauen mehr Fürsorglichkeit zusprechen als die Männer, liegt auf der Linie ihres traditionellen Leitbildes.
Dies ist, knapp zusammengefaßt, das errechnete Bild der psychischen Längsschnittentwicklung und des Quervergleiches zwischen den Geschlechterprofilen. Demnach hat die im Vergleich zu den Frauen stärkere emotionale Auflockerung der Männer deren relative Dominanz gegenüber den Frauen bzw. die psychische Unterlegenheitsposition der Frauen gegenüber den Männern noch nicht prinzipiell revidiert. Nichtsdestoweniger deuten die Veränderungen im Selbstbild beider Geschlechter darauf hin, daß sich die Chancen für ein wechselseitiges Verständnis und für ertragreichere Kommunikationen ein Stück weit verbessert haben. Und es liegt auf der Linie der eingangs als notwendig erklärten Veränderung der Wertorientierung, daß beide Geschlechter sich stärker nach Werten hin ausrichten, die nach der bisherigen Etikettierung auf der weiblichen Seite liegen.

Ein spezieller Befund verdient abschließend noch besondere Würdigung. Das ist die in der Gesamtbevölkerung nachweisbare Tendenz zu einer engen, dauerhaften Zweierbeziehung. In Einklang mit vielfältigen Erfahrungen der Psychotherapeuten und der Ehe- und Familienberatungsdienste zeigt sich in diesem Befund eine Wiederzunahme des Bedürfnisses nach intimer, verläßlicher Bindung in Ehe und Familie. Ehe und Familie werden erneut hoch bewertet als Chance zum Austausch intim persönlicher Gefühle, zugleich als Aufgabenfeld für eine verantwortungsvolle Kooperation in reflektierter Partnerschaft. Die Qualität ihrer Beziehungen in Ehe und Familie empfindet eine große Zahl von Menschen als zentralen Maßstab ihres Wohlbefindens. Die Hochkonjunktur für Partnerschaftstrainings, für Ehe- und Erziehungshilfeliteratur und die rasche Ausbreitung von Ehe- und Familientherapie nahezu in allen westlichen Ländern sind Symptome für die steigende Bewertung von Zweierbeziehung und Familie generell. Hier hatte sich Bebel getäuscht, als er prognostiziert hatte, daß das häusliche Leben immer mehr zurückgehen und »sich auf das Notwendigste beschränken« werde. Genau umgekehrt erscheint der häusliche Bereich mehr und mehr als eine Zufluchtstätte, besetzt mit der Hoffnung, hier die nötige Stärke zum Widerstand gegen eine äußere Welt zu finden, die als immer unwirtlicher und immer erdrückender erlebt wird. Das »Draußen« wird zum Inbegriff von Unpersönlichkeit, Kommunikationsverarmung, Rivalitätsdruck, Bürokratismus, Fremdbestimmung und Zwang in jeder Hinsicht. Kontrastierend wird die Familie als Freiraum zur Artikulation aufgestauter emotionaler Grundbedürfnisse besetzt. Hier erwartet man noch die Chance für Nähe, Wärme, offenes und intimes Gespräch, für Spiel und Kreativität, für den Austausch zwischenmenschlicher Fürsorglichkeit. Hier hofft man, sich zur Kompensation der dehumanisierenden Arbeitswelt ein Stück weit »rehumanisieren« zu können.

Für die Politik eines demokratischen Sozialismus bedeutet dies, daß die Lebensbedingungen im außerfamiliären Bereich – vor allem in der Arbeitswelt – in vieler Hinsicht revidiert werden müssen, um den Menschen das Bewußtsein zu vermitteln, daß sie sich auch hier und gerade hier als Personen entfalten können und daß dieses wichtige Feld der Wirklichkeit für und nicht gegen ihre Interessen einer menschlichen Lebensweise organisiert ist. Es muß dies also eine Politik genau in der Wertrichtung sein, die für eine gemeinsame Befreiung der Geschlechter als maßgeblich beschrieben wurde. Aber auch bei einer partiellen Entlastung des häuslichen Bereiches von der Funktion einer kompensatorischen Zufluchtstätte werden Ehe und Familie eine hohe Bedeutung bewahren. Durch politische Förderung der Geschlechteremanzipation werden Ehe und Familie sogar noch neue Freiräume für die Ausgestaltung menschlicher Beziehungen im persönlichsten Bereich dazugewinnen können.

Literatur zum Thema

Baader, O.: Ein steiniger Weg, Lebenserinnerungen, Berlin 1931.

Beauvoir, Simone de: Das andere Geschlecht – Sitte und Sexus der Frau, Reinbek 1951.

Bebel, A.: Die Frau und der Sozialismus, Leipzig 1879, Berlin/Bonn 1977. Nachdruck der Jubiläumsausgabe von 1929

Beckmann, D. u. H.-E. Richter: Gießen-Test, Handbuch, Bern/Stuttgart/Wien 1972.

Berger, L., Bothmer, L. von, Schuchardt, H.: Frauen ins Parlament? – Von den Schwierigkeiten, gleichberechtigt zu sein, Reinbek 1976.

Blos, A. (Hg.): Die Frauenfrage im Lichte des Sozialismus, Dresden 1930.

Borris, M.: Die Benachteiligung der Mädchen in Schulen der Bundesrepublik Deutschland, Frankfurt 1972.

Braun, L.: Die Frauenfrage – ihre geschichtliche Entwicklung und wirtschaftliche Seite, Leipzig 1901.

Bundesministerium für Jugend, Familie und Gesundheit (Hg.): Die Darstellung der Frau und die Behandlung der Frauenfragen im Fernsehen, Stuttgart 1975; Die Rolle des Mannes und ihr Einfluß auf die Wahlmöglichkeiten der Frau, Stuttgart 1976.

Däubler-Gmelin, H.: Frauenarbeitslosigkeit oder Reserve zurück an den Herd, Reinbek 1977.

Friedan, B.: Der Weiblichkeitswahn oder die Mystifizierung der Frau, Hamburg 1966.

Friedman, M. u. Rosenman, R. H.: Der A-Typ und der B-Typ, Reinbek 1975.

Fourier, C.: Aus der neuen Liebeswelt, Berlin (West) 1977.

Herzog, M.: Von der Hand in den Mund – Frauen im Akkord, Berlin (West) 1976.

Ihrer, E.: Die Organisation der Arbeiterinnen Deutschlands, Berlin 1893.

Janssen-Jurreit, M.: Sexismus – Über die Abtreibung der Frauenfrage, München/Wien 1976.

Juchacz, M.: Sie lebten für eine bessere Welt – Lebensbilder führender Frauen des 19. und 20. Jahrhunderts, Hannover 1971.

Jung, C. G.: Die Frau in Europa, Zürich/Stuttgart 1959.

Klucsarits, R. u. Kürbisch F. G. (Hg.): Arbeiterinnen kämpfen um ihr Recht – Autobiographische Texte zum Kampf rechtloser und entrechteter ›Frauenspersonen‹ in Deutschland, Österreich und der Schweiz des 19. und 20. Jahrhunderts, Wuppertal 1976.

Linhoff, U.: Die neue Frauenbewegung, USA – Europa seit 1968, Köln 1974.

Maier, I. (Hg.): Gleichberechtigung der Frau in Recht und Politik der Vereinten Nationen, Opladen 1975.

Mill, J. S.: Die Hörigkeit der Frau, Berlin 1872.

Miller, J. B.: Die Stärke weiblicher Schwäche – Zu einem neuen Verständnis der Frau, Frankfurt 1976.

Mitscherlich, A.: Die Unwirtlichkeit unserer Städte – Anstiftung zum Unfrieden, Frankfurt 1965.

Myrdal, A. u. Klein, V.: Die Doppelrolle der Frau in Familie und Beruf, Köln/Berlin 1960.

Ostner, I.: Beruf und Hausarbeit, Frankfurt/New York 1978.

Pinl, C.: Das Arbeitnehmerpatriarchat – Die Frauenpolitik der Gewerkschaften, Köln 1977.

Pizzey, E.: Schrei leise – Mißhandlungen in der Familie, Stuttgart 1976.

Pross, H.: Über die Bildungschancen von Mädchen in der Bundesrepublik, Frankfurt 1969; Die Wirklichkeit der Hausfrau, Reinbek 1976; Die Männer, Reinbek 1978.

Roehl, F.: Marie Juchacz und die Arbeiterwohlfahrt, Hannover 1961.

Richter, H.-E.: Lernziel Solidarität, Reinbek 1974.

Savramis, D.: Religion und Sexualität, München 1972.

Schlei, M. u. Brück, D.: Wege zur Sebstbestimmung – Sozialpolitik als Mittel der Emanzipation, Köln/Frankfurt 1976.

Söllner, C.: Clara Zetkin und die sozialistische Frauenbewegung, Köln 1970.

Stern, C. (Hg.): Was haben die Parteien für die Frauen getan?, Reinbek 1976.

Stiegler, B.: Die Mitbestimmung der Arbeiterin, Bonn 1976.

Thönnessen, W.: Frauenemanzipation – Politik und Literatur der deutschen Sozialdemokratie zur Frauenbewegung 1863 – 1933, Frankfurt 1969.

Wachenheim, H.: Vom Großbürgertum zur Sozialdemokratie – Memoiren einer Reformistin, Berlin 1973.

Weber, M. (Hg.): Probleme der Frauen – Probleme der Gesellschaft/Arbeitschancen, Lohngleichheit, Vorurteile, Köln/Frankfurt 1976.

Zetkin, C.: Die Arbeiterinnen- und Frauenfrage der Gegenwart, Berlin 1889.

Über die Autoren

Willy Brandt, Vorsitzender der Sozialdemokratischen Partei Deutschlands (seit 1964); geb. 1913; historisches Studium und journalistische Tätigkeit während der Emigration in Skandinavien; Regierender Bürgermeister von Berlin (1957–66), Bundesaußenminister (1966–69), Bundeskanzler (1969–74); Mitglied des Deutschen Bundestages, Präsident der Sozialistischen Internationale (seit 1976); 1971 Verleihung des Friedensnobelpreises; zahlreiche Veröffentlichungen zu zeitgeschichtlichen und außenpolitischen Themen.

Herta Däubler-Gmelin, Dr. jur., geb. 1943, Studium der Rechtswissenschaft und Volkswirtschaft, Rechtsanwältin in Stuttgart; seit 1971 Vorsitzende der Arbeitsgemeinschaft Sozialdemokratischer Frauen in Baden-Württemberg, Mitglied des Bundestages seit 1972; veröffentlichte u. a. »Frauenarbeitslosigkeit oder Reserve zurück an den Herd!«, Reinbek 1977.

Antje Dertinger, geb. 1940, Abitur, Zeitungsvolontariat, Zeitungsredakteurin; seit 1973 Redakteurin der SPD-Mitgliederzeitschrift (Schwerpunkt: soziale Randgruppen); außerdem Arbeit an einer Chronologie der sozialdemokratischen Frauenbewegung.

Katharina Focke, Dr. phil., geb. 1922, Studien der Nationalökonomie, Germanistik, Anglistik, Geschichte, der Politischen Wissenschaften und des Staatsrechts; zeitweise als Journalistin und Übersetzerin tätig; Mitglied der SPD, der GEW und verschiedener europäischer Organisationen, Mitglied des Deutschen Bundestages seit 1969; drei Jahre Parlamentarischer Staatssekretär beim Bundeskanzler, 1972 bis 1976 Bundesminister für Jugend, Familie und Gesundheit.

Anke Fuchs, geboren 1937, nach dem Abitur Studium der Rechtswissenschaften; nach Assessor-Examen ab 1964 Referentin beim Landesbezirk Nordmark des Deutschen Gewerkschaftsbundes, zuletzt geschäftsführendes Vorstandsmitglied der IG Metall; seit Mai 1977 beamtete Staatssekretärin im Bundesministerium für Arbeit und Sozialordnung.

Luc Jochimsen, Dr. phil., geb. 1936; Soziologin, Promotion über die Situation der Zigeuner in der Bundesrepublik; verschiedene bildungspolitische Veröffentlichungen, Herausgeberin einer § 218-Dokumentation; seit 1975 Redakteurin beim NDR-Magazin »Panorama«.

Susanne Miller, Dr. phil., geb. 1915; Studien der Geschichte und Philosophie, Mitarbeiterin und Lebensgefährtin von Willi Eichler; Arbeit in sozialistischen Exilgruppen während der Emigration; nach dem Krieg aktiv in der SPD, zeitweise Angestellte des Parteivorstandes der SPD; seit 1964 Mitarbeiterin der Kommission für Geschichte des Parlamentarismus und der politischen Parteien, Bonn; Veröffentlichungen zur Geschichte und Programmatik der SPD.

Ursula Pausch-Gruber, geboren 1933; Journalistin; seit 1974 SPD-Landtagsabgeordnete in Bayern, stellvertretende Bundesvorsitzende der Arbeitsgemeinschaft Sozialdemokratischer Frauen seit 1977; durch »früh erfahrene Benachteiligung als Tochter einer jüdischen Mutter, als einziges Mädchen unter fünf Geschwistern« zu politischem Engagement und, 1960, zur Arbeit in der SPD gelangt.

Annemarie Renger, geb. 1919; Privatsekretärin des früheren SPD-Vorsitzenden Kurt Schumacher (1945–52); Mitglied des Deutschen Bundestages seit 1953; von 1969–72 Parlamentarische Geschäftsführerin der SPD-Bundestagsfraktion; Präsidentin des Deutschen Bundestages von 1972–76, seitdem Vizepräsidentin; bis 1973 Vorsitzende des Bundesfrauenausschusses der SPD; zeitweise Stellv. Präsidentin des Internationalen Rates Sozialdemokratischer Frauen.

Horst-Eberhard Richter, Dr. med., Dr. phil., geb. 1923; Studien der Medizin, Philosophie, Psychologie, Ausbildung zum Psychoanalytiker und Psychiater; Forschungs-, Lehr- und beratende Tätigkeit u. a. an der FU Berlin, am Kinderkrankenhaus Berlin-Wedding, seit 1973 Geschäftsführender Direktor des Zentrums für Psychosomatische Medizin am Klinikum der Justus-Liebig-Universität Gießen; Veröffentlichungen u. a. »Die Gruppe« (1972), »Lernziel Solidarität« (1974), »Flüchten oder Standhalten« (1976), alle Reinbek.

Luise Rinser, geb. 1911; Psychologie- und Pädagogikstudium, Lehrerin; 1939 erstes Buch »Die gläsernen Ringe«; Berufsverbot, Haft, Prozeß am Volksgerichtshof Berlin; nach dem Krieg Mitarbeiterin mehrerer Zeitschriften; heute als freie Schriftstellerin in der Nähe Roms lebend; 25 Bücher mit Übersetzungen in 21 Sprachen.

Hanna-Beate Schöpp-Schilling, Dr. phil., geb. 1940; Studien der Amerikanistik, Anglistik, Germanistik; als Wissenschaftliche Assistentin und Assistenzprofessorin für Amerikanische Literatur und Kultur an der FU Berlin tätig, häufige Studienaufenthalte in den USA; seit 1976 Wissenschaftliche Beraterin am Aspen-Institut Berlin.

Jutta Szostak, geb. 1945; Diplom-Psychologin, Redakteurin beim Zweiten Deutschen Fernsehen seit 1976; Autorin zahlreicher Filme zur Kultur- und Medienpolitik.

Weitere Titel zum Thema

Maria Borris
Die Benachteiligung der Mädchen in den Schulen der Bundesrepublik und Westberlins
Unter Mitarbeit von Peter Raschke

Probleme der Frauen – Probleme der Gesellschaft
Arbeitschancen, Lohngleichheit, Vorurteile
Protokoll der Arbeitstagung des DGB am 6. und 7. November 1975 in Leverkusen
Herausgegeben von Maria Weber
Redaktion Rosemarie Bransky

Werner Thönnessen
Frauenemanzipation
Politik und Literatur der deutschen Sozialdemokratie zur Frauenbewegung 1863–1933

ZeitZeichen Radiotexte
Marianne Lienau, Wolf Dieter Ruppel (Hrsg.)
Frauen
Mit Beiträgen über: „Hexenhammer", Agnes Bernauer, Rahel Varnhagen, F. Nightingale, H. Beecher-Stowe, Grandma Moses, Maria Montessori, Bertha von Suttner, Helena Demuth, Ruth Fischer, Indira Gandhi und „Helga".

Endlich haben wir wieder eine ernst zu nehmende, qualitätsbewußte, einen großen Leserkreis ansprechende Zeitschrift für Literatur und Politik.
Rolf Michaelis in „Die Zeit"

L 76

Politische und literarische Beiträge

Demokratie und Sozialismus

Herausgeber:

Heinrich Böll
Günter Grass
Carola Stern

Redaktion: Heinrich Vormweg

L 76 ist einzeln und im Abonnement über jede Buchhandlung zu beziehen.

Wer „L 76" liest, ihre Mischung aus proletarischen Kochrezepten und demokratischem Sozialismus, der bekommt Appetit auf mehr.
Peter Bier im NDR

Eine Zeitschrift also, die sich bereits von der Titulatur auf dreifache Weise akzentuiert: politisch im Sinne eines Sozialismus, wie er überall dort diskutiert wird, wo weder sowjetischer Dogmatismus noch bürgerlich-kapitalistische Demokratie eindeutig das Übergewicht haben, politisch jedoch unter betonter Einbeziehung der Literatur, der ästhetischen Phänomene überhaupt, schließlich betont konkrete historisch verstandene Aktualität.
Helmut Heißenbüttel
in „Die Zeit"

L 76 erscheint vierteljährlich mit einem Umfang von etwa 200 Seiten.

Europäische Verlagsanstalt

Politik und Zeitgeschehen

Rudolf Bahro
Die Alternative
Zur Kritik des real existierenden Sozialismus

Rudolf Bahro
Eine Dokumentation

Karola Bloch, Adelbert Reif (Hrsg.)
„Denken heißt Überschreiten"
In memoriam Ernst Bloch 1885–1977

Ossip K. Flechtheim
Von Marx bis Kolakowski
Sozialismus oder Untergang in der Barbarei

Erich Fromm
Der moderne Mensch und seine Zukunft
Eine sozialpsychologische Untersuchung

Erich Fromm
Das Menschenbild bei Marx
Mit den wichtigsten Teilen der Frühschriften von Karl Marx

Erich Fromm
Die Furcht vor der Freiheit

Ernst Fraenkel
Der Doppelstaat
Ein Beitrag zur Theorie der Diktatur

Zdĕnek Mlynář
Nachtfrost
Erfahrungen auf dem Weg vom realen zum menschlichen Sozialismus

Franz Neumann
Behemoth
Struktur und Praxis des Nationalsozialismus 1933–1944
Herausgegeben und mit einem Nachwort „Franz Neumanns Behemoth und die heutige Faschismusdiskussion" von Gert Schäfer

Hans-Peter Riese (Hrsg.)
Bürgerinitiative für die Menschenrechte
Die tschechoslowakische Opposition zwischen dem „Prager Frühling" und der „Charta 77"
Vorwort von Heinrich Böll
Nachwort von Arthur Miller

Arthur Rosenberg
Demokratie und Sozialismus
Zur politischen Geschichte der letzten 150 Jahre

Arthur Rosenberg
Geschichte des Bolschewismus
Mit einer Einleitung von Ossip K. Flechtheim

Stefan Szende
Zwischen Gewalt und Toleranz
Zeugnisse und Reflexionen eines Sozialisten
Mit einem Vorwort von Willy Brandt

Systemwandel und Demokratisierung
Festschrift für Ossip K. Flechtheim
Herausgegeben von Christian Fenner und Bernhard Blanke

Walter Wangler
Marxismus und Bürgertum
Zur Vereinnahmung einer Sozialidee durch die Gegenmacht